本书出版获得中国社会科学院大学中央高校基本科研业务费资助支持

中国社会科学院大学文库

德国双系统的
犯罪构成要件理论

秦一禾 著

社会科学文献出版社
SOCIAL SCIENCES ACADEMIC PRESS (CHINA)

"中国社会科学院大学文库"
总　序

　　恩格斯说："一个民族要想站在科学的最高峰，就一刻也不能没有理论思维。"人类社会每一次重大跃进，人类文明每一次重大发展，都离不开哲学社会科学的知识变革和思想先导。中国特色社会主义进入新时代，党中央提出"加快构建中国特色哲学社会科学学科体系、学术体系、话语体系"的重大论断与战略任务。可以说，新时代对哲学社会科学知识和优秀人才的需要比以往任何时候都更为迫切，建设中国特色社会主义一流文科大学的愿望也比以往任何时候都更为强烈。身处这样一个伟大时代，因应这样一种战略机遇，2017 年 5 月，中国社会科学院大学以中国社会科学院研究生院为基础正式创建。学校依托中国社会科学院建设发展，基础雄厚、实力斐然。中国社会科学院是党中央直接领导、国务院直属的中国哲学社会科学研究的最高学术机构和综合研究中心，新时期党中央对其定位是马克思主义的坚强阵地、党中央国务院重要的思想库和智囊团、中国哲学社会科学研究的最高殿堂。使命召唤担当，方向引领未来。建校以来，中国社会科学院大学聚焦"为党育人、为国育才"这一党之大计、国之大计，坚持党对高校的全面领导，坚持社会主义办学方向，坚持扎根中国大地办大学，依托社科院强大的学科优势和学术队伍优势，以大院制改革为抓手，实施研究所全面支持大学建设发展的融合战略，优进优出、一池活水，优势互补、使命共担，形成中国社会科学院办学优势与特色。学校始终把立德树人作为立身之本，把思想政治工作摆在突出位置，坚持科教融合、强化内涵发展，在人才培养、科学研究、社会服务、文化传承创新、国际交流合作等方面不断开拓创新，为争创"双一流"大学打下坚实基础，积淀了先进的发展经验，呈现出蓬勃的发展态势，成就了今天享誉国内的"社科大"品牌。"中国社会科学院大学文库"就是学校倾力打造的学术品牌，如果将学校之前的学术研究、学术出版比作一道道清澈的溪流，"中国社会科学院大学文库"的推出可谓厚积薄发、百川归海，恰逢其时、意义深远。为其作序，我深感荣幸和骄傲。

高校处于科技第一生产力、人才第一资源、创新第一动力的结合点，是新时代繁荣发展哲学社会科学，建设中国特色哲学社会科学创新体系的重要组成部分。我校建校基础中国社会科学院研究生院是我国第一所人文社会科学研究生院，是我国最高层次的哲学社会科学人才培养基地。周扬、温济泽、胡绳、江流、浦山、方克立、李铁映等一大批曾经在研究生院任职任教的名家大师，坚持运用马克思主义开展哲学社会科学的教学与研究，产出了一大批对文化积累和学科建设具有重大意义、在国内外产生重大影响、能够代表国家水准的重大研究成果，培养了一大批政治可靠、作风过硬、理论深厚、学术精湛的哲学社会科学高端人才，为我国哲学社会科学发展进行了开拓性努力。秉承这一传统，依托中国社会科学院哲学社会科学人才资源丰富、学科门类齐全、基础研究优势明显、国际学术交流活跃的优势，我校把积极推进哲学社会科学基础理论研究和创新，努力建设既体现时代精神又具有鲜明中国特色的哲学社会科学学科体系、学术体系、话语体系作为矢志不渝的追求和义不容辞的责任。以"双一流"和"新文科"建设为抓手，启动实施重大学术创新平台支持计划、创新研究项目支持计划、教育管理科学研究支持计划、科研奖励支持计划等一系列教学科研战略支持计划，全力抓好"大平台、大团队、大项目、大成果"等"四大"建设，坚持正确的政治方向、学术导向和价值取向，把政治要求、意识形态纪律作为首要标准，贯穿选题设计、科研立项、项目研究、成果运用全过程，以高度的文化自觉和坚定的文化自信，围绕重大理论和实践问题展开深入研究，不断推进知识创新、理论创新、方法创新，不断推出有思想含量、理论分量和话语质量的学术、教材和思政研究成果。"中国社会科学院大学文库"正是对这种历史底蕴和学术精神的传承与发展，更是新时代我校"双一流"建设、科学研究、教育教学改革和思政工作创新发展的集中展示与推介，是学校打造学术精品、彰显中国气派的生动实践。

"中国社会科学院大学文库"按照成果性质分为"学术研究系列"、"教材系列""思政研究系列"三大系列，并在此分类下根据学科建设和人才培养的需求建立相应的引导主题。"学术研究系列"旨在以理论研究创新为基础，在学术命题、学术思想、学术观点、学术话语上聚焦聚力，推出集大成的引领性、时代性和原创性的高层次成果。"教材系列"旨在服务国家教材建设重大战略，推出适应中国特色社会主义发展要求、立足学术和教学前沿、体现社科院和社科大优势与特色、辐射本硕博各个层次、涵盖纸质和数字化等多种载体的系列课程教材。"思政研究系列"旨在聚焦重大理论问题、工作探索、实践经验等领域，推出一批思想政治教育领域具有影响力的理论和实践研究成果。文库将借助与社会科学文献出版社的战略合作，加大高层次成果的产出与传播。既突出学术研究的理论性、学术性和创新性，推出新时代哲学社会科学研究、教材编写和思政研究的最新理论成果；又注重引导围绕国家重大战略需求开展前瞻性、针对性、储备性政策研究，推出既通"天线"、又接"地气"，能有效发挥思想库、智囊团作用的智库研究成果。文库坚持"方向性、开放式、高水平"的建设理念，以马克思主义为领航，严把学术出版的政治方向关、价值取向关、学术安全关和学术质量关。入选文库的作者，既有德高望重的学部委员、著名学者，又有成果丰硕、担当中坚的学术带头人，更有崭露头角的"青椒"新秀；既以我校专职教师为主体，也包括受聘学校特聘教授、岗位教师的社科院研究人员。我们力争通过文库的分批、分类持续推出，打通全方位、全领域、全要素的高水平哲学社会科学创新成果的转化与输出渠道，集中展示、持续推广、广泛传播学校科学研究、教材建设和思政工作创新发展的最新成果与精品力作，力争高原之上起高峰，以高水平的科研成果支撑高质量人才培养，服务新时代中国特色哲学社会科学"三大体系"建设。

历史表明，社会大变革的时代，一定是哲学社会科学大发展的时代。当代中国正经历着我国历史上最为广泛而深刻的社会变革，也正在进行着人类历史上最为宏大而独特的实践创新。这种前无古人的伟大实践，必将给理论创造、学术繁荣提供强大动力和广阔空间。我们深知，科学研究是永无止境的事业，学科建设与发展、理论探索和创新、人才培养及教育绝非朝夕之事，需要在接续奋斗中担当新作为、创造新辉煌。未来已来，将至已至。我校将以"中国社会科学院大学文库"建设为契机，充分发挥中国特色社会主义教育的育人优势，实施以育人育才为中心的哲学社会科学教学与研究整体发展战略，传承中国社会科学院深厚的哲学社会科学研究底蕴和40多年的研究生高端人才培养经验，秉承"笃学慎思明辨尚行"的校训精神，积极推动社科大教育与社科院科研深度融合，坚持以马克思主义为指导，坚持把论文写在大地上，坚持不忘本来、吸收外来、面向未来，深入研究和回答新时代面临的重大理论问题、重大现实问题和重大实践问题，立志做大学问、做真学问，以清醒的理论自觉、坚定的学术自信、科学的思维方法，积极为党和人民述学立论、育人育才，致力于产出高显示度、集大成的引领性、标志性原创成果，倾心于培养又红又专、德才兼备、全面发展的哲学社会科学高精尖人才，自觉担负起历史赋予的光荣使命，为推进新时代哲学社会科学教学与研究，创新中国特色、中国风骨、中国气派的哲学社会科学学科体系、学术体系、话语体系贡献社科大的一份力量。

（张政文　中国社会科学院大学党委常务副书记、校长、中国社会科学院研究生院副院长、教授、博士生导师）

一　国内外的研究动态及本书的问题意识

犯罪构成理论是刑法学的认知体系[①]，是人们认识犯罪行为的理论。法官通过犯罪构成理论厘清"犯罪行为"的法律结构，从而对犯罪行为人施以符合法律规定的处罚，以实现现代刑法所要求的罪刑法定主义原则。

关于犯罪构成理论的研究并不是一个新的课题，犯罪构成理论的体系结构早在19世纪末20世纪初就已经基本形成，并且相当成熟，到目前为止，就连它的中层理论（关于犯罪构成理论下的各个相关的分支理论）也经过100多年的研究而臻于完善。从刑法理论整体的发展和现状来看，21世纪刑法理论研究的重点理应转向对刑法分则的具体判例研究，而不应该放在犯罪构成要件理论的研究上。换言之，21世纪刑法理论研究可以通过对分则的判例研究进一步完善犯罪构成理论的体系。这是大多数大陆法系国家的学者选择的研究思路，尤其是德国和日本的刑法理论研究，基本上是按照这个思路进行的。在中国，尽管也有一些关于犯罪构成理论的研究[②]，但是，大部分刑法学者已经将刑法研究的重点转移到高科技方面的犯罪或者环境、金融领域犯罪等课题上了。总而言之，从宏观的理论研究趋势来看，刑法理论的研究重点并不在犯罪构成要件的理论上。

尽管如此，本书还是试图再一次系统地研究犯罪构成理论。这样的尝试

[①]　许玉秀：《当代刑法思潮》，中国民主法制出版社，2005，第54页。

[②]　譬如付立庆《犯罪构成理论》，法律出版社，2010；蔡桂生《构成要件论》，中国人民大学出版社，2015；孟祥瑞《犯罪构成要件理论研究》，哈尔滨地图出版社，2017；赵秉志《犯罪构成论体系比较研究》，法律出版社，2019；彭文华《犯罪构成的经验和逻辑》，中国政法大学出版社，2021；等等。

主要有以下几个方面的理由。

第一，如上所述，犯罪构成理论体系已经在 19 世纪末 20 世纪初经由李斯特（Franz V. Liszt）、贝林（Ernst Beling）基本建成，20 世纪三四十年代又经过了 M. E. 麦耶（Max Eenst Mayer）、迈茨格（Edmund Mezger）、威尔泽尔（Hans Welzel）的进一步研究，理论体系不断深化。现在雅克布斯（Günther Jakobs）、罗克辛（Roxin）等一大批学者的研究日趋成熟，但这仅是德国刑法理论中的研究状况。20 世纪 40 年代，通过小野清一郎、泷川幸辰等学者的研究，日本刑法理论也形成了比较完善的、具有日本特色的犯罪构成要件理论体系。与德国和日本的情形不同，直到 20 世纪末 21 世纪初，中国才开始从日本、德国引入犯罪构成要件理论。对中国的刑法学而言，犯罪构成要件理论依然是一个新的理论，处在接受和理解的阶段，还需要进一步地系统研究才能融入中国刑法的文化和司法实践中。换言之，即便德、日的理论研究已经进入相当完善的甚至可能反而进入需要挣脱（本书是指走向衰落）的那种状态，但是，对中国而言，如果不对此进行深入而系统的研究，他者理论的成熟（或者衰退）对中国的刑法理论并不会有任何实质性的影响和意义。如果我们不能进行一次进入他者（成熟）理论状态的训练和实践，就将大大降低中国刑法理论进阶的可能性。如果我们不能经历一次理论上的提升，我们的刑法理论就不能与时俱进，因为他者的理论高度并不能代表我们自己的理论高度。从这个意义上讲，系统地研究他者的理论，就成为我们理论进阶的必经之路。即使我们相信犯罪构成理论真的如一些学者所言是应该被"放弃"的理论①，我们也应该在"放弃"之前了解必须"放弃"的真正理由。我们对他者成熟的理论进行研究，至少可以为中国的刑法理论提供一个是否"放弃"的选择性方案。退一步讲，即便我们应该选择"放弃"，我们也必须先拥有。没有拥有的"放弃"不过是自欺欺人罢了。

第二，中国的刑法理论中依然存在新引入的德、日的犯罪构成要件理论与在此之前中国"旧"的犯罪构成要件理论之间的争论。新中国成立以来，我国一直采用从苏联引入的四要件理论，它不同于德国、日本的犯罪构成理论。20 世纪 90 年代我国从日本引入三要件理论后，四要件理论受到很大的冲击。本来对刑法理论而言，采用四要件理论还是三要件理论并不是实质性的

---

① 〔日〕西原春夫：《犯罪实行行为论》第 2 版，戴波、江溯译，北京大学出版社，2018，第 25 页。

问题，因为它们都是从国外引入的理论，它们的并存只表明中国刑法理论的多样性和丰富性，但是德国和日本的三要件理论的引入，反而引发了学者之间关于"应该采用三要件理论还是四要件理论"的争议。在这场持续10年之久的争议中，本书发现，多数的争议实际上并没有触及德、日犯罪构成要件理论的实质性问题，也没有真正触及三要件理论或者四要件理论的弊病。争论看似激烈，但争论的焦点并不在同一个平台上，各自所采用的"理论"、"概念"、"专业术语"等都不完全统一，它们有的中文名称相同，但内涵不同；有的内涵相同，但使用的名称各异。甚至直到最后学者都没有研究出三要件理论和四要件理论各自的出处、以及它们在本质上的差异。本书认为，在这种状态下的争论，最多不过是一场意识形态上的争论，并不是真正专业领域内的争论。事实上这种争论，在一定程度上反而阻碍了中国刑法理论的发展。近几年来，引进三要件理论已经成为一个事实。本来以上争论应该已经结束，但是实际上具体相关概念的争论并没有完全平息。而且，国内对三要件理论的研究还存在一些根本性的认识错误，为此，本书认为有必要对三要件理论的发展和理论原理作一个系统性的梳理。

第三，随着三要件理论在中国被接受，中国出现了传统的四要件理论似乎被完全"抛弃"的学术倾向。一些学者认为中国刑法理论之所以存在问题是因为采用了四要件理论，那么，采用三要件理论是否就可以解决中国刑法理论中存在的所有问题呢？关于这一点，本书认为有必要从三要件理论的产生、发展以及理论运作的原理上入手，厘清它不同于四要件理论的功能，以及三要件理论自身的局限性。换言之，如果能够真正梳理清楚三要件理论的来龙去脉以及三要件理论的运作过程，那么，是否需要完全"抛弃"四要件理论的疑问也可以迎刃而解。目前，虽然一些学者为了调和三要件理论和四要件理论的争论，试图将两者融合，但是在融合的过程中，强行将四要件理论的一些要素纳入三要件理论，导致了一种貌合神离或者风马牛不相及的滑稽现象。或者相反，有的学者将三要件理论的概念、专业术语带入四要件理论之中，造成了四要件理论的混乱现象。本书认为，不是说这样积极地解决问题的思路不可取，而是需要对新引入的犯罪构成要件理论进行深入研究，在正确理解三要件理论的基础上，才有可能采用这一思路解决问题。否则，除了造成更大的混乱之外，实质上并没有任何理论意义。

第四，中西文化的差异、语言的障碍等也导致了中国刑法学界对三要件犯罪构成理论的一些误解、误读，甚至有的学者在这种误解和误读之下构建了自己的刑法理论。本书认为，刑法是公法，是实体法，尽管犯罪构成要件理论的理论性比较强，但是它最终的目的依然是解决中国刑法中的适用问题，而不是建构一套纯粹的刑法哲学理论。所以，减少或者消除引进犯罪构成要件理论时文化差异、语言差异导致的误解、误读，对于形成一个有助于中国刑法司法实践的理论具有真正的意义。

第五，在中国的刑法理论中，一提到三要件理论，我们总是将它与德、日刑法联系在一起。虽然德国刑法和日本刑法都采用了三要件犯罪构成要件理论，但是两者的理论体系却存在天壤之别。从犯罪构成要件的理论结构来看，尽管日本看似全盘采用了德国的犯罪构成要件理论，但是本质上，日本的犯罪构成要件理论完全不同于德国的犯罪构成要件理论。简单而言，德国的犯罪构成要件理论，如下面论述的那样，是双系统的犯罪构成要件理论；而与此不同，日本的犯罪构成要件理论却是单系统的犯罪构成要件理论。因此，本书认为有必要分别论证德、日刑法的犯罪构成要件理论。本书以德国双系统的犯罪构成要件理论为中心展开，关于日本单系统的犯罪构成要件理论在别论中论述。

本书基于以上几个理由尝试梳理已经引入的德国犯罪构成要件理论，旨在尽可能减少不同理论构成在解释、概念、专业术语上的不同所导致的误解和误读，尽可能梳理出一个概念术语相对统一的犯罪构成理论体系，从而推动21世纪以刑法分则的研究为核心的同时又需要深化的中国犯罪构成要件理论的发展。

二 本书的基本主张

本书的基本主张是德国的犯罪构成要件理论是双系统的理论。所谓的双系统的犯罪构成要件理论是指，判断一个行为是否该当犯罪是通过两个不同的理论系统共同完成的：一个是判断行为性质的"三要件"系统；另一个是评价行为价值的"不法－罪责"系统。第一个是判断系统，第二个是评价系统。尽管不同的学者对两个系统之间的关系有不同的主张、不同的论证，但是本质上，他们的理论范畴都没有脱离这两个系统。本书按照德国刑法史的不同发展阶段分别论证双系统理论的形成、发展以及现状。

第 1 章论述的是古典的双系统的犯罪构成理论，主要以李斯特、贝林的理论为研究对象分别论证。该章的第 2 节论证双系统。李斯特的第一个系统是双层结构的理论系统。第一层级由双重的"三要件"构成，即"作为法律概念的构成要件"和"作为价值判断的构成要件"；第二层级是"可处罚"的层级。李斯特的第二个系统是对传统德国"不法-罪责"系统的继承系统。尽管从李斯特的理论推论上讲，"不法"对应"三要件"、"罪责"对应"可罚性"，但是从李斯特自身的论证来看，似乎并不存在这种关系。因此，李斯特的双系统结构是分离的理论结构，具有判断功能的"三要件"系统与具有评价功能的"不法-罪责"系统之间的关系处于一种松散的状态。该章的第 3 节论证贝林的内在高度融合的双系统。贝林继承了李斯特的双层结构理论，即"犯罪构成"层级和"可处罚性"层级。在第一个层级中，贝林的理论也是双重的三要件结构，即"形而上学层级上的三要件"和"价值判断层级上的三要件"。"可处罚性"层级是对李斯特理论的直接继承。但是，贝林的双系统结构不同于李斯特的理论，他为了弥补李斯特双系统结构分离状态的不足，将"不法-罪责"系统导入李斯特"作为法律概念的构成要件"中，形成了"类型"化的三要件。本书将这个三要件称为"形而上学层级上的三要件"。贝林的第二个层级上的三要件由"构成要件符合性、违法性、责任"组成，是具有价值判断的三要件。本书将这个三要件称为"价值判断层级上的三要件"。

第 2 章论述的是新古典的双系统犯罪构成要件理论，主要以麦耶和迈茨格的理论为研究对象。他们理论的共同特点是进一步推进"三要件"系统和"不法-罪责"系统之间关系的融合。尽管两者都可以划归到新古典的犯罪构成要件理论的行列，但是他们的理论结构存在很大的不同。麦耶的理论结构是以"三要件"系统"取代"（内化）"不法-罪责"系统，迈茨格的理论结构是以"不法-罪责"系统"取代"（内化）"三要件"系统；麦耶的理论结构在形式上是以"三要件"系统为底色内化"不法-罪责"系统，而迈茨格的理论结构则是以"不法-罪责"系统为底色内化"三要件"系统。

第 3 章论述的是威尔泽尔循环且重叠的双系统理论。尽管威尔泽尔力图解构将两个系统相互融入的贝林的理论以及新古典主义理论，但是这一尝试基本上是失败的，因为他自己的理论中依然存留了双系统相互融合的痕迹。这就出现了一个奇异的效果：威尔泽尔两个系统一部分是重叠的，而另一部分是分离的。

第 4 章的研究对象是以罗克辛的刑事政策为导向的双系统。罗克辛的理论基本上继承了德国双系统的理论结构，但是由于他导入"刑事政策"的目的性，他的理论呈现出一种偏向"客观归责"的特点，在某种程度上再次出现了犯罪主观方面与客观方面的全面分离。

第 5 章论述的是雅克布斯的双系统理论。与罗克辛的理论结构相反，雅克布斯的理论特点是主客观方面的再次"彻底的"统一，在他的双重系统理论中呈现出"逻辑线性"的特色。

本书用 5 个章节，分别论述以上所提出的观点。尽管在德国 100 多年以来的刑法理论长河中，做出贡献的学者数不胜数，但是本书选择以上七位学者，原因有以下几方面。第一，客观上不可能列举所有的学者。一方面没有必要，另一方面作者的能力也不容许。第二，本书的目的是大体上梳理德国的犯罪构成要件理论的脉络，旨在简略。第三，也是最重要的原因，以上七位学者的理论是最具有代表性的理论。凭借他们的作品，可以大致梳理出德国双系统犯罪构成要件理论的特点、结构，以及几种不同结构的双系统体系之间的传承关系。

三　本书的研究方法

耶赛克、魏根特指出，"我们可以将近代犯罪论划分为三个重要的发展阶段：古典的犯罪概念、新古典犯罪概念和目的行为论的犯罪概念"[1]。本书首先按照德国通论的划分方法架构框架，然后加上当代两个主流学说，以此展示出整个德国犯罪构成要件理论的历史进程。具体而言，第一，以李斯特和贝林为古典犯罪构成理论的两个代表，论述他们形式上不同但是实质上相似的理论框架，通过探讨他们各自不同的双重系统的犯罪构成要件理论的结构，正确把握古典的犯罪构成要件理论。第二，新古典犯罪构成理论的研究以麦耶和迈茨格的理论为中心展开，以他们共同的"规范性"概念为核心，展示他们各自不同的理论结构。通过对新古典的双系统犯罪构成要件理论的研究，

---

[1] 〔德〕汉斯·海因里希·耶赛克、托马斯·魏根特：《德国刑法教科书》，徐久生译，中国法制出版社，2017，第 276 页。

我们可以看清楚从古典主义向新古典主义转型的内在必然性。第三，以威尔泽尔的目的行为论为基础，论述他特有的半融合半分离的双系统犯罪构成要件理论。通过研究目的行为论的双重结构，把握现代刑法的真正源头。第四，通过论述以罗克辛的"刑事政策性实践"为核心的双系统犯罪构成要件理论，我们可以看到德国刑法客观理论发展的高峰。第五，通过论述雅克布斯以"线性"特征为核心的双系统犯罪构成要件理论，我们能够看到德国刑法理论中与客观理论相对峙的主观主义学派的另一个高峰。

目 录

第1章 古典的双系统犯罪构成理论

第1节 本章小序

通常把李斯特-贝林的犯罪构成理论称为古典的犯罪构成理论。古典的犯罪构成理论是从"行为"出发建构的，既然如此，就应该从关于"行为概念"的理论开始研究，但是，在德国刑法的理论中，"行为概念"的理论和"行为构成"的理论分属各不相同。换言之，虽然说"行为概念"的理论和"行为构成"的理论密切相关，但它们是可以分开探讨的。考虑到本书的核心内容是犯罪构成理论，也就是"行为构成"的理论，所以这里不再详细地展开论述"行为概念"的理论。

在德国古典的犯罪论中，卓有成就的刑法学家数不胜数，但是对犯罪构成理论的创建贡献最为突出的学者当数李斯特和贝林。尽管在李斯特、贝林之前也有宾丁、耶林等著名的刑法学者对犯罪构成理论做出了巨大的贡献，然而从犯罪构成理论的完成形态看，从与当代犯罪构成理论的关系程度看，本书认为还是只能溯源到李斯特、贝林，只有他们的理论才是现代犯罪构成理论的开端。为此，本书对古典的犯罪构成理论的研究也想从这两位刑法学家的理论展开。

从刑法学派的角度来看，后世多将新派刑法学看作主观主义的刑法流派，而将旧派刑法学看作客观主义的刑法流派，因为李斯特是新派刑法学的创始人，而贝林是旧派刑法学的完成者，所以多将李斯特的犯罪论称为主观的犯罪论，将贝林的犯罪论称为客观的犯罪论。但是，从犯罪构成要件理论的角度来看，学界却几乎一致认为是李斯特和贝林"共同"创建了这一理论，事实上，他们也的确"共同"完成、完善了古典的犯罪构成理论。不过，在犯罪构成要件理论的框架内，本书依然认为他们两者的理论实际上也存在很大

1

的差异。一般来讲，仍然可以将李斯特的犯罪构成理论称为主观的犯罪构成理论，而将贝林的犯罪构成理论称为客观的犯罪构成理论。

如下所述，本书试图从他们各自的犯罪构成理论的理论体系和理论结构入手，深层次地区别其理论之间的不同。之所以需要区别其理论的不同，主要原因在于之后的德国犯罪构成理论的流派都是从他们不同的理论中产生的。

第2节　李斯特主观的双系统犯罪构成理论

如李斯特明确指出的那样，"犯罪永远是人的行为，也即犯罪人相对于外部世界的有意识的行为，并通过作为或不作为使外部世界发生变化。与人的意志无关的事件永远也不能实现犯罪构成"[1]。如果我们把以行为人的主观意志为中心的刑法理论看作主观的刑法理论的话，那么李斯特对犯罪的定义就是他的主观的犯罪构成要件理论最好的例证，因为李斯特的犯罪概念强调行为人的主观意志。但是，李斯特的犯罪构成理论并不是这样简单的、概括性的评价所能够深层次地加以把握的，我们需要对他的理论进行系统的分析才可能得出最接近他思想的结论。

尽管古典的犯罪构成理论是李斯特与贝林"共同"完成的，但是在作品形式上李斯特并没有像贝林那样著有犯罪构成理论的专门著作，他的犯罪构成理论主要体现在他的《德国刑法教科书》[2]中。因此本书试图从他的教科书入手，深入他的思想体系进行研究。

一　本节论点所在

本书认为李斯特的理论结构是双系统的犯罪构成理论，第一个系统是以"三要件"为主的构成要件系统，第二个系统是"不法-罪责"系统。在双系统理论中，"不法-罪责"系统相比较而言是平面的系统，而"三要件"系统则是立体的、多层结构的系统。以下分别进一步论证。

---

[1] 〔德〕李斯特著，〔德〕施密特修订《德国刑法教科书》（修订译本），徐久生译，法律出版社，2006，第167页。

[2] 李斯特的 *Lehrbuch des Deutschen Strafrechts* 已经经历过几十次的修订，本书所依据的版本主要是由施密特博士（Dr. Eberhard Schmidt）修订、徐久生先生翻译的第26版。在一些细微的部分还参照了其他版次以及关于其他版次的研究著作。

1. 立体的"三要件"系统

"犯罪，就其形式来看，是指实现犯罪构成、应当受到刑法处罚的作为和不作为。"① 根据李斯特对犯罪的定义，行为-作为或者不作为-作为犯罪行为必须符合两个条件：一个是实现"犯罪构成"，另一个是"可罚性"。毫无疑问，行为的"可罚性"以"犯罪构成"的实现为前提。如果一个行为没有符合"犯罪构成"的要求，该行为就可看作不受惩罚的行为。从这一点来看，我们可以确定这里有两个层级："犯罪构成"的层级和"可罚性"层级。因为后世的视线都集中在"犯罪构成"层级上，从而忽视了另一个层级——"可罚性"层级。如松宫孝明指出的那样，"李斯特的犯罪论体系，严密地讲，如众所周知的那样，涵盖'人的行为'、'违法性'、'责任'、'可罚性'四个阶层。但是一般'可罚性'作为单纯的法定要件的问题不太受到重视，因而只停留在'人的行为'、'违法性'、'责任'三个阶层的体系上"②。我们先不论松宫孝明在这里所指的"人的行为"、"违法性"、"责任"的"三要件"是李斯特主张的哪一个"三要件"，在这里可以肯定的是，后世的确忽视了李斯特所指的"可罚性"层级。尽管本书的重点也没有设定在"可罚性"层级上，但是在这里还是要特别指出，"犯罪构成"和"可罚性"双层的结构也体现了李斯特"三要件"系统的立体性特征。

如上所述，松宫孝明所言的李斯特的"三要件"是"人的行为"、"违法性"、"责任"。这里就产生一个疑问，即松宫孝明在这里所指的"三要件"是不是李斯特所指的犯罪构成理论中的"三要件"？本书认为松宫孝明所指的"三要件"并非李斯特所指的犯罪的构成要件，因为李斯特明确指出"犯罪是符合犯罪构成的、违法的和有责的行为"③。那么，"人的行为"、"违法性"、"责任"的"三要件"是不是松宫孝明对李斯特的"三要件"的误解呢？本书认为在李斯特的理论中的确存在"人的行为"、"违法性"、"责任"的"三要件"。李斯特在关于"一般的犯罪构成"（普通的犯罪构成）的定义中，明确指出作为法律概念的"构成要件"是由"人的行为"、"违法性"、"责任"

---

① 〔德〕李斯特著，〔德〕施密特修订《德国刑法教科书》（修订译本），徐久生译，法律出版社，2006，第167页。

② 松宫孝明「日本と中国犯罪体系論」『法学雑誌』第4号（第64号）、2019、135頁。

③ 〔德〕李斯特著，〔德〕施密特修订《德国刑法教科书》（修订译本），徐久生译，法律出版社，2006，第169页。

组成的。① 因此，我们可以肯定李斯特的犯罪构成理论至少是由两个"三要件"构成的理论。那么，"人的行为"、"违法性"、"责任"的"三要件"与"构成要件符合性"、"违法性"、"责任"的"三要件"是什么关系呢？它们能够等同吗？还是它们共同构成了李斯特的"三要件"系统？

本书认为两个不同的"三要件"共同构成了李斯特立体的"三要件"系统中的第一层级，它们是在第一层级中的另一个双重结构。本书将"人的行为"、"违法性"、"责任"这个"三要件"称为"作为法律概念的构成要件"，并且认为这个"三要件"是将"法定的构成要件"概念化的"三要件"。在"作为法律概念的构成要件"中，其实还存在另外两个构成要件，即"一般的构成要件"和"特殊的构成要件"。相对于"作为法律概念的构成要件"而言，本书将李斯特的"构成要件符合性"、"违法性"、"责任"称为"作为价值判断的构成要件"。

李斯特立体的"三要件"系统如图 1-1 所示。

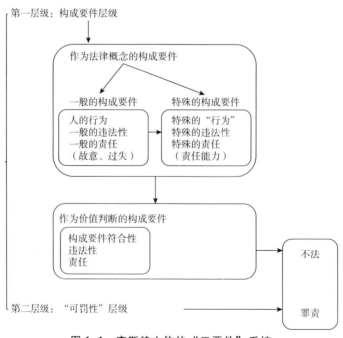

图 1-1 李斯特立体的"三要件"系统

① 参见〔德〕李斯特著，〔德〕施密特修订《德国刑法教科书》（修订译本），徐久生译，法律出版社，2006，第 205 页。

李斯特的双重结构的"三要件"内涵各异，但又有重叠。那么，这里就产生一个问题：它们之间应该如何区别又如何重叠呢？本书认为"作为法律概念的构成要件"是法定的、客观的构成要件，而"作为价值判断的构成要件"是介入法官主观性的、具有价值判断的构成要件。它们的重叠是按照先后关系逐步完成的。

2. 平面的"不法-罪责"系统

本书认为以上所述的两个双层结构的"三要件"系统仅仅是李斯特犯罪构成要件理论的一个系统，与此同时我们还应该注意到李斯特的另一个系统，即"不法-罪责"系统。"犯罪表明了法律上的一个行为的两个方面：在违法性方面是对犯罪行为的否定评价，在罪责性方面是对行为人的否定评价。"① 这既是李斯特对"不法-罪责"系统的定义，也是对传统的德国"不法-罪责"系统的继承性定义。而且，本书认为李斯特的"不法-罪责"系统是一个平面的系统，"不法"和"罪责"同时存在，并无位阶关系。

3. 双系统犯罪构成理论

本书认为立体的"三要件"系统是李斯特的创新性理论，而"不法-罪责"系统是李斯特对德国传统刑法理论的继承。两个系统共同构成了李斯特的犯罪构成要件理论，这可以说是李斯特双系统理论的第一个特点。

李斯特双系统结构的第二个特点是第一个系统与第二个系统是相互分离的。这种分离性的系统与本章第 3 节中所论述的贝林客观的双重结构的犯罪构成理论完全相反。在贝林的犯罪构成理论中，也存在"三要件"与"不法-罪责"的双系统，但是贝林将这两个不同的系统完全统合起来，形成了贝林流的犯罪构成理论。② 与此不同，李斯特并没有在他的理论中将这两个系统理论性地结合起来，因而双系统呈现出相互分离的状态，至少呈现出比较松散的状态。既然如此，这里就会出现一些疑问：其一，为什么李斯特要在自己的理论中设置两个不同的系统？其二，为什么李斯特没有像贝林那样将两个系统统合起来形成一个完整的理论？这是本书以下所要具体论述的内容。

---

① 〔德〕李斯特著，〔德〕施密特修订《德国刑法教科书》（修订译本），徐久生译，法律出版社，2006，第 169 页。
② 参见本章第 3 节"贝林客观的双重结构的犯罪构成理论"。

二 第一个系统——立体的"三要件"系统

李斯特的第一个系统是立体的"三要件"系统，即以犯罪构成的"三要件"为前提，对犯罪行为确定"可罚性"的双层结构。本书认为这个系统是李斯特的创新系统，因为在李斯特之前的德国刑法理论中没有完整的犯罪构成要件理论，更没有双层结构的犯罪构成理论体系。尽管在李斯特之前德国也存在如宾丁的要件要素理论，但是没有形成当代所具有共识的"三要件"理论体系。

为了更切入本书的论题核心，这里重点论述第一个系统中的第一层级，即立体的"三要件"系统，不具体展开第二层级——"可罚性"层级。但是，这并不是因为"李斯特的犯罪论和刑罚论是分离的"[1]。本书认为在李斯特的第一个系统中的"可罚性"层级，并不等于"刑罚论"，它依然属于犯罪的构成要件层级，只是在这个层级中不属于"犯罪构成"的核心部分。它的功能体现在与第二个系统中的"罪责"之间的对应关系上。

由于刑法理论界的资料多以翻译资料为主，所以未免会有一些一词多义或者多词一义的现象，为了更加清楚地表达本书的论点，本书认为在论述李斯特理论之前，首先需要大致梳理一下与李斯特《德国刑法教科书》相关的含义相同而称谓不同的用语。

（1）普通的构成要件、一般的构成要件、法定的构成要件

李斯特的《德国刑法教科书》中使用的名称主要是"普通的构成要件"和"一般的构成要件"，这两者的含义是一致的。从李斯特对"普通的构成要件"和"一般的构成要件"的定义和解释来看，它们不完全等同于"法定的构成要件"。在李斯特的《德国刑法教科书》中"法定的构成要件"有特定的含义，即指刑法条文。

（2）特殊的构成要件、实质的构成要件

在李斯特的《德国刑法教科书》中相对于"普通的构成要件"、"一般的构成要件"而言，还使用了"特殊的构成要件"。但如下文的论述所示，"特殊的构成要件"不同于"实质的构成要件"，而是与"一般的构成要件"

---

[1] 小坂亮「フランツ.フォン.リストの刑法理論の一断面—責任論.責任能力論を中心として—」『刑法雑誌』52 巻第 2 号、2013、144 頁。

（"普通的构成要件"）相对而言的构成要件。李斯特使用了"实质的违法性"概念，但并没有使用"实质的构成要件"概念。

以下将要展开讨论的是李斯特第一个系统中第一层级的具有双重立体结构的"三要件"理论，第一层结构是"作为法律概念的构成要件"，第二层结构是"作为价值判断的构成要件"。

（一）作为法律概念的构成要件

李斯特的"作为法律概念的构成要件"由"人的行为"、"违法性"、"责任"的"三要件"组成。① 这是一个关于"行为"构成的"三要件"，不过这个"三要件"的理论并不是李斯特首先提出来的，19世纪"海德堡大学的卢登（Luden）就已经提出了犯罪概念的三分法（行为、违法性和责任）"②。从字面意思上看，尽管卢登将"行为、违法性、责任"的"三要件"称为"犯罪构成要件"，但实际上他的"三要件"理论与李斯特的"作为法律概念的构成要件"相同，都是关于行为的构成要件理论。虽然他们各自的"三要件"的内涵有所差异，但可以肯定"作为法律概念的构成要件"不是李斯特的新创概念。

"作为法律概念的构成要件"可以说是将刑法典规定的条文概念化的"三要件"理论，因为"法定的构成要件"就是刑法典规定的条文，所以，可以说它也是将"法定的构成要件"概念化的理论。李斯特将"作为法律概念的构成要件"分成"一般的构成要件"和"特殊的构成要件"两种，但同时代的在刑法学界具有代表性的学者如M.E.麦耶、迈茨格③、贝林都反对这样的分类。④ 从这个意义上讲，这种分类可以看作李斯特理论的一个特色。以下根据李斯特对"作为法律概念的构成要件"的定义，做进一步的分析论证。

1. 一般的构成要件

李斯特明确指出"一般的构成要件（普通的构成要件）是指每一个犯罪

---

① 参见〔德〕李斯特著，〔德〕施密特修订《德国刑法教科书》（修订译本），徐久生译，法律出版社，2006，第205页。

② 〔德〕汉斯·海因里希·耶赛克、〔德〕托马斯·魏根特：《德国刑法教科书》，徐久生译，中国法制出版社，2017，第277页。

③ 迈茨格，也译作梅茨格尔。

④ 参见〔德〕李斯特著，〔德〕施密特修订《德国刑法教科书》（修订译本），徐久生译，法律出版社，2006，第206页注释（1）。

都必须具备的特征。属于此等普通的构成要件或者一般的构成要件特征的有'人的行为'、'违法性'、'责任'"①。小野清一郎认为李斯特采用了弗兰克《注释书》中的概念来定义他自己的"一般的构成要件",小野清一郎指出"在弗兰克的《注释书》中,最清楚而又直截了当地表现出了这一点。弗兰克认为所谓一般的构成要件是指成立犯罪所必须的要素的总和"②。从文字的表述上来看,弗兰克的"犯罪"定义的确与李斯特所言的作为法律概念的"犯罪行为"定义是一致的,但是,如果弗兰克的犯罪构成理论没有层级区分的话,就很难说两者所言的"犯罪"定义具有相同的内涵了。

弗兰克认为"作为一般的构成要件,有人的一定的态度,并且它必须是有意志的行为或者有责任的行为"③。弗兰克强调的是行为主观方面的性质,即具有意志的行为和具有责任能力的行为,而李斯特"一般的构成要件"中的"行为"不过是"一般的构成要件"的一个构成要件要素。进一步讲,弗兰克对"一般的构成要件"的定义只关注"行为概念",是通过"一般的构成要件"的内涵解释"行为概念"。与此不同,李斯特除了关注对"行为概念"的解释之外,更加关注行为的构成。弗兰克所指的"行为"倾向于"行为概念"中的行为,而李斯特所指的"行为"更倾向于"行为构成"中的行为。因此,本人认为,李斯特所指的"一般的构成要件"与弗兰克所指的"一般的构成要件"存在很大差别,它们之间的相同之处只停留在概念用语上。

毫无疑问,只要是"一般的构成要件",它就一定是一般性的所有要件要素的总和,是所有犯罪都必须具有的特征。但是,李斯特的《德国刑法教科书》中所言的"一般的构成要件"和"特殊的构成要件"与弗兰克所言的有所不同。在李斯特的理论中,"一般的构成要件"是有层级的,是将刑法典条文规定的"行为"抽象化的、概念化的"构成要件"。但弗兰克所言的"一般的构成要件"并不是在这个层级上的"构成要件",而是先于法律概念判断的"行为概念"构成。如果从层级的角度来看,弗兰克的"三要件"理论更可能是在价值判断层级上的"构成要件",即已经或者预定要加入法官主观性

①　〔德〕李斯特著,〔德〕施密特修订《德国刑法教科书》(修订译本),徐久生译,法律出版社,2006,第205页。
②　小野清一郎『犯罪構成要件の理論』有斐閣、1953、3頁。
③　小野清一郎『犯罪構成要件の理論』有斐閣、1953、3頁。

判断的"构成要件"。对李斯特而言,"作为法律概念的构成要件"是一个准则性的标准,而"作为价值判断的构成要件"是包含法官主观因素的价值判断。李斯特的"一般的构成要件"一方面区别于"行为概念",另一方面区别于"作为价值判断的构成要件"。因此说李斯特的"一般的构成要件"是有理论层次的概念。但是,弗兰克的"一般的构成要件"则相反,它一方面作为"行为概念"解释,另一方面又"作为价值判断的构成要件"使用。弗兰克并没有将他的理论进行分级,直接从"行为"进入价值判断层面。因此,本书认为他们两者的定义存在很大的差别,并不能因为使用了相同的概念名称,而将它们混为一谈。

（1）人的行为

行为（Handlung）是"一般的构成要件"的要件要素之一,"是相对于外部世界的任意举止（willkuerlliches Verhalten）,具体地讲:这一任意行为能够改变外部世界,不论是造成某种改变的作为（Tun）,还是造成某种改变的不作为（Unterlassen）"①。这是李斯特对任意一个行为的定义,显然也包括刑法上的"人的行为"在内,但是,正因如此,也抹杀了一般的任意行为与刑法意义上的行为之间的界限。为此,李斯特接下来又指出"行为的概念首先以意志活动（Willensbestaetigung）为先决条件（行为是具体化了的意思）"②。如果只有人才有意志的话,那么显然这里所指的"行为"就是"人的行为",而且只能是具有"意志"的人的行为,因为"法律上有重要意义的意志活动,即作为法律评价客体的意志活动,根据今天的法律观只能由人来实施"③。然而,即便以违法行为区别一般行为,其内涵依然相当宽泛。所以,"立法者从几乎不可能一览无余的违法行为方式中,将一些特定的行为筛选出来,并以此方式构成了应受刑法处罚的具体犯罪的犯罪构成"④。最后,李斯特通过刑法"立法"的方式,将人的行为区别为"一般行为"与刑法意

---

① 〔德〕李斯特著,〔德〕施密特修订《德国刑法教科书》（修订译本）,徐久生译,法律出版社,2006,第176~177页。

② 〔德〕李斯特著,〔德〕施密特修订《德国刑法教科书》（修订译本）,徐久生译,法律出版社,2006,第177页。

③ 〔德〕李斯特著,〔德〕施密特修订《德国刑法教科书》（修订译本）,徐久生译,法律出版社,2006,第178页。

④ 〔德〕李斯特著,〔德〕施密特修订《德国刑法教科书》（修订译本）,徐久生译,法律出版社,2006,第167页。

义上的"行为"。尽管违法的行为各种各样，但立法者还是将特定的行为"筛选"出来，通过刑法典规定为犯罪行为。这样在刑法典中被规定下来的"行为"就可以与其他的行为区别开来。换言之，刑法意义上的"行为"，即李斯特构成要件理论中的"人的行为"就是指立法者通过刑法典的方式规定下来的、体现在刑法条文中的行为。因为刑法条文（大陆法系）是以判断一个行为的标准来规定的，所以它本身也具有"要件要素"的特质，李斯特将此规定称为"法定的构成要件"。

既然"人的行为"，即刑法上的"行为"是刑法典所规定的行为，那么我们可以肯定它不是指具体一个人已经实行的行为，而是指一个概念上的行为，并且是一个法律概念上的行为。既然是概念的行为，那它一定是抽象的行为。譬如说杀人罪中的"杀人"这个动作、抢劫罪中的"抢"这个动作。但是，这些动作无论是作为还是不作为，都有以下几层含义：其一，动作一定是由人引起或主导的；其二，动作不是现实发生的行为，而是刑法典规定下来的概念性的行为（类型）；其三，即便不是现实发生的行为，这些动作本质上也必须是具有意志的人的"行为"，而不能是人的"思想"。这些特征就是"人的行为"的构成特征。

"人的行为"该当的是刑法分则规定的"法定的构成要件"还是刑法总则规定的"法定构成要件"呢？对此，李斯特没有明确的说明。从李斯特的理论逻辑来看，本书认为"人的行为"该当的是刑法分则规定的"法定的构成要件"。因为第一，刑法分则规定的"法定的构成要件"是对"行为"的规定；第二，"人的行为"仅仅指"行为"（刑法分则的规定），并不指行为的例外情形（刑法总则的规定）。

（2）一般的违法性（观念的违法性、客观的违法性）

李斯特在作为法律概念的"三要件"中的"违法性"是指观念上的违法性、一般的或者客观的违法性。"'犯罪'这种否定评价只能与违法行为有关。违法是指一行为在形式上与法制的要求或禁止（Gebote oder Verbote）背道而驰，破坏或危害一种法益。"① 根据此定义，我们可以说李斯特"作为法律概念的构成要件"中所指的"违法性"就是"人的行为"在法律形式上没有符

---

① 〔德〕李斯特著，〔德〕施密特修订《德国刑法教科书》（修订译本），徐久生译，法律出版社，2006，第167页。

合法律的要求或者禁止规范的一种状态。应该注意的是，因为这里的"违法性"是指法律概念上的违法性，所以这个"违法性"也是抽象的"人的行为"违反刑法规定时的那种状态。更加直接地讲，这里所指的"违法性"是一个概念上的违法性、一个抽象意义上的违法性，而不是一个具体的行为所实行的、对法益的确实侵害。为了区别后述的各种类型的违法性，本书将它称为"一般的违法性"。

如果说"人的行为"是指刑法分则规定的行为，那么应该说"作为法律概念的构成要件"中的"违法性"就应该是指符合刑法分则规定的"人的行为"类型的行为。具体而言，当一个"观念上的行为"符合刑法分则规定的要件要素时，那么这个"观念上的行为"就具备了"一般的违法性"条件。但是，这里有一个问题，即"一般的违法性"是否也应该要求符合刑法总则中所规定的违法性阻却事由的条文呢？从李斯特的理论构成来看，作为"一般的构成要件"中的"违法性"并不要求符合刑法总则的规定，因为刑法分则规定的是"犯罪"，而刑法总则中规定的是"犯罪的例外"。但是，假设"一般的构成要件"中的"违法性"只是指符合刑法分则规定的要件要素的话，那么就意味着这个"违法性"包含刑法总则中规定的违法性阻却事由的可能性。如果是这样，这里所指的"违法性"就不是真正排除了合法行为情形下的"违法性"。李斯特也注意到了这一点，他指出"有些符合犯罪构成的行为却不违法；有些违法的行为却不符合犯罪构成要件"[1]。但是，如果从"一般的违法性"中排除刑法总则规定的违法性阻却事由的话，就需要加入"价值的判断"。如果是这样，"一般的构成要件"能否发挥它的客观"指导性"作用就会受到质疑。换言之，根据李斯特的理论逻辑，为了保持"一般的构成要件"的"一般性"作用，"一般的违法性"就不能将刑法总则中规定的违法性阻却事由的条文加进来。也就是说，"一般的构成要件"中的"违法性"不得不是一个抽象的违法性、一个象征性的违法性。

但是，既然李斯特已经意识到"一般的违法性"中存在违法性阻却事由的可能性，那么，为什么他不将此排除呢？如果不将此排除，实际上就会产生一个问题，即"一般的违法性"与"人的行为"之间应该如何区别。反过

---

① 〔德〕李斯特著，〔德〕施密特修订《德国刑法教科书》（修订译本），徐久生译，法律出版社，2006，第168页。

来讲，既然没有出现需要区别"人的行为"与"一般的违法性"的问题，那么，就可以认为"一般的违法性"还是要求符合刑法总则的规定。因为只有这样，"一般的违法性"的功能才不会与"人的行为"的功能重复。如果"一般的违法性"只是对法律条文的概念化，那么，"一般的违法性"也不会因为对刑法总则的"法定的构成要件"的概念化而丧失"中立性"。因此，本书认为"一般的违法性"应该是指既要符合刑法分则也要符合刑法总则的概念化要件要素，只是李斯特的理论中没有明确的论证而已。

（3）一般的责任①

尽管李斯特明确指出"属于故意范畴的有对事实和法律关系的认识，此等事实和法律关系被作为构成要件特征概括进法定的构成要件之中，并因而对法律的犯罪描述具有重要意义"②，但这并不能证明李斯特所主张的"一般的构成要件"中的"责任"就一定要符合刑法总则的规定。如果是这样，就会产生以下两方面的问题。一是，如果"一般的构成要件"中的"责任"不能超越刑法分则的规定，那么这里所指的"责任"内涵到底应该指什么？二是，假设"责任"指故意、过失，那么"责任"就必然要求符合刑法总则的规定，因为只有在刑法总则中规定了故意、过失。

李斯特指出"在罪责概念中我们能够确认，有责任能力之人的心灵深处与法律要求及其价值评价之间存在特有的心理学-规范关系：行为人的行为违

---

① 本书认为在德国的刑法理论中"责任"和"罪责"还是存在区分的，因为德国的犯罪构成理论是双系统的。一般而言，"不法-罪责"系统中多用"罪责"一词语，在"三要件"系统中多用"责任"。前者具有"归责"的内涵，而后者则主要指"命令"来源。关于应该使用"责任"还是"罪责"，李斯特没有提出特别的区分，李斯特之后的研究中有区别使用的学者。但是本书为了用词用语上的一致性，在"三要件"系统中用作"责任"。在徐久生翻译的《德国刑法教科书》中全部翻译成了"罪责"，没有使用"责任"。在中国，因为德语的Schuld一词对应的汉语单词是"罪责"，所以，自然地接受这种翻译。在日本的犯罪构成要件理论中多数将Schuld当作"责任"一词使用。需要注意的是，德国学术界区别使用"罪责"和"责任"，是因为系统的统合过程中出现的问题，所以区别使用它们本身就代表不同的理论观点。因为日本的刑法理论没有采用像德国的双系统犯罪构成要件理论，在它的理论中并不存在"罪责"和"责任"混乱使用的现象，它们的问题是将"罪责"和"责任"简单化了。但是，中国的刑法学界对"责任"和"罪责"存在一些混乱的现象，本书认为这主要是以下两方面的因素造成的：一方面因为翻译上的不统一，来自德语的多数翻译为"罪责"，来自日本的多数翻译为"责任"；另一方面学者们对两个国家刑法理论的结构了解不够深入，造成了使用"罪责"还是"责任"的选择困难。

② 〔德〕李斯特著，〔德〕施密特修订《德国刑法教科书》（修订译本），徐久生译，法律出版社，2006，第294页。

反作为社会生活秩序的法律，虽然他应当能够认识其行为的反社会性，且在行为时能够期望他有一个与应当规范（Sollennorm）相适应的动机过程"①。根据这个论述，我们可以确定李斯特所指的"责任"内涵就是刑法总则规定的故意、过失。但如果是这样，这里所指的"责任"是否还能够作为"一般的构成要件"中的"责任"来定义呢？李斯特的理论对此并没有明确的解释。从李斯特构建"一般构成要件"的目的来看，本书认为"一般的构成要件"并不局限于对刑法分则条文的"概念化"，也包含对刑法总则条文的"概念化"。因为只有这样，才能够建构起一个具有普遍适用的、整体的"指导性"法律概念。

"在构成要件该当性方面，仅仅客观特征对违法性具有意义，而所有主观特征似乎应当归于罪责，因此不属于特殊之构成要件，而属于一般的构成要件。"② 尽管李斯特没有明确指出哪些是"主观特征"，但我们还是可以从中看到"一般的构成要件"要求包含主观的故意、过失方面，至少李斯特也没有特别指出不包括刑法总则规定的主观方面。既然如此，"一般的构成要件"中的"责任"可以推定应该也是对刑法总则规定的主观方面条文的抽象化概念。从逻辑上来看，"一般的构成要件"中的"责任"应该要求符合刑法总则规定，而且在理论的结构上也可以与"一般的违法性"达到一种平衡。当然李斯特自身并没有意识到这种平衡关系。

因为一些主观方面的违法要素规定在刑法分则之中，作为"一般的构成要件"中的"责任"不可能回避对这些规定的"抽象化"。问题在于，这些主观方面的要素应该作为"违法性"要素对待还是作为"责任"要素对待必须有所区别。关于这一点，李斯特没有明确说明，甚至没有意识到这一问题，而是认为"所有这些要素，其'作为认定有社会危害性行为的存在，说得更确切些，作为认定特点之具有社会危害性的行为的重要因素'，均属于这个范畴"③。如果只从李斯特指出的这一点来看，这些主观方面的要素不属于"一般的构成要件"要素，甚至不属于"特殊的构成要件"要素，它属于"不法

---

① 〔德〕李斯特著，〔德〕施密特修订《德国刑法教科书》（修订译本），徐久生译，法律出版社，2006，第260页。

② 〔德〕李斯特著，〔德〕施密特修订《德国刑法教科书》（修订译本），徐久生译，法律出版社，2006，第209页。

③ 〔德〕李斯特著，〔德〕施密特修订《德国刑法教科书》（修订译本），徐久生译，法律出版社，2006，第209页。

-罪责"系统中的构成要件要素。也就是说,李斯特将这些主观方面的要素当作"社会危害性"方面的要素来处理。不过,李斯特也指出"所有主观的特征似乎应当归于责任"①,那意味着这些主观方面的要素因为具有"主观的特征",所以也应该归于"责任"。

(4)"一般的构成要件"的"三要件"要素之间的关系

"一般的构成要件"的"三要件"要素之间存在先后顺序关系,本书认为李斯特对它们的顺序是这样排列的,"人的行为"—"违法性"—"责任"。没有行为的"思想"并不能成为犯罪,这一点是不需要特别论证的,因此,"人的行为"的存在一定是"违法性"和"责任"的前提。在"违法性"与"责任"之间,"责任"以"违法性"的认识为前提,"就故意而言,行为人必须对犯罪概念所具有的所有构成要件特征(包括结果)均有认识方可,如果认识中缺少任何概念特征之一,即不存在故意,而可能是过失"②。尽管"过失"的情形不能确定,但是从"过失"的主观特性来看,在"违法性"和"责任"的顺序关系上,还是与"故意"和"违法性"的排序一致的。

综上所述,"一般的构成要件"的价值在于"属于一般构成要件的犯罪特征被同等对待,不需要在具体的刑法规定中每次强调此等一般之构成要件;在将一行为纳入刑法规定的情况下,得对一般的构成要件的特征作'从属理解'"③。也就是说"一般的构成要件"是所有"犯罪行为"必须具备的要件,是所有行为共有的构成要件,但是因为这些要件是抽象的、概念性的,所以在特定的"行为"中适用需要做"从属理解",即具体解释。

2. 特殊的构成要件

与"一般的构成要件"相对存在的"特殊的构成要件"也是一个法律概念,它与"一般的构成要件"一起形成了"作为法律概念的构成要件"体系。李斯特对"特殊的构成要件"的定义引用的也是当时弗兰克的定义,"所谓特殊的构成要件,则是各种犯罪所特有的要素"④。与弗兰克的定义相比,

---

① 〔德〕李斯特著,〔德〕施密特修订《德国刑法教科书》(修订译本),徐久生译,法律出版社,2006,第209页。

② 〔德〕李斯特著,〔德〕施密特修订《德国刑法教科书》(修订译本),徐久生译,法律出版社,2006,第309页。

③ 〔德〕李斯特著,〔德〕施密特修订《德国刑法教科书》(修订译本),徐久生译,法律出版社,2006,第205页。

④ 小野清一郎『犯罪構成要件の理論』有斐閣、1953、3頁。

李斯特的定义相对比较具体，"如果谈到刑法中的构成要件，通常是指特殊的构成要件，它表明分则章节中规定的具体不法类型特征的总和"①。如果把李斯特的"特殊的构成要件"换成"具体的构成要件"来解释的话，在一定的程度上，可能更容易理解他所要表达的思想。

因为是"刑法分则规定的具体的不法类型"，所以我们可以确定每一个犯罪类型的"法定的构成要件"都是不同的，但却是具体的，譬如说杀人的构成要件不同于强奸的构成要件，盗窃的构成要件不同于抢劫的构成要件。正因为每一个"法定的构成要件"（分则规定的不同的罪）是不同的，所以它们都是"特殊的"，不同于所有犯罪行为都共同所有的"一般的构成要件"。虽然李斯特在他的教科书中没有明确地加以解释"特殊的构成要件"，但是本书认为他之所以这样称谓"特殊的构成要件"，那是从"法定的构成要件"规定的行为的角度来思考的。当刑法典将某一类型的行为规定为是禁止的行为的时候，它们就具有了类犯罪的"特殊性"。"特殊的构成要件"应该是指某一类"行为"所应该符合的构成要件。

毫无疑问，李斯特不是在价值判断的层级上对"一般的构成要件"与"特殊的构成要件"加以区别，而是在法律概念的层级上加以区别。李斯特指出"特殊的构成要件是法律概念，在制定这一法律概念时，立法者虽然考虑到了一定的现实情况，但概念中不可能反映现实本身，而只是引导我们对人的行为进行刑法上的评价"②。尽管李斯特没有明确指出"特殊的构成要件"是我们判断一个现实中的行为是否构成犯罪的"指导形象"，但是"引导"也足够使我们明确理解这种含义。应该注意的是，既然是"引导"性的概念，那么它（构成要件）就只能是法律概念的标准，而不是现实中的具体的、实质性的判断。

如上所述，"属于此等一般的构成要件特征的有'人的行为'、'违法性'、'责任'"③，那么，"特殊的构成要件"是否也应该具备这三个要件要素呢？对此，李斯特没有明确的论证和说明。本书认为它们应该是一一对应

---

① 〔德〕李斯特著，〔德〕施密特修订《德国刑法教科书》（修订译本），徐久生译，法律出版社，2006，第205页。

② 〔德〕李斯特著，〔德〕施密特修订《德国刑法教科书》（修订译本），徐久生译，法律出版社，2006，第207页。

③ 〔德〕李斯特著，〔德〕施密特修订《德国刑法教科书》（修订译本），徐久生译，法律出版社，2006，第205页。

的，因为既然是"一般的构成要件"，那么它就一定会体现在"特殊的构成要件"之中。具体到每一个特殊的"构成要件"的时候，一定会要求相应特殊的"人的行为"、"违法性"、"责任"。如果是这样，这里就会出现一些问题：应该如何区分"一般的构成要件"与"特殊的构成要件"的不同？"一般的构成要件"与"特殊的构成要件"之间是否存在功能上的重叠？

毫无疑问，"一般的构成要件"与"特殊的构成要件"是重叠的，它们都是"作为法律概念的构成要件"，具体而言，"特殊的构成要件"中内含了"一般的构成要件"。但是它们的功能不同。"一般的构成要件"是比"特殊的构成要件"更为抽象的、具有概括性的"构成要件"，而"特殊的构成要件"是对某一类犯罪行为的"构成要件"。在某种意义上，"特殊的构成要件"比"一般的构成要件"更接近"作为价值判断的构成要件"，这就是李斯特认为"特殊的构成要件"更为重要的原因。陈兴良已经注意到了李斯特的创新理论的这一特征，指出李斯特虽然"论及一般的构成要件与特殊的构成要件这一分类，但李斯特明显地是偏向于特殊的构成要件的，并且在其符合犯罪构成的、违法的和有责的行为这一犯罪概念中，也可以看出李斯特是采用特殊的构成要件概念的"[1]。陈兴良的确指出了李斯特理论的一些重要特点，但是，并没能指出这个创新理论的结构特征，也没能指出李斯特"一般的构成要件"和"特殊的构成要件"之间的不同。这是因为没有从李斯特理论结构的角度讨论"一般的构成要件"和"特殊的构成要件"的关系，从而也就无法指出它们各自功能的特性。

（1）特殊的"行为"

根据李斯特对"特殊的构成要件"的定义，我们可以将"特殊的构成要件"中规定的"人的行为"看作刑法分则条文规定的某一类行为。因为都是针对刑法分则条文的概念化要件，"特殊的构成要件"中的"人的行为"与"一般的构成要件"中的"人的行为"是重叠的。事实上，它们本来就应该是重叠的，不同的只是"特殊的构成要件"中的"人的行为"比"一般的构成要件"中的"人的行为"更为具体。"一般的构成要件"中的"人的行为"是刑法分则规定的所有犯罪的"行为"，而"特殊的构成要件"中的"人的

---

[1] 陈兴良：《构成要件：犯罪论体系核心概念的反拨与再造》，《法学研究》2011年第2期，第6~7页。

行为"是指某一类犯罪的"行为"。从逻辑上来看，在"特殊的构成要件"中的"人的行为"，不但要符合"某一类型"的行为（譬如说杀人的行为或者抢劫的行为）的构成要件，而且要符合"一般的构成要件"中"人的行为"的构成要件。只有它们相结合才能形成一个"作为法律概念的构成要件"。尽管李斯特的"一般的构成要件"中的"人的行为"和"特殊的构成要件"中的"人的行为"是重叠的，但是在李斯特的理论中并没有对此做出明确的说明。

（2）特殊的违法性

"特殊的构成要件"中的"违法性"，一方面要求符合"一般的构成要件"中的"违法性"的构成要件，另一方面要求符合"特殊的构成要件"中的"违法性"的构成要件。而且通过与"一般的构成要件"中的"违法性"重叠，从而达到从"一般的构成要件"中的"违法性"转变成"特殊的构成要件"中的"违法性"的目的。

（3）特殊的责任

与"特殊的构成要件"中的"违法性"一样，"特殊的构成要件"中的"责任"，一方面要求符合"一般的构成要件"中的"责任"的要件要素，另一方面还要求符合"特殊的构成要件"中的"责任"的要件要素，从而完成从"一般的构成要件"中的"责任"转变成"特殊的构成要件"中的"责任"的功能。

3. "一般的构成要件"与"特殊的构成要件"之间的关系

李斯特在他的理论中没有论述"一般的构成要件"与"特殊的构成要件"之间的关系。但是，从李斯特秉承的黑格尔哲学的观点来看，可以确定只有"一般的构成要件"与"特殊的构成要件"之间的统合才能形成"作为法律概念的构成要件"，因为这是黑格尔概念哲学的基本理念。[①] 如上所述，"一般的构成要件"与"特殊的构成要件"之间在内涵和外延上都是完全重叠的，不同的只是它们各自倾向的功能。"一般的构成要件"的功能在于为所有犯罪"行为"提供一个基础的标准（规格），而"特殊的构成要件"是为某"一类犯罪"提供一个"向导性"标准。

尽管李斯特指出法官的评价活动"不仅使用法学概念的构成要件（'他人

---

① 参见〔德〕黑格尔《法哲学原理》，范扬、张企泰译，商务印书馆，1995，第13~19页。

的物品'、'公文'、'官员'、'监护人'、'婚姻'等）如此，而且使用文化评价的构成要件（'品行端正的'、'良好的风俗'、'骂人'等）也同样如此。在这两种情况下，法官不是依赖纯主观的个人的评价，他必将会坚持确定的、客观的、法学的或者文化的评价。但是，没有一种'主观的掺和'（subjecktive Beimischung）'，尤其在文化评价情况下，法官的评价是不可能进行的"①，但是本书认为这并不能说明"一般的构成要件"和"特殊的构成要件"的关系，因为一方面没有指出法官的"掺和"适用于两者之间的关系；另一方面即便是指适用于两者，只要是在"作为法律概念的构成要件"的层级上，"法官的掺和"是没有实质意义的，"法官的掺和"只有进入"作为价值判断的构成要件"阶段，才能体现出来。但是，李斯特的论述表明了一点，即在"一般的构成要件"和"特殊的构成要件"之间的确需要一个"第三者"将它们联系在一起。

如上所述，不得不说"特殊的构成要件"与"一般的构成要件"很难区别，因为它们本质相同，而且相互重叠。在某种意义上可以说没有这样区别的必要性，这也是贝林、M.E.麦耶、迈茨格反对这样区分的理由。然而，既然李斯特已经分类，就存在分类的目的。本书认为，李斯特这样分类的目的在于试图说明他的理论体系存在层级上的不同。"一般的构成要件"比"特殊的构成要件"更具有一般性的特征，是所有犯罪共有的特征，而"特殊的构成要件"是一类犯罪所共有的特征。譬如说，"抢劫"行为与"强奸"行为，它们共同的特征是触犯了刑法分则规定的"抢劫"或"强奸"的违法行为，但因为"抢劫"行为的构成要件不同于"强奸"行为的构成要件，所以它们又各自表现为不同的"类犯罪"的特征。本书认为李斯特这样的分类并没有错误，只是在犯罪构成理论中，从刑法实践的角度来看，似乎"作为法律概念的构成要件"没有必要如此深层次地分类，因为作为"构成要件"的根本性目的是起到一个"向导性"的作用。如果如此深层次地划分，必然导致分化出来的各层概念再次重组的问题。而"重组"或者"整合"各概念之间的关系，会造成统一的"指导性"概念的缺失，反而会降低"构成要件"向导性的作用力。当然，不能否认的是李斯特理论内涵的丰富性。正是这种"无

---

① 〔德〕李斯特著，〔德〕施密特修订《德国刑法教科书》（修订译本），徐久生译，法律出版社，2006，第208页。

用”的丰富性奠定了德国刑法理论的实质性进步。

李斯特指出“在特殊的构成要件中，不存在纯粹描写（‘描述’）性的构成要件特征，而所有的构成要件中均有评价的特征（规范特征）”①，的确，“作为法律概念的构成要件”，无论是“一般的构成要件”还是“特殊的构成要件”，都不是“纯粹描述性”的构成要件，都不同于纯粹描述性的“法定的构成要件”。李斯特把“作为法律概念的构成要件”当作一种对刑法典的认识理论来对待，如他自己所言，“这里不能讲它是‘描述之构成要素’，但无论如何它强调了这样一些构成要件特征的特点，这些构成要件特征具有专门的规范性特点，且在对其进行认定时需要法官的评价活动”②。“作为法律概念的构成要件”的规范性特征，只是为“法官”进行评价提供一个客观的标准。

与“一般的构成要件”相比，“特殊的构成要件”更加接近“作为价值判断的构成要件”。但是，尽管如此，本书认为“作为法律概念的构成要件”是针对刑法典（“法定的构成要件”）的概念化理论，依然不具有价值判断的功能。在这个意思上讲，“作为法律概念的构成要件”中的“特殊的构成要件”也不是“规范性”构成要件，仍然是介于“描述性”构成要件（“法定的构成要件”）和“规范性”构成要件之间的构成要件。在这里，李斯特将刑法典概念化的“构成要件”当作贝林所指的“指导形象”使用了。如果说贝林所言的“犯罪类型”+“不法类型”+“责任类型”是从“法定的构成要件”中抽象出来的“指导形象”③的话，那么，就可以认为李斯特的“作为法律概念的构成要件”也是从“法定的构成要件”抽象出来的“概念形象”。他们理论的相同之处在于，都意识到了犯罪构成理论不仅需要具体的犯罪构成要件理论，而且需要抽象的、概念性的犯罪构成要件理论对具体的犯罪进行“指导”。但是，由于贝林在“三要件”系统中加入了“不法－罪责”系统，在一定的程度上，可以说贝林的“类型”三要件是具有“规范性”的，是将抽象的、概念的构成要件和具体的“不法－罪责”相结合的构成要

---

① 〔德〕李斯特著，〔德〕施密特修订《德国刑法教科书》（修订译本），徐久生译，法律出版社，2006，第207页。

② 〔德〕李斯特著，〔德〕施密特修订《德国刑法教科书》（修订译本），徐久生译，法律出版社，2006，第208页。

③ 参见本章第3节“贝林客观的双重结构的犯罪构成理论”。

件。但是李斯特的"作为法律概念的构成要件"是纯粹的"判断标准",不具有"规范性"特征。

那么,李斯特的"作为法律概念的构成要件"的功能到底是什么呢?

4. "作为法律概念的构成要件"的功能

本书认为,李斯特的"作为法律概念的构成要件"的功能就是对"法定的构成要件"的概念化。除此之外,"作为法律概念的构成要件"的意义还在于排除法官任意评价的可能性。如果根据"作为法律概念的构成要件",就能确定"法官不是依赖纯主观的个人的评价,他必将会坚持确定的、客观的、法学的或文化的评价"[①]。从李斯特的角度来看,法官所依据的不应该是主观的、任意的个人观点,而应该是客观的法律规定。这对要求罪刑法定主义原则的现代国家而言是至关重要的。李斯特力图建构"作为法律概念的构成要件"的目的也在于此。尽管李斯特是新派刑法理论的创始人,但是他在坚持罪刑法定主义原则上是非常严格的学者,他所创建的"作为法律概念的构成要件"理论就是一个最好的例证。当然李斯特也没有绝对排除法官的"主观的掺和"(subjektive Beimischung)[②],也就是说他并没有将"构成要件"理论只当作纯粹的理论来对待,他明确地承认"尤其是在文化评价情况下,没有'主观的掺和'是不可能进行的"[③]。这就说明,"作为法律概念的构成要件"还不足以形成李斯特的构成要件理论,还需要一个具有法官"掺和"的"作为价值判断的构成要件"。这种观点是形成李斯特立体的"构成要件"系统的思想基础,也是黑格尔哲学观点的具体体现。如果说"作为法律概念的构成要件"是整体的犯罪构成要件中的"一般的"构成要件的话,那么,"作为价值判断的构成要件"就是"特定的"构成要件。[④]根据黑格尔哲学的观点,"作为法律概念的构成要件"是第一个环节,"作为价值判断的构成要件"就是第二个环节。[⑤]前者是抽象意义上的"构成要件",具有一般性的特征;而

---

① 〔德〕李斯特著,〔德〕施密特修订《德国刑法教科书》(修订译本),徐久生译,法律出版社,2006,第208页。

② 〔德〕李斯特著,〔德〕施密特修订《德国刑法教科书》(修订译本),徐久生译,法律出版社,2006,第208页。

③ 〔德〕李斯特著,〔德〕施密特修订《德国刑法教科书》(修订译本),徐久生译,法律出版社,2006,第208页。

④ 注意这里所指的"特定的构成要件"是相对于作为法律概念的一般的"构成要件"而言的,不同于李斯特"作为法律概念的构成要件"中的"特殊的构成要件"。

⑤ 参见〔德〕黑格尔《法哲学原理》,范扬、张企泰译,商务印书馆,1995,第13~19页。

后者就是特定意义上的"构成要件"，具有一定程度的具体性特征。

日本的学者并不承认贝林之前的犯罪构成理论。小野清一郎认为"着眼于这种特殊化了的构成要件（亦即具体的构成要件）的重要性，产生了把它不仅仅视为刑法分则上的概念而且作为构建刑法总则，即刑法一般理论体系之基石的努力。而这一努力是从贝林开始，由 M. E. 麦耶大体完成的"①。本书认为小野清一郎的观点不能成立，因为这是对李斯特的"作为法律概念的构成要件"的一种无视。如上所述，"作为法律概念的构成要件"是对刑法分则的概念化理论，也是对刑法总则的概念化理论。其与小野清一郎的犯罪构成要件理论的不同之处在于"构成要件符合性"的内涵。简言之，李斯特的"作为法律概念的构成要件"中的"构成要件符合性"（"人的行为"）只是将刑法分则概念化的要件要素，而小野清一郎的"构成要件符合性"中的"构成要件"既包含刑法分则的规定也包含刑法总则的规定。从小野清一郎自己的理论结构②来看，他所指的"构成要件"也指将"法定的构成要件"概念化的"构成要件"，即"构成要件以此仅仅意味着是法律上的抽象的、概念性的概念"③。但是，小野清一郎的"构成要件"并没有区分"作为法律概念的构成要件"和"作为价值判断的构成要件"，这意味着他的"构成要件"不能完全对应李斯特的理论。尽管李斯特这个概念化、抽象化的"构成要件符合性"（"人的行为"）的内涵比较狭窄（主要是对刑法分则的部分），但是从李斯特的理论结构上看，也是一种自洽的犯罪构成要件理论。本书认为一般的犯罪构成理论应该是从李斯特开始的，能够确定这一点的，恰恰就是李斯特的"作为法律概念的构成要件"。如本章第 3 节论述的那样，贝林的理论只是对李斯特的"作为法律概念的构成要件"的进一步深化。

（二）作为价值判断的构成要件

李斯特指出"犯罪是符合犯罪构成的、违法的和有责的行为"④，这意味着李斯特的犯罪的"构成要件"也是由"构成要件符合性"、"违法性"、"责

---

① 小野清一郎『犯罪構成要件の理論』有斐閣、1953、3-4 頁。
② 秦一禾：《论小野清一郎的犯罪构成理论的二重性》，《中国社会科学院研究生院学报》2021 年第 5 期。
③ 小野清一郎『犯罪構成要件の理論』有斐閣、1953、3 頁。
④ 〔德〕李斯特著，〔德〕施密特修订《德国刑法教科书》（修订译本），徐久生译，法律出版社，2006，第 169 页。

任"三要件组成的。因为犯罪的"构成要件"必须介入法官的价值判断才可以运行，所以，这是一个具有价值判断的"三要件"。本书将它称为"作为价值判断的构成要件"，以对应"作为法律概念的构成要件"。"作为法律概念的构成要件"是将刑法条文抽象化、概念化的"构成要件"，它的本质是法律条文的规制。而"作为价值判断的构成要件"是介入法官价值判断的"构成要件"，它的本质是对特定犯罪行为的价值评价。从这个意义上讲，我们也可以将"作为价值判断的构成要件"理解为具有规范性的"构成要件"。以下分别论证"作为价值判断的构成要件"中的三个构成要件要素的内涵。

1. 构成要件符合性＝构成要件该当性

在中国刑法理论中，有的学者用"构成要件符合性"，有的学者用"构成要件该当性"，这两种用法具有相同的含义，本书选用"构成要件符合性"。

（1）"构成要件"与"构成要件符合性"

"作为价值判断的构成要件"中的"构成要件符合性"所指的"构成要件"是否能等同于"作为法律概念的构成要件"呢？本书认为它们是一个概念。"构成要件符合性"就是指一个特定的行为只有符合"作为法律概念的构成要件"的全部构成要件要素时，才能看作符合作为犯罪的一个前提条件。因此，"作为法律概念的构成要件"与"构成要件符合性"中的"构成要件"是相同概念。但是，"作为法律概念的构成要件"不同于"构成要件符合性"。"作为法律概念的构成要件"是刑法典所规定的条文的抽象化概念，但是"构成要件符合性"是指判断一个特定行为"符合"或者"该当"被抽象化的刑法条文的要件要素，它是犯罪的构成要件之一。即便"作为法律概念的构成要件"是将法律条文抽象化的概念，但它本质上依然是法律条文，是概念化的法律条文。与此不同，"构成要件符合性"是指经过法官判断一个特定行为是否符合"作为法律概念的构成要件"的要件要素。"只有那些在具体情况下具备犯罪特征，正如人们通常用术语所表示的那样，符合特定刑法规范的犯罪构成的行为（Handlung）才是犯罪行为（verbrecherische Handlung）。"[1]

因为每一个行为都是特殊的，所以"行为的'构成要件该当性'就必然

---

[1] 〔德〕李斯特著，〔德〕施密特修订《德国刑法教科书》（修订译本），徐久生译，法律出版社，2006，第167页。

意味着 '特殊' 之构成要件之一"①。但是这里所指的 "特殊" 并不能等同于作为法律概念的 "特殊的构成要件" 中的 "特殊"，而应该指每一个具体行为的 "个别性"。更进一步讲，李斯特想要表达的是 "特定" 的各个行为需要介入法官的价值判断来确定犯罪与否，而 "作为法律概念的构成要件" 中的 "特殊的构成要件" 是指一类行为共有的要件要素。

如上文所述，"作为法律概念的构成要件" 分为 "一般的构成要件" 和 "特殊的构成要件"，那么 "构成要件符合性" 应该 "符合" 或者 "该当" 哪一个 "构成要件" 呢？李斯特指出 "构成要件的该当性就意味着特殊之构成要件之一"②。本来 "作为法律概念的构成要件" 是由 "一般的构成要件" 和 "特殊的构成要件" 共同形成的，如果李斯特指出 "构成要件符合性" 应该符合 "特殊的构成要件" 的话，那么他所提出的 "一般的构成要件" 在他的理论构成中是否就变成多余的存在呢？本书认为李斯特强调 "构成要件符合性" 符合的是 "特殊的构成要件" 没有错，但并不准确。如上文所述，在李斯特的 "作为法律概念的构成要件" 中，"一般的构成要件" 与 "特殊的构成要件" 是重叠的，即便 "构成要件符合性" 中要求符合或者该当的是 "特殊的构成要件" 也没有错，因为在 "特殊的构成要件" 中已经包含（符合）"一般的构成要件" 的 "三要件" 要素了。在这个意义上，"特殊的构成要件" 相当于 "作为法律概念的构成要件"。但是，之所以说这种说法不准确是因为既然在 "作为法律概念的构成要件" 中区别了 "一般的构成要件" 和 "特殊的构成要件"，就不应该忽视 "一般的构成要件" 的存在。而且，从李斯特自己的理论结构上来看，"特殊的构成要件" 并不能等同于 "作为法律概念的构成要件"，因为后者毕竟是由 "一般的构成要件" 和 "特殊的构成要件" 共同形成的概念。

（2）"构成要件符合性" 中主观方面与主观性的差别

因为 "构成要件符合性" 应该该当的是 "作为法律概念的构成要件"，如上所述，在 "作为法律概念的构成要件" 中，不仅包含刑法分则规定的概念化条文，也包含刑法总则规定的概念化条文，所以，从理论上讲，"构成要

① 〔德〕李斯特著，〔德〕施密特修订《德国刑法教科书》（修订译本），徐久生译，法律出版社，2006，第205页。
② 〔德〕李斯特著，〔德〕施密特修订《德国刑法教科书》（修订译本），徐久生译，法律出版社，2006，第205页。

件符合性"应该包含刑法总则规定的主观方面——故意、过失。不过这个结论是本书从李斯特理论的逻辑结构中推导出来的。按照李斯特自身理论的论述,"构成要件符合性"中是否包含刑法总则规定的主观方面暧昧不清。作为犯罪构成要件要素之一的"构成要件符合性"中不包含刑法总则规定的主观方面(故意、过失),的确不能看作该当或符合"作为法律概念的构成要件"。但是,从李斯特所处时代提倡的"科学主义"的观念来看,也不是不能理解。即使是对刑法总则的"法定的构成要件"的概念化,但因为故意、过失是主观性的要素,一旦作为客观标准的"构成要件"中加入了主观的成分,就被认为不能成为实证的对象了。李斯特没有彻底地将"主观方面"从"作为价值判断的构成要件"中排除,反映了李斯特理论的主观主义特征,但是他的理论也没有对此进行论证,这一点也从侧面证明了"科学主义"对李斯特理论的影响。

既然"构成要件符合性"是"作为价值判断的构成要件"的要件要素之一,那么,介入法官的主观性判断就是必不可少的。但是,介入法官的"主观性"的内容并不能等同于构成犯罪的主观方面的条文的规定。这一点应该严格加以区分。

2. 违法性=排除违法性阻却事由

不是所有符合构成要件的行为都是犯罪行为,李斯特也明确指出"在成文法的领域,无论是公法还是私法,均有一个法律原则,要求或允许侵犯或危害(自己的或他人的)法益,将此等侵害或者危害法益的行为认定为合法行为,并以此排除从构成要件该当性中得出的违法性结论的可能性"[①]。这一论述可以看成"构成要件符合性"与"违法性"之间的区别。也就是说,在符合构成要件的行为中存在两种情形:一种是犯罪行为,另一种是合法行为。只有将"构成要件符合性"中的合法性全部排除出去,该行为才能成为违法性行为。从这个意义上讲,作为价值判断中的"违法性"的判断实际上就是对符合构成要件的行为的进一步判断,即,是"非法"还是"合法"的判断。既然是违法的行为,就应该是从"构成要件符合性"中排除了合法行为的违法行为。尽管李斯特已经指出在符合构成要件的行为中依然存在合法的

---

① 〔德〕李斯特著,〔德〕施密特修订《德国刑法教科书》(修订译本),徐久生译,法律出版社,2006,第212~213页。

行为，但是他并没有进一步说明，作为价值判断的"违法性"的功能就应该是指从符合构成要件的行为中排除违法性阻却事由。

李斯特指出"虽然违法性可能存在，但是并未确定。某个行为具有立法者规定犯罪类型时未包括在内的具体特征，但是它在其他特别法律规定中却属于合法化事由而被认为合法，此等现象是完全有可能的"①。换言之，即便是符合构成要件的也不一定就具有违法性，只有排除了违法性阻却事由的行为才是违法的（行为）。

如果一个特定的行为中存在违法性阻却事由的话，那么该"违法性"行为就可能变成"合法性"行为。更进一步讲，如果作为价值判断的"违法性"的主要功能之一就是"排除"违法性阻却事由的话，我们也可以将这个"违法性"称为"消极的违法性"。从逻辑推论上来看，作为价值判断的"违法性"应该具有排除违法性阻却事由的功能，可以将不纯粹的"违法性"净化为一个真正的"不法行为"。但是，在李斯特的理论中并没有如此明确的论述。也就是说，李斯特没有明确主张作为价值判断的"违法性"是消极的违法性，也没有明确指出作为价值判断的"违法性"具有消除"违法性阻却事由"的功能。那么，作为价值判断的"违法性"的本质性功能到底是指什么呢？关于这一点，是因为李斯特认为作为价值判断的"违法性"的功能（或者本质）是不言自明的，所以无须论证呢，还是李斯特的理论自身不完善导致的结果呢？本书认为后者的可能性更大。一方面，"三要件"系统是李斯特的创新性成果，所以这个成果存在不完善之处在所难免。本书认为，从前文所述的"一般的构成要件"与"特殊的构成要件"之间的关系在理论上的不成熟来看，本书认为李斯特对"作为价值判断的构成要件"要素之间的各自功能的模糊定位也可能是理论不成熟的反映。另一方面，尽管李斯特在哲学思想上受到黑格尔概念法学的影响，但是本书认为李斯特将黑格尔的"三段论"引入"三要件"系统时，并没有将"构成要件符合性"、"违法性"、"责任"之间的关系用"三段论"解释清楚。如果按照黑格尔三段论的逻辑来解释的话，"违法性"相对于"构成要件符合性"来讲，是一个"特定行为"的"违法性"，具有否定一般的、适用于所有犯罪行为的"构成要件符合性"

---

① 〔德〕李斯特著，〔德〕施密特修订《德国刑法教科书》（修订译本），徐久生译，法律出版社，2006，第211页。

的功能。进一步解释的话，"违法性"具有否定"构成要件符合性"的功能，只有经过这个功能过滤之后的"构成要件符合性"的行为才是真正具有"违法性"的行为。然而，李斯特没有对此做出解释。尽管说"李斯特提倡的最重要的基础性观点是在侵害或者危害的法益中找寻违法性的本质"①，但是，这一理念与"违法性"作为构成要件要素的功能之间并不冲突。这一理念也无力说明"违法性"在"三要件"系统中的功能作用。

3. 责任

"作为价值判断的构成要件"中的"责任"不同于"作为法律概念的构成要件"中的"责任"。为了表述上的便利，本书把"作为法律概念的构成要件"中的"责任"称为"客观的责任"，而将"作为价值判断的构成要件"中的"责任"称为"实质的责任"。根据李斯特的理论，"客观的责任"是将刑法规定的主观方面的条文概念化的"责任"；而"实质的责任"是指对特定行为的主观方面的故意、过失，是介入法官主观性判断的、主观方面的责任。"实质的责任"本质上涉及两个方面，一是责任能力，二是意志自由。

（1）责任能力

如果进行对"责任"的价值评价，那么必须从行为人的责任能力开始。因为"对特定行为人的行为进行罪责非难，认为其行为是有责的先决条件是他具备正确认识社会要求并以该认识而行为之一般能力"②。如果行为人不具备这种"责任能力"，他就不能成为现代刑法的人格体，这是刑法的责任主义原则所要求的，李斯特的思想也严格遵守了这一原则。"从心理学的角度看，对罪责难的可能性主要取决于，行为人至少（根据经验）可以认识到由其行为造成的符合构成要件该当性的结果，并且同时明了不应当在社会生活中有这样的行为，亦即明了其行为的社会危害性。"③ 如果行为人没有这种认知能力，那么该行为人就不是刑法意义上所指的"人格体"，当然不能对他进行非难。

如果行为人不能对自己的行为加以说明具有社会性、心理性的理由，那

---

① M. E. Mayer, *Der Allgemeine Teil des Deutschen Strafrechts*, 1915, 2. Aufl., 1923, S. 178.
② 〔德〕李斯特著，〔德〕施密特修订《德国刑法教科书》（修订译本），徐久生译，法律出版社，2006，第 269 页。
③ 〔德〕李斯特著，〔德〕施密特修订《德国刑法教科书》（修订译本），徐久生译，法律出版社，2006，第 256 页。

么，就可以说该行为人不具有"责任能力"。譬如，精神病患者。因为精神病患者无法解释自己行为的理由，所以他的行为以及他的行为所造成的后果就属于"自然灾害"。从责任主义的原则来看，刑法不能也不应该追求这种情形的行为人的责任。进一步讲，"无责任能力"是可以阻却"责任"的一种事由。任何层级的"构成要件"都要求行为人具有法律上所规定的认知能力，只要不存在这种罪责非难的可能性，即存在无责任能力、错误或者不能期望行为人有合法动机①时，就可以看作不符合"责任"在主观方面的构成要件的要求。换言之，"责任能力"是排除行为人承担罪责的条件，"缺乏责任能力也就是无罪责，同时行为也就不具备犯罪之特征。责任能力是罪责的前提条件，因此，无责任能力也即阻却罪责事由"②。

"责任能力"是犯罪的"构成要件"的要件要素，它也是刑法总则明确规定的条款，但是，在"作为价值判断的构成要件"中的"责任能力"是需要进行"判断"才能够确定的，因为"责任能力中蕴含的心理'能力'所涉及之规范，是一种社会的应当规范（Sollensnorm）。人们必须领会的是社会生活的要求，而不是法律条款。通过社会生活要求，人们必须'能够'为自己的行为说明理由"③。责任能力的有无不是自现的，而是需要法官判断的，所以是否具备"责任能力"也属于"作为价值判断的构成要件"的范畴。"属于行为人故意的不是对行为的推定（属于法律范畴）及其抽象的概念特征，而是那些事实和法律关系的认识，后者构成行为危害性事由，并被立法者在法学概念的抽象中用于建立构成要件。"④ 这意味着"故意、过失"的存在与否取决于"责任能力"的有无。

（2）意志自由

"责任能力观念与意志自由毫不相干。"⑤ 即便是具有责任能力的人，也

---

① 参见〔德〕李斯特著，〔德〕施密特修订《德国刑法教科书》（修订译本），徐久生译，法律出版社，2006，第311~313页。

② 〔德〕李斯特著，〔德〕施密特修订《德国刑法教科书》（修订译本），徐久生译，法律出版社，2006，第274页。

③ 〔德〕李斯特著，〔德〕施密特修订《德国刑法教科书》（修订译本），徐久生译，法律出版社，2006，第271页。

④ 〔德〕李斯特著，〔德〕施密特修订《德国刑法教科书》（修订译本），徐久生译，法律出版社，2006，第286页。

⑤ 〔德〕李斯特著，〔德〕施密特修订《德国刑法教科书》（修订译本），徐久生译，法律出版社，2006，第271页。

必须要求行为人存在"自由意志",只有这样该行为才能够成为犯罪行为,但即便是具有责任能力的人的行为,在既没有故意也没有过失的情形下,他的行为依然不能成为犯罪行为。在这个意义上,可以将没有"意志自由"的行为看作阻却行为人责任的事由。不过,是否具有"意志自由"与是否具有"责任能力"一样,都不是自现的,而是需要通过判断才能够确定的,因此,它也属于"作为价值判断的构成要件"要素的一个内容。

德国、日本的通说认为,"李斯特的责任论在构造上没有采用作为现代(刑法)前提的规范责任论,在本质上带有所谓通常近代刑法学派的社会责任论的特殊性"①。社会责任论的确是由刑法新派所提倡的理论,李斯特是新派刑法理论的创始人,从这个角度看,通说的主张是可以成立的。但是社会责任论对社会具有危险性的人科处刑罚是以社会防御的手段定位"责任"的,也就是说,之所以科处行为人是因为他在性格上具有社会危险性。从社会责任论思想自身来看,也就是说如果用社会责任论来解释李斯特的犯罪构成要件理论中的"责任"的话,如小坂亮认为的那样,就会令人联想到"责任的实质性"意义②的问题。换言之,如果用社会责任论来解释作为价值判断的"责任"的话,那就意味着这里所指的"责任"不能等同于与"构成要件符合性"、"违法性"并列的犯罪构成要件理论中的"责任"③。其实,如果不能对李斯特的责任论进行整体性理解,则不仅将李斯特的责任论定义成"规范责任论"是困难的,而且"将李斯特的责任论定位成社会责任论也是困难的"④。本书认为,从刑事政策的角度来看,李斯特的责任论可能是社会责任论;但是从犯罪构成要件理论的角度来看,李斯特的责任论依然应该是规范责任论。

另外,小坂亮还指出"李斯特的犯罪论体系上的责任,具有作为'责任狭义形式意义'上的'行为与行为者之间的关联'与'责任判断'上的'结

---

① 小坂亮「フランツ.フォン.リストの刑法理論の一断面─責任論.責任能力論を中心として─」『刑法雑誌』第52巻第2号、2013、147頁。

② 参见小坂亮「フランツ.フォン.リストの刑法理論の一断面─責任論.責任能力論を中心として─」『刑法雑誌』第52巻第2号、2013、149頁。

③ 参见小坂亮「フランツ.フォン.リストの刑法理論の一断面─責任論.責任能力論を中心として─」『刑法雑誌』第52巻第2号、2013、149頁。

④ 小坂亮「フランツ.フォン.リストの刑法理論の一断面─責任論.責任能力論を中心として─」『刑法雑誌』第52巻第2号、2013、149頁。

合'作用，即责任的机能，这才是它的本质部分，这种理解更为妥当"①。也就是说，从犯罪构成要件理论的角度来看，李斯特的"责任"有两个方面的功能。一方面是连接"行为和行为人"之间的关系的功能，另一方面是"归责"的功能。对应李斯特双系统的结构，前者可看作"三要件"系统中的"责任"要件，后者可看作"不法－罪责"系统中的"罪责"。尽管"在将责任的机能作为重点来定义的'机能主义的责任论'这一点上，可以说是他与近代学派不同的特征"②，但是，无论如何，本书认为李斯特的作为价值判断的"责任"，本质上依然是"规范的责任"。通说不过将犯罪论中的"责任"与犯罪学中的"责任"混为一谈了。

4. "作为价值判断的构成要件"要素之间的关系

"刑法制度中的罪责只能在违法性学说之后来探讨"③，这说明"责任"必须以"违法性"为前提。如果一个行为不符合构成要件，该行为就不该当"构成要件符合性"。一个不该当"构成要件符合性"的行为就不是具有"违法性"的行为。所以，"构成要件符合性是违法性的第一个且是刑法中的最重要的标志"④。因此，李斯特"作为价值判断的构成要件"之间的先后顺序应该是"构成要件符合性"——"违法性"——"责任"。

即便一个行为是具备"违法性"的行为，在行为主体不符合"责任"要件的前提下，也不能成为犯罪行为。按照耶赛克的观点，可以说李斯特对这三个要件的前后顺序的主张应该是，"违法性"、"责任"都以该当"构成要件符合性"为前提，"责任"与"违法性"属于平级关系。但是本书认为这种观点是不正确的，李斯特指出"犯罪还是一种有责的行为（Schuldhafte Handlung），也就是说，有刑事责任能力的犯罪人是故意或者过失地实施了符合犯罪构成的违法行为，也即刑法中的罪责问题涉及符合犯罪构成的违法行为"⑤。从

---

① 小坂亮「フランツ.フォン.リストの刑法理論の一断面—責任論. 責任能力論を中心として一」『刑法雑誌』第 52 巻第 2 号、2013、149 頁。

② 小坂亮「フランツ.フォン.リストの刑法理論の一断面—責任論. 責任能力論を中心として一」『刑法雑誌』第 52 巻第 2 号、2013、149 頁。

③ 〔德〕李斯特著，〔德〕施密特修订《德国刑法教科书》（修订译本），徐久生译，法律出版社，2006，第 168 页。

④ 〔德〕李斯特著，〔德〕施密特修订《德国刑法教科书》（修订译本），徐久生译，法律出版社，2006，第 211 页。

⑤ 〔德〕李斯特著，〔德〕施密特修订《德国刑法教科书》（修订译本），徐久生译，法律出版社，2006，第 168 页。

这一点来看，"责任"不仅要求以"构成要件该当性"为前提，而且要求以"违法性"为条件。如果是这样，"违法性"与"责任"之间的关系就是先后递进关系，而不能是平行关系。而且，在李斯特的《德国刑法教科书》第26版中，施密特特别指出："构成要件符合性"—"违法性"—"责任"的先后关系是李斯特从第1版开始就确定的正确关系。[①]

（三）双重"构成要件"之间的关系

"作为法律概念的构成要件"与"作为价值判断的构成要件"一起形成了李斯特立体的"三要件"系统，那么它们两者之间存在什么样的逻辑关系呢？或者说它们之间是否存在能够统合成一个整体性理论体系的逻辑关系呢？以下从几个层次加以论证。

1. "一般的构成要件"与"特殊的构成要件"之间的关系

要证明双重"三要件"之间的关系，首先应该指出"一般的构成要件"与"特殊的构成要件"之间的内在逻辑关系。如前文所述，"特殊的构成要件"以"一般的构成要件"的存在为前提，并且二者共同建立了"作为法律概念的构成要件"。这个"构成要件"的功能就是提供一个抽象化的、概念化的法律指导性原则。这是双重三要件理论的第一层"三要件"，它们通过重叠而获得内在关系的"一致性"。

2. "作为法律概念的构成要件"与"作为价值判断的构成要件"之间的关系

"作为法律概念的构成要件"与"作为价值判断的构成要件"，也可以分别称为"形式的构成要件"和"实质的构成要件"。前者是后者的前提，后者是前者的具体化、现实化。如李斯特所言"形式违法与实质违法可能相互重叠，但也可能分开"[②]，它们之间在内涵上既可以是重叠的，又可以是分开的。本书认为这两个"三要件"之间的关系有重叠的部分，也有各自不同的理论范畴。

李斯特的理论基础是黑格尔哲学，如果按照黑格尔的三段论来看，"作为

---

① 〔德〕李斯特著，〔德〕施密特修订《德国刑法教科书》（修订译本），徐久生译，法律出版社，2006，第168页。

② 〔德〕李斯特著，〔德〕施密特修订《德国刑法教科书》（修订译本），徐久生译，法律出版社，2006，第201页。

法律概念的构成要件"是一般性的构成要件，"作为价值判断的构成要件"是特定性的构成要件，而作为一个整体的"构成要件"理论是由这两者共同完成的。但很遗憾的是李斯特的构成要件理论是一个不完整的黑格尔三段论，因为李斯特并没有明确从"一般性"（"作为法律概念的构成要件"）到"特定性"（"作为价值判断的构成要件"）的飞跃环节。当然，我们可以期待李斯特的第二个（"不法-罪责"）系统能够承担这个飞跃的功能，但是在"三要件"系统中，两个"构成要件"之间的关系还只是停留在这个阶段，没有能够进入相互融合的高度。在理论上，两个"构成要件"没有成功地融合，但是这并不妨碍客观上两个"构成要件"之间存在紧密的内在关联性。而这一关联性是由刑法典的分则与总则的关系决定的。

3. **刑法典对双重"构成要件"的统合功能**

"作为法律概念的构成要件"与"作为价值判断的构成要件"是由刑法典统领的，它们之间的关系就像刑法典的分则与总则之间的关系一样，统合在一部刑法典之下。不仅"作为法律概念的构成要件"中的"一般的构成要件"与"特殊的构成要件"通过刑法分则和总则之间的关系统合成一个完整的第一层级的"构成要件"，而且"作为价值判断的构成要件"也通过"构成要件符合性"=分则+总则、"违法性"=总则、"责任"=总则之间的关系融合在第二个层级的"构成要件"中。

在"作为法律概念的构成要件"与"作为价值判断的构成要件"之间，通过法官的主观性介入，也能在具体的司法层面上相互统合起来，构成一个完整的体系。因为前者是后者的前提，后者是前者的具体应用。假设没有后者具体的、实质的应用，前者也不过就是空泛的刑法典的条文的理论化概念。相反，如果没有前者将刑法条文理论化，后者也会受到法官任意的主观性介入的干扰而破坏罪刑法定主义原则。本书认为这一点正是李斯特建构双重的"构成要件"理论的目的所在。

三 第二个系统——平面的"不法-罪责"系统

本书认为以上所述的双重的（立体的）三要件构成理论是从李斯特开始的，是他的创新性系统。在李斯特的犯罪论中还存在另一个系统，即"不法-罪责"系统。"不法-罪责"是德国刑法中的传统理论，李斯特继承了这一传统的理论，并且与"三要件"系统一起，形成了他的双系统犯罪构成理论。

1. "不法-罪责" 的历史概观

德国传统的 "不法-罪责" 系统与客观归责理论相关, "早在19世界上半叶, 维滕贝格大学教授施蒂贝尔 (Stuebel) 就区分了行为的不法概念和归属的问题" [1]。这可以说是德国刑法理论最初的与归责相关的 "不法-罪责" 概念。"在李斯特和贝林建构犯罪行为体系之前, 存在'不法-罪责'统合说。刑法解释中是由'没有责任的不法就无法考虑犯罪行为'的概念支配的。这个'不法-罪责'统合说在决定所谓犯罪行为概念之际, 以'法'与'不法'的对偶性概念为前提。" [2] 从理论根源上来看, "不法-罪责" 统合说开始属于民法学上的概念, 也可以说是刑法上 "不法-罪责" 体系的理论前世。在古典的犯罪概念出现之前, 民刑法统合说阶段 (150年前) 对于理论核心问题的讨论是以鲁道夫·耶林 (Rudolf v. Jhering) 和阿道夫·迈克尔 (Adolf Merkel) 之间的对立讨论为首展开的关于 "到底是否存在客观的不法" 的讨论。[3] 他们之间所讨论的这个核心问题是使民刑法统合说走向二分说的主要原因。

阿道夫·迈克尔 "根据黑格尔学派形成的客观的不法概念, 即理解成'法是客观存在的法秩序'的不法概念, 与以此可区别的、对特别或者主观的法或者法状态侵害为内容的民事不法相反, 展示了不同的理解可能性" [4]。这意味着迈克尔没有采用 "如今我们所言的作为'法秩序的统一'来理解的统一的不法概念, 而是成为从不法概念中排除责任的开端" [5]。这可以说是最初的 "不法-罪责" 二分说的雏形。根据迈克尔的主张, 因为 "不法" 本身是 "客观存在的法秩序", 所以其与 "责任" 是可以分离独立存在的概念。"在考察不法与责任的关系之际, 迈克尔是以法与不法之间的理论图式构造的。" [6] 如果说 "不法" 是对 "法" 的否定的话, 那么就可以说 "不法" 与 "责任"

---

[1] 〔德〕汉斯·海因里希·耶赛克、〔德〕托马斯·魏根特:《德国刑法教科书》, 徐久生译, 中国法制出版社, 2017, 第277页。

[2] アルントゥ.ジン、只木誠監訳、冨川雅満訳「ドイツ刑法における犯罪論の現況について」『比較法雑誌』第49巻第1号、2015、82頁。

[3] アルントゥ.ジン、只木誠監訳、冨川雅満訳「ドイツ刑法における犯罪論の現況について」『比較法雑誌』第49巻第1号、2015、83頁。

[4] アルントゥ.ジン、只木誠監訳、冨川雅満訳「ドイツ刑法における犯罪論の現況について」『比較法雑誌』第49巻第1号、2015、84頁。

[5] アルントゥ.ジン、只木誠監訳、冨川雅満訳「ドイツ刑法における犯罪論の現況について」『比較法雑誌』第49巻第1号、2015、84頁。

[6] アルントゥ.ジン、只木誠監訳、冨川雅満訳「ドイツ刑法における犯罪論の現況について」『比較法雑誌』第49巻第1号、2015、85頁。

分离了。因为"法"本身作为静止的法律是包含责任的。但是，否定"法"的"不法"中可以不包含"责任"，譬如民法中的财的损害，可以来自有责任能力的主体行为，也可以来自没有责任能力的人或者自然力量。进一步讲，"法"作为静止状态上的"法律"，"法"自身（在立法中）是包括责任要素在内的（只有这样才是一部完整的法律）。但"不法"是被判断得出的结果，它是（司法上）"动态的"概念。这时的"不法"之重心在于违反了"法"的行为，而不在责任要素上。因此，就可以认为"不法"与"责任"是可以分离的。简言之，根据迈克尔的理论，"责任"可以从"不法"中游离出来，这样"不法"的行为就与"责任"二分了。因为迈克尔是以民法的"不法-罪责"进行二分的，那么，在刑法中是否也可以二分呢？

耶林反对迈克尔的理论，他认为"的确客观的不法排除了责任的要素，但是不能排除人的意思"[1]。换言之，耶林承认"不法"与"责任"作为范畴是分离的，[2] 因为"责任"是法律的规定，但是，与"不法"和"责任"的关系不同，"不法"和"罪责"是不能分离的。耶林认为就连"私法上的不法都与人的意思相结合"[3]，在刑法上"不法"与"罪责"更加不应该分离。辛恩（Sinn）指出"统合民事不法与犯罪不法的客观统合说，即民刑不法统合说，从执着于有责不法见解的关系中脱离出来，可以说必然地诞生了严格区别客观的不法与主观的不法为两个不同范畴的思考方法"[4]。也可以说"客观的不法就与主观的不法形成对峙了"[5]。但是，本书认为在这里所指的"二分说"应该是指"不法-责任"的二分，而不是指"不法-罪责"的二分。虽然客观说和主观说在本质上都是二元化的"不法-责任"体系，但是依然可以将主张不但"不法"与"责任"可以分离，而且"不法"与"罪责"也可以分离的迈克尔的观点称为客观的不法观，而将主张"不法"与"责

① アルントゥ.ジン、只木誠監訳、冨川雅満訳「ドイツ刑法における犯罪論の現況について」『比較法雑誌』第49巻第1号、2015、86頁。
② アルントゥ.ジン、只木誠監訳、冨川雅満訳「ドイツ刑法における犯罪論の現況について」『比較法雑誌』第49巻第1号、2015、86頁。
③ アルントゥ.ジン、只木誠監訳、冨川雅満訳「ドイツ刑法における犯罪論の現況について」『比較法雑誌』第49巻第1号、2015、86頁。
④ アルントゥ.ジン、只木誠監訳、冨川雅満訳「ドイツ刑法における犯罪論の現況について」『比較法雑誌』第49巻第1号、2015、86頁。
⑤ 参見アルントゥ.ジン、只木誠監訳、冨川雅満訳「ドイツ刑法における犯罪論の現況について」『比較法雑誌』第49巻第1号、2015、86頁。

任"可以分离，但是"不法"与"罪责"不能分离的耶林的观点称为主观的不法观。

总而言之，只要坚持民法不法与刑法不法的一元论的统合说，"不法"与"责任"的分离就是必然的结果。① 但是，本书认为辛恩的观点忽视了耶林主观的不法观。因为耶林认为在任何情况下，"不法"与"罪责"都是不能分离的。之后迈克尔和耶林之间的讨论转向了以贝林和李斯特为首的客观犯罪论和主观犯罪论之间的讨论，然后在此基础上，又形成了被罗克辛和格汉寇（Greco）所继承的客观的不法观与威尔泽尔②、雅克布斯③继承的主观的不法观之间的对立体系。

2. 李斯特的"不法-罪责"理论

如果说李斯特继承了耶林的思想，④ 那么，我们就可以说李斯特的不法理论应该也是主观的不法论，表现在李斯特客观的不法和主观的罪责之间的关系的观点上。尽管李斯特指出"我们终于可将构成要件划分为客观的和主观的两个方面了，划分的标准是，从行为人的立场出发来看，一个构成要件特征是否属于其外部世界或者内心世界。实行行为、犯罪方法、行为的时间和地点、犯罪对象或者被侵害者的特点，属于客观的构成要素，所有涉及行为人的心理的或者个性的特征，则属于主观构成要素"⑤，但是，本书认为李斯特的主观不法论与耶林的主观不法论一样，并不主张"不法"与"罪责"的分离。以上的论述只不过是对"不法"特征和"罪责"特征不同角度的描述或者对它们各自所承担的功能、作用的分类。从本质上看，李斯特并没有将它们割裂开来。也就是说，李斯特主张"不法"与"罪责"一元论。

黑格尔认为"真正的不法是犯罪，在犯罪中不法是法本身或我所认为的法度没有被尊重，法的主观方面和客观方面都遭到了破坏"⑥。真正的犯罪是两方面的。李斯特也指出"犯罪表明了法律上的一个行为的两个方面：在违

---

① 参见アルントゥ・ジン、只木誠監訳、冨川雅満訳「ドイツ刑法における犯罪論の現況について」『比較法雑誌』第 49 巻第 1 号、2015、86 頁。
② 威尔泽尔，也译作韦尔策尔。
③ 雅克布斯，也译作雅各布斯、雅科布斯。
④ 〔日〕伊东研祐：《法益概念史研究》，秦一禾译，中国人民大学出版社，2014，第 69 页。
⑤ 〔德〕李斯特著，〔德〕施密特修订《德国刑法教科书》（修订译本），徐久生译，法律出版社，2006，第 208~209 页。
⑥ 〔德〕黑格尔：《法哲学原理》，范扬、张企泰译，商务印书馆，1995，第 95~96 页。

法性方面是对犯罪行为的否定评价，在罪责方面是对行为人的否定评价"①。尽管后世因此将李斯特的理论解释成"客观的不法"和"主观的罪责"二元论，但本书认为只要李斯特的理论基础是黑格尔哲学，就不可能主张"不法"与"罪责"之间分离的二元论。

（1）客观的不法

本书认为李斯特所主张的"客观的不法"是与他双重的"三要件"对应的。李斯特指出"作为违法的有责行为，犯罪与民法中的违法行为均属于不法或违法的类概念（Gattungsbegriff des Unrechts oder Delikts）"②。根据这个定义，可以确定李斯特所指的"不法"是具有"责任能力"的"违法性"行为，也就是说当"违法性"中加入了"责任"要素的时候，这个行为就是"不法"的行为。从犯罪构成要件的角度来看，"不法"就相当于具备了"构成要件符合性"、"违法性"、"责任"的要件要素。因为李斯特的"三要件"是多层级的，所以"不法"也就是具备多重"三要件"的行为。根据李斯特对"犯罪"的定义，他的多重"三要件"中并不是只存在纯粹的客观方面的构成要件要素，同时也存在主观的要件要素。因此，李斯特"客观的不法"并不是"纯粹客观"的"不法"。

第一，本书认为李斯特所主张的"不法"一定与双重的"三要件"系统相关，他主张的"不法"中所要符合的"构成要件"，不仅指"作为法律概念的构成要件"，也指"作为价值判断的构成要件"。否则，他的"不法"中就不可能排除违法性阻却事由的可能性，也不可能排除责任阻却事由的可能性。双重的"构成要件"是保证法官排除个别性、主观性的保障。第二，本书认为"不法"与"作为价值判断的构成要件"之间一定要重叠，但是它们的功能不同。尽管"作为价值判断的构成要件"具有"价值判断"的内容，但它本质上是"构成要件"，是判断标准。而"不法"不同，它是对某一具体行为的"价值判断"的结果。第三，李斯特指出"如同私法中的违法一样，作为不法的犯罪是一个违法行为。这就是对犯罪行为做出的客观上的、法律上的否定评价，客观是指否定评价的做出不取决于行为人的主观能力，一般

---

① 〔德〕李斯特著，〔德〕施密特修订《德国刑法教科书》（修订译本），徐久生译，法律出版社，2006，第169页。

② 〔德〕李斯特著，〔德〕施密特修订《德国刑法教科书》（修订译本），徐久生译，法律出版社，2006，第169页。

地讲或在一定的情况下是以法制的要求为标准"①。从李斯特以上的定义中，就可以看到他主张"不法"的客观性。"不法"就是违法行为，而该违法行为是根据刑法的规定被确定的行为，不是根据行为人的主观能力确定的行为。从这一点来看，本书认为李斯特的不法观并不完全是主观主义的不法观，反过来也可以说是客观主义的不法观，他的所谓的"主观的不法"不过是相对于绝对客观主义的不法观而言的"主观"不法观②，如麦耶所言，这就是李斯特努力不彻底③的表现吧。

本书认为李斯特之所以在创立"三要件"系统之后，还继续坚持"不法-罪责"系统的存在，是因为其试图用"不法-罪责"系统统合他的双重的"三要件"。根据黑格尔的哲学理论，李斯特的理论中需要第三个环节完成第一个环节（一般概念的环节）——"作为法律概念的构成要件"——向第二个环节（特殊概念的环节）——"作为价值判断的构成要件"——再向第三个环节（有机概念的环节）的转换。如果没有第三个环节，前两个环节就不是完整的黑格尔三段论的理论概念。关于这一点李斯特自身没有明确的说明，但是从他的整体性理论的逻辑中可以推导出这一结论。问题在于，如果这样理解李斯特的"不法"的话，那么，他所主张的"罪责"是不是被架空了的概念呢？本书认为既然李斯特认为"客观的不法"和"主观的罪责"是一个行为的两个方面，就不存在被"架空"的可能性。如果李斯特将"罪责"设定为归责，从这个意义上讲，也不能算作"架空""罪责"的内涵，只是"罪责"具有不同于"不法"的功能而已。

（2）主观的罪责

本书认为李斯特所言的"主观的罪责"是在"可罚性"的层次上展开的。相对于客观构成要件要素，"所有涉及行为人心理的或者个性的特征都属于主观构成要素"④。无论是心理事实还是规范责难，"任何单独的一方均不

---

① 〔德〕李斯特著，〔德〕施密特修订《德国刑法教科书》（修订译本），徐久生译，法律出版社，2006，第198页。

② 有的学者认为李斯特的犯罪论就是客观主义的犯罪论，譬如，小坂亮「フランツ．フォン．リストの刑法理論の一断面—責任論．責任能力論を中心として—」『刑法雑誌』第52卷第2号、2013、144頁。

③ M. E. Mayer, *Der Allgemeine Teil des Deutschen Strafrechts*, 1915, 2. Aufl., 1923, S. 179.

④ 〔德〕李斯特著，〔德〕施密特修订《德国刑法教科书》（修订译本），徐久生译，法律出版社，2006，第209页。

可能详尽阐述法律意义上的罪责之本质；它不纯粹是一个心理事实，也不是简单的价值判断；它更多的是以责任能力的先决条件为基础的心理存在和价值判断之间的一种评价关系；在这个意义上，罪责之本质可简单地表述为：基于造成违法行为的心理活动过程的缺陷，罪责是指违法行为的可谴责性"①。"可谴责性"是一个责任归属的概念。在李斯特的理论中没有采用归责概念，所以，他也没有真正区分"罪责"概念和归责概念之间的不同。一般而言，"罪责"概念并不能完全等同于归责概念。归责是指将"不法"的、具有"罪责"的行为归属于行为人的概念，而"罪责"是指行为人是否具备能够归责的前提条件的概念。但李斯特是在归责的概念意义上使用"罪责"概念的。正因如此，李斯特的"罪责"与"可罚性"相对应。

　　"古典犯罪体系的罪责概念包含了行为人在行为时内心所具有的精神和心理的过程。其中，责任能力被视为'罪责的先决条件'，故意和过失被理解为'罪责形式'（Schuldformen）或'罪责种类'（Schuldarten）。"② 尽管耶赛克等在这里所言的是"古典的犯罪论体系"，但主要是指李斯特的犯罪论体系，因为李斯特的理论的确也是如此体现的。③ 在这里需要提示的是"责任"与"罪责"的区别，因为李斯特创建了"三要件"系统以认识刑法典中的"行为"。从逻辑上讲，"三要件"系统中不应该有"罪责"，而只应该有"责任"。具体而言，如果"不法–罪责"中的"罪责"也是以"三要件"系统中的主观要素为前提，即以"责任能力"为先决条件、以"故意、过失"为内容或种类的话，本质上"罪责"就不是被"架空"，而应该是对行为人是否符合"责任"的价值判断。本书认为李斯特的"罪责"的成立条件，也与"责任"的成立条件相同，即以"责任能力"、"意志自由"为前提。只有在这种前提下，才有可能考察故意、过失。因为"责任能力"、"故意、过失"都是"三要件"系统中的"责任"的内涵，所以，"罪责"只有与"责任"重叠才能够成立。只有符合"责任"要件的时候，才具备"可罚性"。只有在具有"可罚性"的时候，才能看作一个"可谴责性"的行为。

------

① 〔德〕李斯特著，〔德〕施密特修订《德国刑法教科书》（修订译本），徐久生译，法律出版社，2006，第257页。

② 〔德〕汉斯·海因里希·耶赛克、〔德〕托马斯·魏根特：《德国刑法教科书》，徐久生译，中国法制出版社，2017，第280页。

③ 参见〔德〕李斯特著，〔德〕施密特修订《德国刑法教科书》（修订译本），徐久生译，法律出版社，2006，第260、262、269页。

在李斯特的理论中，他重点谈论的不是"罪责的先决条件"、"罪责形式"本身，而是"罪责"与"责任能力"、"故意、过失"之间的关系。如罗克辛所指出的那样，根据"心理性罪责概念"，"罪责被理解为是行为人在主观上与结果的关系"①。换言之，在李斯特的理论中，这种"关系"，一方面具有"归责"的含义，另一方面具有因果关系的含义。

李斯特指出"罪责概念存在于涉及人类行为（评价目的）的规范范围内：在宗教领域，它针对上帝；在伦理领域，它针对自我（良知）；在法领域，它针对法所体现的大众意志。其先决条件是，可从某一规范范畴的立场出发提出罪责问题，首先必须确定，一定的人的行为必须作否定评价：只是邪恶的（违背上帝之要求的）行为开罪于上帝；只是不道德的（违反道义要求的）行为使得我们的良心不安（伦理上的罪责）；只是违法行为招致法治社会对自己的责难，也即构成法秩序意义上的罪责"②。从李斯特对"罪责"的解释来看，本书认为可以从不同层次理解"罪责"的意义。首先，"罪责"是评价体系中被评价的对象，在不同的领域，评价的标准不同，"罪责"的内涵也有所变化。其次，"罪责"可看作犯罪学意义上的罪责，因为它明显地体现了"罪责"的本质——恶，这是犯罪学所研究的对象。最后，"罪责"是在刑法教义学上所指的"罪责"，这是与将刑法条文概念化的要件要素（"三要件"）相关联的"罪责"。

黑格尔认为"凡是出于我的故意的事情，都可归责于我，这一点对犯罪说来是特别重要的。不过责任的问题还只是我曾否做过某事这种完全外部的评价问题；我对某事负责，尚不等于说这件事可归责于我"③。根据黑格尔的观点，一方面应该区别"责任"和"罪责"的不同；另一方面应该明白"责任"也不等于归责，只有"罪责"才涉及归责问题。李斯特在"三要件"系统中所使用的"责任"在本质上应该是指黑格尔这里所言的"责任"，因为"不法-罪责"系统中的"罪责"的最后指向是"归责"，所以李斯特在"不法-罪责"中所适用的"罪责"相当于黑格尔所言的归责。

---

① 〔德〕克劳斯·罗克辛：《德国刑法学总论》（第1卷）第3版，王世洲译，法律出版社，2005，第559页。

② 〔德〕李斯特著，〔德〕施密特修订《德国刑法教科书》（修订译本），徐久生译，法律出版社，2006，第251页。

③ 〔德〕黑格尔：《法哲学原理》，范扬、张企泰译，商务印书馆，1995，第118页。

"罪责"不同于"责任"，它是规范概念，因为"没有一个规范要素就不可能产生一个罪责概念"①。如果"不法-罪责"系统中的"罪责"是一个规范概念，那么"在罪责概念中我们能够确认，有责能力之人的心灵深处与法律要求及其价值评价之间存在特别的心理学-规范关系：行为人的行为违反作为社会生活秩序的法律，虽然他应当能够认识其行为的反社会性，且在行为时能够期望他有一个与应当规范（Sollennorm）相适应的动机过程。似乎罪责非难仅局限于具体的最初与之有联系的犯罪行为（罪责＝具体关系）"②。与"不法-罪责"系统中的"罪责"不同，"三要件"系统中的"责任"仅仅是一个法律评价中的"责任"标准，是一个命令概念，"不法-罪责"系统中的"罪责判断包容了行为人的所有人品"，而"三要件"系统中的"责任"仅仅是指法律上的评价，是抽象的法律概念。"罪责"是在"可罚性"的阶段上的概念，李斯特指出"（《刑事诉讼法》）上的'罪责判断'是针对行为做出的评价，并在考虑不法行为人之人品情况下，表明所实施的犯罪行为的不法后果"③。在刑诉上的评价是规范评价，是指"罪责"，而不是指"责任"。

李斯特还指出"评价功能相对于每一个人类的行为进行评价，而不考虑该行为的性质；而法的规定功能则规定人的心理物理能力（psychophysische Koennen）的界限，因而也对规范的效力规定了界限；因为作为一个内在的应当之作为即义务，只有当考虑人的本性'以自我为中心'时，法律（作为规定理由的功能）才可能出现"④。根据这一论述，也可以理解为是李斯特对"罪责"和"责任"的区别。行为的"责任"取决于法律所规定的义务，它是"罪责"（归责）的前提条件。对人类行为的评价不能欠缺该行为主体的"心理物理能力"（psychophysische Koennen），而这个能力可以确定该行为的性质。尽管"责任"能够决定"不法"行为性质的界限，但是它不能评价"不法"的性质。只有"罪责"才能够评价"不法"的性质，没有"罪责"

---

① 〔德〕李斯特著，〔德〕施密特修订《德国刑法教科书》（修订译本），徐久生译，法律出版社，2006，第259页。

② 〔德〕李斯特著，〔德〕施密特修订《德国刑法教科书》（修订译本），徐久生译，法律出版社，2006，第260页。

③ 〔德〕李斯特著，〔德〕施密特修订《德国刑法教科书》（修订译本），徐久生译，法律出版社，2006，第251页。

④ 〔德〕李斯特著，〔德〕施密特修订《德国刑法教科书》（修订译本），徐久生译，法律出版社，2006，第254页。

的"不法"是抽象的不法。

"从规范的角度看，对罪责责难的可能性主要取决于，在特定之总体情况下，在适用所描述的心理可能性时，事实上的'心理活动'被视为'有缺点'，事实上造成违法后果的'意志'被理解为'不应当有'，期望以义务展开动机过程，指望行为人以合法行为代替事实上发生的违法行为。"① 但是，与此不同，"责任"概念是抽象地泛指所有"犯罪行为"的主观特征，因此"罪责概念的发展不得不取决于针对内心之人（人的内心世界）的义务的概念和本质，也只有如此，罪责所特有的规范性特征才能被理解"②。换言之，只有深入特定犯罪人的内心世界，才能够真正断定该行为人的"罪责"。只有断定行为人的内心所存在的"过错"，才可以归责。如黑格尔所言"行动只有作为意志的过错才能归责于我。这是认识的法"③。李斯特也认为"缺少这样的主观违法要素，意味着无论行为是否以对刑法而言具有意义的方式实施的，均不构成犯罪"④。与黑格尔不同的是，李斯特的"罪责"概念不仅是从归责的角度来讲"罪责"，而且是从"罪责"的角度来讲"罪责"。

（3）"不法"与"罪责"之间的关系

李斯特将犯罪分为"客观的不法"和"主观的罪责"。从形式上看，它们之间的关系是可分离的、可区分的。一些学者也非常支持李斯特的这种分类，支持李斯特这样分类的加拉斯（Gallas）认为"与违法性判断相联系的是'规范设定评价标准的作用'，而与罪责判断相关联的则是规范激发法的共同体实施法所规定之行为的功能"⑤。比加拉斯更加明确的支持者是京特（Günther），其认为"应当把不法与罪责的关系理解为一般的应为（generlles Sollen）与个体的能为（indovoduelles Können）之间的关系，若行为人所实施的行为（从消极的角度来看）不符合法秩序对处于行为人情境下的所有人提出的一般性要求，则可认定行为人实现了不法。若行为人因本人的缺陷而在

① 〔德〕李斯特著，〔德〕施密特修订《德国刑法教科书》（修订译本），徐久生译，法律出版社，2006，第256~257页。
② 〔德〕李斯特著，〔德〕施密特修订《德国刑法教科书》（修订译本），徐久生译，法律出版社，2006，第252页。
③ 〔德〕黑格尔：《法哲学原理》，范扬、张企泰译，商务印书馆，1995，第119页。
④ 〔德〕李斯特著，〔德〕施密特修订《德国刑法教科书》（修订译本），徐久生译，法律出版社，2006，第210页。
⑤ 〔德〕米夏埃尔·帕夫利克：《"最近几代人所取得的最为重要的教义学进步"——评刑法中不法与责任的区分》，陈璇译，载《目的与体系》，赵书鸿等译，法律出版社，2018，第51页。

实施行为当时不具有满足法秩序要求的个体能力，则其行为欠缺责任"①。但是，本书认为他们的"分类"不同于李斯特的"分类"，因为他们确实地将"客观的不法"和"主观的罪责"分裂了，而李斯特的"分类"只是形式上的分类。如果是这样，他们对李斯特"分类"的支持就是本质上的反动。

李斯特明确指出"犯罪还是一种有责的行为（schuldhafte Handlung）；也就是说是有刑事责任能力的犯罪人故意或者过失地实施了符合犯罪构成的违法行为，也即刑法中的罪责问题涉及符合犯罪构成的违法行为"②。这是李斯特对"不法"与"罪责"关系最朴素的解释了。如果说符合犯罪构成要件的违法行为就是"不法"，而实施这一"不法"的行为人必须具有刑事责任能力，而且或者是故意或者是过失地实行，那么，我们就可以肯定，李斯特所言"不法"和"罪责"必须同时存在，才能够成立犯罪。本书认为李斯特是将规范行为与"罪责"连接起来考虑"罪责"的，在李斯特看来，"不法"与"罪责"是在一个整体内的相关性存在。

陈兴良认为"李斯特的最重要贡献是确立了不法与责任（罪责）之间的位阶关系"③。本书不完全同意陈兴良的观点，因为李斯特确定的位阶关系是"三要件"系统中各个要件要素之间的位阶关系，他并没有确定"不法-罪责"的位阶关系。本书认为李斯特的第二个系统——"不法-罪责"系统是平面的、笼统的、没有分层级的理论系统。不过，如果从"不法"对应第一个系统的第一层级的"三要件"，而"罪责"对应第二层级的"可罚性"的角度来看，"不法"与"罪责"也可以看作分层级的。尽管如此，本书依然认为"不法"与"罪责"之间不是位阶关系，因为它们二者在李斯特的理论中不可分离。与其说是"不法"与"罪责"具有位阶关系，不如说"不法"与"罪责"一元论本身起着将第一个系统中的两个层级统合在一起的作用。

"并非如古典犯罪论体系所主张的那样，只有责任判断才与行为人相关，

---

① 〔德〕米夏埃尔·帕夫利克：《"最近几代人所取得的最为重要的教义学进步"——评刑法中不法与责任的区分》，陈璇译，载《目的与体系》，赵书鸿等译，法律出版社，2018，第51页。

② 〔德〕李斯特著，〔德〕施密特修订《德国刑法教科书》（修订译本），徐久生译，法律出版社，2006，第168页。

③ 陈兴良：《构成要件：犯罪论体系核心概念的反拨与再造》，《法学研究》2011年第2期，第6页。

其实违法性的判断就已经显示出了与行为人的天然关系。"① 李斯特的双重"三要件"之间的关系就可以证明这一点。不仅如此，如帕夫利克所言，"人的不法理论所带来的结果是，李斯特的那种自以为'已在不法和责任之间实现了的清晰界限'荡然无存"②。帕夫利克在这里没有区分"责任"和"罪责"之间的不同，而李斯特"已在不法和责任之间实现了的清晰界限"应该是指"不法"和"责任"之间的界限，因为它们分属两个不同的系统。帕夫利克所言的"荡然无存"应该是指"不法"与"罪责"之间的"界限"荡然无存。即便李斯特认为"不法"和"罪责"形式上是二元的，但在客观事实上，它们却是一体化的。从德国"不法-罪责"的发展来看，其倾向于"进步的理论"是试图将两者分开，而李斯特的理论在这方面并没有突出"贡献"。换言之，李斯特的"不法-罪责"理论依然存在于相互混合存在的状态之中。

帕夫利克认为"尽管从规范论的角度来看，将某一规范的评价功能与其决定功能相分离的做法或许既是可能也是有益的；但某一规范作为评价规范，它的形式构造是不能够说明规范内容的。因此，仅凭这种规范上的可能性还无法证明，运用该可能性使与责任相分离的不法在犯罪概念中获得独立地位的做法是合理和必要的"③，按照帕夫利克的观点，或许李斯特不能区分"不法-罪责"的理论"缺陷"反而是另一种形式的"进步"。

四 两个系统之间的理论关系

李斯特在批判客观主义的命令理论时指出"它忽视了法律的双重功能，即法律不只是命令，即命令规范，而且，从逻辑上的必要性出发，法律也是评价规范"④。如果将李斯特的"命令规范"和"评价规范"对应他的两个系统的话，本书认为"三要件"系统可以对应"命令规范"，而"不法-罪责"

---

① 〔德〕米夏埃尔·帕夫利克：《"最近几代人所取得的最为重要的教义学进步"——评刑法中不法与责任的区分》，陈璇译，载《目的与体系》，赵书鸿等译，法律出版社，2018，第 51 页。
② 〔德〕米夏埃尔·帕夫利克：《"最近几代人所取得的最为重要的教义学进步"——评刑法中不法与责任的区分》，陈璇译，载《目的与体系》，赵书鸿等译，法律出版社，2018，第 51 页。
③ 〔德〕米夏埃尔·帕夫利克：《"最近几代人所取得的最为重要的教义学进步"——评刑法中不法与责任的区分》，陈璇译，载《目的与体系》，赵书鸿等译，法律出版社，2018，第 52 页。
④ 〔德〕李斯特著，〔德〕施密特修订《德国刑法教科书》（修订译本），徐久生译，法律出版社，2006，第 199 页。

系统则对应"评价规范"。不过，这里就会出现一个问题，即"作为价值判断的构成要件"能否看作"评价规范"？本书认为，不能否定"作为价值判断的构成要件"具有"评价规范"的功能，但是如上所述，它不是一个完整的评价规范体系。首先，因为只有在作为价值判断层级的"违法性"和"责任"的判断上才具有一定程度的价值评价的功能，但在这个层级的"构成要件符合性"并不具有价值评价的功能。其次，"价值评价"的功能与"评价规范"还是有差别的。"作为价值判断的构成要件"中的"价值评价"，不过是指对"违法性阻却事由"和"责任阻却事由"的评价，只能判断出"违法性阻却事由"、"责任阻却事由"的标准，而"不法-罪责"系统中的"评价规范"是更为全面的、对一个犯罪行为整体的评价。再次，即便"三要件"系统中的"价值评价"具有评价的性质，但是"构成要件"本身只是评价的标准，它所能够承担的"评价规范"内容是非常有限的。因此，不能将李斯特主张的"双系统"相互等同，因为它们各自承担各自不同的范畴内的功能。"构成要件"的功能是提供判断一个行为是否构成犯罪的"判断标准"，"不法-罪责"的功能是提供对这个行为的"价值评价"。

"根据耶林的见解，法首先形式地被定义为是由国家规定的妥当的强制性规范的总体。"[①] 李斯特是耶林的学生，即便说李斯特主张规范的犯罪论也并不是不可能，只是本书认为他的规范论主要体现在"不法-罪责"系统中。

下文将在各个概念之间具体的关系上，论证双系统理论的内在结构之间的关系。

（一）"违法性"与"不法"

"在不法或违法的同类概念（Gattungsbegriff）中，鉴于犯罪构成的适当性，作为刑事不法的犯罪是一个种概念（Artbegriff）。"[②] 从李斯特的论述来看，"不法"与"违法性"并不是相同概念，它们之间的关系是相同种属关系的不同概念。也就是说，它们尽管是相同性质的概念，但它们却是不能等同的概念。具体而言，"不法"是该当犯罪构成要件的违法行为，它所涉及的范畴既有"构成要件符合性"又有"违法性"、"责任"，但是"违法性"只

---

① 〔日〕伊东研祐：《法益概念史研究》，秦一禾译，中国人民大学出版社，2014，第63页。

② 〔德〕李斯特著，〔德〕施密特修订《德国刑法教科书》（修订译本），徐久生译，法律出版社，2006，第169页。

是双重"三要件"系统中的一个构成要件要素。进一步讲,"不法"是可以归责的根据,但是"违法性"却不一定,因为在"违法性"中可能存在"阻却性事由"。只有当"违法性"中排除了所有"阻却事由"时,"违法性"才能等同于"不法"。

"违法性"和"不法"具体的关系和区别主要体现在以下几个方面。

(1)"形式的违法性"与"实质的违法性"

李斯特非常清楚地区别了"形式的违法性"和"实质的违法性"之间的不同。李斯特指出"对行为的法律评价,可能有两个考察方法:1. 形式违法是指违反国家法规、违反法制的要求或者禁止规定的行为;2. 实质违法是对危害社会的(反社会的)行为。违法行为是对受法律保护的个人或者集体的重要利益的侵害,有时是对一种法益的破坏或者危害"①。本书认为,李斯特所指的"形式的违法性"就是指"作为法律概念的构成要件"以及"作为价值判断的构成要件"中的"违法性",也就是指双重"三要件"系统中的"违法性",这一点是很清晰的。李斯特所言的"实质的违法性"是指具体的危害社会的行为,该行为是该当"构成要件"所规定的条文的行为,是指"不法"。因为"实质的违法性"不仅要求符合"一般的构成要件"、"特殊的构成要件",还要求排除刑法总则规定的"违法性阻却事由"、"责任阻却事由"。按照李斯特的定义,我们可以知道"违法性"是指违反法律的行为,而这个行为在犯罪构成要件中的功能是提供一个"判断标准",这一功能与"形式违法性"的定义相对应。"不法"是对一个特定行为的性质的规范评价,它与"实质的违法性"相对应。

如上所述,李斯特的犯罪论是主观的犯罪论,他的刑法理论是新派刑法理论,那么"实质的违法性概念开始于李斯特"②就不是一件罕见的事情了。但是,如果说李斯特的"实质的违法性"就是指"不法",那么,我们还不能说"实质的违法性"开始于李斯特,因为"不法-罪责"系统是德国传统的理论,而并非开始于李斯特。如果还坚持"实质的违法性开始于李斯特"的话,那么,这就意味着"实质的违法性"还具有其他的含义。

---

① 〔德〕李斯特著,〔德〕施密特修订《德国刑法教科书》(修订译本),徐久生译,法律出版社,2006,第200~201页。

② 许玉秀:《当代刑法思潮》,中国民主法制出版社,2005,第132页。

（2）"实质的违法性"与"社会危害性"的关系

相对于"形式的违法性"而言，李斯特认为"实质的违法性是指危害社会的（反社会的）行为"①。那么"社会危害性"又是指什么呢？

如果符合"三要件"的行为就是违法行为的话，那么，这样的行为就可以看作危害社会的、具有社会危害性的行为。但是，李斯特所指的"社会危害性"并不仅仅存在于犯罪构成要件的框架之内，而且存在于犯罪构成要件的框架之外。因为"法定的构成要件"并不能全部列举出来，所以，只能用"法律补充"的方式堵塞这种"社会危害性"②。李斯特进一步主张"用实体上的犯罪学的评价尺度对行为的实体内容，其社会危害性或社会有益性做出检验，在确定行为实体合法性情况下，否定违法性的存在"③。也就是说除了用"三要件"之外，还用犯罪学的方法，即刑事政策的方式检验出具有"社会危害性"的行为。从李斯特的论述来看，"社会危害性"并不仅仅是由在刑法规范之内的"实质的违法性"引起的，因为李斯特明确指出"所谓的实质的违法性就是行为违反国家所承认的文化规范"④。也就是说"实质的违法性"是一种"文化规范"违反。如果是这样，"社会危害性"一部分是由违法行为引起，另一部分是由"文化规范"违反引起。在犯罪学的范畴内，"实质的违法性"与"社会危害性"是一致的。但是，如果"实质的违法性"是指犯罪构成要件之内的概念的话，李斯特所指的"实质的违法性"与"社会危害性"并不能完全等同。符合"实质的违法性"的行为一定是危害社会的行为，但是具有"社会危害性"的行为并不一定能够完全包含在"实质的违法性"之中。进一步讲，如果"实质的违法性"仅仅是指在排除了违法性阻却事由的前提下的"社会危害性"，即"不法"的话，"社会危害性"的范畴就大于"实质的违法性"的范畴了。

反过来讲，假设"实质的违法性"的范畴等同于"社会危害性"的范畴的话，就存在两种情形：一是"社会危害性"被限定在刑法规定的范畴之内，

---

① 〔德〕李斯特著，〔德〕施密特修订《德国刑法教科书》（修订译本），徐久生译，法律出版社，2006，第200页。

② 参见〔德〕李斯特著，〔德〕施密特修订《德国刑法教科书》（修订译本），徐久生译，法律出版社，2006，第209、212页。

③ 〔德〕李斯特著，〔德〕施密特修订《德国刑法教科书》（修订译本），徐久生译，法律出版社，2006，第212页。

④ 许玉秀：《当代刑法思潮》，中国民主法制出版社，2005，第132页。

二是"实质的违法性"大于"不法"的范畴。但是,这就出现了两个问题:第一,如果"社会危害性"被限定在刑法规定的范围内的话,它的存在必要性就会被质疑,因为它与"实质的违法性"是等义的。第二,如果"实质的违法性"超越"不法",即等于超越了刑法规定,这就会产生违反罪刑法定主义的质疑。因此本书认为李斯特所指的"社会危害性"的概念是在刑事政策的意义上使用的,更多地倾向于犯罪学上的概念特征。在刑法领域使用"社会危害性"的概念很容易引起误解和歧义。耶赛克等所言的"李斯特主张实质的违法性"[①] 中的"实质的违法性"、许玉秀所言的"实质的违法性开始于李斯特"应该是在犯罪学的意义上提出的。本书认为不排除"实质的违法性"具有犯罪学意义上的特征,但是,只要是在刑法学的意义上使用,就应当将它限定在"不法"的范畴内理解。

(3)"实质的违法性"的功能

继承李斯特刑事政策思想基础的罗克辛明确地指出了"实质的违法性"功能的意义所在。罗克辛认为"实质的违法性的实际意义有三个方面。首先,实质的违法性可以对不法进行等级性分类,并且在信条学的意义上得出丰硕的成果。其次,它为行为构成理论、错误理论,以及为其他信条学问题的解决,提供了解说性工具。最后,它可以表述建立在排除不法基础上的原则,并且确定这些原则的相互关系和各自范围"[②]。尽管罗克辛的"实质的违法性"不能完全等同于李斯特的"实质的违法性",但是依然可以从罗克辛的观点中捕捉到李斯特"实质的违法性"的功能的一些含义。尽管李斯特对"不法"没有进行细致的划分,但这不能排除"实质的违法性"的划分功能也适用于李斯特的理论。"实质的违法性"可以排除真正的"合法",反过来也可以说,"实质的违法性"可以确定真正的"不法",因为它排除了包括阻却事由在内的非社会危险性。

如果是犯罪构成要件理论中的"实质的违法性"的话,它完全可以等同于"不法"的概念,或者可以从另一个角度理解"不法",因为它就是排除了阻却事由的"不法"。在犯罪构成要件的理论中,本书认为李斯特的"实质

---

① 参见〔德〕汉斯·海因里希·耶赛克、〔德〕托马斯·魏根特《德国刑法教科书》,徐久生译,中国法制出版社,2017,第288页注释。
② 〔德〕克劳斯·罗克辛:《德国刑法学总论》(第1卷)第3版,王世洲译,法律出版社,2005,第390页。

的违法性"还具有将"犯罪构成要件"系统和"不法-罪责"系统相连接的功能。这一点是很容易说明的,一方面,"实质的违法性"中的"违法性"本来就属于"三要件"系统中的"违法性"的概念范畴;另一方面,在"不法-罪责"系统中导入"实质的违法性"的概念,就可以架起两个系统之间的桥梁。但是,如果"实质的违法性"是犯罪学的或者刑事政策中的概念的话,它就是"超"刑法规定之上的"违法性"概念等,它等同于"社会危害性"的含义。

(二)"违法性-责任"与"不法-罪责"

耶赛克等指出,"根据当时通说的观点,违法性和罪责的概念还未从源自普芬道夫的归责理论的大概念中分离出来"[①]。既然"构成要件"中的构成要件要素还没有从归责理论中分离出来,那就不可能谈得上从"分离"再到重新"整合"了。进一步讲,李斯特的"三要件"系统与"不法-罪责"系统之间的关系,本来就存在于一个笼统性的大归责概念中。即便李斯特构建了"三要件"理论,但是这个系统还没有与大概念下的归责理论脱离关系。这种客观的状态也在一定的程度上反映了双系统之间的内在关联性。

耶赛克等也意识到了"古典刑法体系具备了特有的二级结构:一方面通过客观主义和形式主义,为处罚的先决条件提供最为可靠的法安全;另一方面通过以犯罪之人为中心的制裁体系,实现最高度的目的性"[②]。耶赛克等所指的二级结构与本书所指出的双系统比较相似。耶赛克等所指的"二级结构"在李斯特的双系统中体现得最为明显。一级结构就是"三要件"系统,二级结构就是"不法-罪责"系统。"三要件"系统"为处罚的先决条件提供最为可靠的法安全",以"不法-罪责"系统达到处罚特定个人的最终目的。

罗克辛认为李斯特以及他的继承者们采用的也是二元制犯罪论,因为"李斯特的继承者并没有在实际上超过这种已经规定的二元制,据此,刑事可罚性的条件是由行为确定的,相反法律后果更多地是由行为人刑法确定的"[③],

---

① 〔德〕汉斯·海因里希·耶赛克、〔德〕托马斯·魏根特:《德国刑法教科书》,徐久生译,中国法制出版社,2017,第 277 页。

② 〔德〕汉斯·海因里希·耶赛克、〔德〕托马斯·魏根特:《德国刑法教科书》,徐久生译,中国法制出版社,2017,第 281 页。

③ 〔德〕克劳斯·罗克辛:《德国刑法学总论》(第 1 卷)第 3 版,王世洲译,法律出版社,2005,第 107 页。

本书认为李斯特的后继者贝林的理论体系是二元制的，但是李斯特的理论与贝林的理论不同，并不能将他的理论简单地归于二元制。罗克辛进一步指出"李斯特和贝林的古典体系，在 20 世纪初期处于统治地位，今天还经常是很有影响的。这个体系在现代德国信条学（教义学）中至今仍然适用的基础性范畴是建立在这样一种认识基础上的：不法和罪责之间的关系就像犯罪的外部方面和内部方面之间的关系一样。根据这个认识，所有犯罪行为的客观方面的条件都属于行为构成和违法性，而罪责是行为所有主观方面的犯罪因素的总和（Inbegriff）而适用的（所谓心理性罪责概念）"①。也就是说李斯特的"客观的不法"以"行为"的构成——"构成要件符合性"、"违法性"、"责任"为中心，而"主观的不法"以"行为人"的罪责构成为中心。但是，本书认为罗克辛的评价是不能成立的，首先，从形式上看，李斯特似乎主张"客观的不法"和"主观的罪责"二元论，但是本质上李斯特并没有将"不法"与"罪责"进行分离，它们依然是一个整体。罗克辛的评价最多能适用于贝林的理论上，但不能适用于李斯特的理论。其次，罗克辛对李斯特的理论与贝林的理论只是笼统地进行了评价，而这样的评价是不能成立的，因为李斯特的双系统的理论结构完全不同于贝林的理论结构。最后，罗克辛对李斯特的理论结构的评价也不能成立，因为李斯特的双系统是相对分离的理论结构，而罗克辛主观地将李斯特的双系统"结合在一起"，而且将不同层级的概念排放在错综位阶位置上。

（三）心理学上的"责任"与规范论上的"罪责"

心理学上的"责任"是指"三要件"系统中的"责任"，规范论上的"罪责"是指"不法–罪责"系统中的"罪责"。李斯特认为"作为不变的反映类特征的罪责因素，该规范罪责要素必须与心理学之罪责要素合二为一，以便故意和过失作为罪责形式或种类展示在我们的面前，因为我们有权做的是指责行为人知道或者应当知道行为结果；行为人的行为是'故意'的或者'过失'的；我们在这一指责中看到了行为人的有责性"②。从这一论断也可

---

① 〔德〕克劳斯·罗克辛：《德国刑法学总论》（第 1 卷）第 3 版，王世洲译，法律出版社，2005，第 121 页。
② 〔德〕李斯特著，〔德〕施密特修订《德国刑法教科书》（修订译本），徐久生译，法律出版社，2006，第 263~264 页。

以看到李斯特对这两个系统之间关系的最清晰的思想。心理学的要素就是指"责任要素"，规范的要素就是指"罪责要素"。但是作为归责的对象，必须同时存在两个要素才能够进行归责。

五　小结

综上所述，李斯特的"构成要件"系统存在两个层级，一个是"三要件"层级，另一个是"可罚性"层级。这两个层级共同构成李斯特的"构成要件"系统，本书认为这两个层级分别对应第二个系统的"不法"和"罪责"。第一个层级的"三要件"对应的是"不法"，第二个层级的"可罚性"对应的是"罪责"。不过，关于这两个系统之间的关系，由于历史局限性，李斯特并没有在理论上进行论证，所以从形式上看"似乎"不具有整合性。换言之，李斯特既没能够将双系统分别从"大归责"概念中独立出来，也没能够将两个系统重新整合成一个完整的犯罪构成要件理论。但是，尽管如此，本书还是赞同 M. E. 麦耶对李斯特理论的评价。麦耶认为李斯特研究了如何从宾丁的那种循环概念中逃脱出来、如何表达违法性的实质性内容，用一种阶梯型的思考方式引导我们纠正错误。[1]

在本章第 1 节中所出示的李斯特立体的"三要件"系统，只是本书从他的理论逻辑中推断出来的一种体系结构，而不是李斯特在他的《德国刑法教科书》中已经完成的结构。真正地将两个系统统合起来的理论要等到贝林的《构成要件理论》的出版才得以完成。但是，不可否认的事实是这是从李斯特开始的，德国刑法理论就是在这个双系统的框架下进行的分合理论。有时双系统各自独立存在，有时以整合成表面上一个系统而实质上分离的双系统存在。无论如何，没有一个系统完全消融于另一个系统，从而形成另一个新的理论体系。

第3节　贝林客观的双重结构的犯罪构成理论

一　本节的论点所在

众所周知，贝林是刑法旧派中三要件犯罪构成理论的集大成者、完成者，

---

[1]　M. E. Mayer, *Der Allgemeine Teil des Deutschen Strafrechts*, 1915, 2. Aufl., 1923, S. 178.

秉承贝林三要件理论的学者及他们的学说统称为贝林流三要件理论。① 尽管刑法学界很少有人怀疑贝林的犯罪构成理论对刑法理论发展的巨大贡献，但是同时，对贝林的犯罪构成理论的批判也不在少数，甚至几乎"众口一词"诟病他的理论的抽象性和观念性。

然而，在众多批判贝林的理论中，到底有多少的批判是真正在正确理解他的犯罪构成理论的基础上做出的，这是一个值得深思的问题。如果不能对建构我们现代犯罪构成理论的基础理论有一个正确的认识，那对中国刑法理论的发展还是会产生很大的不良影响。尤其是对正处于建构时期的中国刑法理论而言，更加需要正确地从对贝林的犯罪构成理论的认识开始汲取经验。这就是本书研究贝林犯罪构成理论的初衷。

贝林的三要件理论建立于他 1906 年的《犯罪论》和 1930 年发表的论文《构成要件理论》。② 尽管《构成要件理论》的题目是研究犯罪构成，但它的最终目的却是指向刑罚，因为该论文由两部分组成，一部分是"构成要件"，另一部分是"刑罚"。在 1930 年的论文中贝林指出，"犯罪的概念，正确地应该是：犯罪是类型性违法、有责的行为，且无（事实的）法律的刑罚排除事由"③。虽然"无（事实的）法律的刑罚排除事由"也可以解释成为排除正当化事由，但它的最终指向却是"应受处罚性"。因为贝林明确指出"欠缺可罚性条件同样表现为刑罚排除事由"④，而且只有这样理解，才能够将第一部分的"构成要件"和第二部分的"刑罚"连接在一起。换言之，符合"犯罪构成"的，不一定是具有"应受处罚性"的，只有一个犯罪行为具备了"应受处罚性"才可能进入刑罚的阶段。进一步讲，"应受处罚性"也成为犯罪构成的一个条件。

如果只根据贝林对犯罪概念的定义，并不能清楚地断定他的犯罪构成理论就一定是三要件构成理论，因为除了我们通常意义上所能认识的"类型性"、"违法性"、"责任"之外，还有"应受处罚性"这一要件。因此，至少

---

① 参见前田雅英『刑法総論講義』東京大学出版会、1998、24 頁。
② Beling, *Die Lehre vom Verbrechen*, J. C. B. Mohr, Tübingen, 1906.
　 Beling, *Die Lehre vom Tatbestand*, J. C. B. Mohr, Tübingen, 1930.
③ 〔德〕恩施特·贝林：《构成要件理论》，王安异译，中国人民公安大学出版社，2006，第 28 页。
④ 〔德〕恩施特·贝林：《构成要件理论》，王安异译，中国人民公安大学出版社，2006，第 28 页。

需要理清最后一个要件与前面三个要件之间的关系。如果后面一个要件是以前面三个要件为基础的话，我们在一定程度上可以说，前面的三个要件可能是贝林犯罪概念所给出的三要件。但是这就又出现一个问题，既然这里所言及的是犯罪构成的三要件理论，就没有必要提出最后一个要件。因为只要符合前面三个要件的行为，就已经成立三要件的犯罪构成理论了。假设"应受处罚性"这个要件是需要的，那么我们就很难说贝林的犯罪构成理论是三要件构成理论，也可看作四要件构成理论。因为即便符合前面的三个构成要件要素，该行为也不一定受到制裁和满足处罚的条件，所以需要"应受处罚性"这个要件，才能够符合贝林的犯罪概念。

从整体论文来看，可能贝林的三要件理论并不是贝林自己所给出的，而是贝林之后的学者将这种犯罪构成理论称为"贝林三要件构成理论"。也就是说，贝林的犯罪构成理论既可以解释为"三要件理论"，也可以解释为"四要件理论"。但是，无论如何，我们不应该将贝林的犯罪构成理论简单地称为"三要件理论"或者"四要件理论"。如果我们称贝林的刑法理论为"三要件理论"，那就意味着抛弃了后一个要件。如前所述，这样的解释不符合贝林对犯罪概念的定义；相反，如果我们将后一个要件也加入前面三个要件中，在逻辑上也是不合理的，因为显然它们之间关系的层次不同。贝林的理论之所以不应该称为四要件理论，本书认为前面的三个要件要素与第四个要件要素之间显然不能在同一个层次上相提并论。如果将它们强行放在一起，就会引发贝林以阶层性体系为特征的犯罪构成理论与贝鲁那（Albert Friedrich Berner）以"要素体系"[①]为特征的犯罪构成理论之间的混淆。因为，如后述的那样，贝林的犯罪构成要件要素之间的关系并不是简单相加的理论组成，而是逐级递进的层次性理论，这一点与贝鲁那的犯罪要素累计相加的构成要件理论截然相反。

本书认为从贝林给出的犯罪概念的定义来看，前面的三个构成要件要素是判断一个行为是否构成犯罪的标准，而后一个要件是该行为在符合犯罪构成要件之上，并且能够加以处罚的判断标准。按照贝林的理论，一个犯罪的概念应该是符合犯罪并且受到处罚的行为。前三个要件是判断一个行为是否构成犯罪的基本标准，后一个要件是在此基础之上的另一个阶层的判断标准。

---

① 参见松宫孝明「構成要件と犯罪体系」『立命館法学』第 1 号（第 383 号）、2019、108 頁。

在这个意义上，可以说贝林的犯罪构成理论是三要件二阶层理论，即符合三要件理论为一个阶层，符合处罚条件为另一个阶层。应该注意的是，这样的划分，并不能等同于我们现在刑法理论中犯罪论与刑罚论之间的不同划分，这两个阶层只是贝林犯罪构成理论中的不同层级。进一步而言，根据贝林的理论，一个行为只有在按照三要件二阶层被判断为犯罪行为的前提下，才会进入刑罚论。

根据贝林的定义，除了以上所述的两个不同阶层之外，本书认为他的三要件理论内部也是由两个不同层级构成的。因为他所给出的定义中的"类型性"与"违法性"、"有责"不是一个层级上的概念。对已经习惯三要件理论的我们而言，三要件理论一般是指由"构成要件符合性、违法性、责任"三要素组合成的理论，而不是由"类型性、违法性、责任"组成的。根据贝林论文中的陈述，"类型性"并不是指"构成要件符合性"，而是指"犯罪类型、不法类型、责任类型"。因此，本书认为在三要件层级的内部存在另外两个不同层级的构成要件。这两个不同的层级，是指作为法律构成要件"轮廓"的三要件和作为适用刑法（法律构成要件）意义上的三要件，本书将前者称为"形而上学层级上的三要件"，将后者称为"价值判断层级上的三要件"。前者由"犯罪类型、不法类型、责任类型"构成，后者由"构成要件符合性、违法性、责任"构成。本书将这种构造理论称为双重结构的三要件构成理论。之所以称为"形而上学层级上的三要件"，是从"犯罪类型、不法类型、责任类型"的功能考虑的，因为这三个类型性的功能是对法律构成要件"轮廓"的概念性描述，不具有价值判断功能。这种"轮廓"性的描述，是一种纯粹理论的概念。与此不同，"价值判断层级上的三要件"是对犯罪行为的具体判断标准，这是一个实用性的理论概念。作为形而上学的"轮廓"层级、与作为价值判断的"适用"层级共同形成贝林犯罪构成理论的双重结构。从贝林的理论结构来看，"形而上学层级上的三要件"对"价值判断层级上的三要件"具有制约功能。

应该注意的是，这个双重结构又是一个倾斜性三角形结构的犯罪构成理论。这是因为在两个不同层级的三要件构成关系中，分别不同层级的三要件要素之间的关系是不平等的。即，在作为"形而上学层级上的三要件"中，"犯罪类型"统领"不法类型"与"责任类型"；在"价值判断层级上的三要件"中，"违法性"与"责任"则以"构成要件符合性"为前提。该倾斜性三角形不仅构成"形而上学层级上的三要件"构成理论，而且一一对应"价值判断层级上的三要件"构成理论，它们共同形成贝林双重结构的三要件理论，然后在这个基础上，再判断"应受处罚性"的有无。这个理论模型完全与贝林的犯罪概念相对应，该模型就是本书如下所要论证的贝林犯罪构成理论的双重结构的"三要件"二阶层模型。如图1-2所示。

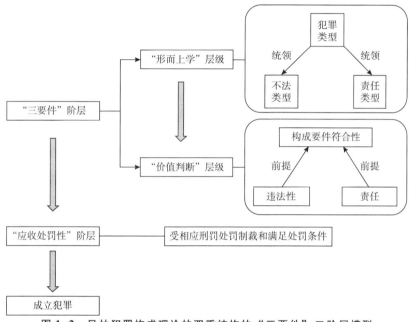

图1-2 贝林犯罪构成理论的双重结构的"三要件"二阶层模型

资料来源：该图是福建省石狮市人民法院的庄怀邦根据上文绘制的。

的确，贝林在他的论文中并没有使用双重结构这样的概念，在其论证的过程中也不是按照双重结构的逻辑进行的。但是这并不能完全说明他没有意识到这种双重性"评价"的客观存在，因为他自己也指出"……，而且是双重评价：按照是否与刑罚一致而对有责不法进行分门别类，在一个类型性范围内根据类型的特征而进一步划分不同的价值等级"[1]。进一步阐释的话，首先是按照是否与法定刑（刑罚）一致而进行"类型"化得出"犯罪类型、不法类型、责任类型"，然后在这个类型化的范围内通过"构成要件符合性、违

---

[1] 〔德〕恩施特·贝林：《构成要件理论》，王安异译，中国人民公安大学出版社，2006，第3页。

法性、责任"进行具体的价值评价。大塚仁认为在贝林的早年"区分了概念的构成要件（begrifflicher Tatbestand）和符合它的具体的构成要件（konkreter Tatbestand）"①。本书认为大塚仁对贝林的解读比较正确。他所言的"概念构成要件"就是指贝林作为形而上学层级上的构成要件，他所言的"具体的构成要件"就是指贝林作为价值判断层级上的构成要件。

但是，由于在论证的过程中，贝林对各个构成要件要素与刑法条文之间的关系的解释比较暧昧，很容易造成各种误解，为此本书认为有必要通过以下对每一个层级上的构成要件内容进行分析，让贝林双重结构的三要件二阶层理论凸显出来。

二 作为"形而上学层级上的三要件"

贝林认为构成要件的本质性功能就是"完整的指导形象"，如贝林指出的那样，"重要的是，如果同时还能够规定'此种'犯罪类型之不法类型与责任类型，才能够形成完整形象"②。因此，我们可以看到这个"完整的指导形象"是由"犯罪类型、不法类型、责任类型"构成的。本书将这些类型组成的"完整的指导形象"称为"形而上学层级上的三要件"③。贝林把三个"类型"作为"形而上学层级上的三要件"，从功能上讲，与李斯特"作为法律概念的构成要件"是相同的。但是，从内涵上讲，与李斯特的理论相比，贝林的三要件主要有几个方面的不同。第一，贝林"形而上学层级上的三要件"没有采用李斯特"一般的构成要件"和"特殊的构成要件"的分类，只是单层级的三要件。第二，贝林在单层级的三要件中加入了"不法－罪责"系统，形成了"犯罪类型、不法类型、责任类型"的三要件理论。本书认为贝林在三要件中加入"不法－罪责"系统，是与李斯特"作为法律概念的构成要件"

---

① 〔日〕大塚仁：《刑法概说（总论）》第3版，冯军译，中国人民大学出版社，2003，第111页。

② 〔德〕恩施特·贝林：《构成要件理论》，王安异译，中国人民公安大学出版社，2006，第4页。

③ 应该注意的是贝林唯有在这里将"犯罪类型、不法类型、责任类型"解释为"指导形象"，在他后面的论证过程中，他将法定的构成要件当作"指导形象"，与在这里的论述不同，将"犯罪类型、不法类型、责任类型"当作法定的构成要件的"轮廓"。本书认为，将形而上学层级上的三要件当作法定构成要件的"轮廓"更加接近贝林的原意。但不幸的是，在这里所使用的"完整的指导形象"一词导致了后世学者对他的理论的颠覆性误解。

之间的根本性差别。如前所述，虽然李斯特创建了三要件犯罪构成理论，但是并没能与德国传统的"不法-罪责"系统相结合。贝林的类型性三要件正是完成了这一结合的表现。

以下进一步系统地论述贝林"形而上学层级上的三要件"类型理论的内涵，以便能够更加准确地把握它的功能。

（一）犯罪类型

贝林指出："关键是需要更严格地廓清'犯罪类型'与法律构成要件概念的关系，随即还需要揭示构成要件符合性与构成要件之关系以及与'类型性'之间的关系。"[①] 贝林的这个定义，有几层含义。第一，"犯罪类型"与"法律构成要件"、"类型性"不同；第二，"犯罪类型"与"构成要件符合性"不同；第三，"犯罪类型"与"构成要件"不同；第四，"构成要件符合性"与"构成要件"、"类型性"之间也不同。为了论述上的方便，这里先论述第一个关系，即"犯罪类型"与"法律构成要件"之间的关系，以及第三个关系，即"犯罪类型"与"构成要件"的关系；关于第二、第四，在下文"构成要件符合性"中论述。

1. 犯罪类型与类型性、法律构成要件

贝林明确指出"该指导形象是法律的构成要件。每一个法定的构成要件肯定表现为一个'类型'，如'杀人'类型、'窃取财物'类型等。但是并不意味着这种纯粹的'构成要件'的类型与犯罪类型是一样的。两者明显不同。构成要件类型绝不可以被理解为犯罪类型的组成部分，而应该被理解为观念形象，其只能是规律性的，有助于理解的东西，逻辑上先于所属的犯罪类型"[②]。从贝林的论述来看，这里存在两个概念：一是"类型性"，二是"法律构成要件"。这两个概念都与"犯罪类型"相关。尽管贝林的论述非常清楚，但是后世对他的理论的误解依然非常深。为此以下分别加以阐释。

---

① 〔德〕恩施特·贝林：《构成要件理论》，王安异译，中国人民公安大学出版社，2006，第2页。

② 〔德〕恩施特·贝林：《构成要件理论》，王安异译，中国人民公安大学出版社，2006，第5~6页。

（1）犯罪类型与类型性

贝林在这里所指的"类型性"是"一个本质的犯罪要素"①，这个所谓本质性的犯罪要素的"类型性"就是指法律条文本身的"类型"，因为"只有在该法定刑范围内的可罚性行为类型才属于犯罪，而只处于法定刑范围内的类型性行为才是可罚的"②。这个"类型性"不同于"犯罪类型"，因为这个"类型性"是指法律构成要件（刑法条文）中的各类犯罪，而作为形而上学层级上的"犯罪类型"是对法律构成要件的"轮廓"的描述性概念。两者不是相同意义上的"类型"。一个行为被认定为犯罪，首先要符合"类型性"，只有进入这种"类型性"之中的行为才是刑法意义上的行为。换言之，这个"类型性"所指的就是刑法条文规定的各种"罪"，一个行为能否构成犯罪，当然首先取决于是不是刑法条文（类型性）所禁止的行为。

进一步讲，这里所指的"类型性"③是区别一般行为与不法行为的一个界限，是区别犯罪行为与其他行为的基本模式，当然这个区别的根据是刑法规定的法律构成要件，这是罪刑法定主义的要求。这个"类型性"不同于陈兴良如下的解释，"贝林对构成要件之类型性的理解是极为深刻的，它将杂乱的犯罪要素凝聚成为一个客观的构成模型，为犯罪认定提供某种引导，因而赋予构成要件的概念以特定化的蕴含"④。陈兴良所指的"类型性"更接近贝林的"犯罪类型、不法类型、责任类型"。而贝林所指的"类型性"是指刑法条文（法律构成要件）规定的各种类型的"罪"，譬如说"盗窃"的犯罪为一类犯罪，"放火"的犯罪为另一类犯罪。

既然贝林所指的"类型性"是关于法律构成要件的类型性，那么"犯罪类型"与法律构成要件又是什么关系呢？

（2）犯罪类型与法律构成要件

法律构成要件，无论是法定刑还是法定的构成要件，作为刑法典的规定，都是先于作为理论的"犯罪类型"而存在的。没有法律构成要件的存在，就不可能存在作为"形而上学层级上的三要件"（当然，也不可能存在下文所述

---

① 〔德〕恩施特·贝林：《构成要件理论》，王安异译，中国人民公安大学出版社，2006，第2页。
② 〔德〕恩施特·贝林：《构成要件理论》，王安异译，中国人民公安大学出版社，2006，第2页。
③ "类型性"也就是与刑法的上位概念-犯罪行为相关联的概念。本书因为在这里不展开论述行为概念的相关理论，所以在此只是提及"类型性"的概念，而不是进一步展开。
④ 陈兴良：《犯罪构成论：从四要件到三阶层——一个学术史的考察》，《中外法学》2010年第1期，第62页。

的 "价值判断层级上的三要件")。它们之间的区分在于, 法律构成要件是 "犯罪类型" 的 "指导形象", 而 "犯罪类型" 是法律构成要件的 "轮廓" 性描述概念。进一步而言, 如果刑法典是一部刑法体系的话, 那么, 法律构成要件就是刑法典的内容, 而作为 "形而上学层级上的三要件" 就是关于这部刑法典内容的观念性的理论描述。它们的共同目标是实现罪刑法定主义思想。法律构成要件之所以需要 "形而上学层级上的三要件" 理论的描述, 一方面是因为法律构成要件本身只是 "抽象的、特别的、客观的构成要件"① 的存在, 它需要一个体系性的理论将它变成 "知识结构", 从而得到认识; 另一方面从刑法理论的角度看, 如果要建构一个刑法的理论体系, 必须根据法定的条文进行, 不能随意创造。为此, 就需要通过对法律条文的体系性分析, 最终得以掌握。在这个意义上讲, 李斯特的思想与贝林的思想是相同的。李斯特通过 "一般的构成要件" 和 "特殊的构成要件" 构建起一个关于法定的构成要件 (刑法典) 的认识体系 ("作为法律概念的构成要件"); 贝林通过将 "不法-罪责" 导入李斯特发现的 "作为法律概念的构成要件" 中而认识法律构成要件 (刑法典)。

以上是 "犯罪类型" 与法律构成要件之间的区别。法律构成要件由法定刑和法定的构成要件②组成, 根据贝林的理论逻辑, 前者一般看作刑法分则的规定, 后者看作刑法总则的规定。以下需要区别的是对法定刑 "轮廓" 性描述的 "犯罪类型" 与对法定的构成要件 "轮廓" 性描述的 "犯罪类型" 之间的不同。

2. 犯罪类型与法定刑的关系 = 外部轮廓

法定刑是刑法分则条文对不同犯罪种类所规定的刑法规格和标准, 也是指一种量刑幅度。刑法分则中法定刑的 "这些要素以不同的方式与该概念联系着, 该概念奠定了该类型的共性 (Zusammengehoerigkeit)"③。贝林的 "犯罪类型" 是指对刑法分则中规定的法定刑的轮廓性描述。进一步讲, "犯罪类型" 就是指对刑法分则中每一类犯罪共同具有的抽象性特征的描述。贝林试图

---

① 〔德〕恩施特·贝林:《构成要件理论》, 王安异译, 中国人民公安大学出版社, 2006, 第1页。

② 贝林所言的 "法定的构成要件" 不完全等同于李斯特所言的 "法定的构成要件"。从整体理论的角度来看, 贝林所言的 "法律构成要件" 与李斯特的 "法定的构成要件" 相同, 都指刑法典规定的构成要件。

③ 〔德〕恩施特·贝林:《构成要件理论》, 王安异译, 中国人民公安大学出版社, 2006, 第4页。

将刑法分则中的各类犯罪类型化（理论化），从而将此作为理论上的"轮廓"。

"犯罪类型"是法定刑类型的"轮廓"，法定刑类型是"犯罪类型"的"指导形象"。"轮廓"是从"指导形象"中抽象出来的概念。"如盗窃罪的类型，其所有的要素，包括客观的或者心理的要素，都反映出'取走他人动产'之'轮廓'描述。因为盗窃罪要存在，则必须：（1）'取走他人动产'之行为实际上已得以实施；（2）该行为已为行为人主观故意所包含；（3）以该行为为落足点而引申出来的类型性，即'占有目的'。"① 这就是贝林所指的关于盗窃罪的"犯罪类型"。与此不同，作为盗窃罪，相对于譬如说放火罪而言，在刑法分则的法定刑的规定中，它是一类犯罪。这个"类型"属于法定刑的类型，就是贝林所指的"指导形象"，或者说"类型性"。在这一类（盗窃）犯罪中，只有具备这些盗窃罪中的类型性的要素，一个行为才能获得盗窃罪的"犯罪类型"的概念。这些要素是所有盗窃罪共有的特征，而不是一个盗窃行为独有的特征（譬如说，盗窃的是一串葡萄或者价值连城的钻石，这些"葡萄"或者"钻石"就不是盗窃罪共有的特征，而是某一种盗窃罪具有的"个性"）。对盗窃罪的犯罪概念的"共性"的描述就是盗窃罪的"轮廓"性描述，贝林将这个具有"轮廓"性描述的"类型性"称为"犯罪类型"。

虽然"犯罪类型"决定于法定刑，但是又不同于法定刑，它不过是能够在法定刑的范畴内浮动的"犯罪类型"，是从具体的法律构成要件抽象出来的犯罪类型性的一个概念。譬如说，盗窃罪，该当刑法分则规定的盗窃的犯罪行为，作为犯罪类型性表现为所有盗窃罪的基本特征，但是同时又由于盗窃罪的法定刑本身基于个案的主体的个性不同而各异。贝林将作为个性的那类犯罪类型称为"（犯罪）类型性的附属形象"，以区别于形而上学层级上的"犯罪类型"②。

从以上所述的内容中可以看到，贝林在"犯罪类型"中并非排除主观的要素，而是非常明确地指出"犯罪类型是一个由不同要素组成的整体"，简言之，没有"不法的构成要件要素"就不可能形成"犯罪类型"。关于这一点一定要注意，在贝林作为"形而上学层级上的三要件"要素的"犯罪类型"

---

① 〔德〕恩施特·贝林：《构成要件理论》，王安异译，中国人民公安大学出版社，2006，第4页。
② 参见〔德〕恩施特·贝林《构成要件理论》，王安异译，中国人民公安大学出版社，2006，第3页。

中包含了主观的构成要件要素。而且，贝林非常清楚地指出，在"犯罪类型"中，"一种犯罪的客观方面和主观方面必须同时出现，即无论是这种或那种（故意、过失）都是为同一种指导形象所支配"①。进一步阐释的话，就是说"犯罪类型"与后述的"不法类型"、"责任类型"不仅都受到法律构成要件的支配，而且它们需要同时存在，才能够形成一个犯罪行为的"完整形象"（完整轮廓）。

3. 犯罪类型与法定的构成要件之间的关系＝组成部分

一般（狭义）而言，法定的构成要件在贝林的理论中是指刑法总则条文的规定，尽管法定的构成要件也来自刑法分则中的类型性构成要件，但法定的构成要件不单纯是抽象性的概念，而且也是客观存在的、具体的、具有记述性的法律条文。法定的构成要件是对从刑法分则抽象出来的具有"理论"性的"抽象性共相"的立法，而"犯罪类型"不仅是对刑法分则的理论性描述概念，而且也是对刑法总则（法定的构成要件）的理论性描述概念。贝林明确指出"犯罪类型不是法定的构成要件，法定的构成要件是犯罪类型先行存在的指导形象（vorgelagertes Leitbild）"②。在"犯罪类型"与法定的构成要件的先后关系上，贝林认为首先存在的当然是法定的构成要件，因为法定的构成要件是刑法条文，"犯罪类型"是从法定的构成要件中抽象出来的理论概念，所以法定的构成要件是最有决定性的。只有受到法定的构成要件的规制，"犯罪类型"才具有刑法理论上的意义，也就是说"犯罪类型"必须符合法定的构成要件。换言之，法定的构成要件是"犯罪类型"的"指导形象"，"犯罪类型"也是法定的构成要件的"轮廓"。它是构成"犯罪类型"的一部分。

"犯罪类型"是内在性的评价机制，相对于法定的构成要件而言，应该说它是抽象的概念，是观念性理论的存在，但是，同时"犯罪类型是规范性指示，与不法和有责一样是规范性的，且存在于不法、有责之中"③。尽管在法定的构成要件中也存在犯罪的类型，譬如说，未遂犯罪的类型，但是这种犯罪的类型是关于刑法总则规定的内容，它不同于已经在概念上被类型化了的"犯罪类型"。

---

① 〔德〕恩施特·贝林：《构成要件理论》，王安异译，中国人民公安大学出版社，2006，第5页。
② 〔德〕恩施特·贝林：《构成要件理论》，王安异译，中国人民公安大学出版社，2006，第27页。
③ 〔德〕恩施特·贝林：《构成要件理论》，王安异译，中国人民公安大学出版社，2006，第3页。

法定的构成要件可以简单地理解成刑法总则规定的构成要件，但是"从范畴的种类看，'该'法定的构成要件的内容是空洞的。它不能确定自己的内容，具备构成要件功能的千百个具体内容——简称'构成要件'——不是由其概念探讨出来的，而是从独立的犯罪类型中推导出来的。从该犯罪类型中可以推导出相应的指导形象"①。贝林的这段论述很容易造成歧义，所以应该注意，首先这里所指的犯罪类型，是刑法分则的"类型性"犯罪，而不是形而上学层级上的"犯罪类型"。也就是说，尽管法定的构成要件也是刑法条文（总则），但它是从刑法分则（法定刑）中抽象（总结或者归纳）出来的规则。因此，法定的构成要件（总则）相较于法定刑（分则）而言更为抽象。它的内容需要与刑法分则一起才能够适用。从与形而上学层级上的"犯罪类型"的关系来看，尽管法定的构成要件也能形成一种"犯罪类型"，但它不能形成"独立的犯罪类型"。也就是说在刑法总则规定的构成要件中也有一些能够抽象出"犯罪类型"作为犯罪的"轮廓"，譬如说总则部分规定的"未遂形态"也是一种犯罪类型，但这种类型不是独立的犯罪类型。尽管它们在一定的范围内存在"共相"，然而不具有全刑法范围内的普遍性的"共相"。贝林将这样的"犯罪类型"称为"不独立的犯罪类型"②。这些"不独立的犯罪类型"也是整体"犯罪类型"组成的一部分，没有它们的存在，整体的"犯罪类型"也不够全面，譬如说，盗窃罪的未遂。它们之所以是"不独立的犯罪类型"，主要是因为"'法定的构成要件'是纯粹的功能性概念。该概念仅仅表达了那种指导犯罪类型之方向的要素"③。换言之，"法定的构成要件更多的是一个在其足够的广度和深度上支配刑法的基础概念"④。因此，它们需要与从法定刑中抽象出来的"犯罪类型"一起使用，才能够体现它们的功能。

因为法定的构成要件也是从刑法分则的法定刑中抽象出来的法律条文，所以具有与"犯罪类型"的相似之处，但是它们之间存在根本性的不同，尽管法定的构成要件是"抽象而空洞"的刑法总则条文，但它本质上是法律条文，而"犯罪类型"本质上是一种知识、一种理论。它们是完全不同的概念。

① 〔德〕恩施特·贝林：《构成要件理论》，王安异译，中国人民公安大学出版社，2006，第 7 页。
② 参见〔德〕恩施特·贝林《构成要件理论》，王安异译，中国人民公安大学出版社，2006，第 10 页。
③ 〔德〕恩施特·贝林：《构成要件理论》，王安异译，中国人民公安大学出版社，2006，第 7 页。
④ 〔德〕恩施特·贝林：《构成要件理论》，王安异译，中国人民公安大学出版社，2006，第 10 页。

4. 犯罪类型与构成要件

在贝林的论文中，"构成要件"就是指法律构成要件或者法定的构成要件。不同于以小野清一郎为首的日本刑法学者所言的"构成要件"，多数情况下，他们对"构成要件"的解释是不确定的。譬如说，小野清一郎有时将"构成要件"当作法律构成要件来解释，有时又当作"构成要件符合性"来解释。但是，贝林的"构成要件"的内涵是确定的，就是指法律构成要件。

小野清一郎认为"构成要件是犯罪类型的轮廓"[①]，但是本书认为小野清一郎的这个解释完全倒置了贝林的原意，贝林认为"犯罪类型"是法律构成要件的"轮廓"，因为"犯罪类型"是从法律构成要件中抽象出来的"类型"的犯罪概念，"构成要件是犯罪类型的指导形象"[②]，而不是"犯罪类型"的轮廓。"犯罪类型"之所以必须从法律构成要件中抽象出来，是罪刑法定主义原则的要求，因为法定的构成要件和法定刑是刑法规定的法律构成要件。如贝林明确指出的那样，"犯罪类型不是法定的构成要件，法定的构成要件是犯罪类型先行存在的指导形象（vorgelagertesLeitbild）"[③]。所以"犯罪类型"不能等同于法定的构成要件，它是法定的构成要件的"轮廓"性描述。之所以需要这样的"轮廓"性描述，其根本目的是准确地掌握法定的构成要件的规定。本书认为，小野清一郎一方面没有区别"犯罪类型"与法定的构成要件之间的关系，另一方面也没有区别"构成要件符合性"与法定的构成要件之间的关系。所以，才做出正好倒置的解释。

综上所述，完整的"犯罪类型"是从刑法分则的法定刑以及刑法总则的法定的构成要件中抽象出来的犯罪"轮廓"，是"形而上学层级上的三要件"最重要的要件要素之一，而且是"不法类型"、"责任类型"的先决条件。

（二）不法类型

贝林所指的"不法类型"的功能与李斯特"作为法律概念的构成要件"中的"违法性"功能是相同的。不同的是贝林在李斯特所指的"违法性"中融入了"不法－罪责"系统，从而将"违法性"类型化，形成了"不法

[①] 小野清一郎『犯罪構成要件の理論』有斐閣、1953、9頁。

[②] 〔德〕恩施特·贝林：《构成要件理论》，王安异译，中国人民公安大学出版社，2006，第2页。

[③] 〔德〕恩施特·贝林：《构成要件理论》，王安异译，中国人民公安大学出版社，2006，第27页。

类型"。

"不法类型"与"犯罪类型"一样，首先是"形而上学层级上的三要件"的要件要素，是贯穿整个构成要件理论的要件要素之一。"不法类型"是指一类犯罪行为的不法"轮廓"，这个"轮廓"不同于"犯罪类型"，受刑法总则中客观方面的法定的构成要件所限制，是对法定的构成要件的客观方面的"轮廓"性描述。但是，这里就产生一个疑问："不法类型"与"犯罪类型"如何区别？如前所述，"犯罪类型"不仅是刑法分则（法定刑）的"轮廓"，而且是刑法总则（法定的构成要件）的"轮廓"。"不法类型"如果也是刑法总则（法定的构成要件）的"轮廓"的话，它们之间就会存在重叠的部分。那么，它们的功能有何不同呢？

贝林认为"构成要件只有恰恰在不法类型中时，才表现为'不法类型'"①。应该注意的是，贝林这里所指的"构成要件"就是法定的构成要件。② 也就是说，只有法定的构成要件中不存在"非不法"的时候，才能够成立"不法类型"。因为在法定的构成要件中，不仅存在"违法的部分"，也存在"非违法的部分"（譬如说正当防卫），"不法类型"仅仅指"违法的部分"。这是从作为"轮廓"描述概念的角度来理解的，因为"在犯罪性行为的内部，构成要件符合性与违法性必须得以区分"③。也就是说，从"轮廓"的功能上讲，当排除了"犯罪类型"中的合法的部分的时候，"犯罪类型"就等同于"不法类型"了。那么，"犯罪类型"与"不法类型"之间在功能上的区别就在于"不法类型"的排除功能。这种区分是在评价层级上发生的。而评价层级在三要件系统中的渗入恰恰表明了"不法－罪责"系统与"构成要件"系统之间的融合。从这一点上，我们可以看到贝林的"不法类型"的功能比李斯特"违法性"的功能更加明确。

从理论结构上看，在"形而上学层级上的三要件"理论中，贝林并没有要求隔离"犯罪类型"与"不法类型"之间的关系。在这个层级上，贝林需要区分的不是"不法类型"与"犯罪类型"之间的关系，而是"不法类型"

---

① 〔德〕恩施特·贝林：《构成要件理论》，王安异译，中国人民公安大学出版社，2006，第13页。
② 参见〔德〕恩施特·贝林《构成要件理论》，王安异译，中国人民公安大学出版社，2006，第12~14页。
③ 〔德〕恩施特·贝林：《构成要件理论》，王安异译，中国人民公安大学出版社，2006，第13页。

与法定的构成要件之间的关系。贝林认为"将法定的构成要件理解为不法类型是不可能的"①。尽管"不法类型"是从法定的构成要件中抽象出来的"轮廓"性描述概念，但是，它们之间的关系就像"犯罪类型"与法定刑以及法定的构成要件之间的关系一样，是不能等同的。尽管法定的构成要件也是从刑法分则中抽象出来的规则，但是它不同于"不法类型"，因为它是法律条文，是先行于"不法类型"存在的"指导形象"。

"判断什么样的行为是这种行为，必须要有评价的标准，构成要件就是指示评价标准的，它表现为具备了违法性的'行为模式'，即违法类型。"② 法定的构成要件的确是一个评价的标准，也就是贝林所言的"指导形象"。但是这个"指导形象"并不能直接等同于"违法类型"。这个"违法类型"还需要加入一个"不法－罪责"系统的评价，才能够转变为"不法类型"。因此，可以说泷川幸辰对贝林理论的解读是在没有区分"不法类型"与法定的构成要件之间的不同的基础上做出的，所以不正确。

除此之外，在这个层级上还存在另一个需要廓清的关系，即"不法类型"与"概念形象"、"犯罪事实"之间的关系。从逻辑上讲，客观的法定构成要件比主观的法定构成要件更具有客观性和具体性。但是尽管如此，贝林认为"客观的（法定）构成要件也隐含着一个不确定性，这种不确定性确切地说是在观念印象与事实存在的叠加（Zusammenwerfung）之中"③。譬如说："杀人的观念形象是从与此相对应的真实事象中推导出来的。"④ 尽管杀人形象的概念不可能从贪污的真实事象中推导出来，但是"杀人"的概念形象与具体的"杀人行为"的事实之间还是存在差异的。具体而言，法定的构成要件不同于事实要件，就像刑法条文规定的行为不可能等同于犯罪行为一样。"不法类型"是从法定的构成要件抽象出来的"轮廓"，因此，"不法类型"也不能等同于犯罪行为。总而言之，尽管它们三者之间可以从不同的角度阐释一个相同存在，但它们三者的功能却是不能相互等同的。"谋杀概念的首要要件不是'杀人'，而是实施杀人的行为。"⑤ "谋杀的概念"是不法类型，而"杀人行

---

① 〔德〕恩施特·贝林：《构成要件理论》，王安异译，中国人民公安大学出版社，2006，第12页。
② 〔日〕泷川幸辰：《犯罪论序说》，王泰译，法律出版社，2005，第37~38页。
③ 〔德〕恩施特·贝林：《构成要件理论》，王安异译，中国人民公安大学出版社，2006，第6页。
④ 〔德〕恩施特·贝林：《构成要件理论》，王安异译，中国人民公安大学出版社，2006，第6页。
⑤ 〔德〕恩施特·贝林：《构成要件理论》，王安异译，中国人民公安大学出版社，2006，第6页。

为"是事实要件，"禁止杀人"则是法定的构成要件。进一步而言，"谋杀"是从"杀人"中抽象出来的"不法"，但从"杀人行为"中抽象不出法定的构成要件。

雅克布斯认为"贝林的理论并不是一致的，所以他的尝试，与行为理论相比，是对不法更进一步的、既定的不法等级，因此通过构成要件违法性和罪责行为，其结果表明不法的划分是值得优先的"①。本书认为这是贝林在犯罪构成要件中加入了"不法-罪责"系统所致的结果。从犯罪构成要件理论中的"违法性"转变为"不法类型"，需要通过"不法-罪责"系统的判断功能。因此，"不法"就"显得"比较优先。

（三）责任类型

"责任类型"与"犯罪类型"、"不法类型"一样，也是"形而上学层级上的三要件"的要件要素之一。它与责任相关，是从刑法总则关于责任的法定构成要件中导出的"轮廓"性描述概念。"责任类型"的功能相当于李斯特"作为法律概念的构成要件"中的"责任"的功能，但是与李斯特"作为法律概念的构成要件"中的"责任"不同，因为贝林的"责任类型"是"构成要件"中的"责任"与"不法-罪责"中的"罪责"的融合体概念。

贝林指出"犯罪类型"的构成要件要素是：行为、心理要素两种。② 本书认为，贝林在这里所指的"心理要素"是指主观的构成要件要素，与刑法总则规定的"责任要素"不同。如贝林所言，"那些被称为主观构成要件要素的情节在法律上的重要性固然毋庸置疑，但其方法论的立场则另当别论了：它们是犯罪类型本身的要素，而不是从犯罪的类型中提炼出来的指导形象的要素"③。这里有几层含义：第一，"心理要素"是构成要件要素，那就是指法定的构成要件要素；第二，"心理要素"不同于从法定的类型中提炼出来的要素，即不同于"主观的违法要素"或者"主观的责任要素"。主观的构成要件要素是"犯罪类型"的组成部分，不同于责任要素（罪责要素）。进一

---

① Günther Jakobs, *Strafrecht*, *Allgemeiner Teil*, De Gruyter, Berlin und New York, 1991, S. 155.

② 参见〔德〕恩施特·贝林《构成要件理论》，王安异译，中国人民公安大学出版社，2006，第15页。

③ 〔德〕恩施特·贝林：《构成要件理论》，王安异译，中国人民公安大学出版社，2006，第17页。

步阐释的话，责任要素是指刑法总则中规定的犯罪主观方面的要素，即贝林所言的"主观方面的精神要素"① ——责任能力和意志自由。因此，"如果在主观方面将行为人的精神状况理解为行为的一个侧面，也即犯罪的内在行为方面，那么就与现在通常所强调的主观构成要件要素完全不同"②。简言之，主观的构成要素就是刑法总则规定的"故意、过失"方面的心理要素，而责任要素是指刑法总则中规定的行为人的精神要素。从这个意义上讲，作为主观的构成要素的故意、过失是"心理要素"，作为主观方面的精神要素的责任能力和自由意志是"责任要素"。那么，"责任类型"的内涵是什么呢？

本书认为，贝林的"责任类型"的内涵既然是对法定的构成要件的"轮廓"性描述，那就应该既包含"心理要素"又包含"责任要素"。贝林认为"如果硬要把内在要素③从行为人精神层面上塞入构成要件之中，那么就会陷于踏上一个方法论的歧途。因为，这种不纯粹的构成要件根本不可能再发挥其作为客观方面和主观方面共同指导形象的功能"④。对贝林这样的论述进一步阐释的话，如果在"犯罪类型"中再次纳入"故意"，显然是一种重复。因为"故意、过失"原本就是从刑法分则中提炼出来的主观性的构成要素，如果再一次将它们纳入"犯罪类型"中，就是一种重复。这种重复不仅不能使"故意、过失"再次发挥功能作用，而且也会导致三要件关系中要件要素之间的不平衡。换言之，本来"责任类型"与"不法类型"之间的关系是对等的，如果将故意、过失再纳入"犯罪类型"之中，就会架空"责任类型"，从而导致"责任类型"与"不法类型"之间关系的失衡，也会导致"犯罪类型"与其他两个类型之间的失衡。

不过，贝林这样的阐释方式的确引起了后世理论的误解。譬如说，小野清一郎就认为"主观要素，在贝林及麦耶的体系中是当作责任问题来对待的，并且是排除在构成要件之外的"⑤。其实，这样的理解不是不准确，而是不完

① 参见〔德〕恩施特·贝林《构成要件理论》，王安异译，中国人民公安大学出版社，2006，第6页。
② 〔德〕恩施特·贝林：《构成要件理论》，王安异译，中国人民公安大学出版社，2006，第6页。
③ "内在要素"指"内在行为方面"。参见〔德〕恩施特·贝林《构成要件理论》，王安异译，中国人民公安大学出版社，2006，第15页。
④ 〔德〕恩施特·贝林：《构成要件理论》，王安异译，中国人民公安大学出版社，2006，第16页。
⑤ 小野清一郎『犯罪構成要件の理論』有斐閣、1953、10頁。

整。从形式上看，贝林的确将主观要素"排除"在"犯罪类型"之外，但是，从实质上看，贝林不是在"犯罪类型"中刻意排除主观要素，而是为了避免"重复"使用引起的问题性。

本书认为贝林所指的"责任类型"中不仅有"心理要素"也有"责任要素"，还存在关于"责任"的评价要素"罪责"，这是从"不法－罪责"系统导入的结果。"罪责"是一种评价体系中的概念，因此我们可以由此推出贝林的"责任类型"中也包含排除责任阻却事由的评价功能。

(四) 作为"形而上学层级上的三要件"之间的关系

"一种犯罪类型的客观方面和主观方面必须同时出现，即无论是这种或者那种（故意、过失）都是为同一种指导形象所支配。只有实际的杀人行为和执意于杀人的故意，才能产生谋杀之犯罪类型的观念（Vorstellung）。"① "不法类型"、"责任类型"都必须统一在"犯罪类型"之下，才能构成一个完整的犯罪构成理论。"犯罪类型"与"不法类型"、"责任类型"不是简单随意的组合，只有它们同时存在，② 才能够形成"形而上学层级上的三要件"构成理论。这一思想与李斯特"作为法律概念的构成要件"的思想是一脉相承的。

如贝林所指出的那样，"重要的是，如果同时还能够规定'此种'犯罪类型之不法类型与责任类型，才能形成完整的指导形象"③。这是贝林唯一一次将三个要素连接在一起，说明了它们之间如何形成犯罪构成要件理论的论点。从贝林的整个论文体系来看，本书认为贝林主张的"形而上学层级上的三要件"要素之间是相互关联的。进一步讲，尽管作为形而上学层级上的三个构成要件各自受到不同的法定刑、法定的构成要件范畴的限定而有所区别，但同时它们之间的关系又是统一在一部刑法典（法律构成要件）之下的。因此，我们可以说"犯罪类型"、"不法类型"、"责任类型"三者之间的关系是非常紧密的。

---

① 〔德〕恩施特·贝林：《构成要件理论》，王安异译，中国人民公安大学出版社，2006，第5页。

② 参见〔德〕恩施特·贝林《构成要件理论》，王安异译，中国人民公安大学出版社，2006，第5页。

③ 〔德〕恩施特·贝林：《构成要件理论》，王安异译，中国人民公安大学出版社，2006，第4页。

尽管要求三者"同时存在",并且它们之间的关系也一定相互关联,但是这并不等于它们之间就一定是不能区分的。即便它们"同时存在",也可能是相互独立存在的。尽管三者之间的关系是分别独立存在的,却并不是一种没有任何关系的简单组合关系。相互独立,只是说明了它们各自不同的功能,但并不能否定它们的不同功能之间的内在关系。"犯罪类型贯穿着有责的违法性行为之不同阶段,完全存在于该行为内部的各个领域,表明所规定的特别类型。根据其内部构造实质内容,犯罪类型首先是不法类型(某种违法性行为和某种类型的违法性行为),鉴于责任特别指示而要求以相应法定刑为前提,不法类型因此也就成了犯罪类型。"① 首先,"犯罪类型"贯穿于"不法类型"和"有责类型"之始终。其次,"犯罪类型"只有在具有"不法类型"时,"犯罪类型"才是"犯罪类型",这也说明它们两者之间的内在关联性。再次,"不法类型"只有在具有"责任类型"时,才能被确定为"不法类型",这进一步说明了两者之间的内在关系。换言之,"犯罪类型"只有在具备"不法类型"和"责任类型"的时候,才能够成为"犯罪类型"。反之亦然,当"不法类型"中存在"责任类型"时,"不法类型"就相当于"犯罪类型"了。这也是贝林将犯罪概念定义为"犯罪是类型性违法、有责的行为"② 的原因所在。这样的论述说明了"犯罪类型、不法类型、责任类型"之间内在的紧密关联性。

在这里我们需要厘清的是,它们之间的关系是不是相互平等的,或者是否具有层次等级?根据贝林的理论逻辑,本书认为它们之间的关系不是平等的,而且具有先后的层次等级。

首先,"犯罪类型"是"不法类型"与"责任类型"的前提,它们之间的关系通过"犯罪类型"统领在一起,即"不法类型"与"责任类型"被统合在"犯罪类型"之下。但是反过来,如贝林指出的那样,"犯罪类型首先是不法的类型"③。本来"犯罪类型"就是"犯罪类型",并不能等同于"不法类型",因为它们受制于不同的法定刑、法定的构成要件的规定。但是,"犯

---

① 〔德〕恩施特·贝林:《构成要件理论》,王安异译,中国人民公安大学出版社,2006,第2页。

② 〔德〕恩施特·贝林:《构成要件理论》,王安异译,中国人民公安大学出版社,2006,第28页。

③ 〔德〕恩施特·贝林:《构成要件理论》,王安异译,中国人民公安大学出版社,2006,第2页。

罪类型"只有在具有"不法类型"的时候，才具有真正的意义。换言之，如果"犯罪类型不是不法类型"，"犯罪类型"就相当于法律构成要件了。从这个意义上讲，我们可以说，"犯罪类型"是"不法类型"的前提，但是反过来，我们也可以说"不法类型"是成就"犯罪类型"的条件，它们之间是不能分离的。

其次，与"犯罪类型"相比较，尽管"不法类型"中也（必然）存在"犯罪类型"，但是，由于"不法类型"中的"犯罪类型"是"不独立的犯罪类型"，那些"不独立的犯罪类型"必须与独立的"犯罪类型"一起适用才能够发挥其功能作用，所以，"犯罪类型"统领"不法类型"。

最后，从与"犯罪类型"的关系来看，"不法类型"与"责任类型"是并列的。但"不法类型"与"责任类型"之间也不是简单并列的关系。因为，从客观的犯罪构成要件的特征来看，"不法类型"一定先于"责任类型"，所以"责任类型"也受制于"不法类型"。这是因为贝林认为"从主观到客观的适用，司法上并不是以此为基础，该考察虽然符合人们行为的道德考察，却不符合法律的本意，法律在社会生活中是直接规范外在要素，只是结合外在要素才间接考虑内在心理要素"[1]。从主张客观的构成要件理论的贝林来讲，"责任类型"一定受到"不法类型"的限制。上文所言的"鉴于责任之特别指示而要求以相应法定刑为前提，不法类型因此就成了犯罪类型"[2]，是从（已经判断成为）犯罪行为的角度，逆向性地进行的解释。这种逆向性解释的目的在于说明三要件要素之间的内在关系。就像逆向地理解"不法类型"与"犯罪类型"之间的关系一样，我们也可以逆向地解释"不法类型"首先是"责任类型"。但应该注意的是，不能因此按照这个逆向的解释来判断一个行为是否构成犯罪，否则就不再符合贝林的理论逻辑了。

贝林的类型三要件理论，受到罗克辛的批判，他指出"犯罪类型的关系作为主导性的标准，就为决定主观的不法特征和罪责特征保留下来了"[3]。本书认为贝林的"犯罪类型"不是为了"决定主观的不法特征和罪责特征"保

---

① 〔德〕恩施特·贝林：《构成要件理论》，王安异译，中国人民公安大学出版社，2006，第31页。
② 〔德〕恩施特·贝林：《构成要件理论》，王安异译，中国人民公安大学出版社，2006，第2页。
③ 〔德〕克劳斯·罗克辛：《德国刑法学总论》（第1卷）第3版，王世洲译，法律出版社，2005，第206页。

留下来的，相反，正是主观的"不法特征"和"罪责特征"成就了"犯罪类型"。本书认为罗克辛批判的错误，是因为他并没有真正认识到贝林的"类型"的三要件理论的结构来自李斯特的"作为法律概念的构成要件"与传统的德国"不法-罪责"系统的结合。

三　作为"价值判断层级上的三要件"

贝林作为"价值判断层级上的三要件"是指"构成要件符合性"、"违法性"、"责任"。以下详细论述。

（一）构成要件符合性

1. 构成要件符合性与法律构成要件

贝林的"构成要件符合性"就是指一个行为该当或者符合法律构成要件的要件要素，但这个"构成要件符合性"必须在"犯罪类型"所描述的"轮廓"之内。"犯罪类型的首要构成要件要素不是法定的构成要件，而是行为的构成要件符合性，法定的构成要件只是规定了这种首要的构成要素"[1]，那么，三者的关系即为，法律构成要件是"犯罪类型"的"指导形象"，"犯罪类型"是法律构成要件的"轮廓"，而"构成要件符合性"是"犯罪类型"的内涵。因此，"构成要件符合性"既不同于"犯罪类型"，也不同于法律构成要件。作为"价值判断层级上的三要件"，在其功能上与李斯特的"作为价值判断的构成要件"的功能是相同的。但是，它们的内涵存在差异。相对而言，贝林在这个层级上的"构成要件"比李斯特在这个层级上的"构成要件"更加完善和成熟，内容也更为明确。

泷川幸辰认为"贝林的构成要件，是从犯罪类型的客观方面引申出来的，同时也扮演着规定和制约主观和客观两方面的指导形态的角色"[2]。本书认为泷川幸辰的理解是错误的。首先，贝林所指的"构成要件"就是法律构成要件，它就是刑法典本身，因此它不可能是从"犯罪类型"中引申出来的。其次，即便泷川幸辰在这里所言的"构成要件"是指"构成要件符合性"，贝

---

[1] 〔德〕恩施特·贝林：《构成要件理论》，王安异译，中国人民公安大学出版社，2006，第6页。

[2] 〔日〕泷川幸辰：《犯罪论序说》，王泰译，法律出版社，2005，第37页。

林的"构成要件符合性"也不是从"犯罪类型"中引申出来的，而是从法律构成要件中引申出来的。最后，"构成要件符合性"的确限定主观方面和客观方面，但是它并不是"指导形象"。本书认为泷川幸辰没有将贝林的三要件进行分层级研究，所以才得出这种结论。

根据贝林的理论，"犯罪类型"的内涵是"构成要件符合性"，即当行为该当刑法分则、总则规定的法律构成要件，该行为就是符合构成要件的行为，就是我们通常所言的"构成要件符合性"行为。"构成要件符合性"不属于以上所言的"形而上学层级上的三要件"要素，而是属于"价值判断层级上的三要件"的首要要件要素。

小野清一郎认为"构成要件从其在刑罚法规中所发挥的机能的性质上看，它是客观性的、记述性的，然而从其伦理的、法的意义上看，从中又可以找出规范的和主观的要素来。构成要件是记述性的，违法性是规范性的"[1]。泷川幸辰也认为"把构成要件看成是客观的、记述性的、无价值的，是从外部对各种犯罪的个别特征加以记载，是依据把各种犯罪精密地加以个别化来完成的"[2]。但是，本书认为小野清一郎和泷川幸辰对贝林理论的理解不完全正确，因为这是在没有区别"构成要件符合性"和法律构成要件之间的关系上做出的评价。"构成要件符合性"是判断"该当"或者"符合"法律构成要件的犯罪构成要件理论中第二个层级上的三要件要素之一。"构成要件符合性"是一个理论概念，是具有规范性质的刑法理论的组成部分。与此不同，法律构成要件才是"客观性的、记述性的"构成要件。如果不将两者严格地区分开来，就很容易将"构成要件符合性"看作"客观的、记述性的"构成要件。

大塚仁认为"严格区别了构成要件和违法性，认为违法性是规范的、价值的概念，构成要件则停留于记忆的、客观的内容"[3]。这样的理解也是不正确的，因为这也是没有区别法律构成要件和"构成要件符合性"之间的不同而得出的一种评价。在贝林的理论中，"构成要件"是指法律构成要件。既然是法律构成要件，它是"客观的、记述性的"，并没有任何问题。但是该当或者符合这个"客观的、记述性的"构成要件的"构成要件符合性"却不可能

---

[1] 小野清一郎『犯罪構成要件の理論』有斐閣、1953、9頁。

[2] 〔日〕泷川幸辰：《犯罪论序说》，王泰译，法律出版社，2005，第34页。

[3] 〔日〕大塚仁：《刑法概说（总论）》第3版，冯军译，中国人民大学出版社，2003，第111页。

是"客观的、记述性的"构成要件。

"构成要件符合性"之所以不能说是"客观的、记述性的"要件要素，是因为它是规范性的要件要素。首先，"构成要件符合性"是经过价值判断得出的一个行为该当法律构成要件的要件要素，它不同于仅仅作为刑法条文存在的法律构成要件（客观的、记述的要件）。其次，"构成要件符合性"作为价值判断层级上的构成要件要素，是受"形而上学层级上的三要件"理论制约的。如前所述，在"形而上学层级上的三要件"理论中，由于融入了"不法－罪责"系统，从而具有了"规范性"特征，因此受制于此的"构成要件符合性"中也必定具有规范的性质。"构成要件符合性"是属于理论范畴的概念，而不属于纯粹法律条文。与此不同，法律构成要件作为立法上的构成要件，它不可能受作为理论概念的"犯罪类型"的制约，它仅仅是"客观的、记述性的"构成要件。尽管小野清一郎也将贝林的犯罪构成理论分成"在刑罚法规中所发挥的机能"和"伦理的、不法的"两个视角，[①] 但是，只要不区别"构成要件符合性"与法律构成要件、"犯罪类型"之间的关系，就无法正确地理解贝林的理论。

其实，如果承认"构成要件符合性"具有规范性的特征，就不能简单地将它解释成"客观的、记述性"的构成要件要素。如果不承认"构成要件符合性"中的规范性，实际上从逻辑上讲，就无法主张贝林的"构成要件符合性"完全地隔绝了与"违法性"、"责任"之间的关系。小野清一郎也承认"虽然构成要件是记述性的，但只要它的实体是类型性的不法，或者不法类型，它就带有规范性（或者叫反规范性）意思"[②]。小野清一郎之所以会有这种解释，是因为在小野清一郎自身的理论中，"构成要件"是具有规范性的要件要素。[③] 但是，他还认为"构成要件是刑罚法规规定的行为类型。这种类型专门体现在行为的客观方面，而暂时与规范意义无关"[④]。也就是说，小野清一郎所指的"构成要件"既是法律构成要件，又是"构成要件符合性"中的规范性的构成要件。但与小野清一郎的理论不同，在贝林的理论中，"构成要件符合性"要求该当"形而上学层级上的三要件"，因此，它必定是规范

---

① 小野清一郎『犯罪構成要件の理論』有斐閣、1953、9頁。
② 小野清一郎『犯罪構成要件の理論』有斐閣、1953、9頁。
③ 参见小野清一郎『犯罪構成要件の理論』有斐閣、1953、15-31頁。
④ 小野清一郎『犯罪構成要件の理論』有斐閣、1953、15頁。

性的。

贝林是客观主义刑法理论的代表人物，持有强调法实证主义的态度，所以重视刑罚法规，因而关注从刑罚法规中导出的刑法理论。"贝林也认为构成要件理论的出发点是法治国的国家观，德国刑法第 2 条——罪行法定主义的宣言——成了他的根据。"① 但是，尽管如此，"犯罪类型"并不是"从法的价值评价独立出来的客观的、记述性的、非价值性的类型"②，而是从"客观的、记述性的、非价值性的类型"的法律构成要件中导出来的犯罪"轮廓"的描述性概念。前田雅英对贝林理论的评价与小野清一郎的评价一样，都是在倒置的理解之上做出的评价。首先，前田雅英没能够区别"构成要件符合性"与法律构成要件之间的不同。其次，他也没能够区别贝林双重结构的三要件理论，所以他认为贝林的构成要件中"排除了规范的要素（违法要素）、主观的要素（责任要素）"③。在贝林的"形而上学层级上的三要件"理论中，"犯罪类型"根本没有排斥"不法类型"和"责任类型"，相反，贝林认为它们应该"同时存在"才能够构成一个"完整的指导形象"，也就是一个"完整的轮廓"形象。即便只是在价值判断层级上来评价，这个"构成要件符合性"也只是从功能上排除"违法性阻却事由"和"责任阻却事由"，而这些"阻却事由"是"消极性功能"，它们只能与具有"积极性功能"的"构成要件符合性"相分离才能成立。严格地讲，它们并不完全是违法要素、责任要素。

"在'无价值性'下应当理解的是，行为构成不包含法定评价，即符合行为构成的行为所表明的违法性。"④ 其实，这里罗克辛所言的"无价值性"的行为构成，相当于李斯特所言的"作为法律概念的构成要件"。按照罗克辛的观点，贝林的"构成要件符合性"和"违法性"的确是泾渭分明的两个范畴，因为"行为构成是一个纯粹的评价客体，同时这个客体的评价只有在违法性范畴的框架中，才能够随后进行"⑤。但是，本书认为罗克辛的评价不能

---

① 〔日〕泷川幸辰：《犯罪论序说》，王泰译，法律出版社，2005，第 34 页。

② 前田雅英 『刑法総論講義』東京大学出版会、1998、43 頁。

③ 前田雅英 『刑法総論講義』東京大学出版会、1998、43 頁。

④ 〔德〕克劳斯·罗克辛：《德国刑法学总论》（第 1 卷）第 3 版，王世洲译，法律出版社，2005，第 182 页。

⑤ 〔德〕克劳斯·罗克辛：《德国刑法学总论》（第 1 卷）第 3 版，王世洲译，法律出版社，2005，第 183 页。

成立，因为在贝林的"形而上学层级上的构成要件"中已经融入了"不法－罪责"的价值判断。在这个意义上讲，贝林理论中并不存在"纯粹中立"的行为构成。

2. 构成要件符合性与犯罪类型

贝林指出"在我的《犯罪论》中，我已经提到：当前的刑法已经压缩在类型之中，即是说，'类型性'是犯罪的一个概念性要素。这（作为犯罪类型的指示）是正确的，是应予确定的。不可以把构成要件符合性（或构成要件相关性[①]）当作犯罪类型的同义词"[②]。从"犯罪类型"的基本特征——犯罪的"轮廓"性描述功能来看，"犯罪类型"当然不同于"构成要件符合性"，因为后者是指行为该当或者符合法律构成要件的具体内容的要素，而"犯罪类型"则是指从法律构成要件中抽象出来的各个"共相"，而这些"共相"一起描述出一个法律构成要件的外部轮廓。这里有一个疑问，如果"构成要件符合性"要求该当的是法律构成要件，那么"犯罪类型"的存在岂不是一种多余？本书认为"犯罪类型"是否多余取决于它与"构成要件符合性"与法律构成要件之间的关系。如果它们能够从功能上明确区分，"犯罪类型"的存在至少在贝林的理论体系中就不是多余的。反之亦然。

准确地说，"构成要件符合性"应该符合的是法律构成要件，因为法律构成要件是刑法典的法律条文，因为这是罪刑法定主义原则的要求。但"犯罪类型"是认识法律构成要件的工具，是法律构成要件的概念性轮廓，从理论上讲，"构成要件符合性"必须在"犯罪类型"范畴内，不能超出"犯罪类型"这一框架。换言之，"构成要件符合性"只要在"犯罪类型"的范畴内，就确定了"构成要件符合性"一定能该当法律构成要件，因为法律构成要件是"犯罪类型"的指导形象。

松宫孝明认为"贝林舍弃了将'构成要件（符合性）'看成是'犯罪类型'的思考方法。与此相反，小野（清一郎）推进了包含故意、过失在内的'犯罪类型'的思考方法"[③]。的确贝林舍弃了将"'构成要件（符合性）'

---

① 参见〔德〕恩施特·贝林《构成要件理论》，王安异译，中国人民公安大学出版社，2006，第26页。

② 〔德〕恩施特·贝林：《构成要件理论》，王安异译，中国人民公安大学出版社，2006，第27页。

③ 松宫孝明「日本とドイツにおける構成要件論の異同」『立命館法学』第5.6号（第357.358号）、2014、225-226頁。

看成是'犯罪类型'的思考方法"，因为贝林严格地区别了"犯罪类型"与"构成要件符合性"之间的关系。然而，这种区别正是贝林为了建构双重结构的犯罪构成理论所做出的"放弃"。简言之，贝林有目的地将"犯罪类型"与"构成要件符合性"分别作为两个不同层次的构成要件要素，"犯罪类型"是纯粹概念上的"构成要件"，是法律构成要件（刑法条文）的概念化的构成要件，是所有（普遍）的犯罪行为的构成要件；"构成要件符合性"是特定的犯罪行为的构成要件要素。"构成要件符合性"中的构成要件就是指"犯罪类型"（不能超越的轮廓）。而与此不同，自 M. E. 麦耶开始，经迈茨格、威尔泽尔，以及小野清一郎等后世的贝林流三要件理论又都将两者逐步糅合在一起了，他们的共同目的是建构价值判断层级上的三要件理论。小野清一郎将"故意、过失"包含在"构成要件符合性"中并不是他的创新，依然是对贝林作为"形而上学层级上的三要件"理论的继承，只是小野清一郎自己没有意识到这一点，而只是将贝林的"形而上学层级上的三要件"当作"价值判断层级上的三要件"来理解和继承罢了。[①]

"如泷川在《犯罪论序说》中所言，贝林在 1930 年的著作中严格地区分了'犯罪类型'与'构成要件'，譬如说将不能成为故意对象（而且在当时德国的判例中也不要求过失）的结果加重犯从构成要件（符合性）中排除出去了。"[②] 泷川幸辰指出了"犯罪类型"和"构成要件"的不同，这是正确的。但是，尽管如此，他认为在"构成要件符合性"中没有"故意"的观点是不正确的。因为"构成要件符合性"不仅要求该当或者符合法律构成要件，而且要求符合"形而上学层级上的三要件"。而贝林的"犯罪类型"中是包含"故意"的。不仅如此，贝林的"形而上学层级上的三要件"要求同时存在才能够使用，那就意味着该当这个三要件的"构成要件"中一定包含了"故意"。

本书认为"犯罪类型"是三要件构成理论中第一个层级的、作为"轮廓"的构成要件要素之一，它不同于第二个层级的、作为"价值判断层级上的三要件"之一的"构成要件符合性"。第一层级的"犯罪类型"是具有

---

① 秦一禾：《论小野清一郎的犯罪构成理论的二重性》，《中国社会科学院研究生院学报》2021年第5期。

② 松宫孝明「日本とドイツにおける構成要件論の異同」『立命館法学』第5.6号（第357.358号）、2014、225頁。

"轮廓"描述功能的形而上学的、概念性的三要件要素之一，而"构成要件符合性"是作为价值判断的、适用层级上的三要件中的要件要素之一。两者之间存在密切的关系，它们都与法律构成要件相关，都是从法律构成要件中抽象出来的，并且都要求符合该构成要件的概念。但是两者之间的区别在于"犯罪类型"是抽象的概念，而"构成要件符合性"是具体的概念。前者划定的是法律构成要件的"轮廓"，后者充实的是法律构成要件的"内容"。两者共同承担认识法律构成要件的知识体系。

（二）违法性

1. 违法性与法定的构成要件

本书认为贝林的"违法性"应该只受制于法定的构成要件的客观方面。首先，贝林认为"依据所谓（法定的）构成要件一般可以认定行为人的违法性"[①]；其次，"违法性"和"不法类型"是相对应的关系，如果"不法类型"受制于法定的构成要件的客观方面的话，"违法性"也应该受制于法定的构成要件的客观方面。它们之间的关系是形式（框架）与内容的关系。

"人的行为只是通过构成要件根据其特有类型而对其进行特征化处理，而不是已经被规定为违法。"[②] 也就是说人的行为只有在根据构成要件被判断的时候，才能够被认定是否为违法的行为。在认定之前的构成要件是一个冰冻的法律，是一个没有生气的规则。换言之，这里所指的（法定的）构成要件，与在"构成要件符合性"中的构成要件一样，它们都是"客观的、记述性的"法律构成要件，即法律条文。但与此不同，"违法性"是根据这些法律条文——法定的构成要件——对行为做出的价值判断结果。因此，"违法性"不同于法定的构成要件。

应该注意的一点是，贝林所指的"人们有时将行为的违法性塞入'法定的构成要件'之中，有时没有，这完全取决于'违法性'这个词是否出现在相关的条款之中；同时，不法方面和责任方面共同的指导形象与需要或者放

[①] 〔德〕恩施特·贝林：《构成要件理论》，王安异译，中国人民公安大学出版社，2006，第11页。

[②] 〔德〕恩施特·贝林：《构成要件理论》，王安异译，中国人民公安大学出版社，2006，第14页。

弃违法性要求完全没有关系，与违法性也没有什么关系"①。本书认为，贝林在这里所说的"违法性"应该是指在法定的构成要件中的"违法"概念，这个概念是从立法的角度来讲的"违法"，并不是从价值判断的角度来讲的"违法性"，也就是说立法上的"违法（性）"一词不是贝林犯罪构成要件理论中的一个要件要素。尽管后世的学术界对此的错误理解居多，但本书还是认为如果从贝林理论的上下文的意义来理解的话，那些错误的解释就会烟消云散。

2. 违法性与不法类型

"所有法定的构成要件都有单纯的记述特征；在这些记述性特征中，法律评价并未表达出'违法性'（不法类型）的意义。"② 这句话可以有以下几个基本含义：（1）法定的构成要件都有单纯的记述性特征，这一点区别了"违法性"与法定的构成要件之间的不同；（2）"违法性"是价值判断层级上的规范性构成要件要素，这一点区别了"违法性"与"不法类型"之间的不同，即区别了价值判断层级上的"违法性"与形而上学层级上的"不法类型"之间的差异；（3）尽管说当进行价值判断时，"不法类型"就变成了"违法性"，但它们之间本质上依然是不同的概念。

如前所述，"不法类型"是法定的构成要件客观方面的"类型"化概念，指不法的"轮廓"。如果说当进行价值性判断时，"不法类型"就变成了"违法性"，那么我们可以说，"不法类型"与"违法性"是一件事物的两个方面，在不同的层级上，它们体现不同的形象和功能。换言之，当"不法类型"在形而上学层级时，它体现的功能就是"不法类型"，即不法的"轮廓"；当它在价值判断层级上时，它的功能就变成了"违法性"。

"违法性"是价值判断层级上的三要件要素之一，它体现的是"不法类型"的内容。这个"内容"是通过价值判断体现出来的。如前所述，从刑法总则规定的法定的构成要件的客观方面来看，其实，既存在"违法"的部分，也存在"非违法"的部分。只有通过价值判断，才能够排除"非违法"的部分。换言之，一个具有"犯罪类型"的行为，只要不存在阻却事由，一定会

---

① 〔德〕恩施特·贝林：《构成要件理论》，王安异译，中国人民公安大学出版社，2006，第19页。

② 〔德〕恩施特·贝林：《构成要件理论》，王安异译，中国人民公安大学出版社，2006，第13页。

是一个不法行为。但是，如果不进入价值判断，就无法真正区别一个行为是不是违法行为。只是从法定的构成要件的客观方面来看，譬如说，即便存在"正当防卫类型"，我们依然只能说不具有那种正当防卫类型的犯罪类型是"不法类型"，而不能最终确定这个不法的行为特征是否具有真正的违法性。只有进入价值判断领域，把一个行为的"正当防卫类型"排除出去的时候，这个行为才真正具有了"违法性"。从这个意义上讲，"不法类型"与"违法性"之间的不同是非常清楚的。前者是空洞的"轮廓"概念，后者才是具有内容意义的构成要件要素。更进一步讲，"违法性"是否存在的价值判断，实际上就是对违法性阻却事由是否存在的判断。

"不法类型"、"违法性"以及法定的构成要件之间的关系，贝林论述得非常清楚，他指出"那种将构成要件与不法类型混为一谈的原因是：立法者在建构不法类型时完全没有走出违法性行为的视野，这样符合构成要件的、违法的行为是在不法和不法类型内部构造了一个空间"[1]。具体而言，从立法者的角度看，如果不走出（或不区别）"不法类型"与"违法性"的关系，那么就会将法定的构成要件当作"不法类型"来看待。相反，从理论上来看，如果将"不法类型"与法定的构成要件混为一谈，就必然无法解释"不法类型"与"违法性"的关系。

"构成要件就只有恰恰在不法类型中时，才表现为'不法类型'，而在犯罪性行为内部，构成要件符合性与违法性必定就得以区分。不法类型进入价值范围内，构成要件就不复存在了。"[2] 换言之，法定的构成要件在形而上学层级上才能够表现为"不法类型"。一旦当"不法类型"进入价值判断的层级，它就变成了"违法性"，这时，法定的构成要件就通过理论得到"认识"，因而它就不再"存在"了。因此，我们可以肯定，法定的构成要件一定不是"不法类型"，"不法类型"也不是"违法性"。它们三者之间的关系的转换是有条件的。在贝林的双重结构的三要件构成理论中，不同层级上的概念发挥着不同的功能。通过不同功能之间的转换，最终认识法律构成要件，从而得到正确的适用。这是贝林对罪刑法定主义原则的一种严格执行。

---

① 〔德〕恩施特·贝林：《构成要件理论》，王安异译，中国人民公安大学出版社，2006，第12~13页。

② 〔德〕恩施特·贝林：《构成要件理论》，王安异译，中国人民公安大学出版社，2006，第13页。

（三）责任

1. 责任与法定的构成要件

在贝林的理论中，责任也称为罪责。这是因为贝林在犯罪构成要件理论中导入了"不法-罪责"系统，同时又作为"义务"意义上的"责任"使用所导致的后果。贝林与李斯特一样没有区别"责任"和"罪责"两者之间的不同。在作为"价值判断层级上的三要件"中，贝林更倾向于作为"罪责"意义上的"责任"的使用。根据贝林的理论逻辑，责任应该是指该当刑法总则中规定的主观方面的法定的构成要件的要件要素。"责任"与"违法性"相并列，被"构成要件符合性"统领。这三个构成要件要素，形成了作为"价值判断层级上的三要件"理论。

2. 责任与责任类型

"责任"与"责任类型"的关系就如"违法性"与"不法类型"的关系那样，当进入价值判断层级时，"责任类型"就变成了"责任"。但是当区分形而上学层级与价值判断层级的时候，就有了"责任类型"与"责任"之间的不同。它们所属的层级不同，因此它们的功能就出现了区别。作为形而上学层级上的"责任类型"是对犯罪行为在主观方面的"轮廓"性描述概念，作为价值判断层级上的"责任"，就是指"该当"或者"符合"刑法总则法定的构成要件主观方面内容的概念。

因为在"构成要件符合性"中已经包含了主观的构成要件要素——故意和过失，所以，"责任"的功能就如同"违法性"的功能一样，变成了排除责任阻却事由的功能。即当一个行为可以排除责任阻却事由的时候，该当"构成要件符合性"的违法行为就是犯罪行为。在这个意义上，也可以说"责任"就是对是否存在责任阻却事由的价值判断的要件要素。

（四）作为"价值判断层级上的三要件"要素之间的关系

本书认为作为"价值判断层级上的三要件"要素之间的关系有几个特征。一是三者之间在内涵上是相互关联的，共同形成贝林作为"价值判断层级上的三要件"理论。二是三者之间在功能上是相互分离的，因为"构成要件符合性"的功能是认定功能，而"违法性"和"责任"的功能是阻却（排除）功能。正因为它们三者之间的功能性质不同，所以它们不得不相互分离。三是尽管它们之间相互分离，但并不是完全独立毫无关联。"违法性"和"责任"是以"构成要件符合性"为前提条件的，因为只有一个特定的行为符合了构成要件，才有可能从中"排除"出具有合法因素的可能性。

前田雅英将贝林的犯罪构成理论解释为客观的违法性、主观的有责性，[①]本书认为这种解释在"价值判断层级上的三要件"理论中还勉强可以成立，但在"形而上学层级上的三要件"理论中就无法成立了。确切地讲，即使在"价值判断层级上的三要件"中，"客观的违法性、主观的有责性"也只是针对违法性阻却事由、责任阻却事由而言的，因为如前文所述，"价值判断层级上的三要件"也受到"形而上学层级上的三要件"的制约，如果"形而上学层级上的三要件"要素之间没有相互割裂的话，本质上受它制约的"价值判断层级上的三要件"也不可能在三要件要素之间存在绝对性隔绝。所以，这种观点并不完全正确。

齐藤金作认为贝林"所谓'构成要件符合性'、'违法性'中的要素不以行为者的意思的内容提出疑问，完全只关系到行为外部的、客观的方面，不过只是作为'外界的变更'的记述、评价所为。行为者达到实行了'有责'行为引起问题时才开始具有行为者的意欲是'何谓'的意义"[②]。本书认为齐藤金作的评价是不能成立的。第一，齐藤金作没有区别出贝林不同层级上的三要件理论，所以这样的评价就变成了"混沌"的评价。第二，无论是在哪一个层级上，对贝林"构成要件符合性"中不以"行为者的意思提出疑问"的评价都不能成立。如上所述，贝林在"犯罪类型"、"构成要件符合性"中都包含主观方面的判断标准。第三，"违法性"的确只涉及"行为外部的、客观的方面"，但贝林的"违法性"并不是指"'外界的变更'的记述、评价所为"。在这一点上，齐藤金作混淆了"违法性"与法定的构成要件之间的关系。

小野清一郎认为"贝林把构成要件规定为'犯罪类型的外部轮廓'，把行为的主观方面专门作为责任问题对待，并把它排除在构成要件之外"[③]的观点是不正确的，本书则认为这个评价是不公正的。首先，法律构成要件是"犯罪类型"、"不法类型"、"责任类型"的"指导形象"，而这些"类型"是法

---

① 前田雅英『刑法総論講義』東京大学出版会、1998、第 43 頁。

② 斉藤金作訳「ガラス.犯罪論の現状Ⅰ」『早稲田法学』第 32 巻（第 1.2 号）、1956、244-245 頁。

③ 小野清一郎『犯罪構成要件の理論』有斐閣、1953、33 頁。

律构成要件的"轮廓"。关于这一点，小野清一郎的认识正好是倒置的，因为法律构成要件不是"犯罪类型"的"轮廓"，而是"犯罪类型"的"指导形象"。其次，贝林之所以把主观要素放在"责任类型"中，主要是为了避免"重复"使用导致的问题性。从这个意义上讲，可以说只有在"犯罪类型"中已经存在主观要素才有可能发生"重复"使用的可能性。再次，在价值判断的层级上，"构成要件符合性"、"违法性"、"责任"之间的关系也并不是刻意割裂的，它们之间之所以不得不割裂，是由它们所在的价值判断层级上的功能性质决定的。最后，小野清一郎所指的"构成要件"既不等同于贝林使用的纯粹记述性的法律构成要件，也不完全等同于价值判断层级上的"构成要件符合性"，所以说做出这种评价的前提条件不同。

　　不仅日本的学者对贝林的理论存在认识上的误差，德国的学者也同样存在一些误差。威尔泽尔指出"为了强调构成要件相对于违法性以及（在当时意义上的）责任的独立性，贝林格解释说，构成要件'不包含任何的价值判断'，它也和所有的主观心理要素相绝缘"①。在这里，本书首先还是要指出，威尔泽尔没有正确解释贝林所言的"构成要件"。如前文多次提到的那样，贝林的"构成要件"实际上是指法律构成要件。作为刑法条文的法律构成要件独立于作为理论概念的"违法性"和"责任"，那不是很正常的吗？如果威尔泽尔依然坚持贝林所指的构成要件就是"构成要件符合性"中的构成要件的话，本书只能说，威尔泽尔不仅没有区分贝林所言的法律构成要件与"构成要件符合性"之间的不同，而且也没有区分法律构成要件与"犯罪类型"的不同，更没有区分"犯罪类型"和"构成要件符合性"之间的不同。如果是这样，威尔泽尔对贝林的这个评价就是一个错误的评价。

　　罗克辛认为"贝林的行为构成可以用两个特征来表示：'客观的'和'无价值的'。客观性意味着把所有主观的、内在心理特征都排除出行为构成，因为它们全部被分配给了罪责"②。本书认为罗克辛对贝林的三要件理论的评价也是不正确的，如前所述，所谓的"客观的"和"无价值的"的构成要件特征，不是贝林所主张的三要件理论的特征，而是法律构成要件的特征，是

---

① 〔德〕汉斯·韦尔策尔：《目的行为论导论——刑法理论的新图景》，陈璇译，中国人民大学出版社，2015，第26页。
② 〔德〕克劳斯·罗克辛：《德国刑法学总论》第3版（第1卷），王世洲译，法律出版社，2005，第182页。

贝林三要件构成理论的"指导形象"的特征。将法律构成要件作为三要件理论的"指导形象",这是贝林强调罪刑法定主义的必然结果。尽管法律构成要件是贝林的三要件理论的"指导形象",但如前所述,它本身不是构成三要件理论的一部分,它是刑法典的规定。更进一步讲,贝林的三要件构成理论正是对这个"指导形象"——法律构成要件——的理论性构造、解释。在他的理论中,所研究的对象就是法律构成要件本身。法律构成要件才是"客观的、无价值"的存在,而不是他的三要件理论是"客观的、无价值的"存在。我们可以评价刑法典是"客观的、无价值的"存在,但是我们无法将贝林的三要件理论评价称为刑法典,因为刑法典对贝林而言,只是他的研究对象而已,并不是他的理论本身。在贝林的"犯罪类型"、"构成要件符合性"中,并没有排除主观方面的要素,相反,它们是作为整体性"轮廓"或者"前提条件"出现的。客观的"违法性"和主观的"责任"只体现在"排除"阻却事由功能上。

就是现在德国的学者,譬如辛恩也认为"古典的犯罪论在犯罪论上峻别了客观与主观、不法与责任,最终作为犯罪的要素,阶段分割了构成要件(符合性)、违法性、责任。这类似于追求科学的方法论。自然科学的指标是从在认识法的关联性之际,追求与此相对应的愿望中派生出来的"[1]。这样的评价不是不正确,而是不准确。因为贝林的犯罪构成理论的确因为受到科学主义的影响而具有一些以上被评判的特征,但是本书依然认为,这样的评价在一定程度上还是不太公正。因为这样的评价对贝林的犯罪构成理论的认识只停留在没有区分双重结构的三要件功能的认识上,他们没有认识到在"价值判断层级上的三要件"理论之上,还存在能够统领"价值判断层级上的三要件"的"形而上学层级上的三要件"理论,所以他只看到了贝林理论中"分离"的要件要素,而没有看到贝林整体性的理论结构。

如果把作为"形而上学层级上的三要件"理论,当作"价值判断层级上的三要件"理论,"构成要件符合性"、"违法性"中都具有主观的构成要件要素,反而不能说贝林的三要件理论是完全割裂的。相反,只有在将贝林的三要件理论区分为双重结构的情形下,我们才能够说在"价值判断层级上的

① アルントゥ.ジン、只木誠監訳、冨川雅満訳「ドイツ刑法における犯罪論の現況について」『比較法雑誌』第 49 巻第 1 号、2015、74 頁。

三要件"理论中的"违法性"、"责任"要素之间是相互割裂的。

四　双重结构中两个层级的三要件之间的关系

如前文所述的那样，"犯罪类型"不仅仅是单纯地从刑法分则的法定刑中导出的"犯罪轮廓"，而且也是从刑法总则的法定的构成要件中导出的"犯罪轮廓"。所以，"犯罪类型贯穿于有责的违法性行为之不同阶段，完全存在于该行为内部的各个领域，表明所规定的特别类型"①。当然，贝林在描述、论证"犯罪类型"时，并没有明确指出作为形而上学层级上的"犯罪类型"与作为价值判断层级上的"违法性"、"责任"之间各属不同层级，而仅仅指出了它们之间的关联性。正因如此，后世的学者无法清楚地区分法定刑、法定的构成要件、法律构成要件与他所主张的"犯罪类型"、"构成要件符合性"之间的关系，从而形成了对他理论具有"客观的、记述性的"理论的错误评价。

作为"指导形象"的法律构成要件是三要件理论的核心，所以，作为"指导形象"的法律构成要件不仅贯穿"犯罪类型"、"不法类型"、"责任类型"，而且贯穿"构成要件符合性"、"违法性"、"责任"。从这个意义上讲，贝林的犯罪构成理论是整体性的理论。作为"形而上学层级上的三要件"要素之间是相互联系的，并不是后世学者所评论的那样，它们之间是相互割裂的。作为"价值判断层级上的三要件"的"分离"，如前所述是由于功能性质的不同而出现的结果。但应该注意的是，尽管它们分离，但都统合在法律构成要件之下，并且受作为"形而上学层级上的三要件"理论的制约。在这个意义上，它们之间又不是完全分离的。

从贝林在此所讲的"犯罪类型贯穿于有责的违法性行为之不同阶段，完全存在于该行为内部的各个领域"这一句话来看，贝林不是没有意识到他的价值判断层级上的三个构成要件要素之间是相互分离的状态，相反，他不但已经意识到它们之间的"分离"，并且试图通过作为"形而上学层级上的三要件"来将其统合起来的方式进行"修订"，从而解决各个要件要素之间的分离。在价值判断层级上，不是没用"构成要件符合性"统领其他两个要件要

---

① 〔德〕恩施特·贝林：《构成要件理论》，王安异译，中国人民公安大学出版社，2006，第2页。

素，而是由于"违法性"和"责任"的功能性质的特征（消极的、排除功能）不能在形式上与"构成要件符合性"（积极的、确认功能）构成一个整体。因此，"价值判断层级上的三要件"要素之间就呈现出"分离"状态。但是，在双重结构上，如上文所指出的那样，上下级之间的三要件的关系却是相互关联的整体性体系，因为"价值判断层级上的三要件"受到"形而上学层级上的三要件"的约束。正是这种上下级之间的约束，才构成了双重结构的三要件理论，使它们形成一个整体性的刑法理论的体系。这一点是与李斯特双重结构理论的不同之处，也是贝林理论的成熟之处。在李斯特的理论中，无论是"作为法律概念的构成要件"与"作为价值判断的构成要件"之间的关系，还是"三要件"系统与"不法-罪责"系统之间的关系，都是疏离的，即便在一定的程度上具有关联性，也不是理论上的关联性，而仅仅是法律上的关联性。本质上它们之间的关系都是相互独立的，尤其是"三要件"系统与"不法-罪责"系统完全是两个独立的系统。但贝林通过将"不法-罪责"融入"三要件"系统的方式，完全地将两个系统融合为一个整体性理论。

综上所述，我们可以看到贝林双重结构中的两个三要件之间，一方面通过法律构成要件穿插在一起，另一方面通过将"不法-罪责"系统融入"三要件"系统而使双系统形成紧密的关系。不过，这里还是会有一个疑问，贝林为什么要设置"形而上学层级上的三要件"理论？为什么他没有像后世的学者那样，直接建构"价值判断层级上的三要件"理论？这一疑问也是对李斯特创新犯罪构成要件系统所持有的疑问，所以一并在这里做一个简略的研究。本书认为主要有以下几个可能性。

第一，贝林所处的时代是19世纪末20世纪初，他必定受到那个时代的自然法思潮的影响，他的法学观念还没有完全从自然主义的法学观念中脱离出来。自然法思想是以抽象的形而上学概念为基础的，所以这就成为在他的理论中"需要"存在一个形而上学层级的理论体系的原因。

第二，贝林是李斯特的门徒，尽管作为旧派刑法理论的完成者其天然抗拒作为新派刑法理论的创始人李斯特的理论，但是，他们思想的内在关联性却体现在对黑格尔哲学的共同继承上。黑格尔哲学的特点之一就是整体性体系，那么这一点在贝林的作为"形而上学层级上的三要件"中完全地体现出来。虽然作为"形而上学层级上的三要件"要素之间功能各异，但一起形成了一个精神（文化）层级的刑法体系。这个精神层级的三要件理论的哲学基础就是黑格尔的整体性哲学。如前所述，贝林的作为"价值判断层级上的三要件"要素是相互分离的，为了解决这个分离的状态，他需要一个能够统领这些要素的整体性结构。从这个角度来看，就不难理解贝林为什么设置"形而上学层级上的三要件"理论了，因为它是一个上位概念。

无论如何，贝林也是一个新康德主义者，他的政治哲学是以个人主义的、自由主义的思想为基础的，所以，他的理论建构不仅需要"形而上学层级上的三要件"理论，更需要"价值判断层级上的三要件"理论，以确保个人主义思想的完满实现。贝林的双重结构的"三要件"理论萌芽于康德的"道德的主观性、法律的客观性"思想。正因如此，贝林才将"三要件"理论建立在双重结构理论上，试图通过双重结构的理论彻底地将"道德的主观性"完全排除在法律之外。

在法学理论上，贝林除了受到宾丁的规范理论的影响之外，还受到耶林（Jhering）客观违法论的影响。[①] 耶林主张"彻底否弃概念法理学作为惟一一种将权威性的法律材料发展成审判依据的方法以及作为惟一一种适用法律律令的方法"[②]。这种法理学的思想对贝林的影响很大，体现在他的"价值判断层级上的三要件"理论中。

贝林所处的时代是一个科学主义的时代，科学主义在刑法上的体现就是实证法学。"贝林倾向于实证刑法学，认为'法理规范本身就是实证的'，是经验的产物。此种实证法'围绕着规范的观念形象，作用于自然、社会现实，而无关应然内容'。"[③] 尽管这个评价有一些偏颇，但在一定的程度上还是能够反映出贝林的实证主义思想。无论是在"形而上学层级上的三要件"理论中，还是在"价值判断层级上的三要件"理论中，都能够找到贝林依据法律构成要件对他的双重结构的三要件理论进行的实证分析。或者我们也可以说，贝林为了保存他的双重结构，也试图对概念形象的功能进行实证分析，从而将他的"价值判断层级上的三要件"融合在一起。

在贝林所处的年代，存在客观主义的构成要件和主观主义的构成要件两种理论。"坚持构成要件的'故意规制机能'还是'违法性推定机能'

---

① 参见小野清一郎『犯罪構成要件の理論』有斐閣、1953、16 頁。
② 〔美〕罗斯科·庞德：《法理学》，邓正来译，中国政法大学出版社，2004，第 131 页。
③ 王安异：《贝林德生平及其刑法思想》，载〔德〕恩施特·贝林《构成要件理论》，王安异译，中国人民公安大学出版社，2006，第 5 页。

优先的问题，对 1930 年左右的德国刑法来讲，是确实的争论点。"① 显然，贝林选择了客观主义的构成要件理论，主张"违法性推定功能"优先。一方面，客观主义的犯罪论更能够体现他的刑法思想；另一方面，客观的犯罪构成理论在一定的程度上也可以"减损"对"形而上学层级上的三要件"理论的误解。当然，在这里之所以评价贝林的构成要件是客观主义的，不是因为他的"构成要件符合性"是"客观的、无价值的"，而是因为在他的"价值判断层级上的三要件"理论中，三个要件的排列秩序是从法律的角度构建的，是通过能够实证的等级解释的，而不是从道德的角度解释的。但必须注意的是，因为"价值判断层级上的三要件"要素之间从功能上讲是不得不分离的，所以他才需要一个整体性的"形而上学层级上的三要件"进行统领。

五 "应受处罚性"与双重结构的三要件理论的关系

"应受处罚性"的阶层，其实并不是贝林特有的理论结构，在李斯特的理论中也存在这个阶层。不过这个"阶层"在贝林的犯罪构成要件理论中也总是遭到"忽视"。一方面，因为重点关注犯罪的构成；另一方面，多数学者错误地将它列入刑罚论中。本书认为贝林比李斯特更为强调"应受处罚性"这一阶层，这是因为贝林将"不法－罪责"系统融入"犯罪构成要件"系统的过程中，减弱（甚至消除）了"不法－罪责"系统与"应受处罚性"之间最为直接的关联性，从而需要特别强调来提示该"阶层"的存在。

"量刑中的罪刑相适应，虽然关键仍然是有责不法的'类型性'行为，但它并不能直线通达法定刑，而必须首先越过这个或者那个量刑的因素以及该因素所包含的不同类型，才能够确定适当的刑罚。"② 换句话说，不经过双重结构的三要件理论认定的行为，就不能成为被处罚的行为。但是，反过来讲，即便根据以上所述的双重结构的三要件构成理论判断出一个行为是犯罪，该行为也不一定就是一个值得处罚的行为，只有当这个行为符合"应受处罚性"条件时，才会受到处罚。这就是贝林理论中第二个阶层的要件的功能。贝林

---

① 松宫孝明「日本とドイツにおける構成要件論の異同」『立命館法学』第 5.6 号（第 357.358 号）、2014、226 頁。

② 〔德〕恩施特·贝林：《构成要件理论》，王安异译，中国人民公安大学出版社，2006，第 3 页。

通过双重的三要件构成理论确定一个行为的犯罪性质，然后在此基础上确定该行为的"应受处罚性"。总而言之，在贝林的理论中，明确地存在"应受处罚性"与双重结构的三要件共同构成的二阶层的理论关系。

六 结论

贝林指出"只要存在可罚性行为，就必须深入探讨犯罪概念的共同要素，但也应坚持问题顺序而对犯罪理论的概念要素进行划分（Staffelung）。我们更需要一个合目的应用公式，如果人们把刑法的指导形象，即法定的构成要件用作指针的话，就会得到这个公式"①。所谓的这个公式也就是双重结构的三要件二阶层理论，这是一种理论模范。法官按照这种公式进行审判，一方面可以行使公平正义，以实现人类精神层次上的合目的性；另一方面可以保全犯罪人个人的人权，以实现实质的公正和正义，从而取得公权力和个人权利之间的平衡关系。如果法官能够按照这种理论模式判断一个行为是否构成犯罪，就可以减少介入"人为的主观要素"在判断中的影响。一方面这是罪刑法定主义原则的要求，另一方面也是实证主义原则的体现。

但是，我们现代有很多的学者认为犯罪构成理论是一个"多余"的理论。小野清一郎认为"贝林晚年的构成要件概念，多少已经堕入抽象性的、纯粹学术性的概念中去了，从而丧失了实定法的意义。尽管我们的构成要件理论不是法实证主义的，但是也不应该离开实定法的立场。构成要件概念一旦失去实定法的意义，构成要件理论就不再是实定法的理论，同时也无法保障作为它的特色之一的体系性结构的确实性"②。本书认为这样的批判是不正确的，不是晚年的贝林的理论"堕入到了抽象的、纯粹学术性的概念中"，而是在贝林的理论存在的那个时代，他们不仅需要"价值判断层级上的三要件"理论，同时也需要"形而上学层级上的三要件"理论。既然是学术性的理论，在贝林看来，就应该具有抽象性的、概念性的、形而上学的特征，他的"犯罪类型"、"不法类型"、"责任类型"正好是这种思想的具体表现。之所以直到现在还能够肯定贝林的犯罪构成理论的意义，本书认为正是贝林三要件理论中

---

① 〔德〕恩施特·贝林：《构成要件理论》，王安异译，中国人民公安大学出版社，2006，第29~30页。

② 小野清一郎『犯罪構成要件の理論』有斐閣、1953、11頁。

存在这两个层级，才使他的理论具有相当的高度和深度。从贝林理论来看，正因为是刑法理论，所以必须具备能够统领价值判断层级的较高一级的哲学理论。这一点正是贝林理论的闪亮之处，也是他的理论能够经久不衰的原因之一。再则，贝林的双重结构的三要件理论都是对实定法的认识理论，并不像小野清一郎所言的那样，是离开实定法的纯粹理论。

西原春夫认为"构成要件理论的论争，一方面对于犯罪论体系的调整和深化具有非常大的帮助；另一方面不能否认它也具有这样的倾向，即削弱了刑法学原本面向犯罪现象即具体犯罪与犯罪人的力量，而将刑法学的关心引向了多余的、观念的、非实际的方向"①。与西原春夫一样，佐伯仁志也认为"把构成要件作为'指导形象'理解时，这种理解中融入了过多标签印象论的意谓。标签印象论是指'在事物形成、被构造出来之前预先设定的其应该呈现出来的外观形象'。但是，笔者难以理解的是，既然承认根据罪刑法定主义以刑罚法规来约束法官，那么为什么还必须承认以某些超越法律文句的内容来约束法官？构成要件作为个别犯罪的要件来理解就足够了，赋予其更多的哲学意义毫无用处"②。但本书认为这种"多余"恰恰是刑法理论的意义所在。因为刑法学不仅是一门实用性的学科理论，也是一门具有文化精神层次的哲学理论。人类不应该只为了实用功能而生存，也应该具有精神生活的层次。本书认为贝林的双重结构三要件理论就是人类精神的双重要求在刑法上的体现。从现实的角度看，尽管罪刑法定主义原则可以限制法官的主观性，但这也不过是一种精神理想，具体还需要犯罪构成要件理论的贯彻才能加以实现。日本的学者之所以认为犯罪构成要件理论是"多余的"，与他们追求实用主义的刑法观有关。

日本刑法中的实用主义思想也影响了中国的学者。黎宏认为"本来，贝林等建立阶层的犯罪论体系，目的是给法官在判断现实生活中所发生的具体事实是否犯罪的时候，提供一个合理的思考方法和思维方向，尽量将与犯罪有关的各种要素进行合理分配，以限制法官在犯罪认定过程中的肆意性和任

---

① 西原春夫「犯罪論における定型的思考の限界」楠木英隆編『齐藤金作先生還歷祝賀論文集』成文堂、1963。参见〔日〕西原春夫《犯罪实行行为论》，戴波、江溯译，北京大学出版社，2006，第25页。

② 〔日〕佐伯仁志：《刑法总论的思之道·乐之道》，于佳佳译，中国政法大学出版社，2017，第30页。

意性，从而实现罪刑法定原则的宗旨。但是，这套体系在其适用过程中，却导致了两个意想不到的结果：一是为了体系而体系的唯体系论的倾向，二是为了维护体系而置刑法在现实的司法实践中的应用情况于不顾的情况"①。不可否认，三要件理论在发展过程中的确出现了以上黎宏所指出的这种现象，但是，本书认为尽管存在以上那样的情形，我们也不能忽视正是贝林这样的双重结构的三要件二阶层理论挖掘、深化、创造了我们现代的刑法理论。只有当我们的刑法理论发展成为一个成熟理论的时候，我们才有"资格"说发展我们理论的那些丰富的土壤是"多余而无用"的。反之，当我们的刑法理论高度还处于一种"蛮荒"状态的时候，我们恰恰需要这种复杂的理论过滤蛮荒，而逐步取得一种法律文明。对处于贫瘠的（现代）法律思想的中国刑法理论来讲，我们依然需要那些"多余而无用"的土壤。

贝林的双重结构的三要件理论，一方面不同于试图创造两个层级但最终没能够完善的李斯特的三要件理论，也不同于之后 M.E. 麦耶、迈茨格、以及小野清一郎等从双重结构的三要件理论逐步走向仅仅要求价值判断层级的实用功能的三要件理论。但是，贝林的双重结构的理论直到现在，也没有完全消失，而是以不同的方式在不同的层级中影响所有的刑法理论的学者，② 或者说后世犯罪构成理论的学者们正是以打破这种双重结构的三要件理论的方式建构起他们各自的理论的。因为贝林的理论中不仅存在作为纯粹理论的形而上学层级上的三要件构成理论，也存在具有价值判断的、适用性的三要件构成理论，所以在后世的刑法理论中，就出现了两种基本模式的三要件构成理论。一种是以"形而上学层级上的三要件"为导向，以"不法-罪责"为核心的理论；另一种是以"价值判断层级上的三要件"为导向，然后逐渐丰富、成熟了的"构成要件符合性、违法性、责任"三要件的理论。就是从这一点上看，我们也无法否定贝林双重结构的三要件理论的价值。

关于犯罪-处罚二阶层的理论，由于不存在理论上的争论，所以后世的理论基本上都继承了李斯特-贝林的二阶层的理论，即以三要件构成理论（或者二要件构成理论）为第一个阶层，而以"应受处罚性"为第二个阶层，以此形成他们各自的犯罪概念。

---

① 黎宏：《我国犯罪构成体系不必重构》，《法学研究》2006 年第 1 期，第 42 页。

② 参见〔德〕沃尔夫冈·弗里施：《客观归责理论的成就史及批判——兼论对犯罪论体系进行修正的必要性》，陈璇译，《国家检察官学院学报》2020 年第 1 期，第 52 页。

第4节 古典犯罪构成要件理论内部的比较研究

一 古典犯罪构成要件理论的共同性

李斯特、贝林理论的共同性的第一个特征如耶赛克等所言，"古典犯罪概念是从法学实证主义（rechtswissenschaftlischer Positivismus）的法学思考方式出发的。对此，人们理解一种被严格限制于制定法及其解释的见解，该见解试图解决所有具有概念-体系论点的法问题，而哲学评价、心理学认识和社会学事实应当被排除于法解释论之外"①。首先，他们的理论都是以刑法典规定的"法定的构成要件"（李斯特语）或者"法律构成要件"（贝林语）为基础的，也可以说他们的理论就是为了解释刑法典规定的法律条文的理论。更进一步讲，他们的犯罪构成要件理论的最根本的目的就是能够严格地解释成文法。其次，在他们的犯罪构成要件理论中，可以说基本上完全地排除了心理学和社会学的知识，或者说将"行为本质"（行为概念）的研究完全排除在"行为构成"的研究之外，但是，他们的理论却在不同程度上采用了哲学体系。最后，他们的研究方式都是实证主义的。

本书认为他们理论的共同性的第二个特征是，都主张作为形而上学的、纯粹理论上的"构成要件"。李斯特主张"作为法律概念的构成要件"，贝林主张作为"形而上学层级上的构成要件"，这些"构成要件"都是关于刑法条文的纯粹概念化的理论，这与他们所根据的哲学基础有关。

他们理论的共同性的第三个特征是，他们的理论都追求形式上的结构性。他们各自的理论都是双重结构的构成要件理论。他们都有各自不同的理论结构模式，而且这些结构模式都是自成一体的结构模式，呈现出整体性理论特征。尽管贝林的理论结构从形式上看不是双系统的，但是本书认为贝林所言的"形而上学层级上的三要件"，即"犯罪类型"、"不法类型"、"责任类型"是在李斯特的"作为法律概念的构成要件"中融入了"不法-罪责"形成的，这意味着"三要件"系统与"不法-罪责"系统的融合。一方面，如贝林指出的那样，"犯罪类型贯穿于有责的违法性行为之不同阶段，完全存在于该行

① 〔德〕汉斯·海因里希·耶赛克、〔德〕托马斯·魏根特：《德国刑法教科书》，徐久生译，中国法制出版社，2017，第280~281页。

为内部的各个领域，表明所规定的特别类型"①；另一方面，贝林也承认"根据其内部构造实质内容，犯罪类型首先是不法的类型（某种违法性行为和某种类型的违法性行为）"②。根据李斯特对"不法"的定义，即"作为违法的有责行为，犯罪与民法中的违法行为均属于不法或违法的同类概念（Gattungsbegriff des Unrechts oder Delikts）"③，可以看到李斯特的"不法"也具有"构成要件符合性"、"违法性"、"责任"的特征。

关于他们理论之间的共同性，已经在上两节中有详细的论述，在此不必赘述。本节主要想对他们理论的不同之处进行进一步的剖析。

二 古典犯罪构成要件理论的差异性

后世对古典犯罪构成要件理论是以笼统的方式评价的，但事实上李斯特和贝林各自的理论存在很大的差异。因为他们理论之间的差异是后世不同流派的源头性差异，所以有必要进行系统的比较研究。

1. 理论结构上的差异

如本章第 2 节所述，李斯特的理论结构是明确的双系统的犯罪构成要件理论，即"三要件"系统、"不法-罪责"系统。与此不同，如本章第 3 节所述，尽管贝林的犯罪构成要件理论的结构本质上是双系统的，但从形式上来看却是单系统的理论，即只有双重结构的"三要件"系统。这可以说是他们两个理论体系在结构上的差异。

贝林的双系统是结合式的双系统，而李斯特的双系统是分离式的双系统。之所以说贝林的理论结构实质上也是双系统的，那是因为贝林采用"类型"的方式，将李斯特的"作为法律概念的构成要件"系统与"不法-罪责"系统相结合，形成了不同于李斯特双系统结构的、双重结构的"三要件"系统。尽管李斯特也主张两个系统不能分离，④ 但是，他并没有在理论上将两者真正

---

① 〔德〕恩施特·贝林：《构成要件理论》，王安异译，中国人民公安大学出版社，2006，第2页。

② 〔德〕恩施特·贝林：《构成要件理论》，王安异译，中国人民公安大学出版社，2006，第2页。

③ 〔德〕李斯特著，〔德〕施密特修订《德国刑法教科书》（修订译本），徐久生译，法律出版社，2006，第169页。

④ 参见〔德〕李斯特著，〔德〕施密特修订《德国刑法教科书》（修订译本），徐久生译，法律出版社，2006，第264~265页。

结合起来，两个系统确实还处于分离的状态。

李斯特认为"构成要件"系统是命令的，"不法-罪责"系统是规范的；贝林则不同，他认为作为"构成要件"功能的"犯罪类型-不法类型-责任类型"不仅是命令的而且是规范的，贝林明确指出"犯罪类型是规范性指示，与不法和有责一样是规范性的，并且存在于不法、有责之中"[①]。这不是因为贝林不关注罪刑法定主义原则，而是因为贝林在具有命令性质的"构成要件"系统中加入了具有规范性质的"不法-罪责"系统，从而开 M. E. 麦耶、迈茨格之后的学者"规范的构成要件"之先河。

与李斯特不同，贝林在犯罪构成要件理论中使用了"类型性"，他认为"类型性是一个本质的犯罪要素"[②]。也就是说，"形而上学层级上的三要件"是犯罪的本质性构成要件。但是，李斯特的"作为法律概念的构成要件"仅仅是对法律条文的概念化，并没有上升到反映犯罪本质特征的高度。

贝林的理论与李斯特的理论的另一个巨大的不同之处在于"三要件"系统与"不法-罪责"系统之间的关系。尽管贝林指出"每个类型的各类型要素无论怎样规定，都没有离开构成要件"[③]，但是，他所言的"构成要件"是法律构成要件。与此不同，李斯特的"不法-罪责"系统是以"作为法律概念的构成要件"和"作为价值判断的构成要件"的双重结构的三要件为基础的。李斯特的"作为法律概念的构成要件"具有指导性的功能，而贝林的"犯罪类型-不法类型-责任类型"系统具有"轮廓"性的功能。[④]

李斯特的"不法"是以"构成要件符合性"为前提的，而贝林的"不法（类型）"以"犯罪类型"为前提。"犯罪类型"是对"法定刑+法定的构成要件"（分则+总则）的概念性"轮廓"，所以贝林的"不法（类型）"就是该当刑法分则和刑法总则的"不法"，与此不同，李斯特的"构成要件符合性"只是要求对刑法分则规定的概念化构成的符合。

---

① 〔德〕恩施特·贝林：《构成要件理论》，王安异译，中国人民公安大学出版社，2006，第3页。

② 〔德〕恩施特·贝林：《构成要件理论》，王安异译，中国人民公安大学出版社，2006，第2页。

③ 〔德〕恩施特·贝林：《构成要件理论》，王安异译，中国人民公安大学出版社，2006，第4页。

④ 〔德〕恩施特·贝林：《构成要件理论》，王安异译，中国人民公安大学出版社，2006，第4页。

贝林的理论中没有关于"行为"的三要件构成理论（人的行为、违法性、罪责），但李斯特是以"作为法律概念的三要件"表述关于"行为"的构成要件理论的。尽管说贝林的"类型"理论（犯罪类型、不法类型、责任类型）作为"形而上学层级上的三要件"具有李斯特的"行为"构成理论的功能，但是因为贝林将"不法-罪责"系统导入了"行为"构成理论中，从而导致"行为概念"不能再是"中立"的概念。也因为贝林在"行为"构成理论中导入了"不法-罪责"系统，从而使作为"命令的"构成要件（李斯特的概念）变成了"规范的"构成要件（贝林的概念）。

在"价值判断层级上的三要件"中，尽管贝林没有直接导入"不法-罪责"系统，但"价值判断层级上的三要件"是以作为"形而上学层级上的三要件"为前提的。因此，本书认为贝林的"价值判断层级上的三要件"也是规范性的。与此不同，李斯特"作为价值判断的构成要件"依然保留了"纯粹"法律概念性的构成要件的特性。

因为贝林以"犯罪类型"统领"不法类型"和"责任类型"，所以"不法类型"与"责任类型"之间的关系是平等关系，而不是上下级关系。与此不同，因为李斯特作为法律概念的"构成要件符合性"只是分则的概念化构成要件，无法统领"违法性"和"责任"，所以，"责任"的成立必须以"违法性"的成立为前提，为此，李斯特作为法律概念中的"违法性"和"责任"的关系就只能是上下级（或先后）的关系，而并不能成为平等关系。这种情况也反映在"作为价值判断的构成要件"中。

2. 学派上的差异

尽管李斯特明确主张罪刑法定主义原则，但是作为新派刑法理论的创始人，他的犯罪构成要件理论从本质上依然被认为是主观主义的。与李斯特的理论立场不同，众所周知，作为旧派刑法理论的完成者，贝林的犯罪构成要件理论是客观主义的。

李斯特也主张明确的犯罪构成要件理论的严密性，但是在他的理论中依然无法完全抹去以"行为人"为导向的具有浓厚主观主义色彩的构成要件理论的特征，与此不同，贝林的犯罪构成要件理论却是以"行为"为导向的构成要件理论，充分地体现了客观性的特性。这两种倾向最终成为"行为无价值"和"结果无价值"长久争论的源头。

3. 哲学基础上的差异

尽管李斯特和贝林共同受到19世纪科学主义思潮的影响，但是他们所遵守的哲学基础却有所差异。李斯特的哲学基础是黑格尔哲学，而贝林的哲学基础不仅有黑格尔哲学，还有康德哲学。这些哲学思想体现在以"行为人"为核心的主观主义构成要件和以"行为"为核心的客观主义构成要件中。

虽然"维也纳学派无论与自然法论还是黑格尔法哲学，甚至所谓的历史法学派都不同，有自己特有的方法论的立场"①，但是事实上，黑格尔哲学"从李斯特起直到现代，给予了不法论强烈的影响"②，因为"给予李斯特不法论影响的瓦尔贝格（Wilhem Emil Wahlberg）"③"援用了黑格尔以及黑格尔学派的追随者昂格尔（Joseph Unger）的观点"④，这一点在李斯特的"不法-罪责"系统中有明显的表现。

与李斯特的哲学基础不完全不同，贝林的"价值判断层级上的三要件"是以康德哲学为基础的。在这一点上贝林的思想更加接近下一章所述的 M. E. 麦耶的观点。但应该注意的是在犯罪构成要件的理论结构上，贝林的理论还是更接近李斯特的理论，因为他们作为古典的犯罪论的学者都强调"概念的"、"形而上学"的犯罪构成要件理论。与此不同，新古典的犯罪论的学者们强调的不是"概念的"、"形而上学"的犯罪构成要件理论，而是"规范的"、"文化价值"的犯罪构成要件理论。因为本书的目的在于梳理犯罪构成要件理论的结构形式，所以将李斯特-贝林归于古典的犯罪论，而不是根据哲学的思想倾向将贝林归于新古典的犯罪论。

三　小结

尽管李斯特的犯罪构成要件理论与贝林的犯罪构成要件理论存在很大的差异，但后世的学者还是将他们统称为古典的刑法理论。主要原因之一就是他们受到所处时代哲学思潮的影响，拥有一个共同的科学主义观念。而这个共同的科学主义观念促使他们各自不同的理论具有了共同的科学方法。体现在刑法学上就是实证主义的结构理论特征。一方面，他们所提倡的犯罪论都

---

① 〔日〕伊东研祐：《法益概念史研究》，秦一禾译，中国人民大学出版社，2014，第61页。
② 〔日〕伊东研祐：《法益概念史研究》，秦一禾译，中国人民大学出版社，2014，第66页。
③ 〔日〕伊东研祐：《法益概念史研究》，秦一禾译，中国人民大学出版社，2014，第64页。
④ 〔日〕伊东研祐：《法益概念史研究》，秦一禾译，中国人民大学出版社，2014，第65页。

是可以使用"科学方法"进行实证的，他们所依据的都是刑法典。另一方面，他们所使用的实证方法都是科学主义所提倡的，类似甚至等同于科学实验使用的实证方法。尽管人文科学是否能够像自然科学那样进行实证研究，受到后世人文主义思想家们的质疑，但是 19 世纪末 20 世纪初那个时代的科学主义思潮对他们的思想的影响程度是后世的我们难以真正理解的。无论如何，这一点成为后世对古典主义刑法学进行评价、批判，甚至攻击的一点。

如上所述，李斯特的犯罪构成要件理论是主观主义的，而贝林的犯罪构成要件理论是客观主义的，他们理论之间的差别非常明显。但遗憾的是后世的研究"有意识"地忽视了这种差别，对他们的理论进行了没有差别的整体性的研究，而且只关注他们各自理论中的某一点，并针对这一点展开评价、修订。从新古典主义刑法学起，就已经开始忽视李斯特的犯罪构成要件理论，只关注贝林的犯罪构成要件理论了。尽管本书也认为在犯罪构成要件理论的研究上，贝林的理论更加接近我们现在所极力主张的规范的犯罪构成要件理论，但我们不能忽视的是李斯特的犯罪构成要件理论也具有极其重要的价值。

在理论研究中还存在另一个特殊的现象：尽管贝林的犯罪构成要件理论是在李斯特的犯罪构成要件理论的基础上发展起来的"规范性"的构成理论，但后世的规范论反而是在李斯特的理论结构的框架上展开的规范论。

第2章　新古典的双系统犯罪构成要件理论

第1节　本章小序

　　尽管贝林是犯罪构成要件理论的集大成者，构建了一个相当完善、精密的双层结构的三要件理论，但是我们依然能够感觉到贝林在他的理论中的"苦苦挣扎"。贝林所挣扎之处，实际上也是后世学者所诟病之处。贝林在"三要件"系统中导入了"不法－罪责"系统，相较于李斯特的犯罪构成要件理论而言，贝林的犯罪构成要件理论已经是将两个系统融合得相当成熟的理论，但是实际上贝林的犯罪构成要件要素之间依然处于"分离式"的状态，无论是单层的三要件要素之间，还是双层结构的三要件要素之间。这样的状态，是贝林深知的状态。这就令我们产生疑问，为什么贝林在能够意识到自己理论的"问题性"的时候而不"愿意""修订"它？他所遵循的原则、前提是什么？他所要完成的"任务"以及"任务目标"又是什么？是什么导致他不能完善他已经意识到存在问题的理论呢？

　　贝林将"不法－罪责"系统导入"三要件"系统，导致了后者的不平衡。一方面，在"构成要件符合性"中不能真正完全融入"不法－罪责"系统，只能加入其"不法"的部分；另一方面，混淆了"不法－违法性"、"责任－罪责"之间的界限。使用"类型"模式，导致"三要件"系统在用词用法上的进一步混乱。更重要的是，在"三要件"系统中导入"不法－罪责"系统，导致了客观的"构成要件"主观化。尽管后世学者多数认为贝林主张客观主义的犯罪构成要件理论，但是事实上，本书认为正是贝林强调客观主义的立场才深入地导致了犯罪构成要件理论的主观化。不久之后，"在许多案件中，不仅仅是罪责，而且还有构成行为的不法，都取决于行为人的意志指向——

也就是说，取决于主观的、内在心理性的要素"① 了。也就是说，贝林在理论上的客观主义主张反而导致了司法实践中与此"悖逆"的情形，因此，德国的刑法理论从古典的犯罪论转向了新古典的犯罪论。所谓的"转向"，本质上就是将贝林已经在"三要件"系统中导入的"不法-罪责"系统再次分离出来的"逆转"。通过这种"逆转"，试图实现司法与理论的相同方向。既然司法中已经承认"主观的、内心心理性的要素"，那么在犯罪构成要件理论中也应该明确这种主张。

在贝林之后，从 M. E. 麦耶（Max Ernst Mayer）、迈茨格（Edmund Mezger）开始，经过威尔泽尔，到现在的整个的理论发展过程中，学者们都试图突破贝林的客观的犯罪构成要件理论。如罗克辛所言，"主观性行为构成特征的理论在 1930 年前后（尽管在细节上存在着许多争论）就已经获得承认。今天，这个理论在德国刑法中已经完全没有争议"② 了。但是，在这个打破贝林理论的过程中，他们所要突破的目标各不相同。那么，新古典学派的 M. E. 麦耶、迈茨格所要突破的目标是什么呢？他们的理论目标是否也不相同？尽管后世学者因为 M. E. 麦耶、迈茨格的理论存在一定的相同之处，而在刑法教义学中通常将他们的理论统称为新古典主义的理论，但是本书认为他们的理论存在很大的差别。那么，在新古典主义的理论中，迈茨格所要突破的目标与 M. E. 麦耶的有何不同呢？M. E. 麦耶与迈茨格学术关系是否具有继承性呢？本章围绕新古典主义的犯罪构成要件理论展开论述，力图揭示新古典主义的理论结构和特征。

第 2 节　麦耶"三要件"中内设"不法-罪责"的双系统

一　本节的问题提出及主张

第一，尽管 M. E. 麦耶继承了古典的三要件系统，但是他并不主张李斯特"作为法律概念的构成要件"理论，也不主张贝林的"形而上学层级上的

---

① 〔德〕克劳斯·罗克辛：《德国刑法学总论》（第 1 卷）第 3 版，王世洲译，法律出版社，2005，第 183 页。
② 〔德〕克劳斯·罗克辛：《德国刑法学总论》（第 1 卷）第 3 版，王世洲译，法律出版社，2005，第 183 页。

构成要件"（犯罪类型、不法类型、责任类型）理论，而仅仅在形式上继承了他们共有的"作为价值判断的三要件"理论的格式。也就是说，麦耶摒弃了李斯特、贝林"纯粹概念"的三要件，放弃了将刑法典概念化的三要件理论。麦耶认为"事实的构成要件"（faktischen Tatbestand）是本质性的构成要件[1]；而"法定的构成要件"（gesetzlichen Tatbestands）是非本质的、从属性的构成要件[2]。因为"法定的构成要件"来自"事实的构成要件"[3]。应该注意的是，麦耶所言的"法定的构成要件"不同于李斯特、贝林所指的"法定的构成要件"。麦耶所言的"法定的构成要件"是指李斯特、贝林概念化的构成要件[4]，而李斯特、贝林所指的"法定的构成要件"是指刑法典规定的法律构成要件。具体而言，麦耶不是摒弃了刑法典（这对主张罪刑法定主义的学者而言是不可能的事）的"法定的构成要件"，而是摒弃了将刑法典的规定概念化的"法定的构成要件"。那么，麦耶所主张的"事实的构成要件"到底是指什么呢？如果说麦耶继承了李斯特、贝林共有的"作为价值判断的三要件"理论模式的话，他的"事实的构成要件"是不是指"作为价值判断的构成要件"呢？

第二，麦耶的"违法性"概念是他新创的概念，他用"违法性"统领"构成要件符合性"和"责任违法性"，形成一个以"违法性"为核心的理论体系。尽管在构成要件系统中，麦耶也主张"三要件"，在用语上继承了李斯特的"三要件"（构成要件符合性、违法性、责任）理论，但是麦耶拉近了"构成要件符合性"与"违法性"之间的关系，从而形成了他独特的"三要件"构成理论。那么，麦耶的构成要件理论的独特性表现在哪些方面呢？他拉近"构成要件符合性"和"违法性"之间的关系，在构成要件理论中意味着什么样的变革呢？

第三，从形式上看，麦耶既没有继承德国传统的"不法-罪责"系统，也没有采纳贝林将"不法-罪责"系统导入"三要件"系统中的"类型"模式。但是，麦耶在"三要件"系统中加入了"文化价值"的概念，使"三要件"系统具有了"文化规范性"的特征。那么，具有"文化规范性"的"三要件"系统与本来就具有"规范性"的"不法-罪责"系统之间有何关联呢？

---

[1]　M. E. Mayer, *Der allgemeine Teil des deutschen Strafrechts*, 1915, 2. Aufl., 1923, S. 4.

[2]　M. E. Mayer, *Der allgemeine Teil des deutschen Strafrechts*, 1915, 2. Aufl., 1923, S. 4.

[3]　M. E. Mayer, *Der allgemeine Teil des deutschen Strafrechts*, 1915, 2. Aufl., 1923, S. 3.

[4]　M. E. Mayer, *Der allgemeine Teil des deutschen Strafrechts*, 1915, 2. Aufl., 1923, S. 3.

二 麦耶的构成要件理论的挑战目标

1. "事实的构成要件"与"法定的构成要件"

尽管在形式上麦耶继承了李斯特、贝林的"三要件"系统，但是他的理论中的三要件既不同于李斯特"纯粹概念"的三要件，也不同于贝林"不纯粹概念"的三要件（因为贝林在"三要件"系统中导入了"不法-罪责"系统）。如小野清一郎所言，"麦耶舍弃了贝林的'犯罪类型'的观点，从而将构成要件更加具体化了"①。坚持新康德主义的麦耶在方法论上采用的是价值判断的"三要件"，他的价值概念更加接近"文化价值"。因此，对主张"文化价值"的麦耶而言，舍弃贝林的"形而上学层级上的三要件"概念是必然的结果。从形式上看，麦耶完全摒弃了贝林的理论体系，而更接近李斯特的理论体系。但是，从内容上看，麦耶也没有完全采用李斯特双层结构的"三要件"系统（"作为法律概念的构成要件"和"作为价值判断的构成要件"）。一方面，麦耶彻底摒弃了李斯特"作为法律概念的构成要件"的概念；另一方面，即便麦耶明确主张价值判断的构成要件，② 但是本质上他所言的"价值"判断也不同于李斯特"作为价值判断的构成要件"的"价值"判断。因此，麦耶的构成要件理论基本上可以说是对古典"三要件"理论的解构理论。

麦耶将"构成要件"分为"事实的构成要件"（faktischen Tatbestand）和"法定的构成要件"（gesetzlichen Tatbestands）两种。"事实的构成要件"就是指发生在时空之中的、人的行为。③ 与此不同，他把概念化的构成要件称为抽象的构成要件，也就是"法定的构成要件"④。如西原春夫所指出的那样，"麦耶在他的教科书《德国刑法总论》（*Der allgemeine Teil des deutschen Strafrechts*，1915，2. Aufl.，1923）的开头，首先说明法定的构成要件（gesetzliher Tatbestand）概念'在刑罚法规前段中记述了行为。当然，并不是具体地记述事实那种程度的冗长，而是作为概念的形式，清晰地记述下来。将这种概念的形象称为抽象的构成要件（abstrakter Tatbestand），常常也称为法定的

---

① 小野清一郎『犯罪構成要件の理論』有斐閣、1953、16 頁。
② 参见西原春夫「構成要件論と間接正犯」『早稲田法学』第 34 卷第 1. 2 号、1958、177 頁。
③ M. E. Mayer, *Der allgemeine Teil des deutschen Strafrechts*, 1915, 2. Aufl., 1923, S. 3.
④ M. E. Mayer, *Der allgemeine Teil des deutschen Strafrechts*, 1915, 2. Aufl., 1923, S. 3.

构成要件'"①。麦耶明确指出，"法定的构成要件因为综合为了所谓可罚而必须具备的概念性标示（begriffliches Merkmal），所以不同于事实的构成要件（faktisher Tatbestand）"②。麦耶将刑法条文中的构成要件称为"法律上的构成要件"，从而使之区别于"法定的构成要件"和"事实的构成要件"。

李斯特和贝林以及大多数的学者通常认为"法定的构成要件"就是刑法典规定的法律条文本身。③ 但是，麦耶所指的"法定的构成要件"是特指将刑法典规定的条文（Strafrechtssatzes）概念化的构成要件。因此，麦耶所言的"法定的构成要件"，从本质上讲相当于李斯特所指的"作为法律概念的构成要件"，也相当于贝林所指的"形而上学层级上的构成要件"，至少在他的理论中是针对他们的概念化的"构成要件"而言的。尽管李斯特的"构成要件"与贝林的"构成要件"存在根本性的差别，但是麦耶认为，它们都属于"概念化"的构成要件。这正是他力图排除的对象。

麦耶认为"法定的构成要件"是抽象的④、次要的、从属性的⑤、非本质的⑥，尽管它是技术性的，但是正是这个"技术性""肢解"了刑法规定（Strafrechtssatzes）⑦。因此，"法定的构成要件"实质上规定了另一个与刑法法规相类似的刑法先决条件。⑧ 之所以说古典的构成理论是教义学上的"构成要件"理论，原因也在于此。麦耶认为概念化的构成要件（"法定的构成要件"），必须从属于"事实的构成要件"。因为"事实的构成要件"是发生在时空之中的、人的行为⑨，而"法定的构成要件"是纯粹理念上的构成要件。不能将它们同等对待，必须严格区分。⑩ 也就是说"麦耶舍弃所谓行为的刑法概念而使用所谓事件的自然概念"⑪。古典的"三要件"是针对"行为"的构成要件，而这个"行为"是概念化的行为。"事实的构成要件"是"事件"，

① 西原春夫「構成要件論と間接正犯」『早稲田法学』第 34 巻第 1.2 号、1958、178-179 頁。
② 西原春夫「構成要件論と間接正犯」『早稲田法学』第 34 巻第 1.2 号、1958、178-179 頁。
③ 参见本书第 1 章。
④ M. E. Mayer, *Der allgemeine Teil des deutschen Strafrechts*, 1915, 2. Aufl., 1923, S. 3.
⑤ M. E. Mayer, *Der allgemeine Teil des deutschen Strafrechts*, 1915, 2. Aufl., 1923, S. 4.
⑥ M. E. Mayer, *Der allgemeine Teil des deutschen Strafrechts*, 1915, 2. Aufl., 1923, S. 4.
⑦ M. E. Mayer, *Der allgemeine Teil des deutschen Strafrechts*, 1915, 2. Aufl., 1923, S. 4.
⑧ M. E. Mayer, *Der allgemeine Teil des deutschen Strafrechts*, 1915, 2. Aufl., 1923, S. 5.
⑨ M. E. Mayer, *Der allgemeine Teil des deutschen Strafrechts*, 1915, 2. Aufl., 1923, S. 3.
⑩ M. E. Mayer, *Der allgemeine Teil des deutschen Strafrechts*, 1915, 2. Aufl., 1923, S. 3.
⑪ 西原春夫「構成要件論と間接正犯」『早稲田法学』第 34 巻第 1.2 号、1958、179 頁。

是时空中真实发生的"行为"，是"裸"的行为。西原春夫认为这是因为"这样的思维方法，与西南德国学派的价值哲学，特别与理查德（Rickert）的认识论是一致的"①。从麦耶的观点来看，"经过构成要件符合性判断的、思考的事实是不妥当的"②，与其说是"不妥当的"，不如说是"多余的"。这正是麦耶反对"法定的构成要件"的根本原因。

麦耶认为"将事实的构成要件和法定的构成要件'相互'等同的思考方式也是不妥当的"③。既然"法定的构成要件"是"不妥当的"，那么，根据它所判断出来的"行为"也不能看作妥当的，甚至是错误的。麦耶还认为"法定的构成要件"不仅是次要的、从属性的，而且是多余的、永久不变的。④ 既然"法定的构成要件"是从刑法典中抽象出来的概念，那么这个概念就是"固定不变"的，因为它不能机能性地变化以应对千变万化的事件。它既然不是"机能性"的概念，那么就必然是"从属性"的概念。它既然是"从属性"的，那么就一定是次要的、非本质的存在。"法定的构成要件"是为了强调"科学"而赋予自己这种"概念"特征的。⑤ "法定的构成要件"是理论上的概念，本质上并不是刑法典真正规定的构成要件，因此，它不能成为刑法的先决条件。刑法的先决条件只能是"法律上的构成要件"。

小野清一郎认为麦耶与贝林一样，他们的"构成要件充其量不过是记述性的、客观的东西"⑥。本书认为，小野清一郎没有从根本上区别麦耶理论与贝林理论的不同。首先，贝林认为"法定的构成要件"是刑法的条文，所以它是"记述性的"，但是贝林主张的"形而上学层级上的构成要件"并不是"记述性的"，而是将"记述性的"刑法条文概念化的"构成要件"。麦耶所指的"法定的构成要件"不同于贝林所指的"法定的构成要件"，而是指贝林主张的"形而上学层级上的构成要件"，所以它并不是"记述性的"，而是"概念性的"。因此，不能将他们所言的"构成要件"笼统地放在一起评价。其次，如果说麦耶的构成要件是"记述性的、客观的东西"，那么应该是指麦耶的"事实的构成要件"所要该当的"法律上的构成要件"。既然是"法律

---

① 西原春夫「構成要件論と間接正犯」『早稲田法学』第 34 卷第 1.2 号、1958、179 頁。
② 西原春夫「構成要件論と間接正犯」『早稲田法学』第 34 卷第 1.2 号、1958、180 頁。
③ 西原春夫「構成要件論と間接正犯」『早稲田法学』第 34 卷第 1.2 号、1958、180 頁。
④ M. E. Mayer, *Der allgemeine Teil des deutschen Strafrechts*, 1915, 2. Aufl., 1923, S. 4.
⑤ M. E. Mayer, *Der allgemeine Teil des deutschen Strafrechts*, 1915, 2. Aufl., 1923, S. 5.
⑥ 小野清一郎『犯罪構成要件の理論』有斐閣、1953、15 頁。

上的构成要件",那么它就应该是"记述性的、客观的"。在麦耶的理论中,"法律上的构成要件"既不同于"法定的构成要件",也不同于"事实的构成要件"。"事实的构成要件"是现实发生的行为,而"法律上的构成要件"是刑法条文本身。因此,不能把它们等同。它们之间的关系取决于该"事件"(事实的构成要件)是否该当"法律上的构成要件"。因此,用"构成要件"一词进行评价很容易产生歧义。

麦耶指出,每一个行为都有两个方面,所以古典的构成要件理论认为"法定的构成要件"也有两个方面:一是外在的行为实现的标志,这是可以通过感官感觉到的特征;二是内在的行为实现的标志。行为的内在的实现要通过行为人坦白承认或者解释才能辨认出是行为人的行为①,因此内在的或者心理上(主观)的构成要件需要从外在的(客观的)行为中辨别出来②。但是,麦耶认为这样将行为区别为外在的和内在的构成要件、客观的和主观的构成要件是不完善的。③ 因为"事实的构成要件"是将内外要件要素、主客观要件要素综合起来的构成要件,所以,只有"事实的构成要件"才能够对此进行完善。尽管麦耶没有明确指出"法定的构成要件"是简单的理论,但是他认为只要它通过"从属关系"、"种属概念"可获得④,就没有必要特意为它建构理论体系。

麦耶把犯罪定义为"是该当构成要件符合性、违法性、责任的事件"⑤。这一定义完全不同于李斯特、贝林对犯罪的定义,古典的犯罪的定义是指"人的行为",该行为是概念中的行为,而不是具体发生的某一特定行为。麦耶对犯罪的定义是指人所实行的"事件"(Geschehnis),而且这个事件是具体在"时空中"已经发生的事件,而不是概念上的事件。也正因此,古典的犯罪构成理论在"行为的构成"理论之外,还存在"行为的本质"(行为概念)的理论,而麦耶的犯罪构成要件理论中因为没有"行为"的概念,也就不存在相对应的"行为概念"理论。麦耶使用"事件",是为了区别已经被古典的构成理论概念化的"行为"。这一点可以说是麦耶理论的一个特色。

---

① M. E. Mayer, *Der allgemeine Teil des deutschen Strafrechts*, 1915, 2. Aufl., 1923, S. 7.

② M. E. Mayer, *Der allgemeine Teil des deutschen Strafrechts*, 1915, 2. Aufl., 1923, S. 7-8.

③ M. E. Mayer, *Der allgemeine Teil des deutschen Strafrechts*, 1915, 2. Aufl., 1923, S. 8.

④ M. E. Mayer, *Der allgemeine Teil des deutschen Strafrechts*, 1915, 2. Aufl., 1923, S. 8.

⑤ M. E. Mayer, *Der allgemeine Teil des deutschen Strafrechts*, 1915, 2. Aufl., 1923, S. 13.

总而言之，麦耶摒弃了古典的概念化的三要件，主张用"事实的构成要件"取代概念化的"行为"，尽管"事实的构成要件"本质上也是"行为"的构成要件，只是该"行为"（事件）是现实发生的，而不是概念上的。不过，本书认为麦耶的"事实的构成要件"和"法定的构成要件"并不是一个维度的概念。因为只要"事实的构成要件"不按照"法律上的构成要件"进行规范，它就永远是一个"裸"的行为。而与此不同，"法定的构成要件"是从刑法条文（"法律上的构成要件"）中抽象出来的"行为"的构成要件。换言之，即便麦耶使用了"事实的构成要件"这一名称，它本身也并不是"构成要件"，而是"行为"，即"事件"。在这个意义上讲，它并不能与"法定的构成要件"相提并论。

麦耶认为，"事实的构成要件"直接该当"法律上的构成要件"就可以使"事件"得到规范，所以他主张"规范的构成要件"。尽管从表面上看，麦耶主张的"规范的构成要件"相当于李斯特主张的"作为价值判断的构成要件"，但是它们之间存在根本差异。因为李斯特主张的"作为价值判断的构成要件"本质上也是概念化的构成要件，所以，从这一点来看，麦耶主张的"规范的构成要件"不可能接近李斯特主张的"作为价值判断的构成要件"，反而更接近贝林主张的"形而上学层级上的构成要件"，贝林在李斯特主张的"作为法律概念的构成要件"中导入了"不法-罪责"系统，从而使他的"三要件"系统具有了"规范性"的特征。但是，即便如此，麦耶也认为贝林的构成要件本质上还是概念化的，并不是真正发生在"时空中的、人的行为"的构成要件。或者说，他们各自所言的"规范性"的内涵是不同的。再则，麦耶也不能接受在"构成要件符合性、违法性、责任"系统中加入"不法-罪责"系统的"规范化"三要件。

古典的构成要件理论是通过双重结构的"三要件"认识法律上的构成要件的，麦耶在摒弃古典的三要件理论之后，该如何认识它呢？或者说麦耶为什么一定要摒弃认识"行为"（事件）是否该当"法律上的构成要件"的"法定的构成要件"理论呢？

2. "法定的构成要件"与扩张的刑罚处罚

麦耶之所以要"推翻"古典的概念化"三要件"系统，主要原因是"法定的构成要件"扩大了刑罚的范围。麦耶认为"所谓刑罚扩张的原因不仅是直接分离刑法分则和总则一直持续向外扩张的含义，而且很明显地暗示着错误的责任"①。也就是说，刑罚的扩张不仅是对刑罚总则和分则在内涵解释上的扩张导致的，而且是由责任的归责错误导致的。但是，如西原春夫指出的那样，在麦耶所指的扩张的范围内"刑法的扩张原因到底是法定的构成要件的扩张，还是构成要件符合性的扩张，抑或只是个别处罚范围上的扩张，从其文字上来看并不明确"②。从麦耶对概念的构成要件所持的观点和态度来看，他所指的"扩张"应该是"法定的构成要件"的扩张，以及由此导致的"构成要件符合性"的扩张。西原春夫也认为麦耶所言的"扩张"是指"法定的构成要件"的扩张和由此引发的"构成要件符合性"的扩张③。本书认为"法定的构成要件"的"扩张"是原因，处罚的"扩张"是结果。作为概念的"构成要件"介入了刑法典的规定中，这导致刑法典本身的规定之间产生间隙。而这个"间隙"就是麦耶所指的"扩张"，即"法定的构成要件"引发的扩张。这个"间隙"的表现形式就是概念上的"刑法分则"和"刑法总则"之间的分离。在麦耶那里，这种"分离"最根本的原因是为了建构与刑法典相并列的、作为法律概念的"构成要件"理论。因为"构成要件符合性"是指该当"法定的构成要件"的行为，所以，如果依据的"构成要件"（作为概念的构成要件）是扩张的概念的话，那么"构成要件符合性"就难以摆脱"扩张"的命运。根据麦耶的思想脉络，由于作为概念的构成要件——也就是他自己所言的"法定的构成要件"——是引起扩张刑罚的根本原因，应该取消那种概念化的构成要件理论。

麦耶认为形而上学的基础并不能得出违法性的结果，只有犯罪人是真实存在的，④ 只有根据真实的"事件"才能够判断出违法性。因此，他主张"事实的构成要件"，进而主张"规范的构成要件"，力图摒弃"法定的构成要件"。总而言之，麦耶在理论上基本摒弃了古典的犯罪构成要件理论中作为概念的"构成要件"，从而建构起以"事实的构成要件"为核心概念的"规范的构成要件"。那么，麦耶的"规范的构成要件"到底是指什么样的构成要件呢？从麦耶的思想体系来看，他的"规范的构成要件"应该是指文化价值

① 西原春夫「構成要件論と間接正犯」『早稲田法学』第 34 巻第 1.2 号、1958、183 頁。
② 西原春夫「構成要件論と間接正犯」『早稲田法学』第 34 巻第 1.2 号、1958、184 頁。
③ 参见西原春夫「構成要件論と間接正犯」『早稲田法学』第 34 巻第 1.2 号、1958、184-191 頁。
④ M. E. Mayer, *Der allgemeine Teil des deutschen Strafrechts*, 1915, 2. Aufl., 1923, S. 10.

判断的构成要件，这是由他的价值哲学所决定的①。那么，麦耶的"规范的构成要件"有哪些特性呢？

三 麦耶的"规范的构成要件"理论

如上所述，尽管麦耶把犯罪定义为该当"构成要件符合性、违法性、责任"的"事件"，从而"推翻"了古典概念化的"三要件"理论，但是麦耶依然在理论形式上继承了"构成要件符合性、违法性、责任"三要件系统的模式。在内涵上麦耶没有使用传统的"行为"的构成要件的概念，而使用了"事件"，主要是为了强调他的"事实的构成要件"的意义和功能。本书认为，当麦耶让"事实的构成要件"直接该当"法律上的构成要件"的时候，就实现了摒弃"法定的构成要件"的目的。因为麦耶认为直接用"法律上的构成要件"规范"时空中"发生的"事件"（行为），就是对"行为"的直接规范。麦耶称这种构成要件理论为"规范的构成要件"理论。

麦耶的"规范的构成要件"是通过法官的判断得出的"构成要件"，如大塚仁所言的那样，麦耶"认为作为构成要件的要素中有规范的要素（normative Tatbestandselemente），并且存在主观的违法要素"②。那么，麦耶通过这一发现是否能够建构起他的"规范的构成要件"理论呢？迈茨格指出，尽管麦耶"在危害构成要件的描写中，区别了客观的、主观的、规范的构成要件要素"③，但是，他并没有真正建构起规范的构成要件理论。尽管"他厘清了危害性的区别，在刑法构成要件中，为了行为人的内心世界或者评估者的价值，翻转了外在世界（或者行为人的内心世界）的关系"④，但是他也没有因此建构起完全以行为人的主观性为核心的构成要件理论，反而"行为构成的无价值性在一个重要的领域中就被放弃了"⑤。那么，麦耶如何得出他的"规范的构成要件"呢？是否像迈茨格所言的那样，麦耶没有成功地建构起他的"规范的构成要件"理论呢？

---

① 西原春夫「構成要件論と間接正犯」『早稲田法学』第 34 卷第 1.2 号、1958、179 頁。

② 〔日〕大塚仁：《刑法概说（总论）》第 3 版，冯军译，中国人民大学出版社，2003，第 112 页。

③ Edmund Mezger, *Strafrecht*, Verlag von Duncker & Humblot, Berlin und München, 1949, S. 189.

④ Edmund Mezger, *Strafrecht*, Verlag von Duncker & Humblot, Berlin und München, 1949, S. 189.

⑤ 〔德〕克劳斯·罗克辛：《德国刑法学总论》（第 1 卷）第 3 版，王世洲译，法律出版社，2005，第 184 页。

　　罗克辛提供了一个判断"规范性"性质的标准，他指出，"规范性行为构成的特征因此是'违法性的真正因素'。一种不是显示违法性而是建立违法性的情节，也就是说，不是认识的根据，而是存在的根据（ration essendi），就属于违法性，这种情节就是它的构成部分"①。按照罗克辛提供的标准，显然麦耶的"事实的构成要件"并不具有"规范性"的特征，因为它不过是"事件"本身，作为情节的"事件"只不过是违法性的认识根据，而不是存在根据。从"法律上的构成要件"来看，它也只是"违法性的认识根据"，而不是"违法性的存在根据"。因此，"事实的构成要件"和"法律上的构成要件"都不能单独建构起真正的"规范的构成要件"。

　　其实在麦耶的犯罪论中，最重要的部分不是犯罪的构成要件理论，而是因果关系理论。但是他的因果关系理论影响了构成要件理论的核心，"麦耶的因果关系否定论可以说敲响了19世纪自然主义思想的丧钟，同时也是宣告刑法学上价值规范主义思想开幕的序曲"②。这里存在两层含义：第一，麦耶是通过"因果行为论"而不是用"事实的构成要件"理论推翻古典的犯罪构成要件理论的；第二，麦耶在构成要件理论中融入了规范主义的思想，这意味着他的"构成要件"从基本设置上就是"规范性"的，而不是经过刑法典的适用过程才具有规范性。因为麦耶认为"规范的构成要件"不是通过逻辑推理推导出来的结果，而是通过文化价值解释"事实的构成要件"得出的结果。就麦耶的思想逻辑而言，"规范的构成要件"的规范根据是文化价值，而不是法律价值。而且，麦耶也可以用"文化价值"解释刑法禁止性行为规定的正当性来自该刑法典所具有的文化价值的要求（需求），"构成要件"是对全体（国民）通过刑法规定的方式呈现出来的，是对行为的"规范要求"，该要求正是构成那个民族的文化的一部分。这样的解释不能否定其文化价值所在，但是，显然用"文化价值"解释"构成要件"的规范性还是欠缺法律性的要求。③ 迈茨格认为"事实上，在所有这些斟酌中以及特别是在最后的追索权的情形下，他（麦耶）通过刑法的理性理念实行的关于彻彻底底的公理和法理

---

①　〔德〕克劳斯·罗克辛：《德国刑法学总论》（第1卷）第3版，王世洲译，法律出版社，2005，第184页。

②　西原春夫「構成要件論と間接正犯」『早稲田法学』第34卷第1.2号、1958、177頁。

③　Edmund Mezger, *Strafrecht*, Verlag von Duncker & Humblot, Berlin und München, 1949, S. 204.

的斟酌，不是刑法的超然而宁可是刑法以及刑事法规固有的目标和目的"①。

总而言之，麦耶的"规范的构成要件"是"文化价值"的规范。尽管麦耶反对李斯特、贝林主张的作为法律概念的"构成要件"，但是他自己所主张的"规范的构成要件"并没有能够真正从价值判断的概念中脱离出来。虽然麦耶反对用抽象的、形而上学的概念解释"法律上的构成要件"的内涵，但是，他所采取的"文化的、价值的"解释也不能替代法律的解释。尽管如此，本书认为麦耶的"规范的构成要件"依然不同于古典的"法定的构成要件"。

西原春夫指出，"刑法学上规范主义的思考方法主要表现了两个方面的特色：第一是构成要件论，第二是规范的责任论"②。麦耶的规范主义思想也应该符合这两个标准吧。本书认为麦耶的"规范的构成要件"特征主要体现在"事实的构成要件"和"法律上的构成要件"之间的关系上，而不体现在"规范"本身的理论结构上。换言之，麦耶的"规范的构成要件"系统是由"规范的构成要件符合性"、"规范的违法性"、"规范的责任"构成的。"规范的构成要件符合性"的核心是"事实的构成要件"和"法律上的构成要件"之间的关系；"规范的违法性"的核心体现的是"构成要件符合性"与"违法性"的关系；"规范的责任"的核心在于"违法性"和"责任"之间的关系，即"责任违法性"。形成这个"规范的构成要件"的关键在于规范的"主观的违法要素"。正是这些"规范的、主观的违法要素"形成了麦耶所主张的"规范的构成要件"内在性纽带。

1. 规范的构成要件符合性

（1）"事实的构成要件"与"法律上的构成要件"

只要麦耶承认"三要件"系统的存在，只要他主张"构成要件符合性"的存在，我们就可以断定，在他的"构成要件符合性"中一定存在一个"构成要件"。那么，他所指的"构成要件"到底是什么呢？尽管麦耶主张"事实的构成要件"，但是，"事实的构成要件"并非"构成要件"，而是"事件"。本书认为麦耶所指的"构成要件"应该是"法律上的构成要件"，因为只要麦耶的理论是符合罪刑法定主义原则的理论，他主张的"构成要件"就不可能脱离刑法典的规定。如小野清一郎指出的那样，"在麦耶的理论中，作

---

① Edmund Mezger, *Strafrecht*, Verlag von Duncker & Humblot, Berlin und München, 1949, S. 204.

② 西原春夫「構成要件論と間接正犯」『早稲田法学』第 34 巻第 1.2 号、1958、177 頁。

为一个整体的构成要件是记述性的，从而是客观的，对此，他甚至比贝林论述得更加深入"①。如果说刑法典中的"构成要件"是"记述的、客观的"，那么，那个"记述的、客观的"构成要件就一定是"法律上的构成要件"。

尽管麦耶明确指出"法律上的构成要件（gesetzlichen Tatbestände）是违法性的认识根据（Erkenntnisgründe）"②，但是他又认为"法律上的构成要件"中的要素——客观的（objektive）、外在的（äußeren）构成要件要素——并不妥当③。只因为它的性质从属于违法性的标志④，所以他称"法律上的构成要件"为不真正的构成要件⑤。如果说"法律上的构成要件是违法性的认识根据"的话，那么这里所指的"法律上的构成要件"就不应该是这个"不妥当"的、"客观的、外在的、不真正的"法律上的构成要件了。那么，应该如何解释麦耶所指的作为"违法性认识根据"的"法律上的构成要件"呢？本书认为麦耶所指的作为"违法性认识根据"的"法律上的构成要件"的确是刑法条文。因为刑法条文是"客观的"、"抽象的"，所以其是"不妥当的"。"法律上的构成要件"需要以在"时空中"存在的"事实的构成要件"来体现它，这样它才具有实际意义。因此，只有"事实的构成要件"才是真正的构成要件，"情形（事件）不是显示违法性而是给出根据，它也不是认识原因而是本质原因，从属于违法性，那才是它的情形"⑥。"事实的构成要件"是"事件"，因此，它自身无法体现"违法性"，能够体现"违法性"的只有"法律上的构成要件"，但是，"法律上的构成要件"只有通过"事件"才能体现"违法性"。"事实的构成要件"能够提供"违法性"根据，因为没有客观"事件"的发生，"法律上的构成要件"就是"抽象的"、"客观的"违法性条款，所以，"事实的构成要件"就是麦耶所指的"违法性的真正要素"（Echte Elemente der Rechtswidrigkeit）⑦。进一步讲，当"事件"没有发生的时候，即没有行为产生的时候，"法律上的构成要件"中的"违法性"就不会出现，因此，"时空中"发生的"人的行为"才是"违法性"的"真正的要

---

① 小野清一郎『犯罪構成要件の理論』有斐閣、1953、34頁。

② M. E. Mayer, *Der allgemeine Teil des deutschen Strafrechts*, 1915, 2. Aufl., 1923, S. 182.

③ M. E. Mayer, *Der allgemeine Teil des deutschen Strafrechts*, 1915, 2. Aufl., 1923, S. 184.

④ M. E. Mayer, *Der allgemeine Teil des deutschen Strafrechts*, 1915, 2. Aufl., 1923, S. 184.

⑤ M. E. Mayer, *Der allgemeine Teil des deutschen Strafrechts*, 1915, 2. Aufl., 1923, S. 184.

⑥ M. E. Mayer, *Der allgemeine Teil des deutschen Strafrechts*, 1915, 2. Aufl., 1923, S. 184-185.

⑦ M. E. Mayer, *Der allgemeine Teil des deutschen Strafrechts*, 1915, 2. Aufl., 1923, S. 184.

素"。但是，"事实的构成要件"只是认识"违法性"的"认识根据"，而不是它的"存在根据"。

尽管麦耶没有明确划分"法律上的构成要件"和"事实的构成要件"，但是，从逻辑上看，如大塚仁所指出的那样，可以看到麦耶"把构成要件分为抽象的或者法律的构成要件（abstrakter od. Gesetzlicher Tatbestand）和具体的或者事实的构成要件（konkreter od. faktischer Tatbestand）"① 两种，而且，"两者一致时，就存在构成要件符合性"②。那么，什么是"抽象的或者法律的构成要件"？什么是"具体的或者事实的构成要件"呢？从以上所论及的内容来看，"抽象的或者法律的构成要件"应该是指刑法典规定的"构成要件"，即麦耶所言的"法律上的构成要件"。具体的或者"时空中"发生的"事件"是指"事实的构成要件"。两个"构成要件"重合，就相当于一个"时空中"发生的"事件"该当"法律上的构成要件"，这就是"构成要件符合性"。进一步讲，当"时空中"的"事实的构成要件"与"法律上的构成要件"重合的时候，就可以辨别出"违法性"。因此"违法性"的认识根据应该是"构成要件符合性"。

（2）"规范的、主观的要素"的功能

本书认为麦耶的"规范的、主观的要素"的功能之一在于对"法律上的构成要件"与"事实的构成要件"的融合所起的作用。麦耶认为"法律上的构成要件"直接就是认识"违法性"的依据，而不需要作为中间概念的"构成要件"，这与古典的构成要件的原理不同。在古典的犯罪构成要件理论中，"行为"与"法律上的构成要件"之间被插入了认识刑法条文的构成要件，麦耶反对在刑法条文与"事件"之间插入作为法律概念的"构成要件"。也就是说，麦耶直接将法律条文看作"违法性的认识根据"。只要"事件"符合或者该当"法律上的构成要件"，就可以辨别出它的"违法性"。"法律上的构成要件"可以直接规范"行为"（麦耶所言的"事件"），不需要再通过一套作为法律概念的、形而上学层级上的构成要件理论认识"法律上的构成要件"。

麦耶发现在"法律上的构成要件"中存在规范的要素和主观的要素。麦

---

① 〔日〕大塚仁：《刑法概说（总论）》第3版，冯军译，中国人民大学出版社，2003，第112页。
② 〔日〕大塚仁：《刑法概说（总论）》第3版，冯军译，中国人民大学出版社，2003，第112页。

耶所指的"规范的、主观的要素"是指"主观的违法要素",而不是指"主观的责任要素"。在麦耶的理论中,"主观的责任要素"是指"故意、过失"。"主观的违法要素"主要是指存在于刑法分则条文(罪)中的"主观方面的要素"。譬如说,麦耶将"以××为目的"看作"主观的违法要素"。麦耶通过它不仅连接了"法律上的构成要件"和"事实的构成要件",而且使"事件"(行为)得到规范。不仅如此,本书认为正是由于"主观的违法要素"的具体适用,麦耶才能够深入地把握"构成要件符合性"。在这个意义上讲,"主观的违法要素"恰恰是麦耶所主张的"规范的构成要件"的核心。当然,这也意味着需要一个解释(适用)"主观的违法要素"的主体。

麦耶认为没有法官的评价就没有构成要件要素;[1] 法官的评价是主观的,只有通过这个评价才能使"记述的构成要件"(法律上的构成要件)变成"规范的构成要件",也就是说只有通过法官的主观能动性,才能够使"法律上的构成要件"与"事实的构成要件"结合起来,形成一个构成要件要素,即"构成要件符合性",因为有的"记述的刑事法规"是不能直接适用的,譬如前面所说的"以××为目的"。法官的"掺和"就是"规范性"的一个特征,因为法官的"掺和"是为了适用刑法典,就是适用刑法典规范"事件"(行为)的过程。

尽管麦耶认为"法定的构成要件"是多余的,但是同时他自己也承认"法定的构成要件"是不做评价的(wertfreier)[2]、中立的。但与此不同,"规范的构成要件"是"以规范要素限定的行为对象,不可能是价值中立的事实判断,它必须以违法的要素为支撑"[3]。关于这一点,麦耶认识得很清楚,这体现在有关只有通过法官辨认"规范的、主观的要素"才能将"法律上的构成要件"转变为"规范的构成要件"的论断上。

2. 规范的违法性

麦耶认为"违法性"违反的是国家所承认的文化规范,因此不能与确定的概念固定在一起[4],因为评价是"流动的"[5]。这是麦耶抛弃古典的犯罪构

---

① 前田雅英『刑法総論講義』東京大学出版会、1998、45 頁。

② M. E. Mayer, *Der allgemeine Teil des deutschen Strafrechts*, 1915, 2. Aufl., 1923, S. 182.

③ 庄劲:《递进的犯罪构成体系:不可能之任务》,《法律科学(西北政法大学学报)》2015 年第 5 期, 第 68 页。

④ M. E. Mayer, *Der allgemeine Teil des deutschen Strafrechts*, 1915, 2. Aufl., 1923, S. 180.

⑤ M. E. Mayer, *Der allgemeine Teil des deutschen Strafrechts*, 1915, 2. Aufl., 1923, S. 179.

成要件理论的理由之一，因为他认为古典的"三要件"系统中的"违法性"，作为法律概念是固定不变的。麦耶只是保留了古典"三要件"系统中的"违法性"概念的称谓，而没有接受古典的"违法性"的内涵。本书认为麦耶采用这种措施的用意有两个：一是试图将古典的"三要件"系统的理论结构的合理性保留下来，二是通过充实"违法性"的内涵试图破除传统"不法－罪责"系统中"不法"的空洞性痼疾。

在"违法性"中首先要排除掉的就是"违法性阻却事由"和"错误"。这一点在麦耶的理论中也不例外。不过麦耶明确拒绝采用"消极的构成要件"这样的用语①，因为"消极的构成要件"对违法性而言是一种"不良的"命名②。他认为用"违法性"规定就是"积极的、最切合实际的"方法。③ 这一方法能够起到规范作用。麦耶认为"违法性"不仅仅是指排除违法性阻却事由的"违法性"，还是对"事实的"行为违法性质进行评价的"违法性"。

麦耶解构古典的"三要件"理论，这不仅体现在"规范的构成要件符合性"的观点中，而且还体现在将"构成要件符合性"与"违法性"合并成一体的观点之中。小野清一郎指出"在麦耶的理论中，构成要件符合性是违法性的认识根据，所以如果是符合构成要件的行为，一般都可以认为是违法行为"④，不过本书认为这并不是麦耶构成要件理论的特点，其实贝林主张的"构成要件符合性"也是"违法性"的前提条件，或者说所有的构成要件理论中的"构成要件符合性"都是"违法性"的先决条件。重点不是两者之间的关系，而是两者之间相互渗透的程度。为了使"事实的构成要件"达到"规范的"程度，麦耶在"构成要件符合性"中加入了"规范的"和"主观的"两要素。

本书认为，之所以说麦耶主张的"构成要件符合性是违法性的根据"意味着两者之间的相互渗透程度已经非常深，是因为麦耶的"构成要件符合性"中的"构成要件"是他的"法律上的构成要件"和"事实的构成要件"的重合，而不是作为法律概念的"构成要件"与概念化的"行为"之间的重合（该当或者符合）。进一步讲，麦耶的"构成要件符合性"与"违法性"之间

---

① M. E. Mayer, *Der allgemeine Teil des deutschen Strafrechts*, 1915, 2. Aufl., 1923, S. 175.

② M. E. Mayer, *Der allgemeine Teil des deutschen Strafrechts*, 1915, 2. Aufl., 1923, S. 175.

③ M. E. Mayer, *Der allgemeine Teil des deutschen Strafrechts*, 1915, 2. Aufl., 1923, S. 175.

④ 小野清一郎『犯罪構成要件の理論』有斐閣、1953、59 頁。

的关系比古典的"三要件"中的"构成要件符合性"和"违法性"的关系更为亲近，几乎可以融为一体。但是，罗克辛认为，"行为构成仅仅是认识的根据（ratio cognoscendi），一种指示性的标志，这仅仅是违法性的指示性标志，而不是其构成部分的指示性标志"①。这意味着麦耶的"构成要件符合性"和"违法性"之间的相互渗透只是停留在"法律上的构成要件"和"事实的构成要件"之间的关系上，二者还没有完全融为一体，真正"融为一体"要到迈茨格的理论才能够实现。尽管如此，本书认为麦耶的理论在"构成要件符合性"和"违法性"之间的关系方面比古典的"三要件"理论还是加深了一步。而且，因为麦耶在"构成要件符合性"中加入了"违法性"的价值判断，"构成要件符合性"也能够体现出它的规范性本质。

麦耶在他的理论中，通过"烟与火"的关系来说明"构成要件符合性"与"违法性"之间的关系。麦耶认为"构成要件符合性"是"违法性"的认识根据，它们的关系就像烟与火的关系一样。② 麦耶正是认识到"构成要件（'法律上的构成要件'和'事实的构成要件'的重合）是违法性的认识根据"，才开始将"构成要件符合性"与"违法性"连接在一起，因为"烟"与"火"毕竟是难以区别的。但是，麦耶也认为"构成要件符合性"与"违法性"是不同的概念，就像烟与火本质不同一样。实际上，在麦耶的理论中，问题不在于"构成要件符合性"与"违法性"如何融合在一起，而在于如何区别它们才能够让我们明白麦耶是如何将它们融合在一起的。而且，本书认为这才是认识"构成要件符合性是违法性的认识根据"这句话的关键。

麦耶认为"构成要件符合性"与"违法性"是不同的构成要件要素，因为该当"构成要件符合性"的行为不一定违法，相反，违法的行为也不一定该当"构成要件符合性"。③ 如麦耶列举的例子所示，士兵离开他的部队的行为、"疯子"离开疯人院的行为都是违法的行为，但不该当"构成要件符合性"。相反，暗中监视他人的行为是该当"构成要件符合性"的行为，但并不

---

① 〔德〕克劳斯·罗克辛：《德国刑法学总论》（第1卷）第3版，王世洲译，法律出版社，2005，第184页。

② M. E. Mayer, *Der allgemeine Teil des deutschen Strafrechts*, 1915, 2. Aufl. , 1923, S. 10.

③ M. E. Mayer, *Der allgemeine Teil des deutschen Strafrechts*, 1915, 2. Aufl. , 1923, S. 9–10.

违法。① 根据麦耶的观点，区别"构成要件符合性"与"违法性"的不同，其实需要主观的要素和表明可罚性程度的要素。譬如说，士兵离开他的部队的行为只要没有"逃离"的主观要素，就不该当"构成要件符合性"，即便士兵"离开"部队在形式上是具有"违法性"的行为。但是，由于士兵没有"主观的违法要素"，所以"违法性"并不能成立。这种情形是可以理解的，但是一个人"逃离"疯人院是该当"构成要件符合性"的行为就匪夷所思了。如果这个"人"是正常的人（非精神病患者）或者是不属于这个疯人院的患者，那么他"逃离"疯人院的行为，从实质上看就不可能是"违法"行为，因为疯人院的法规并不规范他。他的"逃离"行为无所谓该当"构成要件符合性"。如果逃离疯人院的人是该医院的精神病患者，即便疯人院的法规适用于他，但是由于他是没有责任能力的人，他的行为也无法真正该当刑法学意义上的"构成要件符合性"，因此也与"违法性"无关。其实，麦耶力图证明的是：主观的要件要素是区别"构成要件符合性"和"违法性"的关键。只要没有行为人主观方面的要件要素，"构成要件符合性"和"违法性"就无法区别开来。根据麦耶的观点，正是因为古典的构成要件在"构成要件符合性"和"违法性"之间欠缺了主观的要件要素，所以它们才无法真正区别开来。也正因为无法真正区别，学者们才人为地将它们分成"客观的违法性"和"主观的责任"。

在相反的例子中，麦耶试图用"暗中监视"来说明"构成要件符合性"和"违法性"之间的不同。其实"暗中监视"的行为是否该当"构成要件符合性"取决于国家的刑法规定。如果该国家存在禁止"暗中监视"行为的规定的话，那实行暗中监视的行为就该当"构成要件符合性"，但这种行为是否具有"违法性"取决于其违法的程度。既然这个国家禁止这种行为，那就一定存在相应的惩罚性规定。如果该当"构成要件符合性"而不违法，可能是因为行为的危害程度没有达到可处罚的程度。这种情形并非"不违法"，而是"不处罚"。这个例子不能很好地区别"构成要件符合性"和"违法性"之间的不同。其实，麦耶想要证明的是：如果不进行实质性的判断，就无法判断违法性的可罚性程度。如果无法断定可罚性的程度，就无法厘清"构成要件符合性"与"违法性"之间的关系。而判断"违法性"的可罚性程度必须基

---

① M. E. Mayer, *Der allgemeine Teil des deutschen Strafrechts*, 1915, 2. Aufl., 1923, S. 10.

112

于"事实的构成要件"。只有进行实质性的判断，才能实现规范性的目的。

只要麦耶强调和主张的是"规范的构成要件"的话，那么将"构成要件符合性"和"违法性"融为一体或者等同起来就不难理解。只要将两者之间的阻隔消除，两者就能够相互渗透。在麦耶的理论中，因为"构成要件符合性"就是指"事件"（行为）直接符合刑法总则以及分则所规定的"构成要件"，如果将要件要素中的规范性部分看作通过行为的"违法性"凸显出来的话，那么两者之间就相互渗透了。但是，这里产生一个问题：如果将"构成要件符合性"与"违法性"融为一体的话，是不是意味着麦耶的构成要件理论完全解构了"三要件"理论呢？关于这一点麦耶没有进行深入的解释。相反，麦耶的理论特别论述了"违法性"的部分（使"构成要件符合性"和"责任"都统合在"违法性"之下），这更加深了上述疑问。本书认为，在这一点上需要反复论述麦耶的理论与古典的构成要件理论之间的关系，才能够厘清麦耶的理论脉络。一方面，尽管麦耶没有采用贝林将"不法-罪责"系统导入构成要件系统的理论，但是麦耶采用了这种"导入"所产生的"规范的构成要件"的思想；另一方面，尽管麦耶采用了李斯特创新的"三要件"理论模式，但是，又因为试图将此"规范化"而不能接受李斯特概念化的"三要件"。换言之，麦耶并不是要放弃"三要件"理论，而是要将"三要件"规范化。但是，将"构成要件符合性"和"违法性"融为一个构成要件要素，导致"三要件"在形式上形成了与传统的"不法-罪责"系统中的"不法"相互"纠缠"的状态。

麦耶"注意到了在构成要件中存在规范性的以及主观性的要素"[1]。麦耶的发现是意料之中的，其实贝林也意识到了这一点，[2] 只是因为他试图将"构成要件符合性"和"违法性"与"责任"区别开来，所以他无法"承认"这一点。或者说贝林用另一种方式"接受"了这一点，如他最终用"犯罪类型"统领了"不法类型、责任类型"那样。麦耶在这一点上其实继承了贝林的"犯罪类型、不法类型、责任类型"体系的思想，因为麦耶主张的"规范的构成要件"就是试图起到这种作用的。小野清一郎认为"麦耶一方面笼统地承认法律上的构成要件中有规范要素和主观要素，另一方面，实际上却又

---

① 小野清一郎『犯罪構成要件の理論』有斐閣、1953、34頁。

② 〔德〕恩施特·贝林：《构成要件理论》，王安异译，中国人民公安大学出版社，2006，第14页。

提出一些不属于构成要件而应属于违法性的东西来，仍然维持了构成要件只具有无价值的记述性和客观性的观点"①。尽管小野清一郎指出了麦耶思想的特征，但是，本书认为小野清一郎的评价有一些不正确之处。首先，麦耶在"法律上的构成要件"中所发现的"规范要素、主观要素"并不影响它们"无价值的记述性和客观性"的特点，因为它们本来就是"法律上的构成要件"的一部分。其次，正是承认"规范的、主观的要素"的存在，才能够使"构成要件符合性"和"违法性"更深入地相互渗透。因此，从麦耶的理论逻辑来看，它们之间并不相互矛盾。

松宫孝明明确指出，麦耶之所以主张"构成要件符合性是违法性的认识根据"，是因为他认为古典的构成要件理论"固执于'故意规制机能'，不能成为故意对象的主观要素，即便它们（故意）具有积极的不法的根据，也不能被当作构成要件（符合性）要素，而是被当作违法性的要素，从而导致在判断违法性的阶段上不能完成违法性阻却有无的确认。因此，才主张消灭'构成要件（符合性）的违法性推定机能'"②。麦耶指出"如果构成要件（符合性）应该具有'违法性推定机能'的话，那么也必须包含'主观的违法要素'"③。简言之，麦耶反对古典的"三要件"理论拒绝将"主观的违法要素"加入"构成要件符合性"中的主张，而他的理论正是因为在"构成要件符合性"中加入了"主观的违法要素"，才将"构成要件符合性"和"违法性"区别开来，并因而也将它们连接起来，形成了规范的"违法性"。

3. 规范的责任（责任违法性）

麦耶把主观方面的要素分成了两部分：一部分是"主观的违法要素"，另一部分是"责任要素"。如松宫孝明指出的那样，"麦耶对不能成为故意（＝认识）对象的主观要素、规范要素，即便在条文中一眼就可以看到是构成要件要素（'不真正构成要件要素'），也主张它们不是主观要素、规范要素而是违法要素（'真正的违法要素'）"④。换言之，除了故意、过失的主观要素

---

① 小野清一郎『犯罪構成要件の理論』有斐閣、1953、15 頁。
② 松宫孝明「日本とドイツにおける構成要件論の異同」『立命館法学』第 5.6 号（第 357.358 号）、2014、226 頁。
③ 松宫孝明「日本とドイツにおける構成要件論の異同」『立命館法学』第 5.6 号（第 357.358 号）、2014、226 頁。
④ 松宫孝明「日本とドイツにおける構成要件論の異同」『立命館法学』第 5.6 号（第 357.358 号）、2014、225 頁。

之外，其他的主观方面的要素都被看作存在于"法律上的构成要件"中的"主观的违法要素"。麦耶将"主观的违法要素"统合于"构成要件符合性"下，形成了"规范的构成要件符合性"。而且用"主观的违法要素"将"构成要件符合性"和"违法性"融合起来，形成规范的"违法性"。与"主观的违法要素"不同，"责任要素"在麦耶的理论中承担另一个与规范的"违法性"相对等的构成要件要素的功能。

（1）"主观的违法性"与"责任违法性"

麦耶认为"违法性的概念要求区别客观的违法性和主观的违法性"[1]，"客观的违法性"是指不包含"责任要素"的"违法性"，它的功能在于通过"主观的违法要素"融合"构成要件符合性"与"违法性"。"主观的违法性"是指具有"责任要素"的"违法性"，它的功能在于通过"违法性"规范"责任"。在他的理论中，"主观的违法性"实际上就是指"责任违法性"。

（2）"主观的违法要素"与"责任要素"

小野清一郎指出，"虽然麦耶大体上承认了法律上的构成要件中包含着主观要素，但他又认为这是属于责任的问题，应当把它从构成要件符合性的问题中排除出去，而只把客观要素当作构成要件符合性的问题"[2]。本书认为小野清一郎的评价有一些值得商榷的地方。第一，麦耶的确二分了"违法性"和"责任违法性"，但是，这并不像小野清一郎所言，是将"客观要素当作构成要件符合性"的问题。因为在麦耶的"构成要件符合性"中存在"主观的违法要素"，这意味着麦耶的理论中并没有真正的"客观的违法性"。第二，如上所述，麦耶将主观方面的要素分成"主观的违法要素"和"责任要素"。只有"责任要素"独立于"构成要件符合性"之外，而"主观的违法要素"依然存在于"构成要件符合性"中。第三，麦耶的"责任要素"的成立以"违法性"为前提，麦耶明确指出因为人们仅仅给出在构成要件价值上的客观违法性，所以责任从总的先决条件中流出，这造成了混乱。[3] 而麦耶通过"规范的、主观的违法要素"将"违法性"和"责任"融合起来，使"责任违法性"具有了规范性特征。因此，麦耶像小野清一郎所言的那样，并未严格地区别"违法性"和"责任"之间的关系。

[1] M. E. Mayer, *Der allgemeine Teil des deutschen Strafrechts*, 1915, 2. Aufl., 1923, S. 10.

[2] 小野清一郎『犯罪構成要件の理論』有斐閣、1953、35-36頁。

[3] M. E. Mayer, *Der allgemeine Teil des deutschen Strafrechts*, 1915, 2. Aufl., 1923, S. 12.

本书认为麦耶所指的"违法性"与"责任违法性"之间的关系也类似烟与火的关系。尽管麦耶反对在客观的违法性中加入对行为人的主观方面的指责,[①] 但是他并不反对在客观的违法性中加入"主观的违法要素"。从"责任"的角度来看,用"违法性"限定"责任",涉及"责任要素"是否规范的问题。第一,在"违法性"与"责任"之间插入"主观的违法要素",意味着必须介入法官的主观能动性才能够对行为做出判断。这个判断的过程就是形成"规范性"的过程。第二,麦耶之所以用"责任违法性"一词,就是因为它本身具有规范性质。"责任"能够成立的前提是"违法性",麦耶主张的"违法性"是根据"构成要件符合性"(规范性的构成要件符合性)判断出的规范的"违法性",因此,"责任"也就具有了规范的性质。

(3)"主观的违法要素"与"归责"

麦耶主张,在客观的违法性和归责之间应该插入主观的违法性,或者从根本上拒绝全部的客观的不法概念。[②] 这里有几层含义。第一,麦耶认为"归责"不能等同于"罪责",因为能在"客观的违法性"和"归责"之间插入"主观的违法性",就意味着"归责"不可能与"客观的违法性"共同(平等地)形成一个评价系统,因为它是"客观的违法性"和"主观的违法性"的最后的"归属"。第二,同理,既然麦耶认为能在"客观的违法性"和"归责"之间插入"主观的违法性",那么"主观的违法性"就不可能等同于"归责"。第三,在麦耶看来,"主观的违法性"就是指"责任违法性"。这就意味着"违法性"与"归责"之间还存在"责任违法性"(罪责)要素。因此,"归责"既不同于"违法性",也不同于"责任违法性"。但是,为了归责,也可以将"主观的违法要素"当作责任的问题[③]来解释。

小野清一郎认为,"M.E. 麦耶之所以承认在构成要件中包括规范要素和主观要素,却没有从正面去加以肯定,即是出自把构成要件该当性和违法性及其责任并列起来考虑,并且在它们中间划出排他性界线这样一种体系性的动机"[④]。本书认为小野清一郎的观点是不正确的,因为麦耶的"规范的构成要件"所要突出的特征不是与"违法性、责任"对立起来,而是通过"拉

---

① M. E. Mayer, *Der allgemeine Teil des deutschen Strafrechts*, 1915, 2. Aufl., 1923, S. 11.

② M. E. Mayer, *Der allgemeine Teil des deutschen Strafrechts*, 1915, 2. Aufl., 1923, S. 11.

③ M. E. Mayer, *Der allgemeine Teil des deutschen Strafrechts*, 1915, 2. Aufl., 1923, S. 10.

④ 小野清一郎『犯罪構成要件の理論』有斐閣、1953、36頁。

近"或者"区别"的方式,使"构成要件符合性、违法性、责任"变成"规范的构成要件"。具体而言,麦耶通过"构成要件符合性"与"违法性"的融合,形成了"规范的违法性";同时又通过"违法性"与"责任要素"——故意、过失的结合,形成了"规范的责任",即"责任违法性"。这就是小野清一郎会认为"存在违法性由主观要素决定的情形,承认主观性的违法要素"[1] 的原因。麦耶的最终目的是建构一个"规范的构成要件"体系。

四 麦耶的"不法-罪责"系统

尽管麦耶采用了"不法-罪责"系统,但是在他的教科书《德国刑法总论》中并没有明确地采用"不法"(Unrecht)一词,而使用的是"违法"(Rechtswidrigkeit)。尽管使用了"罪责"一词,但是麦耶并没有用"违法-罪责",而是使用了"违法-责任违法性"。也就是说,麦耶采用的不是传统德国"不法-罪责"系统的名称,而是"违法-责任违法性"系统的名称。那么这两个系统之间有何区别呢?因为这也是麦耶理论的一个特色,所以需要进一步从以下两个方面论述。

1. "规范的违法性"与"不法"

"不法-罪责"系统中的"不法"是归责的先决条件,所以"不法"必然是规范性的评价。麦耶的"违法性"也是规范性的,因为它的根据是规范的"构成要件符合性"。如前所述,麦耶的"构成要件符合性"是"法律上的构成要件"和"事实的构成要件"的重合,两者的重合是法官"掺和"的结果。因此,麦耶的"构成要件符合性"是规范性的。鉴于麦耶主张"构成要件符合性"等同于"违法性",他的"违法性"也必然是规范的"违法性"。在这个意义上,"规范的违法性"与"不法"就成为相同性质的概念。因为"规范的违法性"是规范评价的"违法",所以,从本质上它与"不法"具有相同的功能。

麦耶认为从宾丁以来的德国的"不法"概念是空洞的,并且处于循环论证概念之中,即"不法是非合法的"(unrecht ist, was nicht recht ist)[2]。因此,

---

① 小野清一郎『犯罪構成要件の理論』有斐閣、1953、36頁。

② M. E. Mayer, *Der allgemeine Teil des deutschen Strafrechts*, 1915, 2. Aufl., 1923, S. 177.

麦耶更愿意使用"违法"概念，而不是"不法"概念，他认为只有跳出这种强有力的概念循环论证，才能够丰富"违法性"概念的本质。① 由于"不法"概念的本质是空洞的，它不能起到评价的作用，麦耶试图通过"违法"来突破这种现状，让"违法"起到规范性评价的作用。

2. "责任违法性"与"罪责"

（1）"罪责"的概念与功能

麦耶认为"责任"和"罪责"并不相同。麦耶指出，"从责任到罪责，就相当于责任与违法相协调，从行为（情节）相配的评价转移到处理（处罚），行为中表现出的个人品质将会得到调整"②。"责任"是在构成要件的维度上的"评价"，但是"罪责"已经上升到根据构成要件认定一个人的"责任"，从而此人承担刑罚处罚的高度，因此它们的概念内涵不同，所具有的功能也有异。李斯特的理论和贝林的理论，没有对此做出如此明确的区分。本书认为这一区别可以说是麦耶的一个贡献。假设"三要件"系统和"不法－罪责"系统是相互分离的，那么，"三要件"系统的准确用词应该是"构成要件符合性－违法性－责任"。与此相对，也不应该将"不法－罪责"系统称为"不法－责任"系统。假设这两个系统在贝林那里是糅合在一起的，"三要件"才可能出现"构成要件符合性－违法性－罪责"的表达情形，这是因为这里所指的"罪责"已经将"三要件"中的"责任"纳入"罪责"之中了。只要这两个系统是分离的，概念之间的混用就是不妥当的。正因为麦耶也面临这种"不妥当"使用的困境，所以区别两者的不同才成为他的理论的一个重点。

"刑事责任的目标一直是该当构成要件符合性的违法行为。因此，只要构成要件符合性和违法性被确定，责任就不是开端。"③ 也就是说，"责任"是"构成要件符合性"和"违法性"最后的归属。麦耶的"责任"是从归责理论的角度来确定的，这意味着他的"责任"也是规范性的，而且"归责"必须居于"违法性"之下，所以，麦耶理论中的"责任"就被称为"责任违法性"（Pflichtwidrigkeit）。"责任违法性"不同于传统意义上所言的"责任"，因为传统意义上所言的"责任"是命令规范，不具有规范性特征。

---

① M. E. Mayer, *Der allgemeine Teil des deutschen Strafrechts*, 1915, 2. Aufl., 1923, S. 177.

② M. E. Mayer, *Der allgemeine Teil des deutschen Strafrechts*, 1915, 2. Aufl., 1923, S. 201.

③ M. E. Mayer, *Der allgemeine Teil des deutschen Strafrechts*, 1915, 2. Aufl., 1923, S. 200.

"责任违法性"是以规范的"违法性"为前提的，所以它也具有规范性的特征。在这个意义上讲，"责任违法性"相当于传统意义上使用的"罪责"（Schuld）。

因为麦耶主张"文化价值"，所以他认为"不是刑事责任违法性的概念减损了本质的特征，而是罪责确定了伦理的本质和力争统治的原则。罪责是一个文化产品———一个多义性的概念，所有的解释都是正确的"①。从麦耶的角度看，"责任"概念是从"罪责"概念中产生出来的，"罪责制造了责任概念"②。在这个意义上，如麦耶所言的那样，"责任"不是本质性的概念，而是非本质性的概念。

麦耶还注意到了刑诉中的"罪责"概念不同于刑法中的"罪责"，"当意识中的'有罪'（Schuldig）在刑诉中时，它是所有定罪的刑法先决条件的全部形式；当意识中的'罪责'（Schuld）在刑法中时，它就是一个刑法先决条件"③。这是指"罪责"的不同存在形式，它所在的领域不同，它的功能也有所不同。"由于它们的关系，不同的刑法先决条件分别表现出了罪责概念和罪责内容的体系性功能。"④

但是，麦耶指出传统的"罪责"概念是一个理论上的概念，是法学家使用的概念，并不是能够表达刑法科学本身的概念，"罪责的定义是与刑法科学的用语不一致的，因为它一定丢失了本质的标志———犯罪结果：罪责的行为是法学家的目标"⑤。麦耶认为传统的"罪责"理论是有问题的，他指出，"其他的刑法先决条件，如构成要件符合性和违法性也是归责的先决条件，但是如已经强调过的那样，它们完全不是罪责的先决条件"⑥。换言之，麦耶认为"构成要件符合性"、"违法性"与"罪责"是平行的关系，前两者不是决定"罪责"的先决条件。因为他认为"罪责"的本质性功能在于"决定谁的失责招致了构成要件符合性的结果"⑦，从而将此"罪责"归属于该行为人。所以，"罪责"与"构成要件符合性、违法性"都是

---

① M. E. Mayer, *Der allgemeine Teil des deutschen Strafrechts*, 1915, 2. Aufl., 1923, S. 236.
② M. E. Mayer, *Der allgemeine Teil des deutschen Strafrechts*, 1915, 2. Aufl., 1923, S. 236.
③ M. E. Mayer, *Der allgemeine Teil des deutschen Strafrechts*, 1915, 2. Aufl., 1923, S. 231.
④ M. E. Mayer, *Der allgemeine Teil des deutschen Strafrechts*, 1915, 2. Aufl., 1923, S. 231.
⑤ M. E. Mayer, *Der allgemeine Teil des deutschen Strafrechts*, 1915, 2. Aufl., 1923, S. 230.
⑥ M. E. Mayer, *Der allgemeine Teil des deutschen Strafrechts*, 1915, 2. Aufl., 1923, S. 232.
⑦ M. E. Mayer, *Der allgemeine Teil des deutschen Strafrechts*, 1915, 2. Aufl., 1923, S. 231.

"归责"的先决条件。

按照麦耶的观点，"构成要件符合性"和"违法性"可以融为一体，而"罪责"必须独立于它们。那么，我们由此断定，麦耶的理论尽管没有明确采用"不法-罪责"系统，但是本质上依然采用了"不法-罪责"系统的思想。麦耶没有采用"不法-罪责"是由于它们内涵的空洞性和概念上的错误（"罪责"与"归责"的混用），而不是摒弃了具有规范性评价的系统，只不过是用"违法-责任违法性"系统取代了"不法-罪责"系统。因此，本质上讲，麦耶的构成要件理论依然是双系统的理论。

（2）"罪责"的内涵

麦耶将"罪责"分为伦理的罪责要素（ethische Schuldelement）和心理的罪责要素（psychologische Schuldelment）两种。伦理的罪责要素指的是行为人与违法性的关系，心理的要素指的是行为人与犯罪结果之间的关系。本书认为麦耶主张的伦理的罪责要素是评价的要素，而心理的罪责要素是判断的要素。

麦耶认为"责任（Pflicht）违反的是非本质的"[1] 原因。尽管"责任""通过刑事责任可以辨认出来"[2]，但是本质上，它并不是重要的，是可以变化的。因此，麦耶的理论中没有使用"责任"概念，即便在构成要件理论中，也是使用了"责任违法性"（等同于罪责）的概念。

"责任违法是关于行为人对违法行为承担的包括性的罪责的概念；违法性是为国家规定的关于文化支付的概念。"[3] 这一点与李斯特的观点非常接近，李斯特认为，"罪责概念存在于涉及人类行为（评价目的）的规范范围内：在宗教领域，它是针对上帝的，在伦理领域，它是针对自我（良知）的，在法领域，它则针对法所体现的大众意志带来的结果"[4]。麦耶认为，"违法性的概念在令人感兴趣的分析报告中通过标志包含了没有用的过剩，因此责任的承认变成国家排除的方面，保留下的多余部分才是违法责任的概念。只有期待躯干为罪责偿还行为人的意志带来的结果"[5]。他们所论及的"罪责"都是

---

① M. E. Mayer, *Der allgemeine Teil des deutschen Strafrechts*, 1915, 2. Aufl., 1923, S. 235.

② M. E. Mayer, *Der allgemeine Teil des deutschen Strafrechts*, 1915, 2. Aufl., 1923, S. 235.

③ M. E. Mayer, *Der allgemeine Teil des deutschen Strafrechts*, 1915, 2. Aufl., 1923, S. 234.

④ 〔德〕李斯特著，〔德〕施密特修订《德国刑法教科书》（修订译本），徐久生译，法律出版社，2006，第 251 页。

⑤ M. E. Mayer, *Der allgemeine Teil des deutschen Strafrechts*, 1915, 2. Aufl., 1923, S. 234.

伦理的、文化价值意义上的"罪责"。不同的只是，麦耶强调只有这种意义上的"罪责"才是本质性的，李斯特不是不重视伦理的、文化价值意义上的"罪责"的重要性，而是认为作为判断标准的"责任"在作为命令的要求时也一样重要。换言之，麦耶主张的"伦理的罪责"是本质性的罪责，而李斯特没有特别指出"伦理的罪责"在刑法中的地位。

麦耶认为只有能够表达本质的"罪责"才能成为与"构成要件符合性、违法性"同样重要的先决条件，"称作责任违法性意识的可能性的表达方式才能看作在意识中的基础性罪责的先决条件，罪责的底线将有必不可少的最低限度"①。也就是说，只有"责任违法性"才能成为"罪责"的先决条件，它将是"罪责"的最低限度。本书认为麦耶的主张是正确的，但是相当难以掌握。尽管作为"命令"要求的"责任"标准是"非本质的"，但是作为本质体现的"罪责"掺和了法官主观的要素。

"智慧和意愿是一条线，连接了在犯罪结果中的行为人的心灵。"② 本书认为这一观点几乎可以说是开启后文所述的威尔泽尔目的行为论的源头。从行为概念的角度看，这种观点完全不同于贝林用"责任类型"对"罪责"做出的解释。不能否定的是，这一点与李斯特的观点有相近之处，李斯特指出"罪责概念的发展不得不取决于内心之人（人的内心世界的）义务的概念和本质，也只有如此，罪责所持有的规范性特征才能被理解"③。他们都强调行为人的内心和犯罪结果之间的关联性，用行为概念的用语来讲，就是他们都关注行为的"有意性"和"有体性"之间的关系。

"行为人发出责任违法性所指责的一个罪责形式，也就是说一个有罪的行为具有特殊的心理构成要件。罪责形式是判定有罪（有罪行为）的基础知识，具有个别性的法律价值。它有两个罪责种类：故意和过失。"④ 罪责形式是由罪责要素构成的，罪责要素是由行为人的心理状态决定的。行为人的心理状态有故意、过失两种，因此罪责形式也就有两种。"罪责形式可以帮助表达更重要的内容，帮助表达以上所指的罪责种类的内容"⑤，也就是说，通过对故

---

① M. E. Mayer, *Der allgemeine Teil des deutschen Strafrechts*, 1915, 2. Aufl., 1923, S. 237.

② M. E. Mayer, *Der allgemeine Teil des deutschen Strafrechts*, 1915, 2. Aufl., 1923, S. 238.

③ 〔德〕李斯特著，〔德〕施密特修订《德国刑法教科书》（修订译本），徐久生译，法律出版社，2006，第252页。

④ M. E. Mayer, *Der allgemeine Teil des deutschen Strafrechts*, 1915, 2. Aufl., 1923, S. 238.

⑤ M. E. Mayer, *Der allgemeine Teil des deutschen Strafrechts*, 1915, 2. Aufl., 1923, S. 243.

意、过失的罪责形式的构成要件要素的区别，能更进一步掌握故意和过失之间的不同。

麦耶认为，"心理学上的意义在于，构成要件也包含了伦理学上观察的层面"①。从心理学的角度来看，心理方面的罪责形式也可以对罪责种类进行伦理学角度的观察。譬如说，麦耶指出伦理的罪责也指故意。② 刑法对故意的谴责要重于对过失的谴责。麦耶明确指出，"罪责形式，即直接称为故意，是罪责种类的一项重要的内容"③。这是不是说"罪责形式"和"罪责种类"是相同的概念呢？对此，麦耶没有明确地说明，本书认为它们在一定的范围内是可以相互转换使用的，但是本质上还是存在一定的区别。譬如说，故意作为罪责形式的构成要件要素不同于过失作为罪责形式的构成要件要素，因为它们属于不同的罪责种类。

五 麦耶的双系统之间的关系

麦耶的双系统从形式上看并不是很明显，这是因为：一方面，他试图解构古典的"三要件"系统，但同时又采用了古典的"三要件"系统的理论框架；另一方面，他没有采用传统的德国"不法-罪责"系统，但是他又试图用"违法（构成要件符合性+违法性）-责任违法性"来取代"不法-罪责"系统。这导致了两个系统之间的关系呈现暧昧不清的图式。用图表示的话，大致如图2-1所示。

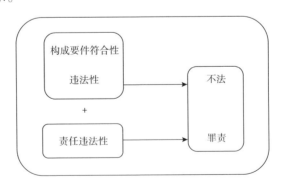

图2-1 麦耶的双系统之间的关系

---

① M. E. Mayer, *Der allgemeine Teil des deutschen Strafrechts*, 1915, 2. Aufl., 1923, S. 243.

② M. E. Mayer, *Der allgemeine Teil des deutschen Strafrechts*, 1915, 2. Aufl., 1923, S. 233.

③ M. E. Mayer, *Der allgemeine Teil des deutschen Strafrechts*, 1915, 2. Aufl., 1923, S. 241.

麦耶的"构成要件符合性"由"法律上的构成要件"和"事实的构成要件"重合而形成，他称这个构成要件为规范的"构成要件符合性"，这是因为在麦耶的"构成要件符合性"中存在"主观的违法要素"。因此，当"事件"该当"构成要件符合性"时，"构成要件符合性"就相当于"违法性"了。通过"主观的违法要素"，"构成要件符合性"和"违法性"变成了一个要件要素，与单独作为责任要素的故意、过失相对而存在。麦耶将前者称为"违法"，而将后者称为"责任违法性"，这就从形式上形成了一个"二要件"的体系模式。或者说，麦耶将他的"三要件"系统转变成了"二要件"系统。这就形成了麦耶双系统与传统德国"不法-罪责"系统名称不同，但是本质上又相当的情形。因为麦耶区分"客观的违法性"和"主观的违法性"的目的是完成归责，[①] 所以"违法-责任违法性"也具有"不法-罪责"的功能。于是，"违法-责任违法性"也可看作"不法-罪责"。

从图2-1左侧纵向的构成来看，麦耶在其内涵中依然保留了"构成要件符合性"、"违法性"、"责任违法性"三要件。从横向的关系来看，却是二要件的"构成要件符合性+违法性-责任违法性"系统以对应"不法-罪责"系统。因此我们可以说，麦耶的犯罪论也是双系统的犯罪构成要件理论，即"违法-责任违法性"（"不法-罪责"）系统和左侧纵向的"三要件"系统。

麦耶的双系统之间是深度融合的，本书主要从以下几个方面说明其深入的程度。

1. "构成要件符合性和罪责相结合的违法性"与"不法"

从麦耶用"构成要件和归责结合在一起的违法性"[②] 作为标题来看，逻辑上我们可以说麦耶是将隐匿的三要件要素（构成要件符合性、违法性、责任违法性）融合在一起，形成一个"整体"概念来使用的。如他自己所言，"三个刑法的先决条件是清算结构的根据，允许将它们分开但并不是变成忽视它们的整体性"[③] 麦耶所指的"刑法的先决条件"（Strafvoraussetzungen）就是指三个构成要件要素。也正因如此，小野清一郎才认为"'构成要件-违法

① M. E. Mayer, *Der allgemeine Teil des deutschen Strafrechts*, 1915, 2. Aufl., 1923, S. 10.
② M. E. Mayer, *Der allgemeine Teil des deutschen Strafrechts*, 1915, 2. Aufl., 1923, S. 182.
③ M. E. Mayer, *Der allgemeine Teil des deutschen Strafrechts*, 1915, 2. Aufl., 1923, S. 182.

性-责任'的体系，是由 M. E. 麦耶创建的"①，或者至少如西原春夫所指的那样，麦耶是贝林犯罪构成理论的完成者②，日本学者们对麦耶的评价正是从这一点出发得出的。

麦耶是从文化的角度解释"违法性"的本质的。③ 小野清一郎指出，"由于从文化上考虑违法性的本质，从而明确了'违法性'（包含其被阻却的情形）的统一根据，这是麦耶的法理学的卓见"④。如果文化规范的国家确认要由刑事立法来实行的话，这涉及的是更加本质的东西，即法益。麦耶反对形式主义的违法论，他认为那是"社会功利主义的"⑤ 东西。当麦耶将"文化规范"当作"违法性"所侵犯的对象的时候，"违法性"就不仅是一个关于"行为"的构成要件的概念，而且是具有"不法"性质的概念。因为"不法-罪责"系统不是判断系统，而是评价系统，所以当"违法性"具有"评价"的功能时，它就变成了"不法"。从这一点上看，可以肯定麦耶的"不法"概念较贝林的"不法类型"更加深入"三要件"系统之中了。

从麦耶的角度来看，只有"违法性的规范性要素才是诚实可靠的"⑥。如果违法性的要素不是"规范性"的，而是"概念性"的，那么，就相当于"断章取义"，构成要件的功能就会被中断。尽管事实上麦耶并不否定构成要件的"提示功能"⑦，但是，他反对不全面的"提示功能"，因为"构成要件是一个总体而不应该被中断"⑧。本书认为这一点是麦耶理论的合理之处，并且被后世的学者所吸收。总而言之，麦耶通过"规范的构成要件"理论，彻底地将"三要件"系统和"不法-罪责"系统深层次地融合在了一起。

2. "主观的违法要素"与"不法"（违法性）

麦耶主张"主观的违法要素"（subjektive Rechtswidrigkeits-Elemente）⑨，

---

① 小野清一郎『犯罪構成要件の理論』有斐閣、1953、15 頁。
② 参见西原春夫「構成要件論と間接正犯」『早稲田法学』第 34 巻第 1.2 号、1958、178 頁。
③ M. E. Mayer, *Der allgemeine Teil des deutschen Strafrechts*, 1915, 2. Aufl., 1923, S. 179.
④ 小野清一郎『犯罪構成要件の理論』有斐閣、1953、17 頁。
⑤ M. E. Mayer, *Der allgemeine Teil des deutschen Strafrechts*, 1915, 2. Aufl., 1923, S. 181.
⑥ M. E. Mayer, *Der allgemeine Teil des deutschen Strafrechts*, 1915, 2. Aufl., 1923, S. 185.
⑦ M. E. Mayer, *Der allgemeine Teil des deutschen Strafrechts*, 1915, 2. Aufl., 1923, S. 185.
⑧ M. E. Mayer, *Der allgemeine Teil des deutschen Strafrechts*, 1915, 2. Aufl., 1923, S. 185.
⑨ M. E. Mayer, *Der allgemeine Teil des deutschen Strafrechts*, 1915, 2. Aufl., 1923, S. 185.

实际上就是指"主观的超过要素"①。贝林也不排斥"主观的超过要素"②，但是，他的理论中没有使用"主观的超过要素"概念。麦耶认为"违法性的主观要素是违法性真正的标志"③，但是，他也指出"它不是责任的标志，而是从真正的变成了不真正的"④。换言之，尽管"违法性的主观要素"在"违法性"中是真正的标志，但它在"责任"中并不是真正的标志。因此"主观的违法要素"不是三个刑法先决条件的要素，而是一个简化了的特征。⑤ 在这个意义上讲，小野清一郎认为麦耶"仍然维持了构成要件只具有无价值的记述性和客观性的观点"⑥ 的看法是正确的，因为"主观的违法要素"也是"法律上的构成要件"中的要素，而不是"规范的、事实的"要素。但是，具有"描述性"⑦ 的"主观的违法要素"，是需要通过法官的主观能动性判断才能够确定的，所以小野清一郎的评价又不完全是正确的。而且麦耶主张的"构成要件符合性"依然保留了"规范的构成要件"特征，"违法性的判断是一项具有技术性的考虑，虽然行为的目的不是确定的主观标志，却是普通的，总是在规范中断中变得妥当"⑧。也就是说，只有"主观的超过要素"才会影响违法性。⑨

　　尽管麦耶的"违法性"与"责任违法性"之间的关系是相互独立的，但是，与"构成要件符合性"和"违法性"之间的关系用"规范的情节"联系起来一样，麦耶是用"主观的超过要素"将"违法性"与"责任"连接起来的。麦耶认为"实行违法行为是一个过程，因此，烙上了其责任的烙印"⑩，因此违法行为与单纯的行为是绝对不同的⑪。对麦耶而言，"违法性"与"责

---

① M. E. Mayer, *Der allgemeine Teil des deutschen Strafrechts*, 1915, 2. Aufl., 1923, S. 186.

② 〔德〕恩施特·贝林：《构成要件理论》，王安异译，中国人民公安大学出版社，2006，第17页。

③ M. E. Mayer, *Der allgemeine Teil des deutschen Strafrechts*, 1915, 2. Aufl., 1923, S. 186.

④ M. E. Mayer, *Der allgemeine Teil des deutschen Strafrechts*, 1915, 2. Aufl., 1923, S. 186.

⑤ M. E. Mayer, *Der allgemeine Teil des deutschen Strafrechts*, 1915, 2. Aufl., 1923, S. 186.

⑥ 小野清一郎『犯罪構成要件の理論』有斐閣、1953、15-16頁。

⑦ M. E. Mayer, *Der allgemeine Teil des deutschen Strafrechts*, 1915, 2. Aufl., 1923, S. 186.

⑧ M. E. Mayer, *Der allgemeine Teil des deutschen Strafrechts*, 1915, 2. Aufl., 1923, S. 186.

⑨ 前田雅英『刑法総論講義』東京大学出版会、1998、48頁。只限于主观的超过要素对违法性产生影响。在存在客观的犯罪事实的情况下，与此对应的认识对违法性并不产生影响。但是在不存在客观事实，只有主观的事情作为犯罪要件，而不得不对其主观部分寻求违法性的根据时，才承认主观的超过要素的违法性，如目的犯、倾向犯、表现犯等情况。

⑩ M. E. Mayer, *Der allgemeine Teil des deutschen Strafrechts*, 1915, 2. Aufl., 1923, S. 186.

⑪ M. E. Mayer, *Der allgemeine Teil des deutschen Strafrechts*, 1915, 2. Aufl., 1923, S. 186.

任"的确是无法分离的，这是"主观的违法要素"在其中起作用的结果。麦耶明确指出"当应该谴责的动机出现时，该行为归属责任，就确定心理学上的责任而言，归责是因果研究。尽管目的和动机相同，尽管技术性的研究与因果关系联系在一起，但是违法性的主观要素是罪责的标志"①。

虽然麦耶明确指出了"主观的超过要素"的重要性，并且指出了它具有影响"违法性"的功能，但是它依然属于"违法性"的范畴，而不属于"责任（要素）"的范畴。这意味着麦耶的理论中，"违法性"和"责任违法性"之间依然存在一个鸿沟，两者依然不能完全融为一体。尽管麦耶认为（对伤害罪而言）"故意存在于意志和虐待行为之中，相关的违法性存在于行为者的虐待行为和伤害之中"②，但是，在麦耶的理论中，"故意"不是主观的违法要素，而是责任要素。这就更加证明了麦耶主张的"违法"（不法）与"责任违法性"（罪责）一定是二元结构。

3. 内化了"不法-罪责"系统的"三要件"系统

本书认为麦耶的构成要件系统是以李斯特的"三要件"系统为基本框架，用"文化规范性"内化了"不法-罪责"系统的理论。但是，麦耶抛弃了李斯特"作为法律概念的构成要件"的理论框架，他认为"因为人们停留在对概念忠诚上，所以才清楚地区分开罪责和没有罪责的不法"③。也就是说，麦耶认为将"客观的不法"和"主观的罪责"区分开来是不正确的，那只是学者们认为的概念上的区分。麦耶用"事实的、规范化的构成要件"取代了李斯特、贝林概念化的"构成要件"。具体而言，麦耶将传统的"不法-罪责"系统内化于"三要件"系统中，从而形成了规范性的犯罪构成要件理论。

但是，麦耶又指出，"通过行为的客观属性而不是主观的罪责要素允许构成要件符合性和违法性分离，导致它们丧失了意义，通过刑法的先决条件切入罪责，从而使不法的改变变成了罪责的改变"④。在麦耶看来，"违法性"不应该等同于"责任违法性（罪责）"，它们有自己的内容和范畴。"罪责既不在行为人和构成要件符合性（心理的或本体论的罪责要素）的关系中，也

---

① M. E. Mayer, *Der allgemeine Teil des deutschen Strafrechts*, 1915, 2. Aufl., 1923, S. 186–187.

② M. E. Mayer, *Der allgemeine Teil des deutschen Strafrechts*, 1915, 2. Aufl., 1923, S. 187.

③ M. E. Mayer, *Der allgemeine Teil des deutschen Strafrechts*, 1915, 2. Aufl., 1923, S. 12.

④ M. E. Mayer, *Der allgemeine Teil des deutschen Strafrechts*, 1915, 2. Aufl., 1923, S. 232.

不在行为人与违法性（伦理的或规范的罪责要素）的关系中"①，因此它们必须分离。但是，麦耶却反对"构成要件符合性"与"违法性"相分离。本书认为这是麦耶主张的"违法性"本质上就是"不法"所导致的结果，因为他主张的"违法性"不是"三要件"系统中的概念性判断标准，而是"不法-罪责"系统中的评价标准，所以他的"违法性"与"责任违法性"是相对存在的，不能将两者合二为一。

六　小结

本书认为，麦耶的理论一方面以凸显的方式隐匿了"三要件"系统，另一方面又以隐匿的方式凸显了"不法-罪责"系统。之所以说麦耶的"三要件"系统是凸显的"三要件"系统，是因为他的"三要件"系统明确地采用了"构成要件符合性、违法性、责任"。之所以又说是隐匿的"三要件"系统，那是因为他将"构成要件符合性"与"违法性"合二为一，同时又将"责任违法性"排除在外，形成了可以与"不法-罪责"系统相匹配的二元格式，从而将"三要件"系统隐匿起来。从形式上看，"不法-罪责"系统是隐匿的，因为麦耶的理论体系中只有"违法-责任违法性"系统，并没有"不法-罪责"系统。但是，他的"违法-责任违法性"系统因为是规范的，所以相当于"不法-罪责"系统。因此，也可以说他的"不法-罪责"系统是凸显的系统。

麦耶的"三要件"系统也可以说是内含了"不法-罪责"（"违法性-罪责"）系统的"三要件"系统。从大的方面来看，他的"违法-责任违法性"相当于"不法-罪责"，同时又可以将"构成要件符合性"、"违法性"、"责任违法性"看作一个"三要件"系统。从具体的方面来看，既然"构成要件符合性"是规范性的，那么与此相配合的"违法性"、"责任违法性"也应该是规范性的。在这个意义上，他的理论就成为规范的"三要件"系统。尽管从形式上看没有"不法-罪责"的单系统，但是，"规范性"的特点正是"不法-罪责"评价系统特有的，所以说在麦耶的"三要件"系统中一定存在"不法-罪责"系统。本书认为，实际上麦耶是将"三要件"系统和"不法-罪责"系统这双系统糅合成了一个系统。在这一点上，他的体系与贝林的体

---

① M. E. Mayer, *Der allgemeine Teil des deutschen Strafrechts*, 1915, 2. Aufl., 1923, S. 232.

系是相似的。他们之间不同的只是麦耶没有采用贝林的"类型"系统（犯罪类型、不法类型、责任类型）。从这个意义上看，小野清一郎[①]、西原春夫说麦耶是贝林理论的完成者[②]不为过，只是不太准确而已。

从形式上看，麦耶的理论既不同于李斯特的也不同于贝林的，但是从内容上看，麦耶的理论既继承了李斯特的结构也继承了贝林的思想。本书认为麦耶的理论是以李斯特的"三要件"系统为底色，加入了"不法-罪责"系统的双系统构成要件理论。

第3节　迈茨格"不法-罪责"系统中内设的"三要件"系统

一　本节的论点

"今天通常被称为'新古典'的犯罪概念，在 1930 年前后相当流行，这个概念最清楚地反映在梅茨格尔……的教科书中。"[③] 从迈茨格教科书的理论体系来看，我们的确可以看到他的理论结构彻底"扭转"了古典的犯罪构成要件理论的乾坤。尽管这种"扭转"如上文所述已经开始于 M. E. 麦耶，但是它更加明确地体现在迈茨格的理论体系中。具体而言，就是这种"扭转"的表现形式使迈茨格的理论看上去有着像是完全"放弃"了古典的犯罪构成要件理论的理论框架，而全面"回归"传统的德国"不法-罪责"系统。姑且不论他的"不法-罪责"理论与传统的德国"不法-罪责"系统在内涵上到底有何差别，仅从形式上看，迈茨格的确只采用了传统的"不法-罪责"的框架。

本书认为迈茨格的"不法-罪责"系统，与传统的"不法-罪责"系统相比，是一种变异的系统。首先，他主张的"不法-罪责"系统中纳入了"三要件"系统，并不是单纯传统的"不法-罪责"系统。其次，仅从文字上看，他的理论框架就不是传统的"不法-罪责"系统，因为他采用的不是"不法-罪责"（Unrecht-Schuld）形式，而是"违法（性）-罪责"（Rechtswidrigkeit-

---

① 参见小野清一郎『犯罪构成要件の理论』有斐阁、1953、15 页。
② 参见西原春夫「构成要件论と间接正犯」『早稻田法学』第 34 卷第 1. 2 号、1958、178 页。
③ 〔德〕克劳斯·罗克辛：《德国刑法学总论》（第 1 卷）第 3 版，王世洲译，法律出版社，2005，第 122 页。

Schuld）的形式。"违法（性）"是"三要件"系统中的核心概念，而迈茨格用它取代了"不法"概念。本书认为这不仅意味着"三要件"系统实质性地改变了传统的"不法-罪责"系统，也意味着这两个系统在迈茨格理论中的融合达到了新的高度。

迈茨格认为，"犯罪是违法性的，同时也一直是构成要件符合性-违法性的行为"[1]。这里就会产生一系列问题：前面的"违法性"与"构成要件符合性-违法性"中的"违法性"是什么关系？如果它们是并列的关系，前面的"违法性"与后面的"构成要件符合性-违法性"中的"违法性"是否存在差别？如果它们是递进的关系，增加了"构成要件符合性"要素的"违法性"在本质上对前面的"违法性"有何影响？具体而言，"违法性"与"构成要件符合性-违法性"是否能够等同？是否如小野清一郎所指出的那样，"迈茨格把一般违法性、类型违法性和构成要件性违法（不法）有意无意地混淆了"[2]？假设迈茨格所指的"违法性"与"构成要件符合性-违法性"不同的话，那么我们是否可以像小野清一郎指出的那样，将他的"违法性"看作"一般的违法性"，而将"构成要件符合性-违法性"看作"类型的违法性"呢？从迈茨格的理论逻辑来看，"一般的违法性"被看作"不法"，而他的"不法"又等于"类型的违法性"，即"构成要件符合性-违法性"。这是否意味着以上两个"违法性"之间并无差别，"一般的违法性"等同于"构成要件符合性-违法性"呢？按照这一推论，迈茨格理论中的"犯罪"也可以定义为"不法的、类型的违法行为"。既然如此，各个概念之间都可以替换使用，迈茨格何必要用"违法性"和"构成要件符合性-违法性"或者"不法"、"类型的违法性"来定义犯罪呢？这是否意味着在迈茨格的理论中一直存在着这种循环论证的特征？

从理论结构上看，贝林的理论是以"三要件"系统为本色，加入了"不法-罪责"系统的理论，凸显出来的依然是"三要件"系统的特征。M.E.麦耶一方面试图脱离贝林将双系统融合在一起"重新"组合概念（类型理论）的理论结构；另一方面也以"三要件"为底色，通过纳入"不法-罪责"系统来重新搭建他的理论结构。但是，麦耶的理论最后既没有成为形式上的

---

① Edmund Mezger, *Strafrecht*, Verlag von Duncker & Humblot, Berlin und München, 1949, S.174.

② 小野清一郎『犯罪構成要件の理論』有斐閣、1953、43頁。

"三要件"系统的结构，也没有成为"不法-罪责"系统的结构，而是在这两个结构之间来回摇摆。与麦耶一样，迈茨格也反对贝林的"双系统"结构，但是迈茨格的重组结构与麦耶的相反，迈茨格以"不法-罪责"系统为本色，在其中加入了"三要件"系统，重新组合成了"违法-罪责"的理论结构。该理论所凸显出来的基本特征是"不法-罪责"系统的特征。进一步讲，迈茨格是在"不法"中加入了"三要件"系统，从而充实了传统的"不法"的内涵，不仅如此，他还用"违法性"取代了"不法"。迈茨格将这种被纳入"三要件"系统的"不法"称为"违法性"，并使其与"罪责"一起构成他的二元体系。迈茨格的理论体系如图2-2所示。

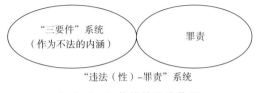

图 2-2　迈茨格的理论体系

以下开始论证迈茨格的这种理论结构，并解释"双系统"中的各概念之间的关系。

二　"不法"="违法性"

迈茨格的理论核心主要有两个，一个是与"不法"有着相同内涵的"违法性"，另一个是在客观违法性中发现的"主观的违法要素"。而这两个核心概念都属于"不法"范畴。迈茨格之所以能够将"违法性"与"不法"等同起来，主要有两个原因。第一个原因是，从理论结构上看，"三要件"系统中的"违法性"是内含在"不法-罪责"系统之中的。既然属于"不法"的范畴，与"不法"画等号也可以理解。具体而言，只要是符合构成要件的"违法性"就可以看作"不法"。从逻辑上讲，尽管"不法的违法性"的概念存在重叠之嫌，但是它并没有错误。因为既然是"违法性"的，那就应该是"不法"的；反过来也可以说，既然是"不法"的，那就一定是具有"违法性"特征的。第二个原因是，迈茨格在"违法性"中发现了"主观的违法要素"，并且将它纳入客观的违法性中，从而使"违法性"具有了价值评价的功能特征。因此"违法性"从本质上就等同于"不法"，也就是说"主观的违法要素"在"不法"和"违法性"之间起到了"转换"的作用。而这一点不同于麦耶的理论。尽管麦耶发现了"主观的违法要素",但是,为了"归责",他将它纳入了"罪责"之中,从而使"构成要件符合性"与"违法性"之间依然存在间隙。① 也就是说,在麦耶的理论中"违法性"依然是没有价值评价功能的"违法性",从而不能完全从判断标准过渡到评价标准上来。但是迈茨格用"主观的违法要素"填补了这一间隙,将"构成要件符合性"和"违法性"完全融为一体。也就是说,迈茨格进一步强化了"违法性"的评价功能,从而使"违法性"能够完全取代"不法"。

迈茨格将"违法性"区分为三种:作为客观不法的违法性、作为构成要件符合性不法的违法性、作为质料不法的违法性。② "作为客观不法的违法性"可以看作具有犯罪行为特征的违法性,"作为构成要件符合性不法的违法性"可看作"三要件"系统中的违法性,"作为质料不法的违法性"可看作作为"不法"的违法性。迈茨格这样的分类一方面能够说明"不法"与"违法性"性质相同的关系,另一方面也能够说明"不法=违法性"的三个不同的侧面或层次。尽管迈茨格把"违法性"分成三个层次,但是每一种对应的是"不法"与"三要件"系统中的各个不同构成要件要素之间的关系。以下分别论述。

(一)"不法"与"行为"(作为客观不法的违法性)

在任何类型的犯罪构成要件系统中,最核心的概念一定是行为。迈茨格的理论也不例外,只是他以"作为客观不法的违法性"来表述"行为概念",不同于古典的犯罪构成理论中的"因果行为"的表述,也不同于威尔泽尔的"目的行为"的表述。迈茨格不仅用"作为客观不法的违法性"来表述"行为概念",还用"作为客观不法的违法性"来表述"行为构成"。也就是说,迈茨格的"作为客观不法的违法性"承担着"行为概念"和"行为构成"两个功能。

1. "作为客观不法的违法性"的功能之一——行为概念

迈茨格的理论特点是试图将"三要件"系统从"不法-罪责"系统中分

---

① 参见本章第 2 节第五部分。
② Edmund Mezger, *Strafrecht*, Verlag von Duncker & Humblot, Berlin und München, 1949, S. 162-200.

离出来，但是同时试图弥补"不法-罪责"系统的缺陷。这样，我们就可以看到，在迈茨格的理论框架中不存在像古典的犯罪构成要件理论中关于"行为"的构成要件的内容，也没有像麦耶所主张的"事实的构成要件"那样的理论内容。既然犯罪构成要件理论的核心就是"行为"，迈茨格也不可能回避这个问题。本书认为，本质上迈茨格的"作为客观不法的违法性"的功能之一就是行为概念，只不过迈茨格使用了"作为客观不法的违法性"来"掩盖"一般通说中所指的行为概念。其实迈茨格在论证过程中也承认"作为客观不法的违法性"就是作为犯罪行为特征的违法性。①

"如果丢失了违法性的特征，行为的不法就不可能存在"②，一个行为不具有"违法性"的特征，就不可能成为"不法的行为"。"不法的行为"是以"违法性"的特征为前提条件的，这样就厘清了一般的行动和刑法上的"行为"之间的不同。迈茨格还指出，"行为违反刑法的法、刑法的规范，评价通过'不法'或者'违法性'的行为表明所形容的行为"③。因此，我们可以说，迈茨格所言的"行为"不是纯粹的行为本身，而是被修饰过的行为，是规范化的行为。这一点再一次表明了迈茨格的"行为概念"不同于李斯特理论中的"作为法律概念的构成要件"的行为，也不同于麦耶理论中的"事件"。

"如果行为违反了刑法的客观规范的话，该行为就是违法性的行为。这些刑法规范是客观的生活规则的理论化规则，不法就是侵犯了这些规则。"④ 在这里，迈茨格没有指出刑法规则的构造是什么，但是他指出了刑法规范的本质。既然涉及刑法的本质，那么就涉及刑法所保护的法益；既然涉及法益，那么就涉及评价该法益的体系。迈茨格认为这个体系就是"不法-罪责"系统，因此，违反刑法本质的行为一定是"不法行为"。

那么，迈茨格为什么要用"作为客观不法的违法性"来取代"行为概念"呢？本书认为这主要是因为"作为客观不法的违法性"还有第二个功能，即"行为构成"。迈茨格混淆了这两者之间的关系，或者说迈茨格有意使用"作为客观不法的违法性"来混用这两个不同的概念。

2. "作为客观不法的违法性"的功能之二——行为构成

"作为客观不法的违法性"的"行为构成"的特点主要体现在以下两个

① Edmund Mezger, *Strafrecht*, Verlag von Duncker & Humblot, Berlin und München, 1949, S. 162.
② Edmund Mezger, *Strafrecht*, Verlag von Duncker & Humblot, Berlin und München, 1949, S. 163.
③ Edmund Mezger, *Strafrecht*, Verlag von Duncker & Humblot, Berlin und München, 1949, S. 163.
④ Edmund Mezger, *Strafrecht*, Verlag von Duncker & Humblot, Berlin und München, 1949, S. 163.

方面。

第一，"作为客观不法的违法性"所表达的是"主观的违法要素"在"行为构成"中所起的作用。一方面，这是为了区别李斯特关于"行为"的三要件;[①] 另一方面，这也表明其不同于麦耶主张的"规范的构成要件"。尽管迈茨格是在麦耶所发展起来的"排除"概念化的构成要件这一文脉上建构自己理论的，但是其理论又不同于麦耶所主张的"事实的构成要件"的理论。

第二，迈茨格所言的"客观不法"有两层含义。第一层含义包括两个方面，一方面是指客观性的"不法"，另一方面是指加入了"主观违法性"的"不法"。如果仅仅是"客观性的不法"，那就是指"行为概念"层次上的"不法"。第二层含义是指在"客观性的不法"中加入了"主观的违法要素"，从而使"客观的不法"变成具有价值判断性质的"不法"。之所以"客观的违法性"变成了"客观的不法"，是因为在"违法性"中加入了"主观的违法要素"，从而具有了规范性判断成分，最终使"违法性"和"构成要件符合性"合二为一，变成了"不法"。所以，"客观不法的违法性"体现的是行为构成过程的变化。这不同于其他任何类型的"行为构成"。

（二）"不法"与"构成要件"（作为构成要件符合性不法的违法性）

1. 规范的构成要件

迈茨格认为，"在其他方面查出法益与构成要件的关系和特征是关键的解释。从'认识'、'分类组合'、必要的采集，我们应该能够判断法益中的单独的构成要件，然后也会得到明确说明的细节。仅仅通过整体就可以理解种类"[②]。本书认为这是最细致的关于如何获得"构成要件"的理论了。就古典的犯罪构成要件理论而言，它既然是对刑法典的"描述性"的、概念性的理论，就并不需要提供细致地获得典范性"构成要件"的方式。但是，如果提倡的是"规范的构成要件"，就应该提供一种进行"规范"的方式。如前所述，同样主张"规范的构成要件"的麦耶并没有提供获得"规范的构成要件"的方式，因而失败了。这是否可以说是迈茨格有意要用"作为构成要件符合性不法的违法性"来区别麦耶的"规范的构成要件"的原因呢？本书认

---

① 参见本书第 1 章第 2 节 "作为法律概念的构成要件" 部分。

② Edmund Mezger, *Strafrecht*, Verlag von Duncker & Humblot, Berlin und München, 1949, S. 201.

为这一点是可以肯定的。

迈茨格指出，"法理学的概念化（juristische Begriffsbildung）"、"目的论的概念化（teleologische Begriffsbildung）"都没能够理解"法定的构成要件"[①]的本质，也没能够理解刑法规范的框架[②]。"法理学的概念化"是指古典的将刑法典概念化的理论，"目的论的概念化"基本上是指后述的威尔泽尔的"目的行为论"的犯罪构成要件理论。从迈茨格来看，这些理论都没能够真正解释清楚刑法典，也没能够真正理解刑法的规范框架。对刑法典的解释和理解只停留在不同的概念上。迈茨格指出，既然"构成要件作为所有一般的先决条件的典范与意识一起出现在刑法一般论中，这种存在就是与刑法次序连接在一起的。因为刑法在具有次序的刑法典中体现着构成要件的概念，是犯罪作为这种物品的全部'构成要件'"[③]。也就是说，首先，刑法典本身就是有"次序"的；其次，既然"构成要件"作为"一般的先决条件"出现在刑法中，那么它必定与刑法的"次序"是相互联系的；最后，其实刑法典本身就体现了"构成要件"的概念，无须再用概念化的、形而上学的"构成要件"来表示、解释。迈茨格认为，无论是"法理学的概念化"还是"目的论的概念化"都没有理解这一点，而仅仅是按照它们自己理论所需创造出了不同于刑法典的"构成要件"。

虽然迈茨格没有明确指出"刑法次序"（Rechtsfolge）到底是指什么，但是他认为它与"构成要件"有关，是所有犯罪都必须具有的要素。因此，我们可以推导出迈茨格在这里所指的"构成要件"应该不同于刑法典中的"法定的构成要件"，但又是依据"法定的构成要件"的次序抽象出来的"构成要件"，因为他指出"所有在刑法意识中的构成要件都意味着是在一个刑罚条例，进一步讲是有局限的不法的刑法典中的，是与刑法威慑相关联的实现"[④]。首先，"构成要件"来自刑罚条例、刑法典；其次，"构成要件"与刑罚相关。但这个"构成要件"是意识之中的，并不是客观存在的刑罚条例或者刑法典。正因为是"意识"中的，我们可以断定它应该是与"认识"相关的概

① 迈茨格在这里所言的"法定的构成要件"与李斯特、贝林所指的"法定的构成要件"同义，都是指刑法典中规定的构成要件，也即麦耶所言的"法律上的构成要件"。

② Edmund Mezger, *Strafrecht*, Verlag von Duncker & Humblot, Berlin und München, 1949, S. 201.

③ Edmund Mezger, *Strafrecht*, Verlag von Duncker & Humblot, Berlin und München, 1949, S. 175.

④ Edmund Mezger, *Strafrecht*, Verlag von Duncker & Humblot, Berlin und München, 1949, S. 175-176.

念。换言之，迈茨格所指的与"刑法次序"相关的"构成要件"也是一个理论概念，"规范的构成要件要素从属于以后全部的'在刑法价值中的要素'，所有的方向都是努力实现刑法的构成要件"①。

本书认为迈茨格所指的"构成要件"不仅指以上所论述的"规范的构成要件"，还指具有"不法"性质的"构成要件"。迈茨格指出"查证法益，一方面要通过绑定指导方针而施行规则，另一方面也有必要施行法定的刑法"②。因为"查证法益"是判断是否受到侵害或者危害，本质上就是对实行行为的查证，就是查证"哪一个是可以解释法定的构成要件的标准"③。前者是对"不法"的查证，后者是对"构成要件"的查证。在这个意义上，迈茨格通过双向的"查证"将"构成要件"和"不法"融合在一起。

我们也可以说迈茨格的"规范的构成要件"最直接的表达应该是"法益性的构成要件"，如他自己所言，法益是"对质料不法内容最根本的理解，因此，必须通过侵害或者危害确定的切身利益才能理解不法"④。侵害或者危害法益的行为构成就是一个单独的构成要件，符合"单独的构成要件"的行为就是实现"构成要件符合性"的行为。"我们在单个的构成要件中符合法益的认识就是我们清楚哪些是构成要件的'意识'，因此我们就知道它们是妥当的'明确组合'。"⑤ 如果我们说麦耶的"规范的构成要件"是"文化价值"的构成要件的话，那么我们也可以说迈茨格的"规范的构成要件"就是"法益"的构成要件。

迈茨格也将构成要件区分为"一般的构成要件"（Allgemeinen Tatbestand）和"特殊的构成要件"（Besonderer Tatbestand）⑥。他认为"一般的构成要件"是所有犯罪种类必须具备的，而"特殊的构成要件"是对"一般的构成要件"的一种补充。这种观点与李斯特对构成要件的分类非常接近。李斯特认为"一般的构成要件"是所有犯罪必须具备的，而"特殊的构成要件"是特定的犯罪必须具备的。迈茨格基本上继承了李斯特的观点，但是迈茨格因为放弃了概念法学，所以没有明确指出其是否赞同李斯特将"一般的构成要件"

① Edmund Mezger, *Strafrecht*, Verlag von Duncker & Humblot, Berlin und München, 1949, S. 192.
② Edmund Mezger, *Strafrecht*, Verlag von Duncker & Humblot, Berlin und München, 1949, S. 202.
③ Edmund Mezger, *Strafrecht*, Verlag von Duncker & Humblot, Berlin und München, 1949, S. 202.
④ Edmund Mezger, *Strafrecht*, Verlag von Duncker & Humblot, Berlin und München, 1949, S. 198.
⑤ Edmund Mezger, *Strafrecht*, Verlag von Duncker & Humblot, Berlin und München, 1949, S. 201.
⑥ Edmund Mezger, *Strafrecht*, Verlag von Duncker & Humblot, Berlin und München, 1949, S. 175.

和"特殊的构成要件"作为法律概念的"构成要件"来对待的观点。

"迈茨格由于认为构成要件是不法类型，所以从正面肯定了构成要件中的主观要素及其规范要素。"① 尽管迈茨格的"构成要件"是内含于"不法"之中的，但是这里必须严格区别迈茨格主张的"不法类型"与贝林主张的"犯罪类型+不法类型+责任类型"的形而上学层次上的"不法类型"。迈茨格所指的"不法类型"是价值判断层次上的"不法类型"，而且是指该当承认在"构成要件符合性"中存在规范要素和责任要素的那个"构成要件符合性"的"不法类型"。

2."不法"与"构成要件符合性"

"构成要件符合性的质料不法内容，即违法行为，就是侵犯或者危害刑法（罪责的对象、侵害的对象）的行为。"② 也就是说，"构成要件符合性"的质料的或者说物质性的"不法内容"就是违法行为。这意味着实现"构成要件符合性"的行为、"违法性行为"、"不法行为"的行为概念相同。按照迈茨格的理论逻辑，因为在符合"构成要件"的行为中不存在违法性阻却事由，所以实现"构成要件符合性"的行为就是具有"违法性"的行为。又因为具有"违法性"的行为中加入了"主观的违法要素"，所以具有"违法性"的行为就变成了"不法"的行为。问题在于：为什么能确定迈茨格所言的"构成要件符合性"中一定不存在违法性阻却事由（正当化事由）呢？本书认为这是因为"构成要件符合性"是内含于"不法-罪责"系统中的构成要件要素。既然内含于"不法-罪责"系统，那么在判断"构成要件符合性"时，就已经进入犯罪评价层级，在这个层级，必须排除违法性阻却事由。与古典的犯罪构成要件理论相比较而言，"三要件"系统和"不法-罪责"系统无论是分离的关系，还是融合的关系，通常"三要件"系统都被当作判断"不法"的前提条件，但是迈茨格的理论逻辑正好相反。迈茨格先进行的是"不法-罪责"系统的评价，然后向内"包抄"，才涉及"三要件"系统的评价。于是，就出现了以上三种概念之间的无界限现象。

但是，这里依然存在一个疑问："构成要件符合性"（tatbestandsmäßigen）、"违法性"（rechtswidigen）、"不法"（Unrechts），既然是三个不同的表达方

---

① 小野清一郎『犯罪構成要件の理論』有斐閣、1953、36頁。

② Edmund Mezger, *Strafrecht*, Verlag von Duncker & Humblot, Berlin und München, 1949, S. 197.

式，为什么又要无区别性地使用呢？本书认为在迈茨格的理论中它们还是存在差别的，它们之间的替换使用也是有条件的。按照迈茨格理论的逻辑，要评价行为为"不法"，那就要求一个行为"违反"或者"危害"了刑法规定。只有"违反"刑法规定的行为才是"违法行为"。在这个层级上的"违法行为"，因为依然存在有违法性阻却事由的可能性，所以"违法行为"并不能等同于"不法行为"。也就是说"违法性"行为中的行为，只有在排除违法性阻却事由时才能成为"不法行为"，只有在这种情形下才能与"不法行为"互换使用。

或者我们也可以反过来论证"不法的内容"或者说"违法的内容"是由"构成要件符合性"来承担的。"在构成要件符合性中，最坚固的刑法和必不可少的保留是当下最形式化的不法规定。"[1] 换言之，固定不变的违法规定和违法性阻却事由都是形式化的规定。从形式的、记述性的层次来看，它们也是"不法"的规定，因为它们都体现在"构成要件符合性"中。"不法"由犯罪评估的结果表示，如果将"确定的刑法规定"和"必不可少的保留"也看作最形式化的"不法规定"，那就不得不说这里所言的"不法"已经变回法律规定层级的"判断标准"，从而等同于"违法性"了。但是，这也表明迈茨格在用词用语上给自己的理论造成了混乱。本书认为迈茨格在这里试图表达的是那些形式化的刑法规定只有被"不法""规范化"才能真正被认识。在他看来，"当不能将它思考为构成要件符合性的质料内容从而获得适用法规的方针时，确信无疑这个形式的'不法规定'就是最坏的"[2]。换言之，迈茨格在这里所言的"确定的刑法规定"和"必不可少的保留"的功能实际上与古典的概念化的、形而上学的"构成要件"的功能是相同的，不同的只是他主张和强调它们的"规范化"。更进一步讲，"确定的刑法规定"和"必不可少的保留"应该是规范化的。只有规范化的"刑法规定"才能够获得适用，否则它就是"最坏的"规定。这个"规范化"的方法，通过判断是否符合"构成要件"来实现。通俗地讲，就是将刑法典的规定"构成要件符合性"化或者"不法"化。小野清一郎认为，"迈茨格所讲的'不法'，并不是具体行为的违法性，而是类型性的、构成要件性质的违法性"[3]，这样的评价并不

---

[1]　Edmund Mezger, *Strafrecht*, Verlag von Duncker & Humblot, Berlin und München, 1949, S. 197.

[2]　Edmund Mezger, *Strafrecht*, Verlag von Duncker & Humblot, Berlin und München, 1949, S. 197.

[3]　小野清一郎『犯罪構成要件の理論』有斐閣、1953、18頁。

是没有道理的。的确如小野清一郎所言，"迈茨格所言的'不法'（Unrecht）一词，是在'被类型化的违法性'意义上使用的"①。

迈茨格没有使用李斯特的"作为法律概念的构成要件"这一用语，因为那是"描述性"的"构成要件"。尽管迈茨格的"构成要件"是"规范的构成要件"，但是迈茨格也没有采用麦耶主张的"规范的构成要件"一词，那是因为他认为麦耶主张的"文化规范"不能真正解决问题。② 迈茨格用"作为质料不法的违法性"表达"规范的构成要件"，因为他认为他的"作为构成要件不法的违法性"指出了"规范性"的本质，即"不法"。因为"不法"的指向是"法益"，所以它比麦耶主张的"规范性"更为深刻。尽管如小野清一郎所认为的那样，迈茨格的"不法"是"类型化的违法性"，但是因为迈茨格指出"有人在时间运行中不法的质料内容有着各种各样的需求：侵害或者危害客观的刑法、侵害或者危害需求、侵害或者危害法益"③，所以迈茨格主张的"作为构成要件不法的违法性"也不同于贝林主张的"不法类型"，既然"侵害或危害刑法、要求法益"是变动性的，就不能用"不法类型"将它固定化。

"特殊的构成要件的法益（保护对象、进攻对象）是为了解释其他构成要件的典范性指导方针。"④ 就是从这一点，我们也可以看到迈茨格的理论逻辑与传统的理论逻辑相比是倒置的。传统的理论逻辑是从一般到特殊，而迈茨格则相反，是从"特殊的构成要件"推导出一般的构成要件。传统的逻辑推理是先从众多的"特殊的构成要件"中抽象出共同的原则，然后将这些原则用于"特殊的构成要件"上。迈茨格则相反，直接从"特殊的构成要件"的适用出发，推导出能够指导其他构成要件的方针。这样就减少了"抽象化"过程所产生的"误差"，所以他认为自己的理论更接近"现实"，并以此来表现"规范的构成要件"。迈茨格指出，"特殊的构成要件符合性中没有完成排除特殊的刑事违法性"⑤。因此，特殊的构成要件符合性，并不能等同于"违法性"，也不能等同于"不法"。这就需要从中导出"一般的构成要件符合

---

① 小野清一郎『犯罪構成要件の理論』有斐閣、1953、38-39 頁。

② Edmund Mezger, *Strafrecht*, Verlag von Duncker & Humblot, Berlin und München, 1949, S. 202-204.

③ Edmund Mezger, *Strafrecht*, Verlag von Duncker & Humblot, Berlin und München, 1949, S. 197.

④ Edmund Mezger, *Strafrecht*, Verlag von Duncker & Humblot, Berlin und München, 1949, S. 200.

⑤ Edmund Mezger, *Strafrecht*, Verlag von Duncker & Humblot, Berlin und München, 1949, S. 181.

性"。正是"一般的构成要件符合性"才完成了排除特殊的刑事违法性，因此它才可以与"违法行为"、"不法行为"互换使用。

即便迈茨格的理论逻辑从形式上看与传统的理论相较是倒置的，但是由于他的理论逻辑是循环论证的，所以是否倒置取决于在循环论证中的断点。反过来讲，迈茨格的理论无论如何倒置性地设定，也无法跳出罪刑法定主义原则的框架。既然如此，即便迈茨格的理论是从"不法-罪责"系统切入的，最终也还是要根据刑法的规定确定犯罪行为，还是要根据"三要件"的规则确定行为的性质。就拿"构成要件符合性的不法内容"来说，无论是否从"不法-罪责"系统切入，最终都要根据"构成要件符合性"的条件来确定犯罪行为。"不法内容"一词，不过是在"构成要件符合性"确定之后最后给出的定性而已。

3. 刑法的分类——内在部分的"不法"与外在部分的"构成要件"

"不是不法限制刑法的特殊命令条款，而是特殊的局限以及特殊的刑法次序围绕着不法，与内在部分是刑法不法一样，外在的部分是刑法的构成要件。"[①] 如果说刑法可以分成外在部分和内在部分的话，那么迈茨格认为内在部分是"不法"，而外在部分是"构成要件"。犯罪既需要内在的部分也需要外在的部分，因此，迈茨格认为它们是无法分离的。也正因如此，迈茨格采用"作为构成要件不法的违法性"一词来表达这种不可分离性。那么，作为内在部分的"不法"与作为外在部分的"构成要件"在功能上也没有区别吗？

"各种各样的行为情节客体（行为客体）是不法行为的罪责客体（攻击客体）"[②]，从各种各样的"行为客体"中抽象出来的是"罪责客体"。因此，"罪责客体""不能看作身体客体，也不能看作实行行为的构成要件符合性，而应该看作法益中的构成要件保护的价值客体"[③]。迈茨格试图表明的是，"罪责客体"或者"不法客体"是抽象的概念，而不应该看作"构成要件符合性"中的要件要素。也就是说，它们属于"不法"的范畴，而不属于"构成要件"的范畴。如果是这样，迈茨格的"不法"范畴也可以看作"概念性"的、"抽象性"的。既然"不法"的内涵是概念性的，那么"对值得理

[①]　Edmund Mezger, *Strafrecht*, Verlag von Duncker & Humblot, Berlin und München, 1949, S. 181–182.

[②]　Edmund Mezger, *Strafrecht*, Verlag von Duncker & Humblot, Berlin und München, 1949, S. 188.

[③]　Edmund Mezger, *Strafrecht*, Verlag von Duncker & Humblot, Berlin und München, 1949, S. 188.

解的刑法的特别内容的分类，决定性的就不是行为客体，而是罪责客体"①。
迈茨格的理论在这一点上再一次出现了一个由于循环论证而产生的悖论。具
体而言，迈茨格之所以没有采用古典的犯罪构成理论，主要是因为他试图
"摒弃"概念化的、形而上学的"构成要件"，但是最后他将传统的评价规范
体系"不法-罪责"变成了观念性的、形而上学的体系。"迄今为止，在所讨
论的客观和主观的构成要件要素中，刑法的构成要件的组成部分涉及立法者
描述了确定的外在世界或者内在世界的状况和时间经过的集合；与此相对应，
判断者辨别（认识）出当时在个别状况中的特殊情况，通过构成要件不法的
先决条件中的规范性构成要件要素和同一个特别的鉴定形式获得真相。"② 迈
茨格认为到目前为止所采用的这种认知方式存在问题：从逻辑上看似乎比较
合理，但是实际上并没有触及犯罪的本质。换言之，这种方式只是实现了迈
茨格所指的"外在部分"的"构成要件"的功能，而并没有实现"内在部
分"的"不法"的功能。

　　尽管"在描述性和实用规范性之间的不同，最初具有代表性的是'认识'
判断的要素。这是构成要件的特点，通过经验和经验知识之手，经验到了确
定的判断"③，但是这并不能掌握"内在部分"的"不法"的经验。换言之，
古典的"构成要件"只解决了刑法的外在部分的认知，但是它并没有解决刑
法内在部分的认知。"在众多要素中，规范性的性质在各种各样的构成要件中
依然是各种各样的"④，因此，"划分构成要件要素，要求法官对'真的'价
值内容（职位价值）以及'非真的'价值内容（价值判断）做出判断。也就
是说在其他方面已经实现的价值，特别要求运用确定不变的刑法概念（黑格
尔），区别'价值实现'（wertgefüllte）和'价值完成（wertausfüllbare）或者
'价值完成需求'（wertausfüllungsbedürftige）的不法库存内容（Erik
Wolf）"⑤。只有通过法官才能完成价值判断，因为"规范条款是'法官意识
表达的要素'"⑥。如果法官"掺和"的话，毫无疑问，作为外在部分的"构
成要件"就与作为内在部分的"不法"相融合了，只有"学术流派才要求与

---

① Edmund Mezger, *Strafrecht*, Verlag von Duncker & Humblot, Berlin und München, 1949, S. 188.

② Edmund Mezger, *Strafrecht*, Verlag von Duncker & Humblot, Berlin und München, 1949, S. 190-191.

③ Edmund Mezger, *Strafrecht*, Verlag von Duncker & Humblot, Berlin und München, 1949, S. 191.

④ Edmund Mezger, *Strafrecht*, Verlag von Duncker & Humblot, Berlin und München, 1949, S. 192.

⑤ Edmund Mezger, *Strafrecht*, Verlag von Duncker & Humblot, Berlin und München, 1949, S. 192.

⑥ Edmund Mezger, *Strafrecht*, Verlag von Duncker & Humblot, Berlin und München, 1949, S. 192.

这样的不法的分离相区别"①。

迈茨格指出传统的犯罪构成要件理论将"构成要件从类型化的不法中区别开来。就此而论，在构成要件中，主观的不法要素，只有当'主观性'是一个构成要件要素时，才涉及构成要件的不法"②，但是他认为"主观的不法要素"是连接"构成要件"与"不法"的关键，也是连接"外在部分"与"内在部分"的关键。因为"犯罪在犯罪的形态和客观方面都包含主观的不法要素"③，这是一个事实性存在。

（三）"不法"与"违法性"（作为质料不法的违法性）

1. 实质（具体）的违法性

在迈茨格的理论中，"作为质料不法的违法性"实际上就是指实质（具体）的"违法性"与"不法"之间的关系。但是，如上文所述，尽管"违法性"和"不法"可以替换使用，但是它们之间也存在区别，替换使用具有条件性。这个具体的条件是由"构成要件符合性"与"违法性"之间的关系决定的。

迈茨格"认为构成要件符合性是违法性的妥当根据和实在根据［Geltungs-und Realgrund（ratio essendi）］。只要没有被特别的不法阻却事由所适法化，符合构成要件的行为就是违法的"④ 行为。把"构成要件符合性"当作"违法性"的"妥当的"、"实在的""存在根据"，比麦耶把"构成要件符合性"当作"违法性"的"认识根据"更进一步地消除了"构成要件符合性"和"违法性"之间的间隙。既然迈茨格以"三要件"系统融入"不法-罪责"系统为前提，那么，将"构成要件符合性"和"违法性"融为一体并不是很难理解，其实比较难以理解的是麦耶的理论。因为麦耶的前提是将"不法-罪责"系统融入"三要件"系统，同时又去解构"三要件"系统。本书认为，在"构成要件符合性"和"违法性"之间的关系这一点上，迈茨格的逻辑思路是很清晰的。他试图将"构成要件符合性"和"违法性"融为一体而形成实质性的"违法性"以充实（从而取代）"不法"。

---

① Edmund Mezger, *Strafrecht*, Verlag von Duncker & Humblot, Berlin und München, 1949, S. 192.

② Edmund Mezger, *Strafrecht*, Verlag von Duncker & Humblot, Berlin und München, 1949, S. 190.

③ Edmund Mezger, *Strafrecht*, Verlag von Duncker & Humblot, Berlin und München, 1949, S. 186.

④ 〔日〕大塚仁:《刑法概说（总论）》第3版，冯军译，中国人民大学出版社，2003，第112页。

　　威尔泽尔认为迈茨格将"构成要件（符合性）"和"违法性"合二为一，"摧毁了构成要件的独立功能。如此一来，构成要件就无法完成以下这个任务了，即通过对受到禁止的举动进行事实性的描述，来说明违法性判断的基础"①。如果真的像威尔泽尔所言的那样，迈茨格将"构成要件符合性"和"违法性"完全地融为一体的话，那么威尔泽尔的担心就是必要的。但是本书认为迈茨格并不是没有完全区别"构成要件符合性"和"违法性"，他认为"构成要件符合性不需要违法性，其理由是在某个地方存在更加特别的不法排除事由。因此，该行为的违法性不可能有构成要件符合性的特征"②。也就是说，迈茨格认为在"构成要件符合性"的阶段不需要判断"违法性"的存在，那就意味着在"构成要件符合性"的阶段实际上还存在有不法（违法性）阻却事由的可能性。那么，在这个意义上讲，"构成要件符合性"与"违法性"还是存在差别的。正因如此，从"构成要件符合性"到"违法性"的转变过程中，"审查的重点就在于不法排除事由"③。本书认为这一逻辑思路与古典的"三要件"理论的思路没有差别。只要将"构成要件符合性"中存在违法性阻却事由的可能性全部排除，那么"构成要件符合性"就等同于"违法性"了，这并没有达到威尔泽尔所言的"摧毁构成要件的独立功能"的程度，而是使"构成要件"的独立功能发挥到了极致。

　　大谷实认为，按照迈茨格的见解，"构成要件只有在刑罚法规中被规定下来，该行为才具有违法性，这样，构成要件和违法性之间的关系就成了表里关系，构成要件的形式性和类型性的特征就会消失"④。本书认为大谷实的评价更接近迈茨格的思路。迈茨格认为"构成要件"是"外在部分"，而判断"违法性"取决于"内在部分"。将"构成要件符合性"和"违法性"融合在一起，就意味着一个犯罪行为的"外在部分"和"内在部分"被统一起来了。当一个行为该当或者符合"构成要件"，而且具有"违法性"时，该行为就是"不法"的行为，这个时候"违法性"和"不法"就等同了。既然迈

---

① 〔德〕汉斯·韦尔策尔：《目的行为论导论——刑法理论的新图景》，陈璇译，中国人民大学出版社，2015，第 27 页。

② Edmund Mezger, *Strafrecht*, Verlag von Duncker & Humblot, Berlin und München, 1949, S. 179-180.

③ Edmund Mezger, *Strafrecht*, Verlag von Duncker & Humblot, Berlin und München, 1949, S. 180.

④ 〔日〕大谷实：《刑法讲义总论》新版第 2 版，黎宏译，中国人民大学出版社，2008，第 100 页。

茨格的"违法性"与"不法"无法区别，①即"违法性"就是"不法"，那么"构成要件符合性的不法"就是"违法的不法"或者"不法的违法性"。

"就我而言，给不出一个标准典范来区别违法性与不法，另一方面，也给不出标准典范来区别违法性（不法）免于提起刑事诉讼的法律上的事由和违法性阻却事由。这两个名称将在相同意义上被使用。"②按照迈茨格的观点，"违法性"与"不法"不仅是无法区别的，而且是在相同含义上使用的概念。这一观点，完全不同于自李斯特以来所有的构成要件理论。如上所述，李斯特的"违法性"是"三要件"系统中的概念，而"不法"是"不法-罪责"系统中的概念，两者尽管存在关联性，但本质上是分离的。即便贝林将"不法-罪责"系统导入"三要件"系统，两者之间的"间隙"也没有在理论上完全填平。因此，在贝林的理论框架中，"违法性"依然是"三要件"系统中的概念，而"不法"依然是"不法-罪责"系统中的概念。尽管麦耶也将"不法-罪责"系统导入"三要件"系统，但是，两者之间依然存在很大的差别，在概念适用方面依然处于相互分离的状态。迈茨格直截了当地将"违法性"等同于"不法"，不得不说这是理论上的一个巨大突破。他这样主张的理由也很直接，就是他认为不存在两者之间的"标准性区别（maβgebenden Unterschied）"③。但是，这里还是存在一个疑问——仅仅凭借"直接使用"就可以将两个概念等同吗？

"不法判决的典范性标准全部是公共的、私人的法律以及地区性的法律"④，也就是说迈茨格判断"不法"所依据的法律不仅指刑法典，还包含除此之外的所有法律。迈茨格认为，"法既有作为评价规范（Bewertungsnorm）的一面，也有作为决定规范（意思决定规范）（Bestimmungsnorm）的一面"⑤。既然法律本身既具有"评价规范"的一面又有"决定规范"的一面，那么，存在于法律中的一体两面的"违法性"（形式的）与"不法"（实质的）自然就是不能分离的，这是法律自身的特点所决定的。但是本书认为这里所言的"不法"依然不同于"违法性"，因为迈茨格主张的"不法"涵盖的是触犯了

---

① Edmund Mezger, *Strafrecht*, Verlag von Duncker & Humblot, Berlin und München, 1949, S. 162.

② Edmund Mezger, *Strafrecht*, Verlag von Duncker & Humblot, Berlin und München, 1949, S. 163.

③ Edmund Mezger, *Strafrecht*, Verlag von Duncker & Humblot, Berlin und München, 1949, S. 163.

④ Edmund Mezger, *Strafrecht*, Verlag von Duncker & Humblot, Berlin und München, 1949, S. 162.

⑤ 〔日〕大塚仁：《刑法概说（总论）》第3版，冯军译，中国人民大学出版社，2003，第304页。

任何法律的行为，而"违法性"只是触犯了一种法律的行为。按照迈茨格的理论思路，他所言的"不法"实际上是指所有违反法规范的"违法性"，而"违法性"则仅指刑事法上的"不法"。如迈茨格自己所言，"不法仍然是对刑法客观制度的违反，对刑法允许的有意识活动的阻碍"①。"不法"不仅是"刑事法规范违反"，而且是"规范违反"。只有前者这个意义上的"不法"才能等同于"违法性"。虽然迈茨格自己认为"不法"与"违法性"是无法区分的，但是事实上，他还是对它们进行了区别。他认为，"违法性是行为，它否定了刑法的客观性规范。刑法是关于客观生活规则的理论，因此不法就是对这些规则的侵犯"②。也就是说"违法性"是违法的行为本身，而"不法"是"违法行为"造成的状态。如果说"行为"和"行为状态"不同的话，那么，"违法性"和"不法"依然是可以区分的。

小野清一郎指出，"迈茨格理论的缺陷在于，他把一般违法性、类型违法性和构成要件性的违法（不法）有意无意地混淆了，这一点必须受到严肃批判"③。如果说"一般的违法性"是指"三要件"系统中的违法性、"类型性违法性"是指"不法类型"的违法性、"不法的违法性"是指"构成要件符合性违法性"的话，那么迈茨格的确存在概念上的混淆使用问题。但是从迈茨格的理论逻辑来看，既然"一般的违法性"（"三要件"系统中的违法性）内含于"不法-罪责"系统之中，那么将"一般的违法性"看作"不法的违法性"也是没有问题的。"类型性违法性"本身就是"不法类型"的违法性，那么将"一般的违法性"、"类型性违法性"、"构成要件符合性违法性"混同使用似乎也不存在问题。最重要的是这些概念是在哪个理论逻辑中被使用。

2. "违法性"与"危害性"

迈茨格认为"行为的违法性""不是构成要件的特征"④，而是"危害性特征"⑤，我们姑且不论"行为的违法性"是不是构成要件的特征，可以在这里肯定"行为的违法性"是危害性特征。也就是说，具有"违法性"的行为一定是具有"危害性"的行为。但是，反过来却不可以说具有"危害性"的

① Edmund Mezger, *Strafrecht*, Verlag von Duncker & Humblot, Berlin und München, 1949, S. 167.
② Edmund Mezger, *Strafrecht*, Verlag von Duncker & Humblot, Berlin und München, 1949, S. 163.
③ 小野清一郎『犯罪構成要件の理論』有斐閣、1953、43頁。
④ Edmund Mezger, *Strafrecht*, Verlag von Duncker & Humblot, Berlin und München, 1949, S. 179.
⑤ Edmund Mezger, *Strafrecht*, Verlag von Duncker & Humblot, Berlin und München, 1949, S. 179.

行为也一定是具有"违法性"的行为。

"危害，也是对'一般利益'（Durchschnittsinteresses）的侵害，并形成了不法的实质性内容"①，对法益造成的侵害、危害的状态就是"不法"状态。因为"不法的实质内容是危害或者侵害法益"②，所以"侵害性、危害性"就是"不法"。如果具有"危害性"的行为就是"不法行为"的话，从迈茨格理论的逻辑上讲，它也应该是具有"违法性"的行为。但是，它们之间真的能够等同吗？

"重点是，当出现法规的罪责客体或者攻击客体的时候，它被看作朝向了违反刑法。法益、罪责客体、攻击客体——而不是行为客体——形成了与名称意义相当的同义语。"③ 换言之，当"法益"被攻击的时候，应该看到的不是"行为客体"，而是"罪责客体"。更进一步讲，"危险性"所侵害的是"罪责客体"，而"违法性"所侵害的是"行为客体"，因为"当客观的评价标准违反刑法时，违法性就是攻击"④。"攻击"就是指具体的"行为"动作，它不同于抽象的"不法"。也就是说，"危害性"是与"不法"相关的概念，而"违法性"是与"构成要件"中的"行为"相关的概念。尽管迈茨格明确主张"行为的违法性""不是构成要件的特征"⑤，而是"危害性特征"⑥，但是，从他的理论的逻辑推论上看，得不出他所主张的结论。不得不说，迈茨格在这里又出现一个悖论性的理论结构。

本书认为，在这里还需要提示的是，"违法性"通常适用于刑法理论中，而"危害性"更多地适用于犯罪学中。然而，迈茨格的理论中显然没有如此的区别。因此，这也是造成他的理论混乱的一个原因。

3. 主观的不法要素在"违法性"和"不法"之间的融合性功能

"主观的不法要素的刑法条款，不仅拥有不法根据的构成要件符合性的意义，还拥有不法阻却事由根据的意义"⑦，也就是说，"主观的不法要素"一方面具有"构成要件符合性"中的构成要件要素的功能，另一方面还具有排

---

① Edmund Mezger, *Strafrecht*, Verlag von Duncker & Humblot, Berlin und München, 1949, S. 199.
② Edmund Mezger, *Strafrecht*, Verlag von Duncker & Humblot, Berlin und München, 1949, S. 200.
③ Edmund Mezger, *Strafrecht*, Verlag von Duncker & Humblot, Berlin und München, 1949, S. 200.
④ Edmund Mezger, *Strafrecht*, Verlag von Duncker & Humblot, Berlin und München, 1949, S. 234.
⑤ Edmund Mezger, *Strafrecht*, Verlag von Duncker & Humblot, Berlin und München, 1949, S. 179.
⑥ Edmund Mezger, *Strafrecht*, Verlag von Duncker & Humblot, Berlin und München, 1949, S. 179.
⑦ Edmund Mezger, *Strafrecht*, Verlag von Duncker & Humblot, Berlin und München, 1949, S. 169-170.

除违法性阻却事由（根据）的功能。如迈茨格进一步所言的那样，"倘若在单独的主观不法要素中，它具备了主观的不法根据（构成要件）、具备了主观的不法排除性要素，那么就可以认为它是有价值的、积极的刑法"①。"主观的不法要素"的功能就是指具有"积极的""构成要件符合性"的确认功能和"消极的"违法性阻却事由的排除功能。如果是这样，"主观的不法要素"就应该从属于"违法性"，而不应该从属于"责任"。如上一章所述，麦耶无法明确确定"主观的不法要素"所属的范畴，因此麦耶没有成功地将"构成要件符合性"和"违法性"融合在一起。迈茨格与麦耶不同，他明确指出"主观的不法要素"从属于"违法性"。迈茨格认为，如果说"构成要件"是对刑法典的一种认识方式的话，那么就可以说"在主观的不法要素中具有作为构成要件根据的认识刑法的价值"②。也正因如此，迈茨格才能够将"构成要件符合性"与"违法性"融为一体，从而形成具有实质内涵的"不法"。

"存在于具有价值刑法的、作为不法根据的构成要件中的主观的不法要素要求持久不变的特殊的根据"③，而这个"持久不变的特殊的根据"应该是来自刑法典的规定。也就是说，"主观的不法要素"从属于"违法性"是由刑法规定决定的。也如迈茨格指出的那样，"主观的不法要素存在于绝大多数变得可以辨识的文字中。人们允许那种程度的夸张，它只要仅仅变成不法要素，刑法就提供对它的尊严有危险的攻击的依据"④。如果使"主观的不法要素"从属于"违法性"的话，那就意味着"迈茨格是将那种'客观的责任要素作为主观要素来把握的'。'这种从主观侧面眺望的违法性，当然通常是作为必然意味着法义务违法性的义务违反来表现的'"⑤。换言之，在迈茨格的理论中，与麦耶的理论一样，"主观的不法要素"（主观的违法要素）与"客观的责任要素"是相分离的。前者从属于"违法性"，后者则独立成为"责任"。

当然，迈茨格也认为"纯粹的主观不法根据并不能认识积极的刑法"⑥。也就是说，在犯罪构成要件系统中，只有纯粹"主观的不法要素"是无法独立决定一个行为的性质的，它不过是所有犯罪构成要件要素中的一个要素而

---

① Edmund Mezger, *Strafrecht*, Verlag von Duncker & Humblot, Berlin und München, 1949, S. 170.

② Edmund Mezger, *Strafrecht*, Verlag von Duncker & Humblot, Berlin und München, 1949, S. 172.

③ Edmund Mezger, *Strafrecht*, Verlag von Duncker & Humblot, Berlin und München, 1949, S. 172.

④ Edmund Mezger, *Strafrecht*, Verlag von Duncker & Humblot, Berlin und München, 1949, S. 170–172.

⑤ 〔日〕伊东研祐：《法益概念史研究》，秦一禾译，中国人民大学出版社，2014，第159页。

⑥ Edmund Mezger, *Strafrecht*, Verlag von Duncker & Humblot, Berlin und München, 1949, S. 170.

已。"倘若这种观点不为他本人明确地承认，这个纯粹主观的不法根据就不会允许将有价值的刑法变成任意的转嫁。"[1] 虽然迈茨格主张"主观的不法要素"在犯罪构成要件中的重要性，并且指出它从属于"违法性"，但是迈茨格并不主张夸大它的功能。因为迈茨格还指出"主观的不法要素""一直同时也是罪责要素，否则将会欠缺个人的规则和其该具有的刑法意义"[2]。这一点与麦耶的观点是相同的，"为了归责"，"主观的违法要素"应该属于"罪责"要素。[3]

小野清一郎认为在迈茨格的"主观构成要素和主观不法要素的概念中却包含着正确的东西"[4]。本书也认为迈茨格将"主观的不法要素"定性为"违法性"的构成要素，在理论上是一个很大的进步。因为它的确能够解决刑法分则条款中规定的那些"目的犯"、"倾向犯"等的"主观的不法要素"在犯罪构成要件理论中的归属问题。

"作为一个客观论者的迈茨格承认主观要素本身确实可以认为有矛盾冲突的意思，但是，从他的立场来看，却并不矛盾。"[5] 本书认为迈茨格并不是一个客观论者，因为迈茨格明确主张主观的不法论。"迈茨格所谓的主观构成要件要素，无论在责任上还是在外部行为记述意义上的构成要件该当性上，都不属于关于犯罪类型的无价值判断，即违法性。不如说这些是行为者类型要素。"[6] 本书认为，从行为者类型要素来评定"主观的构成要素"并没有错，因为迈茨格的犯罪论本身就是主观的、人的不法论。迈茨格作为一个主观论者，将"主观的不法要素"归于"违法性"中理所应当。尽管迈茨格认为"不法是违反刑法规范的客观冲突"[7]，但是这并不意味着其主张在客观的冲突中不存在主观的违法要素。而且，如果从迈茨格主张的以"人"为核心的刑法观点来看，他承认"主观的不法要素"从属于"违法性"的构成要素是顺理成章的。

山口厚认为，"那种在将构成要件理解为违法行为类型的同时又把故意、

① Edmund Mezger, *Strafrecht*, Verlag von Duncker & Humblot, Berlin und München, 1949, S. 170.
② Edmund Mezger, *Strafrecht*, Verlag von Duncker & Humblot, Berlin und München, 1949, S. 170-172.
③ M. E. Mayer, *Der allgemeine Teil des deutschen Strafrechts*, 1915, 2. Aufl., 1923, S. 10.
④ 小野清一郎『犯罪構成要件の理論』有斐閣、1953、43頁。
⑤ 小野清一郎『犯罪構成要件の理論』有斐閣、1953、39頁。
⑥ 〔日〕伊东研祐：《法益概念史研究》，秦一禾译，中国人民大学出版社，2014，第169页。
⑦ Edmund Mezger, *Strafrecht*, Verlag von Duncker & Humblot, Berlin und München, 1949, S. 169-170.

过失作为违法性要素纳入构成要件之中的见解，也就是承认作为违法要素的构成要件的故意、构成要件的过失的见解，可以说将其故意、过失理解为违法要素本身是有疑问的"①。本书认为山口厚的观点是符合迈茨格观点的。首先，就像"目的性"、"倾向性"等"主观的不法要素"不同于"故意、过失"一样，"主观的不法要素"不同于"主观的构成要件要素"。迈茨格从来没有认为这两者的概念是相同的。其次，迈茨格并没有将"故意、过失"纳入"违法性"的构成要件中。即便迈茨格将"三要件"系统纳入"不法－罪责"系统，但是作为"主观构成要件要素"的"故意、过失"并没有被纳入"违法性"之中，它们不过都是在"不法"的框架内各自独立存在的要件要素。

"今天的主流观点与梅茨格尔所代表的观点不一样，把以不法为基础的规范看成是命令，看成是确定性规范，这种规范转向适用于自然人的意志，并且对具体的个人说，什么是他应当做和不做的。"② 本书认为自威尔泽尔起，就开始解构自贝林始经过麦耶、迈茨格试图将"三要件"系统和"不法－罪责"系统融合在一起的"整体性"结构，于是，就具有了将"命令"的功能建立在"三要件"系统上、将"规范"的功能建立在"不法－罪责"系统上的理论倾向。罗克辛在这里所指的"以不法为基础的规范看成是命令"就是在这个大背景下对迈茨格理论的理解。本书认为，如果将"命令"和"规范"分离的话，的确不应该将"以不法为基础的规范看成是命令"，但是如果将"命令"和"规范"看成一体性的概念的话，"以不法为基础的规范看成是命令"还会有违和感吗？因此，本书认为上述不同的评价只是因为视角不同。

4. "不法"与违法性阻却事由

如上所述，即便迈茨格没有明确指出"违法性"与"不法"之间的区别取决于违法性阻却事由的有无，事实也是如此。因此，在"不法"与违法性阻却事由的关系中，最重要的是在"违法性"中排除违法性阻却事由。迈茨格认为违法性阻却的根据主要取决于两个原则，一个是"缺乏利益原则"（Prinzip des mangelnden Interesses），另一个是"多数利益原则"（Prinzip des

---

① 〔日〕山口厚：《刑法总论》，付立庆译，中国人民大学出版社，2018，第30页。
② 〔德〕克劳斯·罗克辛：《德国刑法学总论》（第1卷）第3版，王世洲译，法律出版社，2005，第212页。

überwiegenden Interesses)。① "缺乏利益原则" 就是指当缺乏对法益的侵害的利益时，该行为不能被看作 "违法" 的基本原则。"多数利益原则" 就是指在多数利益发生冲突的时候进行平衡的过程中对较小利益的侵害不能被看作 "违法" 的原则，也就是通常所言的 "利益优越原则"。

"缺乏利益原则" 不是 "不存在侵害" 而是被害人接受或者同意这种 "侵害"，迈茨格 "给出了缺乏利益原则的两个不法排除根据，即所谓的伤害同意和伤害的推定同意"②。尽管关于推定的同意在理论上依然存在争议，但是从逻辑上讲，只要能够确证 "推定同意" 的成立，它就可以成为排除侵害行为者的 "违法性" 的根据。与推定的同意相比，"伤害同意是在缺乏利益原则中典型的不法排除根据。那意味着利用授权默认在刑法法益方面无意识的法益放弃"③。在这里所要强调的是，对违法性阻却事由的判断是一种价值评价。这种价值评价的功能在于将 "违法性" 转化成 "不法"。

在构成要件的违法性不法中，不能存在对符合行为构成评价的争议。不能回避这一点，否则刑法必要的先决条件的评价和执行因此会变成危害特征。④ 也就是说，在评价一个行为是否构成犯罪的时候，不能存在具有争议的评价。否则，刑法的先决条件的评价和执行就会变成对行为者的侵害，变成 "国家犯罪"。对合法行为的矫正就是不法行为。迈茨格强调的是执行刑法的行为不应该是 "不法" 的行为。"如果不存在不法的排除事由的根据的话，构成要件符合性所要处罚的就是违法性所要处罚的。"⑤ 换言之，"构成要件符合性" 和 "违法性" 之间的不同取决于是否存在不法的排除根据。如果排除了违法性阻却事由，那么 "构成要件符合性" 就等同于 "违法性" 了。

在多数利益冲突的情况下，就需要 "通过探讨处理行为违法性进行评价。也就是说，通过行为的构成要件符合性以及同时可以肯定的欠缺不法阻却事由的评价，在更高等级的执行评价中，按照精确的危害序列的先决条件，决定在通常所言的规范性构成要件要素中陈述的那些低等级的评价"⑥，然后，

---

① Edmund Mezger, *Strafrecht*, Verlag von Duncker & Humblot, Berlin und München, 1949, S. 205.

② Edmund Mezger, *Strafrecht*, Verlag von Duncker & Humblot, Berlin und München, 1949, S. 206.

③ Edmund Mezger, *Strafrecht*, Verlag von Duncker & Humblot, Berlin und München, 1949, S. 207-208.

④ Edmund Mezger, *Strafrecht*, Verlag von Duncker & Humblot, Berlin und München, 1949, S. 180.

⑤ Edmund Mezger, *Strafrecht*, Verlag von Duncker & Humblot, Berlin und München, 1949, S. 182.

⑥ Edmund Mezger, *Strafrecht*, Verlag von Duncker & Humblot, Berlin und München, 1949, S. 181.

通过价值评估决定那个"侵害利益"较小的行为为"合法"行为。同时，应该注意的是，对"多数利益冲突"下较小的"侵害行为"的评价也属于价值评价，因此，"违法性"与"不法"依然是相同层级的概念。

"构成要件符合性解决的是描述性的法律上的构成要件问题，因为它对行为的刑事不法具有重要的违法性意义，而且是可以想象的、广泛而深远的意义。"① 首先，法律上的构成要件（法定的构成要件）是"构成要件符合性"所要认识的对象，它是描述性的构成要件。因此，"构成要件符合性"就变成了违法性的"根据"。其次，法律上的构成要件对"违法性"具有"可以想象的、广泛而深远的意义"。但是，"对违法性的影响和真正根据（理性本质）当然一直被保留，通过特殊的不法排除事由而变得合理。符合后者就是行为抗拒构成要件符合性，而不是违法"②。也就是说，只要存在违法性阻却事由，行为就不能被看作该当"构成要件符合性"的行为。只有排除违法性阻却事由的"违法性"才是"不法"。在这个意义上，可以说排除违法性阻却事由也是一个行为从"违法性"向"不法"转化的先决条件。

（四）"不法"与"责任"

1. "主观的不法（论）"与"主观的不法要素"

"主观的不法（论）"不同于"主观的不法要素"。"主观的不法（论）"是指以人为中心建构的不法理论，而"主观的不法要素"也称"主观的违法要素"，是存在于违法性中的主观方面的要素，譬如说"目的犯"、"倾向犯"中的"目的性"、"倾向性"。那么，迈茨格的"主观的不法（论）"与"主观的不法要素"有何关系呢？如果说"主观的不法论"与"客观的不法论"的根本区别在于是否绝对地坚持"客观的违法性"和"主观的责任"的话，那么，本书认为迈茨格承认"主观的不法要素"本身就说明他的不法论是"主观的不法论"了，因为"客观的不法论"不承认在违法性中存在"主观的不法要素"。迈茨格不仅没有采用将"客观的违法性"和"主观的责任"相区别的观点，还用"主观的不法要素"拉近了"客观的违法性"与"主观的责任"之间的关系。

---

① Edmund Mezger, *Strafrecht*, Verlag von Duncker & Humblot, Berlin und München, 1949, S. 182.

② Edmund Mezger, *Strafrecht*, Verlag von Duncker & Humblot, Berlin und München, 1949, S. 182.

　　迈茨格继承了耶林主张的不法概念①，"耶林认为主观的不法是有责任的权利侵害，而客观的不法则是无责任的权利侵害"②。与"责任"相关联的是"人"，迈茨格主张以人为中心的不法理论，他认为，"所有的刑法都围绕人的意志，而不是人围绕刑法的意志"③。李斯特也主张"主观的不法论"，但是迈茨格的"主观的不法论"不同于李斯特的"主观的不法论"，因为李斯特所主张的"主观性"只体现在处罚的阶段，而迈茨格的"主观不法论"不仅体现在处罚阶段，甚至已经进入"构成要件"认定阶段。譬如说，迈茨格主张的"违法性"中就加入了"主观的不法要素"。"迈茨格合乎逻辑地将这一干扰，即'与受害人的法保护之利益的冲突'称为不法"④，在通说的理解中，迈茨格的这种"不法"应该是指"违法性"，但是"为了取代'不法'的说法，迈茨格喜欢用'违法性'一词，它的含义是实定法上的违法行为"⑤。这不仅是因为迈茨格"喜欢"用"违法性"取代"不法"，更为重要的是因为他在"违法性"中加了具有价值判断的"主观的不法要素"。这可以说是迈茨格理论的一大进步，因此可以说主观性行为构成特征的理论在1930年前后就已经获得承认（尽管在细节上存在许多争论），"今天，这个理论在德国刑法中已经完全没有争议"⑥。我们可以说德国基本上完全采用了主观主义的行为构成理论，这一点与以小野清一郎为代表的日本刑法理论不同，日本刑法采用的依然是贝林客观主义的构成理论。

　　2. "主观的不法要素"与"责任"

　　尽管"主观的不法要素"存在于"违法性"中，但是"主观的不法要素"具有主观方面的特征。那么它本质上应该属于"违法性"，还是"责任"

---

① 参见〔德〕米夏埃尔·帕夫利克《"最近几代人所取得的最为重要的教义学进步"——评刑法中不法与责任的区分》，陈璇译，载《目的与体系——古典哲学基础上的德国刑法学新思考》，赵书鸿等译，法律出版社，2018，第53~54页。

② 〔德〕米夏埃尔·帕夫利克：《"最近几代人所取得的最为重要的教义学进步"——评刑法中不法与责任的区分》，陈璇译，载《目的与体系——古典哲学基础上的德国刑法学新思考》，赵书鸿等译，法律出版社，2018，第53页。

③ Edmund Mezger, *Strafrecht*, Verlag von Duncker & Humblot, Berlin und München, 1949, S.198.

④ 〔德〕米夏埃尔·帕夫利克：《"最近几代人所取得的最为重要的教义学进步"——评刑法中不法与责任的区分》，陈璇译，载《目的与体系——古典哲学基础上的德国刑法学新思考》，赵书鸿等译，法律出版社，2018，第54页。

⑤ 小野清一郎『犯罪構成要件の理論』有斐閣、1953、18頁。

⑥ 〔德〕克劳斯·罗克辛：《德国刑法学总论》（第1卷）第3版，王世洲译，法律出版社，2005，第183页。

呢？麦耶也发现并注意到了"主观的不法要素"的"双栖"特征，在"主观的不法要素"的归属上存在疑虑，而迈茨格与麦耶不同，他明确地将它归于"违法性"。迈茨格认为，"为了确定违法性的评价，也要有'主观的不法要素'"①。然而，如齐藤金作所言的那样，"在发现主观的不法要素的同时，也有以下的可能性，即违法性与责任，如从前那样前者是行为的客观方面，后者是行为的主观方面这样排列的、相互区分的可能性也随之消失"②。也就是说迈茨格由于将"主观的不法要素"纳入"违法性"中，在拉近了客观的违法性和主观的责任之间的距离的同时，实际上也消除了"违法性"与"责任"之间的区别。这就导致了一个争论：哪些主观方面的要素应该属于"违法性"，哪些主观方面的要素应该属于"责任"呢？尽管这样的争论依然没有结果，但是根据迈茨格的理论，本书认为大致的分工是："主观的不法要素"——"目的犯"、"倾向犯"、"表现犯"属于"违法性"范畴；"故意"和"过失"属于"罪责"范畴；构成要件的"责任"范畴，只涉及"责任能力"。之所以产生齐藤金作以上的评论，本书认为是因为日本的刑法理论中不存在"双系统"结构。换言之，齐藤金作所担心的"违法性"与"责任"之间的区别被消除，是因为在日本的单系统的理论中，"责任"和"罪责"就是一体的。一旦"责任"和"违法性"之间的区别消失，犯罪构成要件理论的整体性结构就会动摇。但是在迈茨格的理论中，由于存在"责任"与"罪责"之间的不同，就不存在齐藤金作所言的"融合"所引发的问题。

3. 责任

迈茨格纳入"不法"中的"三要件"系统中的责任要素内容主要是指责任能力。换言之，在不存在责任阻却事由的情形下，具有责任能力的行为者的违法行为就是"不法"行为。

本书认为迈茨格所言的行为责任，主要是指具有正当化事由的官方行为责任，并不是针对犯罪行为人的犯罪行为的责任而言的。所要区别的重点也在于官方履行职权的行为的责任和个人行为责任之间的不同，"规则根据的意义在于提问，是否在客观确定的刑法限制上或者在主观目的和判断行为认知的责任上，是为了界定责任和履行职权"③。区别"行为责任"和"个人责

---

① Edmund Mezger, *Strafrecht*, Verlag von Duncker & Humblot, Berlin und München, 1949, S. 226.

② 斉藤金作訳「ガラス. 犯罪論の現状 I」『早稲田法学』第 32 巻第 1. 2 号、1956、246 頁。

③ Edmund Mezger, *Strafrecht*, Verlag von Duncker & Humblot, Berlin und München, 1949, S. 225.

任"的目的在于排除执行公职的个人行为的合法性，换言之，"行为责任"是一种责任阻却事由的根据。

个人的责任能力其实是包含在"构成要件符合性"的"主观的构成要素"中的。不符合个人责任能力要求的人，在"构成要件符合性"的阶段就已经被排除在外了。尽管迈茨格的理论中没有明确的论述，但是从他的理论逻辑可以推导出这一结论。

（五）统合在"不法"框架下的"三要件"要素之间的关系

1. "构成要件符合性"与"违法性"

"刑罚权利的基础不是有某种方式的违法行为就足够了，还需要特殊的、'构成要件符合性'的、'类型性'的刑事违法性。"[①] 国家行使刑罚权必须具备"构成要件符合性"、"违法性"的条件。那么，这两者之间是什么关系呢？

如前文所述，迈茨格明确主张"构成要件符合性是违法性的存在根据"[②]。在不存在违法性阻却事由的前提下，"构成要件符合性"就等同于"违法性"。也就是说，"构成要件符合性"和"违法性"，只要没有违法性阻却事由的存在，就是完全融合在一起的。它们之间关系的紧密性是迈茨格理论的一个特色，"迈茨格把构成要件和违法性结合起来，称为'构成要件性的不法'，而且认为符合构成要件的行为只要没有违法性阻却事由，就是违法行为"[③]。换言之，迈茨格的"构成要件符合性"已经不再是简单的形式上的该当"法定的构成要件"要素，而是加入了具有价值判断的"违法性"要素的"构成要件符合性"了。进一步讲，就是迈茨格通过"构成要件符合性"和"违法性"的融合，完成了从"违法性"向"不法"的转化。

"梅茨格尔在 1926 年指出：'立法者创造行为构成的行动……直接包含了违法性说明，不法的基础是作为特别典型化的不法。'"[④] 罗克辛在这里的评价有以下几层含义：第一，立法者在立法（刑法典）中规定了行为的构成，

---

① Edmund Mezger, *Strafrecht*, Verlag von Duncker & Humblot, Berlin und München, 1949, S. 174.

② Edmund Mezger, *Strafrecht*, Verlag von Duncker & Humblot, Berlin und München, 1949, S. 182.

③ 小野清一郎『犯罪構成要件の理論』有斐閣、1953、59 頁。

④ 〔德〕克劳斯·罗克辛：《德国刑法学总论》（第 1 卷）第 3 版，王世洲译，法律出版社，2005，第 184 页。

对于这个行为的构成，李斯特称为"作为法律概念的构成要件"，贝林称为"类型"的构成要件，麦耶称为"规范的构成要件"，而迈茨格称"作为客观不法的违法性"；第二，因为迈茨格认为立法中包含了违法性，所以，"违法性"应该直接由行为的构成要件决定，而不需要作为法律概念的或者形而上学层级上的"构成要件"来决定；第三，因为立法中就包含了违法性，所以刑法典也是"不法"的基础。简言之，"行为的构成要件（符合性）"、"违法性"、"不法"是统合在一部刑法典之中的，它们之间是无法分离的。

"立法者通过行为构成的形式创设了特别的违法性：行为的行为构成符合性绝不是单纯的认识的根据，而是（特别的）违法性的真正存在的根据。它使行为成为具有违法性的行为，然而不仅仅是为它本身，而仅仅是与特别的排除不法基础的缺点相联系……"① 之所以是"特别的违法性"，那是因为每一个"罪"都是不同的，立法者是用各个不同的"罪"表达"违法性"的，每一个"违法性"都成为特别的违法性。也正因为是"特殊的违法性"，所以每一个不同"罪"的"构成要件符合性"都成了"违法性"的存在根据。这样更加深层次地融合了"构成要件符合性"与"违法性"。又因为"构成要件符合性"不仅是"违法性"的存在根据，还是"不法"的存在根据，所以它就为"违法性"向"不法"转化奠定了立法上的基础。

不过迈茨格的理论还是受到了很大的批判。威尔泽尔认为迈茨格将"构成要件（符合性）"和"违法性"合二为一，"摧毁了构成要件的独立功能"②。罗克辛也指出，"行为构成就完全是一种规范性形象，一种'不可放弃的价值因素和存在因素的结构性缠结'。但是，由此产生的是，行为构成的无价值性一般就不再能够保持了"③。姑且不论他们的批判是否合理，可以肯定的是，这反向地证明了迈茨格的理论的确存在"不法"统合下的"三要件"系统中各个要件要素之间的紧密关系。

---

① 〔德〕克劳斯·罗克辛：《德国刑法学总论》（第1卷）第3版，王世洲译，法律出版社，2005，第184页。
② 〔德〕汉斯·韦尔策尔：《目的行为论导论——刑法理论的新图景》，陈璇译，中国人民大学出版社，2015，第27页。
③ 〔德〕克劳斯·罗克辛：《德国刑法学总论》（第1卷）第3版，王世洲译，法律出版社，2005，第184页。

"绍尔-梅茨格尔的两部分犯罪构造并不妥当。"[1] 威尔泽尔反对取消"三要件"系统而只保留"不法-罪责"系统的理论体系，更反对迈茨格将"构成要件符合性"与"违法性"融为一体的理论结构。"该犯罪构造将构成要件符合性和违法性相互融合在了一起，它认为构成要件是'经过类型化的'或'类型化了的违法性'……，构成要件与违法性、构成要件的实现与不法、构成要件要素与违法性要素全都是同一的。"[2] 小野清一郎也指出，"迈茨格认为构成要件是类型化的不法，他的观点与其说是将构成要件向违法性靠拢，倒不如说将三者看作同一个东西"[3]。威尔泽尔更进一步指出，这样反而倒置了"构成要件符合性"与"违法性"的关系，因为"构成要件符合性不再是违法性的前提条件，恰恰相反，违法性是构成要件符合性的前提条件"[4]。这样不仅最终使构成要件的功能丧失，而且颠倒了"构成要件"和"违法性"的先后关系。这样明显的逻辑缺陷，是不是在提示我们迈茨格"取消"或者"摧毁"构成要件的功能本身就是他的理论目的之所在呢？如前所述，迈茨格的理论逻辑是循环性的。在这个循环中，是不是由于不同的读者在循环线上所切入的点不同，得出的对迈茨格理论的评价就不同呢？本书认为，迈茨格将"构成要件符合性"和"违法性"融为一体，是为了对应"不法"的，因为他的最终的目的是取消"三要件"系统，只保留"不法-罪责"系统。在"构成要件符合性"和"违法性"的关系上，迈茨格的确做到了这一点，但是"构成要件符合性"与"责任"是否也能够完全融为一体呢？这需要进一步的研究。

2. "构成要件符合性"与"责任"

如上所述，迈茨格将"构成要件符合性"与"违法性"紧密地结合在一起，而连接两者的要素不仅有"主观的不法要素"，还有刑法典。那么，对于"三要件"系统中的"责任"要素，迈茨格是如何将其统合在"不法"之下的"三要件"系统中的呢？本书认为，尽管迈茨格用"主观的不法要素"拉

---

[1] 〔德〕汉斯·韦尔策尔：《目的行为论导论——刑法理论的新图景》，陈璇译，中国人民大学出版社，2015，第27页。

[2] 〔德〕汉斯·韦尔策尔：《目的行为论导论——刑法理论的新图景》，陈璇译，中国人民大学出版社，2015，第27页。

[3] 小野清一郎『犯罪構成要件の理論』有斐閣、1953、10頁。

[4] 〔德〕汉斯·韦尔策尔：《目的行为论导论——刑法理论的新图景》，陈璇译，中国人民大学出版社，2015，第27页。

近了"构成要件符合性"与"违法性"之间的关系（甚至将两者等同），但是在"责任"的范畴中，迈茨格依然存在如何分配主观方面的构成要件要素给"罪责"的问题。小野清一郎认为迈茨格"混淆了构成要件和违法性，同时又隔断了构成要件与责任的关系，责任变成了构成要件，亦即与不法类型完全无关的东西"①。小野清一郎的评价尽管并不完全正确，但是也能证明迈茨格理论中的"构成要件符合性"与"责任"的关系不像与"违法性"的关系那样紧密。首先，能够肯定的是迈茨格只是指出"主观的不法要素"属于"违法性"的构成要素，但是他并没有将"故意、过失"也当作"违法性"的构成要素。这就说明了作为"不法"内涵的"三要件"系统中的"责任"与"不法-罪责"系统中的"罪责"之间是分离的。其次，"三要件"系统中的"责任"与"构成要件符合性"相关的只有"责任能力"，因为在"构成要件符合性"阶段不要求排除阻却事由。从这个逻辑来看，"责任"的内涵就只有排除责任阻却事由的功能了。具体而言，从迈茨格的理论逻辑推断的话，他将"故意、过失"分配给了"不法-罪责"系统中的"罪责"，而只将责任能力分配给了"三要件"系统中的"责任"。这就是小野清一郎所言的"构成要件符合性"与"责任"分离的意义。但是，应该注意的是，小野清一郎主张的"责任"含义中也有"罪责"的成分，所以，他对迈茨格理论的评价是有偏差的。

如上所述，"责任"与"构成要件符合性"和"违法性"之间是通过阻却事由来连接的。具体而言，对于一个符合构成要件的行为，只要不存在违法性阻却事由，"构成要件符合性"就等于"违法性"；具有"违法性"的行为只要不存在责任阻却事由，就是"不法"行为。也就是说，"责任阻却事由"与"违法性阻却事由"一样，都是"构成要件符合性"和"违法性"以及"责任"向"不法"转化的条件。它们三者之间的关系是统合在"不法"之下的。在这个意义上讲，迈茨格并不完全像小野清一郎所批评的那样，隔断了"构成要件符合性"、"违法性"与"责任"之间的关系。如果小野清一郎的批判能够成立的话，那么他所指的"责任"应该是迈茨格所言的"罪责"，因为在"不法-罪责"系统中，迈茨格的"不法"与"罪责"之间是相互独立的。

---

① 小野清一郎『犯罪構成要件の理論』有斐閣、1953、37 頁。

总而言之，我们不得不承认"使构成要件包含在不法之中，考虑行为、不法和责任这三个要件的体系，在德国，由提倡所谓新构成要件论的梅茨格尔创立"[①]。这个新构成要件理论中的"不法"评价，是根据"三要件"系统完成的。"三要件"中的三个要件要素，不仅被统合在"不法"之下，而且它们之间也形成了一种紧密的关系。

三 罪责

迈茨格指出，"罪责是刑法先决条件的象征，违法行为的个人危害性存在于实行者的对立面。行为因此通过违法显示了实行者个人的否定观点"[②]。这里有几层含义。第一层含义是"罪责"与"不法"一样，是刑法的先决条件。第二层含义是"违法行为的个人危害性"在于"实行者"。换言之，"实行者"完全可以不选择"违法行为"，但是他最终选择了实行"违法行为"，从而成为"罪责"的归属者。第三层含义是"实行者"通过"违法"的行为表达了个人对刑法规则的否定观点，因此就需要通过刑罚否定他对法律的"否定"，这也意味着对"实行者"行为的无价值性的否定。

迈茨格认为，"罪责不是道德伦理的罪责，而是司法意识中的罪责。它是关于所谓自我意识形式的自由的独立性争论"[③]。虽然迈茨格主张价值规范的"罪责"，但是他也明确指出刑法中的"罪责"不能等同于"道德"上的"罪责"，"不是良心上的罪责，而仅仅是在确定个人不法时，实行行为者的责任"[④]。它属于司法意义上的"罪责"，因此是法律上的"罪责"。但是应该注意"自我意识形式的自由的独立性争论"这一语词的内涵，本书认为迈茨格想表达以下几层含义：第一层含义，犯罪是"自我意识"的表现形式，只不过这一表现形式是国家、社会、法律都不容许的，是被"公"权力所否定的表现形式；第二层含义，"自我意思的表达"在自然法上是"自由"的表达，但是在规范性的法律中、在人类社会中，这种"自我表达"是受到限制或者被禁止的；第三层含义，关于为什么限制或禁止、在哪一种程度上限制或禁止是需要经过争论才能够确定的；第四层含义，"罪责"是需要通过斟酌（反

---

① 〔日〕大塚仁：《刑法概说（总论）》第3版，冯军译，中国人民大学出版社，2003，第106页。

② Edmund Mezger, *Strafrecht*, Verlag von Duncker & Humblot, Berlin und München, 1949, S. 247-248.

③ Edmund Mezger, *Strafrecht*, Verlag von Duncker & Humblot, Berlin und München, 1949, S. 251.

④ Edmund Mezger, *Strafrecht*, Verlag von Duncker & Humblot, Berlin und München, 1949, S. 251.

复讨论）才能够归于"实行人"的。因此，"罪责"并不是单纯的命令性的"责任"，而是具有规范过程的"归责"条件。

"罪责在刑法意识中意味着对行为与实行行为者人格之人间的刑事抗拒关系的确认。"① 换言之，"罪责"是"行为"与"行为者"之间的桥梁。对"罪责"的确定也意味着对"行为者"所实行的与刑法相对抗的"行为"的确认，因为与刑法相对抗的行为表现了"行为人"的否定性观点，同时该行为也意味着"行为人"内在的人格的外在表现。不过，迈茨格也指出这里所指的"人格"只是理论上的概念。在刑法领域，只要能够确定行为符合刑法规定，就可以确定"行为人"的罪责。"在经验表明是否合适人格时，人格就是理论上的概念，为了肯定罪责，确定必要关系就意味着行为足以符合刑法规定。"② 换言之，在刑法领域，虽然行为可以确定"行为人"的人格的性质，但是没有必要追求该行为在心理学上的意义，其只要符合刑法的规定就足够了，因为人格不过是理论上的概念。

迈茨格指出"罪责"所涉及的领域如下："根据一般的刑法规定，罪责责任涉及的是责任能力、故意——特别确定的过失——或者过失以及不存在可以接受权利的罪责阻却事由"③。就这一点而言，他主张的"罪责"与其他学者的观点并没有特别的不同。但是，迈茨格的"罪责"内涵所涉及的领域其实只有"故意、过失"，其他的"责任能力"、"责任阻却事由"分别"分配"给了"构成要件符合性"和"责任"。如果在"罪责"中加入这些内容，就存在重复之嫌了。当然，假设存在重复之处，也是在"不法"和"罪责"之间的关系上所体现出来的不同功能作用，因为"构成要件符合性"和"责任"已经被置于"不法"框架之下了。本书认为，迈茨格的"罪责"理论的特色在于"人"的"罪责"理论。也就是说迈茨格的"罪责"内容是针对"行为人"建构的，如他所言的那样，"罪责的内涵及其否定，通过行为人的意志［所谓心理性罪责构成要件内涵（psychologische Schuldbestandteile）］、行为人的动机［所谓动机性罪责构成要件内涵（motivatorische Schuldbestandteile）］以及行为与行为人所有的人格之间的关系［所谓人格罪责构成要件内

---

① Edmund Mezger, *Strafrecht*, Verlag von Duncker & Humblot, Berlin und München, 1949, S. 251.
② Edmund Mezger, *Strafrecht*, Verlag von Duncker & Humblot, Berlin und München, 1949, S. 251.
③ Edmund Mezger, *Strafrecht*, Verlag von Duncker & Humblot, Berlin und München, 1949, S. 265-266.

涵（charakterologische Schuldbestandteile）］被纳入构成要件要素中"①。这与迈茨格的主观的犯罪构成要件理论有关。关于这一点，罗克辛有明确的论述。迈茨格（等）发现，"在许多案件中，不仅仅是罪责，而且还有构成行为的不法，都取决于行为人的意志指向——也就是说，取决于主观的、内在心理性的要素"②。如果说其理论是以行为人为核心建构的"罪责"理论，那么最体现他理论特色的内容就是"人格责任论"。

1. 人格责任论

"迈茨格把自己的学说称为人格论的责任论"③，简称"人格责任论"。人格责任论的确是由迈茨格提出的，他认为，"行为人的人格中存在对行为人来说毫无办法改变的部分，但是在行为人能够做什么的范围内，可以对其行状（Lubensführung）归咎责任（行状责任，Lubensführungsschuld）"④。但是，应该注意，不能将迈茨格的人格责任论"混同于社会学所主张的人格责任论"⑤，更不能等同于主张人格责任的法学责任论。在迈茨格的同时期，存在"以李斯特为代表的社会学责任论和费尔内克（Ferneck，フェルネック）、格罗斯曼（グロスマン）等主张的法学责任论两大潮流"⑥。李斯特所主张的社会学责任论主要是指犯罪学上的责任论，而费尔内克、格罗斯曼等主张的法学责任论主要是指法哲学（法理学）上的责任论。后者又由艾瑞克·乌尔夫（E. Wolf）进行了进一步的分类。"根据艾瑞克·乌尔夫的观点，法学责任论可以进一步分类为解释学的、法理学的责任论，规范的、伦理的责任论以及认识的、心理学的责任论三大系统。"⑦ 本书认为迈茨格的人格责任论既不属于犯罪学上的人格责任论，也不属于法理学上的人格责任论，而应该看作刑法教义学上的人格责任论，属于相对于"不法"的归责意义上的"罪责"责任。同时，迈茨格的"人格责任论既不同于主张应该将责任规定为纯粹性格论的征表学派的见解，也不同于主张责任是性格责任的性格责任论的见

---

① Edmund Mezger, *Strafrecht*, Verlag von Duncker & Humblot, Berlin und München, 1949, S. 270-271.
② 参见〔德〕克劳斯·罗克辛《德国刑法学总论》（第1卷）第3版，王世洲译，法律出版社，2005，第183页。
③ 川崎一夫「メッガーの性格論的責任論」『創価大学』第1卷第2号、1972、92頁。
④ 〔日〕大塚仁：《刑法概说（总论）》第3版，冯军译，中国人民大学出版社，2003，第376页。
⑤ 川崎一夫「メッガーの性格論的責任論」『創価大学』第1卷第2号、1972、92頁。
⑥ 川崎一夫「メッガーの性格論的責任論」『創価大学』第1卷第2号、1972、92頁。
⑦ 川崎一夫「メッガーの性格論的責任論」『創価大学』第1卷第2号、1972、92頁。

解"①。迈茨格的人格责任论是指以行为人为核心建构起来的归责理论，与贝林所主张的客观的责任论相对立，属于刑法理论上的另一支责任论。

从社会责任论的角度看，"对社会责任的程度只用所谓行为的人格相当性的观点就可以决定"②。但是根据迈茨格的人格责任论，"责任的问题，尽管可以与特定的人格相关联而提起，但是人格自身的性质并不能用行为责任的标准来度量"③。"罪责"是需要通过判断是否符合"不法"这样的刑法先决条件才能够决定的，只有行为人的性格不足以决定行为人的"罪责"。更进一步讲，迈茨格的人格责任论中的"人格"与归责的理由有关，与行为的原因无关。换言之，迈茨格所言的"人格"与是否违反了作为"责任"的命令有关，与为什么违反"责任"命令无关。

川崎一夫认为迈茨格的"罪责"理论还有一个特点，那就是"迈茨格确认了危险性概念，明确立足于责任与危险性的二元主义上"④。换言之，"罪责"是对行为人的行为进行历史性的回顾而做出的清算，"危险性"却是指向行为人未来的。既然"危险性"是指向未来的，那么行为人依然有不选择"危险行为"的可能性，所以不应该"提前"对此清算。迈茨格认为，"罪责的本质在所有的点上……都不同于危险性的本质。罪责是将存在于过去的行为者自己所为的具体的、心理学的关系与存在于当下的人格的、大概是外部的诸事情相关联的回顾；而危险是将在关于行为者将来的举动的人格论中具有的根据的预测放置于视野中"⑤。也就是说，"罪责"因为与人格相关，所以与过去相关联；而"危险性"因为与行为相关，所以与将来相关联。它们指向的方向不同，于是它们的本质就存在差异。这种观点从逻辑上讲是可以成立的，问题在于：这样的理论如何处理"危险犯"的问题？如果迈茨格所言的"危险性"与刑法中防范于未然的规定有关的话，就无法解释清楚"罪责"与"危险性"之间的关系了。如果其与刑法中规定的"危险犯"无关，那么迈茨格的"危险性"与"罪责"是否二分，在刑法理论上就没有直接的理论意义了。

---

① 川崎一夫「メッガーの性格論的責任論」『創価大学』第 1 巻第 2 号、1972、96 頁。
② 川崎一夫「メッガーの性格論的責任論」『創価大学』第 1 巻第 2 号、1972、98 頁。
③ 川崎一夫「メッガーの性格論的責任論」『創価大学』第 1 巻第 2 号、1972、98 頁。
④ 川崎一夫「メッガーの性格論的責任論」『創価大学』第 1 巻第 2 号、1972、95 頁。
⑤ 川崎一夫「メッガーの性格論的責任論」『創価大学』第 1 巻第 2 号、1972、95 頁。

川崎一夫认为迈茨格主张"在责任判断的情形下，该机能是情绪的、规范的；在危险判断的情形下是认识的、记述性的"①。本书认为，川崎一夫将迈茨格理论的"责任论"分成"罪责"和"危险性"来理解是存在疑问的。迈茨格的"责任论"应该分成作为命令的"责任"和作为规范的"罪责"，但是不应该分成"责任"和"危险"。作为命令的"责任"是认识性的、记述性的，但是不应该用"危险"来取代"责任"一词。本书认为，日本的刑法理论没能够区别"责任"和"罪责"是造成以上误解的重要因素。川崎一夫所言的"责任判断"就是"罪责判断"，而他所言的"危险判断"就是"责任判断"。因此，即便是以上川崎一夫所言的迈茨格的"责任与危险性"的二元论，也应该看作"责任与罪责"的二元论。

2. 规范性的"罪责"

从迈茨格的理论特点来看，"罪责""'可以确定'属于规范的责任论的谱系"②。迈茨格自己也主张"罪责"是规范性的罪责，他认为，"罪责也一直是罪责真相（规范的罪责观点）的价值内容。关于罪责的这一观点符合现在主流的观点"③。其实在迈茨格的时代，"规范性的罪责"已经成为主流的观点，就连麦耶发现的"规范的构成要件"中的"罪责"也是规范的。

迈茨格认为，"通过价值评价，校正将变成对罪责产生意义的心理真相。它首先是在确定的事实真相中的评价"④。从这一点来看，我们也可以说迈茨格主张的"罪责"是行为人的"心理"（人格）性的罪责。这一点与李斯特主张的罪责概念是相同的，但是不同于贝林主张的"责任类型"。迈茨格认为"罪责"其实是决定性的要素之一，因为"用尽所有关系表示并不能证明其实质"⑤，只有产生心理上的"罪责"关系才能决定事实的真相。

"当罪责不是确定不变的心理真相，而是规范的评价真相时，通过规范的罪责观点，人们就得以认识它。"⑥ 人们可以通过对"罪责"的评价，认识罪责。就行为人而言，他的"认知"和"心理"也不同。"认知"是一种能力，而"心理"只能决定行为的性质。但是传统的犯罪论中的"罪责"是没有区

---

①　川崎一夫「メッガーの性格論的責任論」『創価大学』第 1 巻第 2 号、1972、96 頁。

②　川崎一夫「メッガーの性格論的責任論」『創価大学』第 1 巻第 2 号、1972、92 頁。

③　Edmund Mezger, *Strafrecht*, Verlag von Duncker & Humblot, Berlin und München, 1949, S. 248.

④　Edmund Mezger, *Strafrecht*, Verlag von Duncker & Humblot, Berlin und München, 1949, S. 249.

⑤　Edmund Mezger, *Strafrecht*, Verlag von Duncker & Humblot, Berlin und München, 1949, S. 249.

⑥　Edmund Mezger, *Strafrecht*, Verlag von Duncker & Humblot, Berlin und München, 1949, S. 249−250.

别两者的。进一步讲,李斯特、贝林甚至麦耶主张的"罪责"概念都混同了"认知"和"心理"的"罪责"概念,而迈茨格将两者进行了本质上的区别。尽管在理论上也存在关于"按照自我意志行事的自由"应该属于哪一个领域的争论,但是迈茨格指出,"所谓按照自我意志行事的自由的争论——在非决定论和决定论上——都没有涉及刑法罪责概念的存在"①。

川崎一夫认为迈茨格的"罪责"的决定事由涉及"行为人的人格的相当性"和"行为人的社会相当性"②,但是两者不同。"行为人的人格相当性趋向于刑罚的加重;而行为人的社会相当性趋向于刑罚的减轻。"③ 也就是说,"行为人的人格相当性的问题决定责任的轻重;行为人的社会相当性的问题决定责任的种类"④。但是本书认为,"行为人的人格相当性"决定责任(罪责)的种类,而"行为人的社会相当性"决定责任(罪责)的轻重。因为"故意"或者"过失"是由行为人的人格特征决定的,并不取决于社会相当性。相反,行为人的社会相当性却能够影响行为人承担"罪责"的轻重。不过,这两者都涉及"可谴责性"的问题。

3. "可谴责性"

"罪责不仅是罪责真相,还是可谴责的罪责真相。"⑤ 只是将"责任"归咎于"行为人"是不够的,"行为人"的行为必须是应该承受可谴责性的,而且"行为人"也必须有能力承受这种"可谴责性"。"罪责首先在法律心理上是最确定的真相〔罪责真相(Schuldsachverhalt)〕,可谴责的存在连接了可指向的行为人和行为人的认知。"⑥ 如果"行为人"没有认知能力,那就意味着欠缺"可谴责性"。在这个意义上讲,"罪责判断"就是"人格非难可能性的判断"⑦,也就是"归责"的判断。

迈茨格认为,"在这个认知中的罪责也意味着实行者符合实际的刑法先决条件的个人象征,因此它足以处罚某个人。当他该当违法性和行为构成要件

---

① Edmund Mezger, *Strafrecht*, Verlag von Duncker & Humblot, Berlin und München, 1949, S. 251.
② 参见川崎一夫「メッガーの性格論的責任論」『創価大学』第 1 卷第 2 号、1972、97 頁。
③ 川崎一夫「メッガーの性格論的責任論」『創価大学』第 1 卷第 2 号、1972、98 頁。
④ 川崎一夫「メッガーの性格論的責任論」『創価大学』第 1 卷第 2 号、1972、98 頁。
⑤ Edmund Mezger, *Strafrecht*, Verlag von Duncker & Humblot, Berlin und München, 1949, S. 249.
⑥ Edmund Mezger, *Strafrecht*, Verlag von Duncker & Humblot, Berlin und München, 1949, S. 248.
⑦ 川崎一夫「メッガーの性格論的責任論」『創価大学』第 1 卷第 2 号、1972、97 頁。

符合性时，他还必须变成可谴责的人"①。当行为人没有实行违法的、该当构成要件符合性的行为时，事实上他就不可能将自己变成"可谴责"的对象。这个时候"罪责"是无法成立的。即便行为人实行了违法的、该当构成要件符合性的行为，当他不能将自己变成"可谴责"的对象时，"罪责"也不能成立。

"但是，论者把'可谴责性'考虑为之后将责任实质性地从不法（法益侵害）中区别出来的'规范可能性的'责任要素。如此，故意、过失就从所谓责任种类的地位上向单纯的责任形式转落。"② 齐藤金作的意思是如果把"可谴责性"看作从"不法"中区别出来的"规范性责任要素"，故意、过失就会从"责任种类"变成单纯的"责任"。由于日语中没有"责任"和"罪责"之分，因此在这里需要作进一步的解释。对齐藤金作的意思作进一步阐释，就是如果把"可谴责性"看作从"不法－罪责"系统中区别出来的规范性的"罪责要素"，故意、过失就会从"罪责的种类"变成单纯的"责任的（种类）"。齐藤金作其实还是将迈茨格的理论分成等级而论述的，因为他对迈茨格的理论至少区分出了"责任"和"罪责"之间不同的层级差别，只是由于日语用词的有限性不能表述清楚而已。如果是这样，我们就会发现齐藤金作的批判是有道理的，因为当把"可谴责性"与"故意、过失"相并列的时候，故意、过失在性质上就降级了。换言之，齐藤金作的观点是：不能将迈茨格的"可谴责性"看作与"不法"相区别的规范性要件，这样就可以保全故意、过失的"罪责种类"的地位。

本书认为迈茨格理论中的"可谴责性"的功能是"归责"，而不是"罪责形式"或者"罪责种类"。在"罪责"理论中本来就存在与"归责"理论、因果关系理论相互纠缠的倾向性，因此才呈现出以上难以解释的问题。鉴于"归责"问题是一个宏大的问题，这里不再进一步展开论述，只是点到为止。

4. 罪责形式

"法律上的构成要件争论的重点在于所谓结果责任和罪责责任之间的罪责形式领域，特指故意，而不是过失。"③ 川崎一夫认为迈茨格"在种种责任要素（除了责任能力、责任形式、责任阻却事由）中，只考虑故意和过失。因

---

① Edmund Mezger, *Strafrecht*, Verlag von Duncker & Humblot, Berlin und München, 1949, S. 248.

② 齐藤金作訳「ガラス. 犯罪論の現状 I」『早稲田法学』第 32 巻第 1. 2 号、1956、246 頁。

③ Edmund Mezger, *Strafrecht*, Verlag von Duncker & Humblot, Berlin und München, 1949, S. 261.

为他将责任能力置于限定责任能力的问题中考虑，将责任阻却事由与一般构成要件的阶段相关联进行考虑"①。本书认为川崎一夫只认识到了迈茨格理论有"种种责任要素"，但因为没有意识到迈茨格理论结构的特征，所以他无法解释"种种责任要素"的分配问题。本书认为迈茨格在"罪责"阶段中所言的"责任要素"就是故意和过失两种罪责形式，而关于责任能力以及责任阻却事由是在纳入"不法"框架下的"三要件"之"责任"中所论述的内容。如果能够认识到迈茨格的理论结构，川崎一夫以上的"困惑"就能迎刃而解。

小野清一郎对迈茨格的批判也存在与川崎一夫相同的问题，他指出，"将责任完全置于构成要件之外的做法本身就忽视了犯罪概念的统一性。犯罪，归根到底是具有可罚性的行为，其实体应当既是违法行为又是道义责任的行为"②。本书认为小野清一郎的批判没有在迈茨格的理论结构中得到论证。小野清一郎所言的"责任"并不是单纯的作为命令的责任，还包括"罪责"在内。他所言的"构成要件"也不像迈茨格那样是放置在"不法"中的"三要件"。因为迈茨格的"责任"与"罪责"所在的系统不同，所以它们担当的功能也不同。但是，小野清一郎在没有区分两个系统的情形下，就已经断定迈茨格的理论存在以上所言的"错误"了。与此相比，罗克辛的评价更加客观。尽管罗克辛认为迈茨格的"这个概念虽然在原则上维持了客观不法和主观罪责的划分，同时把故意称作罪责形式"③，不过，以下一点还是暴露了罗克辛没有认清迈茨格的理论结构，因为他认为"它必须承认有例外的情况存在，并且因此必须为不法和罪责的区分寻找另一种说明"④。

四　"不法"与"罪责"之间的关系

在迈茨格看来，"不法和罪责根本就不能分离"⑤。既然"不法"和"罪责"形成一个系统，那么两者之间的关系一定是非常紧密的，但是迈茨格这样主张明确的观点比较少见，毕竟"不法"与"罪责"所属的领域和具有的

---

① 川崎一夫「メッガーの性格論的責任論」『創価大学』第 1 巻第 2 号、1972、102 頁。

② 小野清一郎『犯罪構成要件の理論』有斐閣、1953、37 頁。

③ 〔德〕克劳斯·罗克辛：《德国刑法学总论》（第 1 卷）第 3 版，王世洲译，法律出版社，2005，第 122 页。

④ 〔德〕克劳斯·罗克辛：《德国刑法学总论》（第 1 卷）第 3 版，王世洲译，法律出版社，2005，第 122 页。

⑤ Edmund Mezger, *Strafrecht*, Verlag von Duncker & Humblot, Berlin und München, 1949, S. 166.

功能不同。尽管如此，迈茨格依然明确指出，"没有不法就不能使行为人承担罪责。因此，所有的刑事不法必须是一个行为，同样，所有的刑事罪责也必须是一个行为的罪责。这样的罪责内容是在犯罪不法本质上的关系"①。本书认为，迈茨格所强调的是"不法"，是"罪责"的存在前提，而不是它们关系的一体性。迈茨格认为如果没有"不法"行为的存在，就不可能存在要承担"罪责"的行为人的责任。"罪责仅仅是不法的确定性特征，这个特性也就是对实行行为人的人格的刑事谴责。对欠缺犯罪的不法，很难想象罪责。"②因此，"罪责对不法存在绝对的从属关系。人们要求罪责要素，在刑法根据中，重要的不是对它的过高评价和它的独立自主性，而是实行危害的实质性刑法根据（贝林）。罪责是界限，但不是处罚的独立自主的根据"③。迈茨格没有像客观主义的犯罪论者那样强调"不法"与"罪责"绝对独立的关系，因为他认为"罪责"并不是"独立自主"的要素，他主张它们之间的从属关系。从这一个角度也能证明，迈茨格的"不法-罪责"虽不是一体性的，但是不能分离开来的关系。本书认为，关于迈茨格对"不法-罪责"之间的关系无须多论证，这不仅因为如他明确指出的那样，两者是不可分离的，而且因为在迈茨格的理论框架中，"三要件"系统与"不法-罪责"系统之间也没有分离。正是"三要件"在"不法"中的存在，进一步拉近了"不法-罪责"之间的关系。尽管主观方面的各要素分散在不同的层级中，但是它们毕竟都属于主观方面的要件要素，它们之间的内在关联性也意味着"三要件"系统与"不法-罪责"系统之间关系的紧密性。

比起两者之间的关系，后世的学者更为重视迈茨格理论中"不法"与"罪责"之间的区别，这是因为迈茨格没有明确它们各自的功能。罗克辛认为迈茨格"客观的不法"和"主观的罪责"之间的区分是不彻底的，④ 但是本书认为，罗克辛对迈茨格的理论结构没有充分的评估，所以认为"不法"与"罪责"的区分"需要"进一步的说明。事实上，从迈茨格的理论结构来看，它们之间的区别是非常明确的，就是在"罪责"方面，比他之前的所有理论

① Edmund Mezger, *Strafrecht*, Verlag von Duncker & Humblot, Berlin und München, 1949, S. 254.
② Edmund Mezger, *Strafrecht*, Verlag von Duncker & Humblot, Berlin und München, 1949, S. 254.
③ Edmund Mezger, *Strafrecht*, Verlag von Duncker & Humblot, Berlin und München, 1949, S. 254.
④ 参见〔德〕克劳斯·罗克辛《德国刑法学总论》（第1卷）第3版，王世洲译，法律出版社，2005，第122页。

都更为成熟地区别了"责任"和"罪责"从属的范畴。正因为有如此清晰的区别,才能够说他的理论结构在融合方面的深度。虽然罗克辛认为"人们在一种不同的评价方式中找到了这个区别:构成行为在其社会危害性的观点下被评价为对不法的赞同,在应受谴责性(Vorwerfbarkeit)的观点下被评价为对罪责的确定。罪责作为'应受谴责性'的理解,称为所谓的规范性罪责概念"①,但是,本书认为罗克辛这样的区分是从"归责"的角度做出的,并不适合对迈茨格"不法"与"罪责"关系的评价。因为在迈茨格的理论中,"不法"和"罪责"不仅有"归责"的功能,还有更为重要的判断行为、评价行为的功能。

迈茨格"把不法看成是一种没有具体指向的(adressenlose)客观的评价规范,并且从以具体的法服从(Rechtsunterworfenen)为指向的主观的确定性规范(Bestimmungsnorm)出发,首先推导出这种规范应该以罪责为基础的结论"②。本书认为罗克辛所主张的这种观点——既然是对"不法"的判断,那么就应该是客观的,既然是对"罪责"的判断,那么就应该涉及具体行为人的主观的判断——的确代表了当下德国的主流观点,但是他并没有从迈茨格理论的角度来评价迈茨格的理论。本书认为迈茨格的理论本来就是为了抹掉"客观的不法"和"主观的罪责"这种二分而建构的理论,这样的理论设定本身并没有什么逻辑问题。比这更为重要的是,他能够将这种主客观统一起来。

"迈茨格以后的所谓新构成要件论,由于认为构成要件是不法类型或违法类型,因而把构成要件论置放到违法论之中,让它与责任论对立起来。于是,'构成要件-违法性-责任'的体系就变成了'行为-违法类型(=构成要件)-责任'的体系。"③本书认为小野清一郎还是没有从迈茨格的理论结构上看清楚迈茨格"构成要件"系统与"不法-罪责"系统之间的关系。而且,由于小野清一郎也不能区别出"责任"与"罪责"之间的不同,他对迈茨格的理论结构的批判是无法成立的。但是,有一点可以肯定,小野清一郎认为迈茨格

① 〔德〕克劳斯·罗克辛:《德国刑法学总论》(第1卷)第3版,王世洲译,法律出版社,2005,第122页。
② 〔德〕克劳斯·罗克辛:《德国刑法学总论》(第1卷)第3版,王世洲译,法律出版社,2005,第212页。
③ 小野清一郎『犯罪構成要件の理論』有斐閣、1953、23頁。

的"不法"与"罪责"之间的关系并不完全像迈茨格所主张的那样是紧密关联的。或者换一个角度来看，迈茨格依然保留了"不法"与"罪责"的不同功能。

五　小结

如松宫孝明所指出的那样，"坚持构成要件（符合性）的'故意规制机能'还是'违法性推定机能'优先的问题，对 1930 年左右的德国刑法来讲，确实是一个争论点"①。主张客观主义犯罪论的"贝林不承认主观的违法要素，以将此全部作为责任要素，尝试调和两个机能"②。尽管麦耶不同于贝林，"麦耶在持续承认主观的违法要素的同时，却不将此放入构成要件（符合性）中，与'违法性推定机能'相比更加优先适用'故意规制机能'"③，但是，麦耶的主张并不彻底，恰恰是"迈茨格承认违法要素并且优先于'故意机制机能'适用'违法性推定机能'，以至于将'构成要件（符合性）概念'从德国刑法旧第 59 条中隔离开来，形成了所谓的'新构成要件论'"④。在这个意义上讲，迈茨格才是"新构成要件论"的创造者及完成者。

迈茨格认为犯罪有两个根本先决条件，一个是客观的违法性，另一个是被告个人，⑤ 也就是说一个是客观的违法性（不法），另一个是连接客观的不法与主观的罪责的行为人。如果从这一点来看，迈茨格的构成要件可以说就是二要件说。尽管迈茨格在整体的理论结构上放弃了"三要件"系统，采用了"违法–罪责"系统，但是在不法中，他依然认为"三要件"系统是非常重要的，他指出"刑法有一个明确的基础，那就是最高级的、富有意义的后盾措施：构成要件"⑥。也就是说，"构成要件"是"不法"的明确基础和后盾。如上所述，"三要件"是"不法"的实质性内涵。

---

① 松宮孝明「日本とドイツにおける構成要件論の異同」『立命館法学』第 5.6 号（第 357.358 号）、2014、226 頁。

② 松宮孝明「日本とドイツにおける構成要件論の異同」『立命館法学』第 5.6 号（第 357.358 号）、2014、226 頁。

③ 松宮孝明「日本とドイツにおける構成要件論の異同」『立命館法学』第 5.6 号（第 357.358 号）、2014、226-227 頁。

④ 松宮孝明「日本とドイツにおける構成要件論の異同」『立命館法学』第 5.6 号（第 357.358 号）、2014、227 頁。

⑤ Edmund Mezger, *Strafrecht*, Verlag von Duncker & Humblot, Berlin und München, 1949, S. 166.

⑥ Edmund Mezger, *Strafrecht*, Verlag von Duncker & Humblot, Berlin und München, 1949, S. 174.

"这种把行为构成当作一种临时性不法鉴定的理论，通过新康德主义……的'与价值相联系的思考方法'而获得了决定性推动力。在今天的学术领域中，这种理论仍然具有重大的影响。的确，对行为构成的规范性认识引出了这样一个问题，作为与违法性相对的行为构成，到底是否能够保持住自己作为独立的体系性范畴的地位。"① 尽管罗克辛肯定了迈茨格的理论价值，但是罗克辛也指出了对该理论特色的"担心"。在迈茨格的理论结构中，似乎没有"三要件"系统，但是，本书认为这不过是一个假象。即便"三要件"系统内含于"不法－罪责"系统中，它也是一个完整的"三要件"系统。因此，内含于"不法－罪责"系统中的"三要件"系统理论结构就成为迈茨格理论的一个特色。

迈茨格指出"犯罪是指谁涉及构成要件"②，因此我们可以说迈茨格的犯罪构成要件理论是一个关于"行为人"的、主观主义的理论。"行为不法复杂化，而且必须罩上行为人的这种罪责，这种状况从属于所有刑法构成要件。这些构成要件是刑事不法评价的真正的载体。"③ 这明确地表明了迈茨格主观的犯罪构成要件理论的性质。

总而言之，正因为迈茨格从古典的犯罪论——"三要件"系统以及"三要件"与"不法－罪责"双系统"回归"到形式上的单系统——内含"三要件"系统的"违法－罪责"系统，所以才有威尔泽尔打破这种（形式上的）单系统的犯罪构成要件理论，进一步"回归"双系统理论的观点。

第4节　小结

新古典学派试图解构的是古典学派的作为法律概念的、形而上学层级上的构成要件理论，但是，新古典主义学派的学者并没有真正放弃古典的"三要件"理论系统。麦耶在理论中，明确地选择了李斯特非常明快的"三要件"系统，与李斯特不同的是，麦耶在他的"三要件"系统中加入了"不法－罪责"系统，以"事实的、规范的构成要件"区别于李斯特的"作为法律概念

---

① 〔德〕克劳斯·罗克辛：《德国刑法学总论》（第1卷）第3版，王世洲译，法律出版社，2005，第184~185页。

② Edmund Mezger, *Strafrecht*, Verlag von Duncker & Humblot, Berlin und München, 1949, S. 173.

③ Edmund Mezger, *Strafrecht*, Verlag von Duncker & Humblot, Berlin und München, 1949, S. 176.

的构成要件"。但是，麦耶的"事实的、规范的构成要件"并没有因为在"三要件"系统中加入"不法－罪责"系统而等同于贝林的"类型"的构成要件，并且在理论结构上麦耶也没有采用贝林的"类型"的理论结构。当然，麦耶没有找到比贝林的类型结构更为合理的、能够将"不法－罪责"系统更好地融入"三要件"系统的理论结构，这导致麦耶的理论结构呈现为在两个系统之间左右摇摆的不稳定结构。

迈茨格的理论也是试图将"三要件"系统与"不法－罪责"系统相结合的理论，从结构上看不同于贝林、麦耶以"三要件"系统为底色加入"不法－罪责"系统的理论，而是反过来以"不法－罪责"系统为底色加入"三要件"系统。更准确地讲，迈茨格是将李斯特所主张的"三要件"系统导入"不法"之中，并与"罪责"相并列，形成一个不同于传统"不法－罪责"系统的"违法－罪责"新系统。"迈茨格继承了贝林的犯罪类型的观点，但是同时在法律上的构成要件中发现了规范性及其主观要素，从而将构成要件和违法性紧密地结合在一起。"[1] 本书认为迈茨格的确发现并使用了"主观的不法要素"，将"构成要件符合性"和"违法性"紧密地结合起来，但是迈茨格并没有采用与贝林相同的理论结构，更没有采用贝林的"类型"的理论结构。同时，迈茨格的理论也不同于麦耶的理论，尽管迈茨格与麦耶一样承认"构成要件符合性"中存在规范的要素和主观的违法要素，而且还超越了不彻底的只停留在"规范情节"层次的规范要素的麦耶的理论，但是，迈茨格比麦耶更彻底地承认"构成要件符合性"中所有的规范性要素和"主观的违法要素"，从而将"构成要件符合性"与"违法性"更加紧密地联系起来。正因为迈茨格的"构成要件符合性"融入了"不法"的价值判断，所以"构成要件符合性"也具有了规范性特征。不仅如此，迈茨格还将"构成要件符合性"中的合法性要素——违法性阻却事由全部排除出去，从而将"构成要件符合性"和"违法性"等同起来，即"构成要件该当性不仅限于特殊的违法性的认识根据，而且是它的存在根据。他认为凡是符合构成要件的行为，只要没有特别的违法性阻却事由，即是违法行为"[2]。这样，迈茨格彻底地颠覆了古典的犯罪构成要件理论。

---

[1] 小野清一郎『犯罪構成要件の理論』有斐閣、1953、17頁。
[2] 小野清一郎『犯罪構成要件の理論』有斐閣、1953、17-18頁。

如此，就像罗克辛指出的那样，古典犯罪理论"这种特别清楚和特别简单的犯罪理论，在引入'新古典'体系之后就崩溃了"①。本书认为，新犯罪构成要件理论"颠覆"古典的犯罪构成要件理论是从理论结构上开始的，"犯罪构造由此发生结构变化的原因，存在于这样的理解（Erkenntnis）之中：不法并不是在所有的情况下，都可以通过纯客观的特征来说明的，反过来说，罪责也并不是绝对地只能使用主观因素才能建立的"②。简言之，新古典的理论承认传统的"客观不法"中存在主观的要素，传统的"主观的罪责"中也存在客观的要素。从此，"客观不法"的主观化和"主观罪责"的客观化就成为一种主流的观点。新犯罪构成要件理论是一个"不区分"主客观的理论，是完全地实现了主客观统一的理论。当然，新古典的理论也同样存在潜在的结构性危机。

①〔德〕克劳斯·罗克辛：《德国刑法学总论》（第1卷）第3版，王世洲译，法律出版社，2005，第122页。
②〔德〕克劳斯·罗克辛：《德国刑法学总论》（第1卷）第3版，王世洲译，法律出版社，2005，第122页。

第3章　威尔泽尔循环且重叠的双系统理论

第1节　本章的论点所在

如前所述，李斯特的犯罪构成要件理论是典型的双系统的理论，双层的"三要件"理论是李斯特的创新性理论。贝林的犯罪构成要件理论是将李斯特的双系统统合成一个新的双系统的理论。虽然自新古典学派以后，理论界一直在解构贝林的双系统结构，但是同时又将两个不同的系统结合得更为紧密。新古典的理论方式不同于贝林的理论方式，它们"解构"但同时又"加强"古典的"三要件"系统和"不法－罪责"系统之间的融合。它们加强的基本方式或是在"三要件"系统中融入"不法－罪责"系统以凸显"三要件"式的犯罪构成要件系统，或是在"不法－罪责"系统中融入"三要件"系统以加强"不法－罪责"系统。威尔泽尔的理论与新古典的犯罪构成要件理论不同，试图解构自贝林以后将两个系统融合在一起的所有理论，从而"重新"回到德国传统的"不法－罪责"的二元论体系上来。其标志就是完全抛弃了对"刑法条文"的解释论，而开启了对行为人的行为的解释论。具体而言，尽管新古典学派的麦耶、迈茨格也是古典犯罪构成要件理论的解构者，但是他们依然是在对刑法条文的解释论中的解构者（构成要件理论的认识对象依然是刑法条文），但是到威尔泽尔的时候，他的解释论（"三要件"系统）就从对刑法条文的解释论转变为对行为人的行为本身的解释论了。

尽管说威尔泽尔解构了李斯特－贝林犯罪论，使德国的刑法理论再一次回到以"不法－罪责"为核心的轨道上来，但是这种回归并不是回到李斯特、贝林之前的"不法－罪责"的归责论。如果说李斯特、贝林是把"三要件"的理论从归责论中清理出来的学者的话，那么我们也同样可以说威尔泽尔是把"不法－罪责"从归责论中清理出来的学者。如雅克布斯所指出的那样，"他为了使刑法归责得以体系化和正当化，即为了科学地研究刑法归责而提出的构想"①，他清理的目的就是使"不法-罪责"理论体系化。

尽管威尔泽尔解构了自古典的犯罪构成要件理论以后的"三要件"系统，但是"三要件"系统依然是他的刑法理论中非常重要的构成部分，如罗克辛所言，"韦尔策尔在自己的中期又重新靠向贝林的行为构成的无价值性"②。尽管如此，威尔泽尔的"三要件"理论依然不同于古典的"三要件"理论，其在克服科学主义的、实证主义的"因果行为论"方面做出了极大的贡献。威尔泽尔提出的"目的行为论"对他的"三要件"的影响也是不可忽视的。虽然本书不展开论述"目的行为论"，但是必须指出，"目的行为论"的发现本身就是区别威尔泽尔的犯罪构成要件理论与古典的、新古典的犯罪构成要件理论之间不同的最好证据。

关于威尔泽尔的犯罪构成理论到底是"三要件"理论，还是"二要件"理论，在刑法理论界中存在很大的争议。希尔施指出，"有一种错误理论将容许性构成要件的错误归入不法领域当中。如今，该说支持者们的主要做法是：要么，把不法构成要件划分为'成立不法'和欠缺'排除不法'这两部分（两阶层的犯罪构造）；要么，尽管在名义上支持三阶层的犯罪构造，但又认为，对'成立不法的'构成要件层面与涉及正当化问题的违法性层面这两者的划分，并无价值上的意义"③。这一评价指向对威尔泽尔的犯罪构成要件理论的两种不同观点。本书认为希尔施指出的在"不法-罪责"系统中融入"三要件"系统的威尔泽尔的理论特点是客观的评价，因为威尔泽尔的确是在"不法（行为）"中融入了"构成要件（构成要件符合性+违法性+责任）"系统，以凸显"不法-罪责"系统的特点。但是，一方面，威尔泽尔采用了"不法-罪责"的系统；另一方面，他又将"行为、不法行为、罪责"看作三要件理论：这的确容易从逻辑上引起误解。本书认为威尔泽尔的理论被看作

---

① 〔德〕京特·雅各布斯：《韦尔策尔对于当今刑法学的意义》，陈璇译，载〔德〕汉斯·韦尔策尔《目的行为论导论——刑法理论的新图景》，中国人民大学出版社，2015，"前言"第4页。

② 〔德〕克劳斯·罗克辛：《德国刑法学总论》（第1卷）第3版，王世洲译，法律出版社，2005，第189页。

③ 〔德〕汉斯·约阿希姆·希尔施：《纪念汉斯·韦尔策尔一百周年诞辰》，陈璇译，载〔德〕汉斯·韦尔策尔《目的行为论导论——刑法理论的新图景》，中国人民大学出版社，2015，第110~111页。

"二要件"与他所采用的双系统犯罪论有关，一方面，威尔泽尔明确地采用了"不法-罪责"系统，这很容易被看作"二要件"；另一方面，威尔泽尔继承了迈茨格的理论，即在"不法"的内部融入了"三要件"系统。从理论结构上看，其无论如何都可以与"二要件"挂钩，或者是"不法-罪责"的二要件，或者是"构成要件符合性+违法性+责任"-"罪责"的二要件。事实上，这两种情形都存在，一个是"三要件"系统，另一个是"不法-罪责"系统，在这两个系统之间的关系上，也显示出一种"二要件"的拟制模式，即"不法=构成要件符合性+违法性+责任"、"罪责"，这些拟制模式因此导致了以上的争论。但是，本书认为威尔泽尔的理论体系是以行为人为主导的双系统的理论体系，并不是单纯的二元结构的体系，尽管威尔泽尔本人试图解构这种体系。事实上，威尔泽尔的体系如图3-1所示，依然是以行为人为核心建构起来的双系统的理论体系。

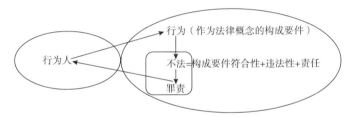

图3-1　威尔泽尔的犯罪构成理论体系

从威尔泽尔的视角来看，在刑法中行为人才是主体，因此，他的理论是从行为人切入的。行为人只有实行了行为才开始具有刑法上的意义，这是将人的一般的动作与思想区分开来的根本。但是，不是所有的行为都是刑法意义上的行为，只有"不法行为"才是刑法意义上的行为。具备什么条件才能够成为行为人的"不法行为"，就成为威尔泽尔理论的核心问题。本书认为威尔泽尔依然是以"三要件"来判断"不法行为"的。在理论形式上，威尔泽尔的"三要件"系统与迈茨格的相同，以内含"三要件"系统的"不法-罪责"系统为主。只有行为人的"不法行为"根据"三要件"成立，才进入"罪责"归属阶段。"罪责"的归属是由行为人来承受的。从行为人出发，再回到行为人，这个循环的系统就是威尔泽尔的犯罪构成理论的特征。

一方面，我们可以将"行为、不法行为、罪责"看作威尔泽尔的具有递进关系的理论，作为他的"行为构成"的系统；另一方面，我们也可以将威尔泽尔的行为的部分看作独立于"三要件"的行为理论的部分。在三者的递进关系中，其实内含着一个双重的"三要件"。尽管威尔泽尔所指的行为不同于古典的犯罪论所主张的因果行为，但是在犯罪构成要件的体系中，它依然可以看作具有"指导形象"功能的行为，因此，它具有"构成要件"要素的性质。既然如此，符合该"构成要件"（行为的构成要件）的行为，就可看作一个构成要件的"不法行为"。"不法行为"是指符合构成要件的违法行为。这在逻辑上不存在疑问。如此，具有构成要件符合性的行为、符合构成要件的违法性的"不法行为"以及"罪责"就构成了威尔泽尔理论的一个大的"三要件"。这一结构与麦耶的理论结构非常相似。如果将行为，即具有构成要件符合性的行为，看作单独的行为存在，在这种情形下，就形成了他的"不法（行为）–罪责"系统。但是，无论如何，我们都不能忽视在"不法（行为）"中存在的"构成要件符合性＋违法性＋责任"这"三要件"，在"不法"的框架下，这个"三要件"是内含在"不法"中的小的"三要件"，这就与以上所述的大的"三要件"一起形成双层的"三要件"体系。而且同时，"不法"内含的小"三要件"与"罪责"一起形成"不法–罪责"的二元理论。无论如何，我们都可以肯定威尔泽尔的犯罪论是两层三要件结构的双系统的构成要件理论。它既有两个层级的"三要件"的系统，也有"不法–罪责"系统。

本书认为威尔泽尔的犯罪构成要件理论是双系统的理论，与李斯特的理论不同的是，不仅犯罪"构成要件"的系统是创新的，"不法–罪责"系统也是创新的（见图3–2）。

尽管威尔泽尔的犯罪构成要件理论是双系统的，而且是相互重叠的，但无论是第一系统"三要件"理论，还是第二系统"不法–罪责"理论，都是平面的理论。尽管说"三要件"系统是双层"三要件"，但是它依然是平面的，这取决于威尔泽尔的犯罪构成理论本质上是"一要件"式结构。具体而言，"构成要件"就是指具备"构成要件符合性"、"违法性"、"责任"的全部内容。在没有违法性阻却事由的情形下，"违法性"就等同于"构成要件符合性"；在没有责任阻却的情形下，"责任"也可以等同于"构成要件符合性"。"构成要件符合性"与"构成要件"，只是因为介入了法官的主观能动性而有所区别。也因如此，"构成要件符合性"基本上"架空"了"违法性"、"责任"要件要素的内涵。如果不能说威尔泽尔的犯罪构成理论是"一

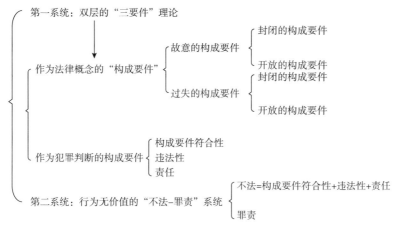

图3-2　威尔泽尔的双系统犯罪构成要件理论

要件"（因为毕竟存在形式上的"违法性"和"责任"要件）的话，那就不得不说他的犯罪构成要件理论是平面的了。

威尔泽尔的第二个系统也一样是平面的，只有"不法"的内涵，因为"罪责"也已经被"架空"了，如下文所述，威尔泽尔将"故意、过失"纳入"不法"之中，从而导致"罪责"空心化。

同时，这两个系统之间的关系是重叠的，这进一步强化了这种平面性的特征。总而言之，威尔泽尔的犯罪构成要件理论从结构上看是一个倾斜的、不平衡的、平面的而且存在多处重叠的理论。

本书认为与其说威尔泽尔的犯罪构成要件理论是对古典的和新古典的犯罪构成要件理论的突破，不如说它是一种新建，是在他的"目的行为论"的框架下的重建。

第2节　威尔泽尔双层平面的"三要件"系统

一　本节的论点

从威尔泽尔的理论结构来看，他的"三要件"系统可以说是双层理论，与李斯特的理论非常相似。第一层级是作为法律概念的"行为的构成要件"，第二层级是作为犯罪判断的构成要件。应该注意的是，威尔泽尔不仅在理论形式上采用了李斯特的理论结构，而且也继承了李斯特关于"构成要件"的概念。但是，威尔泽尔的理论与李斯特的理论存在本质区别。一方面，"客观行为构成，对于古典体系来说，详细阐明了行为构成的内容，对于新古典体系的草案来说，仅仅补充了主观性的行为构成因素，对目的性主义则是补充了故意"①。本书认为罗克辛的总结比较准确。威尔泽尔是"目的的行为论"的创始人，并且使用"目的行为论"颠覆了李斯特创建的"因果行为论"，"目的行为论"与"因果行为论"的根本差别就在于"主观的构成要件"在"构成要件符合性"中的地位。另一方面，尽管说威尔泽尔的"三要件"系统是双层的，但是第一层——作为法律概念的"行为的构成要件"，却不是"三要件"形式的，而是以"故意模式"和"过失模式"构成的。也就是说，威尔泽尔采用了李斯特理论结构的概念，但没有采用李斯特理论结构的模式。尽管他们的理论都是以阐释"行为"的构成为切入点的，但是其内涵千差万别。威尔泽尔的"三要件"理论结构如图3-3所示。

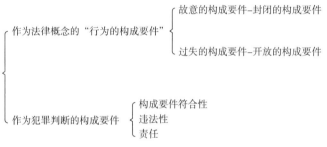

作为法律概念的"行为的构成要件"
　　故意的构成要件–封闭的构成要件
　　过失的构成要件–开放的构成要件

作为犯罪判断的构成要件
　　构成要件符合性
　　违法性
　　责任

图3-3　威尔泽尔的"三要件"理论结构

如图3-3所示，威尔泽尔的作为法律概念的"行为的构成要件"本质上是对刑法条文的概念化，这一点与李斯特的"作为法律概念的构成要件"是相同的。它们之间的不同在于李斯特的行为概念属于"因果行为论"，是机械的行为概念；而威尔泽尔的行为概念属于"目的行为论"，是能动的行为概念。本书认为威尔泽尔在他的理论构造中采用李斯特的理论结构，主要是为了凸显"目的行为论"的重要性，这也决定了他的犯罪（作为价值判断）的构成要件与李斯特的"作为价值判断的构成要件"的不同。如罗克辛所评价的那样，"目的理性的角度使得对客观行为构成的一种结果归责，取决于'在

---

① 〔德〕克劳斯·罗克辛：《德国刑法学总论》（第1卷）第3版，王世洲译，法律出版社，2005，第124页。

行为构成的作用范围内实现了一种不可允许的危险'，并且，在这里第一次使用一种以法律评价为导向的规则性工作（Regelwerk），来代替因果关系所具有的自然科学的即逻辑的范畴"①。

虽然威尔泽尔的"三要件"系统是双层的，但是本质上它不同于李斯特立体的双层结构，它是平面的。因为他的作为法律概念的"行为的构成要件"只是作为第二层——作为犯罪判断的"构成要件"中"该当"的对象（"构成要件"），即他所言的"禁止质料"，并不能当作一个"完善"的、与第二层的"三要件"相对应的"三要件"体系。如此，就与李斯特的理论出现巨大的差异。因为李斯特的"作为法律概念的构成要件"也是由"三要件"所组成的，并且与"作为价值判断的构成要件"相对应，是典型的双层结构的"三要件"系统。不过，虽然威尔泽尔的理论存在两个不同"层级"的"构成要件"，但是这两个不同层级的构成要件并没有形成完整的立体结构，作为法律概念的"行为的构成要件"只是"行为概念"的"构成要件"，并不能与作为犯罪判断的"构成要件"相对应。在这个理论形式上讲，威尔泽尔的犯罪构成要件系统只能说是平面的系统。之所以不能说它是单层的系统，是因为它的确存在双层的结构。

二　作为法律概念的"行为的构成要件"

1. "行为的构成要件"

"'构成要件'是刑法上规定的禁止质料；在刑法中，立法者特别认真、细致地对受到禁止的举动进行了事实性和对象性的描述，这种描述就是构成要件。"② 按照威尔泽尔的定义，我们可以断定"构成要件"首先是刑法条文的规定，即李斯特、贝林所言的法定的构成要件。因为这个"禁止质料"是对"行为举动"的描述，所以"构成要件"是描述性的。因为"构成要件"是法定的构成要件，所以它所描述的行为本质上不同于一般的行为，而特指刑法意义上的"犯罪行为"。总之，"行为的构成要件"就是指刑法意义上的行为的构成要件。

---

① 〔德〕克劳斯·罗克辛：《德国刑法学总论》（第1卷）第3版，王世洲译，法律出版社，2005，第124~125页。

② 〔德〕汉斯·韦尔策尔：《目的行为论导论——刑法理论的新图景》，陈璇译，中国人民大学出版社，2015，第21页。

从威尔泽尔所言的"构成要件"的功能上看，他的理论重点在于刑法上"裸的行为"，这不同于古典的犯罪构成要件理论中对刑法规定的"裸的行为"的概念化、规范化而解释出来的行为。后者所指的"三要件"系统的"构成要件"的功能指向对刑法条文的认识，而不指向对行为的认识。威尔泽尔的"构成要件"系统的功能是直接指向行为认知的，所以在作为法律概念的"行为的构成要件"层面才出现了以实行行为的行为人为核心的构成要件理论，即主观的犯罪构成要件理论。

只有这个被描述的"禁止质料"才是构成要件，那么，我们在一定程度上也可以确定，威尔泽尔理论中的"构成要件"就是指刑法条文本身，而不是"理论化"的法定的构成要件。而且，本书认为这里所指的刑法是指整部刑法典，因为威尔泽尔并没有将"构成要件"限制在刑法分则的法定的构成要件上，这意味着作为"禁止质料"的"构成要件"的范畴的广延性，也意味着其与李斯特只限定在刑法分则上的"作为法律概念的构成要件"的不同。不仅如此，威尔泽尔还指出，"实际上还存在着大量的构成要件，法律在这些构成要件中仅仅描述了构成要件要素中的一部分，而对于另一部分构成要件要素，法律只向法官说明了对构成要件加以补充的标准，从而授权法官对这部分要素的内容加以填补"①。也就是说，威尔泽尔所指的"构成要件"不仅指"封闭的"法定的构成要件，还指"开放的"构成要件。应该注意的是，通过这一点并不能说威尔泽尔创造了超越罪刑法定主义要求的犯罪构成理论，因为"开放的构成要件"本身也是刑法典所规定（允许）的。因此，威尔泽尔的"构成要件"的内涵比他之前所有的犯罪构成理论所言及的"构成要件"的内涵都要宽泛。虽然李斯特-贝林犯罪构成理论没有主张"开放的构成要件"的存在，但这并不等于"开放的构成要件"不存在于德国刑法中。尽管麦耶主张具有文化价值的"事实的构成要件"，但是他并没有就此指出表现文化价值的"封闭的构成要件"和"开放的构成要件"的事实是什么。迈茨格进一步规范了"构成要件"，但是他的规范性的"构成要件"也没有指明规范化的"封闭的"、"开放的"构成要件的规范性。因此，威尔泽尔指出的这一点，可以说是理论上的一大进步。

---

① 〔德〕汉斯·韦尔策尔：《目的行为论导论——刑法理论的新图景》，陈璇译，中国人民大学出版社，2015，第22页。

尽管威尔泽尔以上所言的"构成要件"是指刑法条文本身，是法定的构成要件，但是在威尔泽尔看来，这个法定的"构成要件是一个概念上的形象，它从概念上对可能出现的人的举动方式加以描述"①。进一步讲，威尔泽尔所言的法定的构成要件本身就是抽象化的、概念化的规定。也就是说，"构成要件"是一个犯罪的轮廓，如贝林所言的那样，是一个"指导形象"②。因此"构成要件"也是最抽象的概念。但应该注意的是，威尔泽尔所言的"构成要件"的概念化、抽象化是指法定的构成要件自身的概念化、抽象化的特征，是指立法者在规定法定的构成要件时，就把"犯罪行为"以概念化的、抽象化的形式（法定的构成要件）规定下来的事实。这不同于古典的犯罪构成要件理论中对法定的构成要件进行概念化、抽象化而得到的"认知"结果。如果是这样，威尔泽尔的观点就比古典的犯罪构成要件理论更进一步了。按照威尔泽尔的观点，既然（法定的）"构成要件"本身就是抽象的，那么对这个抽象的"构成要件"的理论研究岂不是抽象之抽象理论的研究？威尔泽尔追求的正是这一点。

尽管"构成要件是对受到禁止之举动（即对规范内容或者规范质料）的具体描述"③，然而毕竟"它是一个纯粹的概念形象"④。刑法的条文本身就是抽象的存在，"构成要件"理论的最初功能是抽象条文的"认识工具"。从立法的角度看，"禁止质料"不得不是一个抽象的概念，"构成要件"是一个对抽象概念（法定的构成要件）进行理论化的抽象概念。关于这一点，如果按照黑格尔的"否定之否定"理论，是不是可以说威尔泽尔的犯罪构成要件理论是一个具体的犯罪构成理论呢？因为作为抽象的"构成要件"理论解读了作为抽象的"法定的构成要件"。本书认为并非如此。威尔泽尔也指出，"构成要件的功能在于，对某一举动在刑法上的重要性（价值区别）进行实体性

---

① 〔德〕汉斯·韦尔策尔：《目的行为论导论——刑法理论的新图景》，陈璇译，中国人民大学出版社，2015，第22页。

② 〔德〕恩施特·贝林：《构成要件理论》，王安异译，中国人民公安大学出版社，2006，第4页。

③ 〔德〕汉斯·韦尔策尔：《目的行为论导论——刑法理论的新图景》，陈璇译，中国人民大学出版社，2015，第23页。

④ 〔德〕汉斯·韦尔策尔：《目的行为论导论——刑法理论的新图景》，陈璇译，中国人民大学出版社，2015，第23页。

的描述，从而使该重要性成为我们在清晰地认定违法性时所依据的对象性基础"①。本书认为在"构成要件"工具的使用上，威尔泽尔的理论并没有超越古典的、新古典的理论框架，与其不同的只是"构成要件"的工具所指向的对象不同。不过，威尔泽尔和李斯特指向的都是行为，但是李斯特指向的是具有"因果性"的行为，而威尔泽尔指向的是具有"目的性"的行为。

"法秩序必须对它的罪刑规定加以具体化，换言之，法秩序必须对它所禁止的举动给予实体性的描述，如杀人、盗窃、通奸等等。"② 如果让一个国民遵守法秩序，那么法秩序本身必须将自身的内容"具体化"，也就是贝林所言的"类型化"。体现在刑法上，法秩序的"具体化"就是对刑法典的"类型化"描述。而这种对刑法典的"类型化"描述就是对"禁止质料"的描述。为了能够更好地维持法秩序，"法秩序必须说明禁止性命令所针对的'质料'（Materie）。这种禁止的质料（Verbotsmaterie）（一个源自经院哲学自然法的概念）包含了对受到禁止之举动的事实性和对象性的描述"③。"禁止质料"就是用"构成要件"的形式描述被法规范禁止的一个行为的"事实性"和"对象性"。这样的"禁止质料"通常被称为法定的构成要件。必须注意的是，威尔泽尔所言的作为法律概念的"行为的构成要件"并不是法定的构成要件，而是对法定的构成要件理论化的认识工具。

威尔泽尔所指的"构成要件"也可以说是对刑法条文的"类型化"，这一点是对李斯特-贝林犯罪构成理论的继承。但是，与李斯特-贝林犯罪构成理论的构成要件不同的是，威尔泽尔的作为法律概念的"行为的构成要件"是由故意的构成要件和过失的构成要件构建的。

威尔泽尔在区分"封闭的构成要件"和"开放的构成要件"这一点上继承了迈茨格的观点。"他所要处理的是时空关系，感官可能受到的'客观状况'和事件经过的影响，在法规中立法者分别（描写）确定的部分，而评价

---

① 〔德〕汉斯·韦尔策尔：《目的行为论导论——刑法理论的新图景》，陈璇译，中国人民大学出版社，2015，第27页。

② 〔德〕汉斯·韦尔策尔：《目的行为论导论——刑法理论的新图景》，陈璇译，中国人民大学出版社，2015，第21页。

③ 〔德〕汉斯·韦尔策尔：《目的行为论导论——刑法理论的新图景》，陈璇译，中国人民大学出版社，2015，第21页。

者断定（认识）的判断部分。"① 本书认为这些都是威尔泽尔区分"封闭的构成要件"和"开放的构成要件"的先行准备。威尔泽尔正是在这些先行准备之上构建自己的理论的。

2. 故意的构成要件—封闭的构成要件

众所周知，威尔泽尔的犯罪构成要件理论是以"故意"为中心构建的，即便他将"构成要件"区分为"封闭的构成要件"和"开放的构成要件"两种，应该主要也是指故意犯的"构成要件"。从逻辑推理上讲，无论是故意的构成要件还是过失的构成要件，都应该具有"封闭的构成要件"和"开放的构成要件"之分，但是事实上，故意的构成要件通常是"封闭的构成要件"，而过失的构成要件多是"开放的构成要件"。

威尔泽尔认为"封闭的构成要件"要求"法律本身必须说明犯罪行为的具体要素，从而对禁止内容做出详尽的描述"②。在"封闭的构成要件"中，能够介入的主观因素是比较少的，相较于"开放的构成要件"，它更具客观性。这一点不存在疑问，问题在于：关于"封闭的构成要件"的"认知"、"适用"是否需要介入另一个理论？古典的犯罪构成要件理论主张只有对法定的构成要件进行理论化、概念化的认知，才能够客观地适用它。新古典的犯罪构成要件理论主张只有通过"规范性"地解读刑法条文才能够进行适用。那么，威尔泽尔对"封闭的构成要件"也一样要求"认知"和"解读"吗？他是如何"认知"和"解读"法律条文的呢？从威尔泽尔的理论中并不能得到答案，关于故意的"构成要件"，他也只是指出"封闭的构成要件"和"开放的构成要件"两种类型，再没有更深入的论述。这一点，与古典的"作为法律概念的三要件"理论是不同的。

（1）"故意"在"行为的构成要件"中的地位

罗克辛针对威尔泽尔的"故意"概念在"构成要件"中的地位指出，"故意，虽然在古典体系和新古典体系中被理解为罪责形式，并且人们在理解不法意识时也把它作为必要的构成部分，但是，在一个归结为因果控制的形式中，就已经作为行为构成的构成部分表现出来了。这就意味着不法被进一步地主观化了，相反，对于罪责来说，却意味着逐渐地非主观化和规范化

---

① Edmund Mezger, *Strafrecht*, Verlag von Duncker & Humblot, Berlin und München, 1949, S. 190.
② 〔德〕汉斯·韦尔策尔：《目的行为论导论——刑法理论的新图景》，陈璇译，中国人民大学出版社，2015，第22页。

（Entsubjektivierung und Nomativierung）"①。这里有两层含义：第一，"故意"在威尔泽尔的理论中属于"构成要件"的组成部分，比古典的、新古典的犯罪构成要件理论更进一步地拉近了"客观构成要件"和"主观构成要件"之间的关系；第二，这种拉近两者之间的关系，进一步导致了"客观构成要件"的主观化和"主观构成要件"的客观化。本书认为罗克辛的评判有一些笼统。首先，古典的犯罪论体系与新古典的犯罪论体系是不同的。古典的犯罪论体系非常明确地区分了"客观的违法性或者客观的不法"和"主观的责任或者罪责"之间的不同。也正是这样生硬的区分才招致新古典犯罪论支持者的反对，威尔泽尔拉近两者的关系也表示了他对古典犯罪构成要件理论的反对。新古典犯罪论通过"主观的违法要素"或"主观的不法要素"将古典犯罪论中纯粹的"客观的违法性"或"客观的不法"推向了主观化，但是最后完成这个进程的人是威尔泽尔，因为威尔泽尔不仅承认"客观的违法性"或者"客观的不法"中存在"主观的违法要素"或者"主观的不法要素"，而且在"不法"中融入了作为"罪责形式"的故意、过失。其次，关于"罪责形式"，古典的、新古典的犯罪论都认为其是纯粹的主观方面的要素。而威尔泽尔则将它"空心化"了。其实罗克辛自己也认为，"目的性的体系在这里就处在与古典体系正相反的位置上"②。以上所述的主要是从"三要件"系统的角度来论证的观点。从"不法-罪责"系统来看，就连古典的犯罪构成要件理论也不能排除将"罪责"客观化的特征。因为"不法-罪责"系统本身就具有缓解绝对区分"客观的违法性"和"主观的责任"的功能。新古典犯罪论，通过在"罪责"中导入作为"罪责形式"的故意、过失而使"罪责"也客观化了，因为"故意、过失"都是刑法条文明文规定的条款，不具有"可谴责性"、"期待可能性"、"社会危害性"那样抽象的主观性特征。但是，无论如何，威尔泽尔将"罪责"空心化都不能等同于将"罪责"客观化。

对"目的行为论"来说，"因为在人的行为的存在结构基础上，故意的构成行为只能存在于行为人有意识地和有意志地把因果过程引向符合行为

① 〔德〕克劳斯·罗克辛：《德国刑法学总论》（第1卷）第3版，王世洲译，法律出版社，2005，第122页。

② 〔德〕克劳斯·罗克辛：《德国刑法学总论》（第1卷）第3版，王世洲译，法律出版社，2005，第122页。

构成的结果上去的情况下，所以，与目的性（Finalität）毫无关系的违法性的意识就不是故意的条件。更准确地说，作为行为构成主观方面的故意，仅仅包含了上述意义中的目的性，同时，在不可避免的情况下缺乏的不法意识，排除的仅仅是罪责"①。这里有两层含义。第一，"故意"与"违法性"是相关联的。没有"故意"的"违法性"是无法成立的，反过来讲，没有"违法性"的"故意"也没有刑法教义学上的意义。"行为的构成要件"的成立既需要"故意"也需要"违法性"行为。第二，假设具有"目的性"的故意行为是在不可避免的情形下发生的，即便从形式上符合"不法意识"，也不具有"可谴责性"，因此它属于可以排除"罪责"的范畴。也就是说，就威尔泽尔而言，"故意犯罪的目的行为论的根本结论是：故意可以归属于行为或者不法构成要件，但不能是一个责任要素。之所以如此，是因为意思内容是决定行为目的性方向的因子。即关于故意行为，既然目的性的意思内容转向了被法所否认的结果的实现，那么故意作为确定行为目的性方向的因子，就必须成为行为的成分"②。首先，"故意"不能成为"责任要素"，也不能成为"罪责形式"，而只能是行为的构成要件要素，因为它本身就标志着行为的"目的性"。其次，因为"故意"决定了行为的指向性目标，也就是决定了行为的本质性。反过来，如果将故意作为责任要素，将违法的认识作为故意的要件的话，在欠缺违法认识的情形下，当然就丧失了故意责任。③ 从理论上讲，的确存在这种问题，但是，威尔泽尔的观点还是受到了批判，如内田文昭所指出的那样，"现在根本就没有彻底的故意说"④。

（2）作为认识工具的"故意"与作为答责的"故意"

威尔泽尔认为，"传统的故意理论（Vorsatztheorie）和他所主张的责任理论（Schuldtheorie）之间的对立，就是'认识原则'（Kenntnisprinzip）与'答

---

① 〔德〕克劳斯·罗克辛：《德国刑法学总论》（第 1 卷）第 3 版，王世洲译，法律出版社，2005，第 128～129 页。

② 内田文昭「H.ヴェルツェル目的行為論の領域における刑法の現実的諸問題」『法学会論集』（北海道大学）第 7 巻第 2 号、1956、122 頁。

③ 内田文昭「H.ヴェルツェル目的行為論の領域における刑法の現実的諸問題」『法学会論集』（北海道大学）第 7 巻第 2 号、1956、130 頁。

④ 内田文昭「H.ヴェルツェル目的行為論の領域における刑法の現実的諸問題」『法学会論集』（北海道大学）第 7 巻第 2 号、1956、130 頁。

责原则'（Verantwortungsprinzip）之间的对立"①。古典的故意理论通常是将"故意"当作命令的"责任"来理解的，它的功能在于认识刑法规定。与古典的故意理论不同，新古典的故意理论是将"故意"作为"罪责形式"来理解的，不过它的功能依然是"认识"刑法规定。

与传统的故意理论不同，"韦尔策尔意图将不法认识从故意中排除出去，并保持纯粹机械性的行为概念不变，这样一来，就可以避免出现在所有欠缺现实不法意识的场合都必须排除故意的现象"②。也就是说，"故意"的成立不再依靠"违法性"或者"不法"，故意是一个纯粹的行为的构成要素。但是，本书认为，如果从威尔泽尔理论的整体性结构来看，雅克布斯的观点就难以成立。因为威尔泽尔的"三要件"系统是内含在"不法"之中的。换言之，无论如何，威尔泽尔都不会极力排除"不法"的认识。雅克布斯在这里的意思应该是：在"行为概念"的阶段，不能排除"故意"的存在。雅克布斯认为，"威尔泽尔将故意的对象限定在构成要件之上，这与他在犯罪参与理论中选择采用限制的从属性是密切相关的"③，因为威尔泽尔认为，"在故意犯中，故意是主观构成要件的一个要素，因此，当我们在考察某个故意行为的构成要件符合性时，就可以对该要素加以认定"④。也就是说，"故意"作为"主观的构成要件"的一个要素，不仅是构成要件要素的一个"加盟"要素，而且是充实构成要件符合性内涵的要件要素。换言之，威尔泽尔进一步提升了"主观的构成要件"在"三要件"系统中的地位。"在所有的故意犯罪中，故意都是不可缺少的不法要素。由此可以得出结论，不法理论的存在性基础只能是目的行为概念，而不可能是因果行为概念。目的行为论证实了

---

① 〔德〕京特·雅各布斯：《韦尔策尔对于当今刑法学的意义》，陈璇译，载〔德〕汉斯·韦尔策尔《目的行为论导论——刑法理论的新图景》，中国人民大学出版社，2015，"前言"第16~17页。

② 〔德〕京特·雅各布斯：《韦尔策尔对于当今刑法学的意义》，陈璇译，载〔德〕汉斯·韦尔策尔《目的行为论导论——刑法理论的新图景》，中国人民大学出版社，2015，"前言"第19页。

③ 〔德〕京特·雅各布斯：《韦尔策尔对于当今刑法学的意义》，陈璇译，载〔德〕汉斯·韦尔策尔《目的行为论导论——刑法理论的新图景》，中国人民大学出版社，2015，"前言"第20页。

④ 〔德〕汉斯·韦尔策尔：《目的行为论导论——刑法理论的新图景》，陈璇译，中国人民大学出版社，2015，第74页。

故意是在客观上对行为起塑造作用的因素，故意是不法概念的一个本质要素。"[①] 伴随着"故意"地位的提升，它也变成了"不法"的本质要素。"韦尔策尔还是认为，对于故意犯而言，从原则上来说，我们只要把故意考虑进来，就能使不法构成要件获得一种足以充分说明各个'禁止质料'的内容；他仅仅只是借助社会相当性这一视角，采取了一些对构成要件的客观方面产生影响的补正措施。"[②] 威尔泽尔之所以仅仅借助"社会相当性"就能够产生对客观构成要件方面的补正措施，就是因为"故意"的目的性行为已经决定了"不法"的本质基础。

但是，应该注意的是，"故意在刑法中不同于目的性，即不同于有意识地指向目标的故意，故意也是对行为结果的认识，这种认识虽然没有被作为目标来控制，但是，没有这种认识就不会像世界所显示的那样在行为的实行中具有目标"[③]。简单而言，"故意"不过是目的性行为中的一种形态，因为按照威尔泽尔的观点，过失也具有潜在的目的性。如果我们不能将"故意"和"过失"混同的话，那么我们就不能将"故意"等同于目的性。

3. 过失的构成要件—开放的构成要件

"过失犯和不真正不作为犯的构成要件只有在一部分上是'法定的'构成要件，而在另一部分上则是'由法官来加以补充的'构成要件。"[④] 需要补充的构成要件就是"开放的构成要件"，具体而言就是"法律在这些构成要件中仅仅描述了构成要件要素中的一部分，而对于另一部分构成要件要素，法律只向法官说明了对构成要件加以补充的标准，从而授权法官对这部分要素的内容加以填补"[⑤]。严格说，不仅过失犯是由"开放的构成要件"建构的，故意中的不真正不作为犯也是由"开放的构成要件"建构的，不过，本书在这

---

① 〔德〕汉斯·韦尔策尔：《目的行为论导论——刑法理论的新图景》，陈璇译，中国人民大学出版社，2015，第39页。

② 〔德〕汉斯·约阿希姆·希尔施：《纪念汉斯·韦尔策尔一百周年诞辰》，陈璇译，载〔德〕汉斯·韦尔策尔《目的行为论导论——刑法理论的新图景》，陈璇译，中国人民大学出版社，2015，第113页。

③ 〔德〕格吕恩特·雅科布斯：《行为　责任　刑法——机能性描述》，冯军译，中国政法大学出版社，1997，第79页。

④ 〔德〕汉斯·韦尔策尔：《目的行为论导论——刑法理论的新图景》，陈璇译，中国人民大学出版社，2015，第22页。

⑤ 〔德〕汉斯·韦尔策尔：《目的行为论导论——刑法理论的新图景》，陈璇译，中国人民大学出版社，2015，第22页。

里重点只放在过失犯的构成要件上，鉴于"不真正不作为"的情形属于特殊情形，而不在这里特别展开。

威尔泽尔明确指出，"过失犯的构成要件行为并非'在法律中被规定下来'。其构成要件是'开放的'或'需要补充的'构成要件，因为法官必须在具体案件中，根据普通的指导形象对该构成要件加以填补"①。但是，这并不是说过失犯的构成要件是"随意的"、没有限制的构成要件。既然是"构成要件"，即便是"开放的构成要件"，也具有作为"指导形象"的要件的特性，所以会有相关的规则对"需要补充的"构成要件加以限制。在过失犯罪中，"法官首先必须查明，在行为人所处的具体情境中，对于他来说，交往中必要的注意究竟是什么；接着，他需要对受到要求的举动与行为人现实的行为做出比较，进而确定该行为是否符合注意"②。但是，法官根据"什么"判断以上要求的内容呢？"即便对于上述的'封闭的'构成要件来说，构成要件在没有特殊的法律容许性规则介入的情况下可以推定违法性的存在，这一原理的适用范围也并非毫无限制。"③ 换言之，别说是"开放的构成要件"了，就连"封闭的构成要件"也是受到限制的，它们共同的限制就是"客观的预见可能性"和"社会相当性"。

威尔泽尔指出，"已经出现的结果，只有当它是对注意义务违反的实现时，才可能符合于构成要件。如果某个结果处在理性人的客观预见可能性的范围以外，那它就不可能属于过失犯的构成要件"④。对于过失犯而言，违反"注意义务"才是它的构成要件的核心。但是，"注意义务"必须是行为人能够预见到的注意义务，如果行为人根本无法预见，本质上"注意义务"就无法成立，行为人自然不能构成过失犯。问题在于：如何判断行为人能否预见到"注意义务"呢？或者说"注意义务"本身应该按照什么标准来判断呢？

---

① 〔德〕汉斯·韦尔策尔：《目的行为论导论——刑法理论的新图景》，陈璇译，中国人民大学出版社，2015，第42页。

② 〔德〕汉斯·韦尔策尔：《目的行为论导论——刑法理论的新图景》，陈璇译，中国人民大学出版社，2015，第43页。

③ 〔德〕汉斯·韦尔策尔：《目的行为论导论——刑法理论的新图景》，陈璇译，中国人民大学出版社，2015，第34页。

④ 〔德〕汉斯·韦尔策尔：《目的行为论导论——刑法理论的新图景》，陈璇译，中国人民大学出版社，2015，第49页。

威尔泽尔认为这一标准——客观的预见可能性——是与"社会相当性"一致的。① 那么"社会相当性"又应该按照什么标准来判断呢？或者说什么是"社会相当性"呢？

威尔泽尔也明确指出，"社会相当性是符合构成要件之行为的（习惯法上的）正当化事由，它源自共同生活的社会道德秩序"②。首先，"社会相当性"是根据"构成要件符合性"判断出来的正当化事由；其次，"社会相当性"也是根据"习惯法"判断出来的正当化事由；最后，这些正当化事由都"源自共同社会生活的社会道德秩序"。除了按照"构成要件符合性"判断出的"社会相当性"外，其他的情形依然存在需要另一些标准来认定的问题。进一步讲，在判断过失犯的时候所根据的标准是需要另一个标准进行判断的标准，在寻找第二个次元上的标准时，还会遭遇第三个次元上的标准要求，譬如他自己所提到的"信赖原则"。这样的循环疑问，就像补丁之上的补丁一样，似乎可以一直补丁下去。威尔泽尔指出，"只有当对客观注意的违反（以及由此产生的结果无价值）得到确定之后，才会出现有关责任的问题，即我们在多大程度上能够因为行为违反了客观注意而对行为人加以谴责"③。也就是说，在"结果无价值"出现之前，行为人的行为都可以看作可"信赖"的行为。既然是可"信赖"的行为，那当然也是可以看作正当化的行为，也就是符合"社会相当性"的行为。看上去威尔泽尔所言很有逻辑，但是这实际上是陷入了一个无底的循环泥坑之中。如罗克辛指出的那样，"威尔泽尔所引入的社会相当性，并不是构成要件要素，而更似乎是在针对包含了社会容忍的举止方式的各种字词含义进行限制时，为了解释的方便而得出的东西"④。

最终，过失犯的最根本的"构成要件"还是需要落到"犯罪结果"，即法益侵害或者法益侵害的危险上。⑤ 但是，也不是所有出现的结果都具有刑法

---

① 参见〔德〕汉斯·韦尔策尔《目的行为论导论——刑法理论的新图景》，陈璇译，中国人民大学出版社，2015，第43页。

② 〔德〕汉斯·韦尔策尔：《目的行为论导论——刑法理论的新图景》，陈璇译，中国人民大学出版社，2015，第34页。

③ 〔德〕汉斯·韦尔策尔：《目的行为论导论——刑法理论的新图景》，陈璇译，中国人民大学出版社，2015，第47页。

④ 〔德〕克劳斯·罗克辛：《刑事政策与刑法体系》，蔡桂生译，中国人民大学出版社，2010，第30页。

⑤ 参见〔德〕汉斯·韦尔策尔《目的行为论导论——刑法理论的新图景》，陈璇译，中国人民大学出版社，2015，第47页。

上的意义，"只有当它是对注意义务违反的实现时，才可能符合于构成要件。如果某个结果处在理性人的客观预见可能性的范围以外，那它就不可能属于过失犯的构成要件"①。也就是说，"在构成要件中，结果事实情况的意义在于，它对违反注意的行为进行了遴选（Auslese）：虽说一切违反注意的行为，不论它是否在某一结果中得到了实现，都是违反规范的，但只有当该行为在某个结果中得到了实现的时候，它才能获得——至少根据实定法——刑法上的重要性，它也才能成为刑法上符合构成要件之不法的实质性基础"②。这里就产生一个疑问："犯罪结果"是过失犯的构成要件要素之一呢？还是限制判断"社会相当性"、"预见可能性"、"注意义务"的标准呢？对此，威尔泽尔没有明确说明。如果是这样，过失犯的构成要件还能够成为具有"指导形象"功能的构成要件使用吗？这是值得怀疑的。事实上，"这种类型的开放性行为构成，与社会相当性的行为构成所得到的满足一样，的确很少能够存在。当人们把行为构成看成犯罪类型，看成暂时性无价值评价时，那么，在这种行为构成与不法的关系上就不再能够是价值中性了"③。既然如此，过失的构成要件作为"指导形象"一定是存在困难的。就如山口厚指出的那样，"'开放的构成要件论'这一概念实际上是通过将这样需要在解释上补充的要件从构成要件挪到违法性阶段，使之脱离于故意的认识对象之外，是为扩张故意犯的成立范围并进而扩张处罚范围设计的，这样的处罚扩张论本身没有根据，也是不妥当的"④，至少不能排除扩张处罚的"嫌疑"。

　　本书认为威尔泽尔的作为法律概念的"行为的构成要件"并不成熟。一方面，它没有起到像李斯特的"作为法律概念的构成要件"那样概念化解读刑法条文的功能；另一方面，它也没有起到像麦耶、迈茨格的理论那样规范化解读法律条文的功能。它尽管试图说明"行为概念"，但是又没有明确指出该行为是法律条文禁止的"行为"还是事实存在的"行为"。尽管威尔泽尔发现了"目的行为论"，但是他并没有将"目的行为论"很完善地融入"三

① 〔德〕汉斯·韦尔策尔：《目的行为论导论——刑法理论的新图景》，陈璇译，中国人民大学出版社，2015，第49页。

② 〔德〕汉斯·韦尔策尔：《目的行为论导论——刑法理论的新图景》，陈璇译，中国人民大学出版社，2015，第48页。

③ 〔德〕克劳斯·罗克辛：《德国刑法学总论》（第1卷）第3版，王世洲译，法律出版社，2005，第196页。

④ 〔日〕山口厚：《刑法总论》，付立庆译，中国人民大学出版社，2018，第34页。

要件"系统中。在这个意义上讲，尽管他的犯罪构成理论从形式上可看作双层（作为法律概念的"行为的构成要件"、作为犯罪判断的构成要件）的理论，但是实质上他的理论就只剩单层平面的作为价值判断的"三要件"理论了。

从威尔泽尔的作为法律概念的"行为的构成要件"的构造来看，他"否定了将作为整体的行为根据客观方面-主观方面二分的体系化的纯客观的违法论，并只将主观的心理要素作为责任的责任论。因此，从整体性来看行为，在故意行为和过失行为之间可以看到目的活动的存在论的区别，而这个区别意味着犯罪构成要件的内容的不同"①。威尔泽尔的确终结了传统的"客观的违法性"和"主观的责任"二元论，但是，他用"目的性"破坏了"故意"和"过失"的关系，并建立起另一个"二分"的理论关系。"因为目的行为论已经在主观=客观的全体构造中捕捉行为，所以故意犯与过失犯从犯罪构成阶段就已经区别开来。"② 当然不能否定的是，他"将故意和过失在刑法体系的行为这一点上对立起来的同时，给予了肯定主观的违法要素的新的违法论和规范的责任论以基础"③。

三　作为犯罪判断的"三要件"

威尔泽尔明确指出，"构成要件符合性、违法性和责任是使某一行为成立犯罪的三个犯罪要素"④。这可以说是威尔泽尔主张"三要件"理论的最好证据，至少我们不能说他的犯罪构成要件是"二要件"的或者"一要件"的。以下详细展开论述该理论。

1. 构成要件符合性

威尔泽尔在批判贝林的构成要件"价值中立"时，指出"对某一行为之构成要件符合性的认定，并不是价值中立的；实际上，这种认定是从大量的人实施行为的事件中，挑选出刑法上重要的那一部分，这部分行为的重要性

---

① 内田文昭「H.ヴェルツェル目的行為論の領域における刑法の現実的諸問題」『法学会論集』（北海道大学）第 7 巻第 2 号、1956、119 頁。

② 西台満「過失犯における目的」『秋田大学教育学部研究紀要』第 41 集、1990、102 頁。

③ 内田文昭「H.ヴェルツェル目的行為論の領域における刑法の現実的諸問題」『法学会論集』（北海道大学）第 7 巻第 2 号、1956、119 頁。

④ 〔德〕汉斯·韦尔策尔：《目的行为论导论——刑法理论的新图景》，陈璇译，中国人民大学出版社，2015，第 20 页。

是从某种特殊的意义上来说的，即它们要么是违法的，要么是合法的，而绝不可能只是'价值中立的'"①。本书认为，威尔泽尔在这里所言的"构成要件"与贝林所言的中立的"构成要件"并不是相同的概念。第一，威尔泽尔所指的是法定的构成要件，而贝林所言的是"形而上学层级上的构成要件"。其实，不只贝林所指的"构成要件"是价值中立的，李斯特所指的"构成要件"也是中立的，直到麦耶才开始主张"构成要件"的文化价值。第二，李斯特、贝林都没有主张法定的构成要件是价值中立的构成要件。事实上，正因为他们认为法定的构成要件并非中立的，所以他们才主张"作为法律概念的构成要件"和"形而上学层级上的构成要件"，因为从他们的理论角度来看，观念上的构成要件才客观。第三，威尔泽尔既没有采用李斯特的"作为法律概念的构成要件"，也没有采用贝林的"形而上学层级上的构成要件"，而是直接采用法定的构成要件。也正因如此，他才主张"构成要件"并非中立的。

从这一点来看，威尔泽尔尽管在认定犯罪的形式上采用了李斯特的"三要件"形式，但是本质上并不同意古典的犯罪论所主张的"价值中立"的构成要件理论思想。威尔泽尔在关于"构成要件"的定性上，至少采纳了麦耶的"文化价值"的观点。威尔泽尔认为法定的构成要件本身在立法者那里一开始就不可能是"价值中立"的，无论是带有政治的色彩还是带有政策的色彩，在立法者"选择"某一行为作为"禁止质料"的时候，就都是"非中立"的。

如果"构成要件"不是价值中立的，那么该当"构成要件"的"构成要件符合性"也不可能是"价值中立"的。因此，威尔泽尔对"构成要件"的定性，也意味着对"构成要件符合性"的定性。在这个意义上，我们也可以断定威尔泽尔所指的"构成要件符合性"不是法律概念层级上的构成要件要素，要根据法定的构成要件直接判断一个具体的行为是否构成犯罪的"构成要件符合性"。如上所述，威尔泽尔已经指出"构成要件"中存在"开放的构成要件"，这意味着"构成要件符合性"的判断中一定介入了判断者（主要是法官）主观的、价值的、文化的诸因素的判断。也因如此，"构成要件符

---

① 〔德〕汉斯·韦尔策尔：《目的行为论导论——刑法理论的新图景》，陈璇译，中国人民大学出版社，2015，第26页。

合性"就不可能是"价值中立"的要件要素。

"一旦肯定构成要件符合性的成立，就意味着确定了某一行为在刑法上的价值差异"①，"杀人行为"的价值层级一定不可能等同于"盗窃行为"的价值层级。由于"构成要件"所描述的"禁止质料"不同，符合不同"构成要件"的行为就存在不同的价值层级。这里所指的"价值差异"正是根据刑法分则确定的不同的"罪"之间的差异。如果是这样，我们就不得不提出一个疑问，即"构成要件符合性"所要符合的、该当的"构成要件"是否就是刑法分则所指的"罪"呢？在李斯特的"三要件"系统中的确如此，但是本书认为威尔泽尔的"三要件"不同。尽管威尔泽尔所指的"价值差异"的确是以刑法分则的"罪"为根据的，但是，在确定每一个"罪"（在违法性的这个层次上）的时候，必须与刑法总则的相关规定有关联，也就是说不仅要根据刑法分则的规定确定不同的"罪"的层级，还要根据刑法总则的规定确定不同的"罪"的性质。威尔泽尔的"构成要件符合性"是指一个行为对刑法典的整体性规定的违背，不仅要从客观的外部评价行为，而且同时要对产生"目的性"行为的行为意志进行评价。这样，"构成要件符合性"所符合的、该当的"构成要件"就应该是指刑法分则的不同的"罪"以及与该"罪"相关的刑法总则规定的主观方面共同促成的"构成要件"。如威尔泽尔明确指出的那样，"若行为人从客观上和主观上都实现了某个禁止规范的符合构成要件的举动，则其行为就违反了规范"②。我们也可以说，只有行为人在客观上和主观上同时实行了违反规范的举动，该举动才是符合构成要件的行为。

"目的主义把故意与故意的欠缺这两者的区分前移到了构成要件之中，并使得这种区分对于不法的成立产生了重要意义。通过这种方式，目的主义并未在责任中'抹杀'这两者的区分，反而是在责任中深化了它！因为，处在犯罪概念某个较低阶层中的犯罪区别点，将——只会以更加重要的方式——重新回归到更高的阶层当中来！"③ 从威尔泽尔的观点来看，我们可以确定他

---

① 〔德〕汉斯·韦尔策尔：《目的行为论导论——刑法理论的新图景》，陈璇译，中国人民大学出版社，2015，第26页。

② 〔德〕汉斯·韦尔策尔：《目的行为论导论——刑法理论的新图景》，陈璇译，中国人民大学出版社，2015，第30页。

③ 〔德〕汉斯·韦尔策尔：《目的行为论导论——刑法理论的新图景》，陈璇译，中国人民大学出版社，2015，第85页。

的"构成要件符合性"中包含作为责任要素的"故意"在内。只要"三要件"的功能是判断一个行为的性质,"目的行为论"中的"故意"就一定存在于"构成要件符合性"中。因为"故意"是"行为概念"的构成要件要素。我们也可以反过来这样理解,在判断一个行为是否符合"构成要件"的时候,判断标准中一定存在"故意"的判断要素。本书认为,这一点不仅与李斯特、贝林的"构成要件符合性"与"违法性"、"责任"之间绝对隔绝的观点不同,而且也不同于麦耶、迈茨格在"构成要件符合性"中没有加入"责任要素"的观点。毫无疑问,威尔泽尔进一步加强了"构成要件符合性"的一元性,并充实了它的内涵。

尽管如罗克辛指出的那样"韦尔策尔在自己的中期又重新靠向贝林的行为构成的无价值性"[1],但是威尔泽尔的根本理论并没有改变。罗克辛认为,"行为构成价值中性化的这个趋势,是由一种从行为的理论中引导出来的努力所承担的,这就保障了在本体上有牢固基础的目的行为理论的故意,成为一种由违法性因素最广泛地加以净化的联系对象"[2]。本书认为,"行为无价值"中性化的倾向的确与"行为概念"相关,但是否一定靠近贝林的行为构成的无价值性就另当别论了,除非威尔泽尔根本地放弃"目的行为论"。如果威尔泽尔的作为犯罪判断的"三要件"是决定行为性质的判断标准的话,尽可能"客观化"是可以理解的,但是从威尔泽尔的理论构造来看,这是不可能做到的。或者说,作为法律概念的"构成要件"可以客观化,因为它的本质就是刑法条文,在相对的范畴内,可以将它客观化。换言之,在作为法律概念的"构成要件"阶段,不考虑立法者的主观方面的意思,而只停留在对刑法条文的"考察",作为法律概念的"构成要件"是可以中立化的。但是,在威尔泽尔的理论中,对于犯罪判断阶段的行为构成,本书认为其是不可能中立化的,这是由威尔泽尔的理论构造决定的。威尔泽尔的理论中,作为判断标准的"构成要件"在加入"故意"(包括过失)要素之时就已经被主观化了。

---

[1] 〔德〕克劳斯·罗克辛:《德国刑法学总论》(第1卷)第3版,王世洲译,法律出版社,2005,第189页。

[2] 〔德〕克劳斯·罗克辛:《德国刑法学总论》(第1卷)第3版,王世洲译,法律出版社,2005,第189页。

2. 违法性

(1) "违法性"与"构成要件符合性"

威尔泽尔认为，"由于构成要件是对禁止质料的描述，故构成要件的实现也就能够'推定'行为的违法性"①。从字面上理解，很容易理解成实现了"构成要件"的行为就是具有"违法性"的行为。如果实现"构成要件"就相当于具有"违法性"的话，那么"构成要件符合性"就可以推定为"违法性"。如果是这样，那就没有必要区别"构成要件符合性"和"违法性"了。尽管"构成要件符合性"可以推定"违法性"的存在，但是从威尔泽尔反对迈茨格将两者一体化的观点来看，他的"构成要件符合性"与"违法性"一定不是相同的概念。威尔泽尔指出，"违法性指的仅仅是一种纯粹的联系（关系链条中两个环节之间的冲突）"②，"违法性"连接的是"行为"和"法秩序"。从"构成要件符合性"的角度来看，"构成要件符合性"是一种事实状态。因此，威尔泽尔的"违法性"一定不同于"构成要件符合性"。

按照威尔泽尔的观点，只要能够确定"构成要件符合性"，就基本上可以推定该行为的"违法性"，但是，二者不能等同，因为在"构成要件符合性"中还存在违法性阻却事由（容许性规则），而"违法性"应该是已经排除了违法性阻却事由的状态。如他明确指出的那样，"尽管任何一个实现禁止规范之构成要件的行为都具有规范违反性，但它却并不必然同时也具有违法性。因为组成法秩序的不仅有规范，而且有容许性的规则（Erlaubnissätze）（'允许'）"③，譬如正当防卫行为。从威尔泽尔的论述来看，我们能够肯定的是，实现了"构成要件符合性"的行为，尽管已经能够从形式上看作具有"违法性"的行为，但是由于"构成要件符合性"可能包容着刑法总则中存在的违法性阻却事由等"允许"的情形，还不能完全等同于"违法性"。

不仅如此，"违法性指的是，对构成要件的实现违反了作为整体的法秩序

---

① 〔德〕汉斯·韦尔策尔：《目的行为论导论——刑法理论的新图景》，陈璇译，中国人民大学出版社，2015，第26页。

② 〔德〕汉斯·韦尔策尔：《目的行为论导论——刑法理论的新图景》，陈璇译，中国人民大学出版社，2015，第25页。

③ 〔德〕汉斯·韦尔策尔：《目的行为论导论——刑法理论的新图景》，陈璇译，中国人民大学出版社，2015，第23页。

（而非仅仅违反了某一单个的规范！）"①。因此我们可以这样理解，违反"民法规范"的行为也属于"违法行为"，但不是刑法上所指的"违法行为"。尽管如此，在整个的法规范中，即便是违反民法的"违法行为"也是具有"违法性"的行为。只要是违法的行为，就一定是与"整个法秩序"发生冲突的行为，民法上的"违法性"与刑法上的"违法性"的不同只在于是否按照刑罚规则处罚，就"违法"性质而言，它们是相同的，因而是一元的。如果这样定位"违法性"的话，它的范畴比"构成要件符合性"的范畴更为宽泛。因为一个行为是否成立犯罪，它所要实现的"构成要件"是指刑法所规定的法定的构成要件，"构成要件符合性"只能在刑法领域内成立，但是"违法性"连接的"行为"与"法秩序"可以在全法领域内成立。具体而言，"法秩序"的范畴大于刑法规定的范畴。

威尔泽尔对"违法性"的定义体现了他的理论的特色，不同于贝林所给出的定义。贝林认为，"依据所谓构成要件一般可以认定行为人的违法性，而依据该违法性也可进一步判断出行为的可罚性。符合构成要件的行为一般具有违法性。而更进一步看，判断行为的可罚性有此违法性也就足矣，具备构成要件符合性特征的行为必定是违法的"②。仅从字面上理解的话，可以说贝林的"构成要件符合性"的范畴等同于"违法性"的范畴，而威尔泽尔的"构成要件符合性"不同于"违法性"。迈茨格之所以认为"构成要件符合性"和"违法性"可以等同，是因为他没有区分它们之间的性质；之所以需要使用"构成要件符合性"和"违法性"这两个不同的词语，是因为它们的功能不同。具体而言，一方面，只要是具备"构成要件符合性"的行为就是违法的行为，"违法性"指向的也是行为，因此它们在性质上是相同的；另一方面，"构成要件符合性"是积极的构成要件要素，而"违法性"是消极的构成要件要素，也就是说，当"违法性"消除了"构成要件符合性"中的违法性阻却事由的时候，"构成要件符合性"才能相当于"违法性"。但是威尔泽尔与他们的观点不同，他认为"违法性"的本质是"一种纯粹的联系（关

---

① 〔德〕汉斯·韦尔策尔：《目的行为论导论——刑法理论的新图景》，陈璇译，中国人民大学出版社，2015，第23页。

② 〔德〕恩施特·贝林：《构成要件理论》，王安异译，中国人民公安大学出版社，2006，第11页。

系链条中两个环节之间的冲突）"①，而"构成要件符合性"是事实状态。

根据贝林的解释，"所有法定构成要件都有单纯的记述特征，在这些记述性特征中，法律评价并未表达出'违法性'（不法类型）的意义"②，那么我们是否可以得出结论，认为"构成要件符合性"与"违法性"之间的关系是以"价值判断"有无来区别的呢？这也是区别贝林的"违法性"与威尔泽尔的"违法性"的关键。根据贝林的观点，"构成要件符合性"和"违法性"不在同一个层级上，所以，用"价值判断"的有无就可以判断它们之间的不同。"构成要件符合性"是判断标准，属于价值中立；而"违法性"需要通过价值判断才能够排除违法性阻却事由，因此它并不是单纯的价值中立的要件要素。但是威尔泽尔的理论不同，"构成要件符合性"并不是价值中立的要件要素，它与"违法性"一样都是价值判断的要件要素。不同的不仅是它们之间的功能区别，更重要的是它们存在不同的本质特征。

威尔泽尔指出，"违法性始终都是指某个现实的行为与法秩序之间的冲突。（作为概念形象的）构成要件并不违法，只有对构成要件的实现才能具有违法性。没有违法的构成要件，只有违法的实现构成要件的行为"③。简单地讲，"构成要件"就是一种法秩序，"违法性"是借助行为才与"构成要件"发生冲突关系的。威尔泽尔进一步指出，"我们也经常将违法性称为对符合构成要件之举动的'无价值判断'"④，即"违法性"是对具备"构成要件符合性"的行为的价值的否定。

尽管如此，"构成要件符合性"与"违法性"的关系还是很难区别的，威尔泽尔认为，"违法性是一种'客观的'无价值判断，因为它是从一种普遍性的标准，从法秩序的角度出发，对符合构成要件之举动所作的判断"⑤。"构成要件"是客观的，事实上它——作为刑法条文——也必须是客观的，但

---

① 〔德〕汉斯·韦尔策尔：《目的行为论导论——刑法理论的新图景》，陈璇译，中国人民大学出版社，2015，第25页。

② 〔德〕恩施特·贝林：《构成要件理论》，王安异译，中国人民公安大学出版社，2006，第13页。

③ 〔德〕汉斯·韦尔策尔：《目的行为论导论——刑法理论的新图景》，陈璇译，中国人民大学出版社，2015，第23页。

④ 〔德〕汉斯·韦尔策尔：《目的行为论导论——刑法理论的新图景》，陈璇译，中国人民大学出版社，2015，第24页。

⑤ 〔德〕汉斯·韦尔策尔：《目的行为论导论——刑法理论的新图景》，陈璇译，中国人民大学出版社，2015，第24页。

是在"判断"是否"符合"这个"构成要件"时，是否加入了法官的主观性呢？如果这是一个不可避免的"判断"，我们如何能够保证做出"判断"的"违法性"本身就是客观的呢？威尔泽尔有以下的解释："说违法性是客观的，只是意味着它是一种普遍性的价值观；但它的对象，即行为，却是客观（外部世界）与主观要素的统一体。"① 既然行为是联系"客观"和"主观"的统一体，那么，判断该行为的"违法性"就不可能是纯粹客观的，也不可能是具有"普遍性价值"的标准，相反，由于它"掺和"了法官的价值、文化、心理的要素，这个做出"判断"的"违法性"就一定是个别的。至少在与"构成要件符合性"相比较时，它并不是纯粹客观的。问题在于：如果没有法官做出的"判断"，如何知道一个行为是否"符合""构成要件"呢？换言之，如果"违法性"是判断一个行为是否符合"构成要件"的要件要素，那么"构成要件符合性"的存在是否就是空洞的存在呢？事实上，这也是无法区别"构成要件符合性"与"违法性"的根本原因所在。如果两者必须同时存在，又必须相互区别开来，这样就必须确定"违法性"的根本功能到底是什么。

（2）"违法性"的功能

罗克辛认为，"行为构成和正当化作为一般性禁止和例外性许可之间的区别，被人们错误地低估了，因此有必要从一开始就把恰当的和非禁止性的举止行为评价为不具有符合行为构成性"②。如果说传统的德国观点是把"行为构成"和"正当化"的关系当作"一般禁止"和"例外许可"的关系，并且从一开始就区别开来的话，威尔泽尔至少在早期是反对这种逻辑思路的。威尔泽尔认为，"正当化事由的另行出现（例如正当防卫）并不会对构成要件产生减损或排除效果，它只是排除了实现构成要件之行为的违法性"③，所以"正当化事由否定的并不是某一举动的构成要件符合性，而只是它的违法

---

① 〔德〕汉斯·韦尔策尔：《目的行为论导论——刑法理论的新图景》，陈璇译，中国人民大学出版社，2015，第24页。

② 〔德〕克劳斯·罗克辛：《德国刑法学总论》（第1卷）第3版，王世洲译，法律出版社，2005，第189页。

③ 〔德〕汉斯·韦尔策尔：《目的行为论导论——刑法理论的新图景》，陈璇译，中国人民大学出版社，2015，第31页。

性"①。如果是这样，"构成要件符合性"和"违法性"的关系就可以区别开来了。"构成要件符合性"具有推断"违法性"的功能，正当化事由具有排除"违法性"的功能。具体而言，正当化事由与"构成要件符合性"无关，而只关涉"违法性"。如果在"构成要件符合性"推断出的"违法性"中存在正当化事由的话，该"违法性"就不能成立。那么，在这个意义上，威尔泽尔的"违法性"的功能就应该是判断违法性阻却事由的功能。简言之，一个已经发生的具有正当化事由的行为并不能否定刑法的规定条款——禁止质料，而只能否定自己的行为中貌似"符合"构成要件的"违法性"。如威尔泽尔所言，"正当防卫不能排除禁止质料的存在，它只能否定实现该禁止内容之行为的违法性"②。如此，我们就能够区别开"构成要件符合性"与"违法性"了。

威尔泽尔的"违法性"概念不同于小野清一郎的"违法性"概念，小野清一郎指出，"所谓违法性，就是行为违反了客观的法律秩序"③，但是威尔泽尔认为"违法性"是行为对"法规范"的冲突。尽管"客观的法律秩序"与"法规范"都指向刑法条文，但是它们之间本质上是不同的，小野清一郎所指的"客观的法律秩序"是"构成要件"，而威尔泽尔所指的"法规范"是"构成要件符合性"。小野清一郎认为，"凡是客观上，在外部违反法规范要求的行为，即是违法"④，明确指出了"违法性"的客观性的一面，但是威尔泽尔并不认为"违法性"仅仅是行为的客观方面，相反，从他所主张的"构成要件符合性"来看，我们可以确定他的"违法性"也指向主观的构成要件的方面。另外，小野清一郎的犯罪构成要件理论虽然自成一家，但是本质上传承的是贝林的客观的犯罪构成要件理论，而威尔泽尔反对和试图"推翻"的恰恰是贝林流的客观的犯罪构成要件理论。因此，威尔泽尔的理论与小野清一郎的理论可以说正好是相反的。尽管如此，威尔泽尔的"违法性"

---

① 〔德〕汉斯·韦尔策尔：《目的行为论导论——刑法理论的新图景》，陈璇译，中国人民大学出版社，2015，第30页。

② 〔德〕汉斯·韦尔策尔：《目的行为论导论——刑法理论的新图景》，陈璇译，中国人民大学出版社，2015，第31页。

③ 小野清一郎『犯罪構成要件の理論』有斐閣、1953、29頁。

④ 小野清一郎『犯罪構成要件の理論』有斐閣、1953、21頁。

功能与小野清一郎的"违法性"功能却是相同的,[①] 都是排除正当化事由。

（3）"违法性"与"不法"的关系

因为威尔泽尔主张"不法"是"构成要件符合性"、"违法性"、"责任"之和，所以他并不认为"不法"可以等同于"违法性"。他认为"不法"之所以不同于"违法性"，是因为"违法性"指"实现某一禁止质料的行为与法秩序之间的冲突"[②]，即"违法性指的仅仅是一种纯粹的联系（关系链条中两个环节之间的冲突）"[③]，而"不法"指的"是某种实体：违法举动自身"[④]。从两者的范畴来看，"不法"是指一个该当"构成要件符合性"，并且具有"违法性"和"责任"的行为；而"违法性"是指该当"构成要件符合性"的行为。"不法"中的"违法性"是排除了违法性阻却事由的"违法性"，因为"不法"是规范性的；但是"三要件"中的"违法性"仅仅是该当"构成要件符合性"的"违法性"行为。"不法"是"构成要件符合性"、"违法性"、"责任"的总和；而"违法性"只是"三要件"系统中的一个构成要件要素，它并不包含"责任"。更进一步讲，根据威尔泽尔的观点，没有"罪责"的"不法"是不成立的，并且"不法"分为"故意犯的不法"和"过失犯的不法"；但是"违法性"的成立并不完全取决于"责任"，而且也没有被区分为"故意犯的违法性"和"过失犯的违法性"。因此，"不法"与"违法性"是不同的。"违法性"指的是一种冲突关系、一种状态，而"不法"指的是行为人的行为本身。"违法性"是连接"行为"和"法秩序"的关系，"不法"则是"违法行为"本身。因此，"违法性是一个谓语，不法则是一个名词。不法是违法的举动方式自身：擅自破坏占有，盗窃，杀人未遂；而违法性是附着在该举动方式之上的某种属性，即该举动方式与法秩序之间存在的冲突"[⑤]。

---

① 参见秦一禾《论小野清一郎犯罪构成理论的二重性》，《中国社会科学院研究生院学报》2021 年第 5 期。

② 〔德〕汉斯·韦尔策尔：《目的行为论导论——刑法理论的新图景》，陈璇译，中国人民大学出版社，2015，第 25 页。

③ 〔德〕汉斯·韦尔策尔：《目的行为论导论——刑法理论的新图景》，陈璇译，中国人民大学出版社，2015，第 25 页。

④ 〔德〕汉斯·韦尔策尔：《目的行为论导论——刑法理论的新图景》，陈璇译，中国人民大学出版社，2015，第 25 页。

⑤ 〔德〕汉斯·韦尔策尔：《目的行为论导论——刑法理论的新图景》，陈璇译，中国人民大学出版社，2015，第 25 页。

从威尔泽尔"不法–罪责"系统的理论构造来看，"违法性"不过是构成"不法"的构成要件要素之一，而"不法"是"犯罪构成要件"系统的整体性表现。具体而言，一个行为只有完全该当犯罪构成要件系统的"三要件"，才能成为"不法"行为。如威尔泽尔所言，"违法性始终都是对某个与特定行为人相关联之行为的禁止。不法是与行为人相关联的'人的'行为不法"①。

3. 责任

（1）意志责任

"责任是意志形成所具有的可谴责性。"② 这样的定义不同于李斯特、贝林以后犯罪构成要件理论对"责任"的定义，不是将"责任"看作行为人"内心世界"的故意、过失，而是将它看作对峙于"外部世界"的行为指向的对象——行为人的可谴责性。威尔泽尔的"责任"的直接指向是行为人，是具有"意志"的行为的可承担者。在威尔泽尔看来，"所有的责任都是意志责任。只有针对人在意志上能够实现的东西，我们才能加以责任非难"③。如果说犯罪构成理论的根本目的不是将行为区分为"外在世界"和"内在世界"，而是确定行为性质本身的话，威尔泽尔的这个定义就是最合理的。因此，"责任指的是，具有实施合法举动之能力的行为人实施了违法的行为，故需要向法的共同体负担责任"④。其中既包含"期待可能性"又包含"可谴责性"。

既然威尔泽尔的"责任"是意志责任，那么，"意志"的内涵是什么呢？在刑法范畴内它应该指什么呢？"意志"是自在的存在，是定在，是所有主体潜在的存在。在威尔泽尔这里，就是指"目的"。威尔泽尔的弟子雅克布斯认为，"责任概念是一个形式的概念，它甚至没有确定一个被归属的主体是如何构造自己的，没有确定什么必须就那样被忍受、什么能够作为主体的（错误

---

① 〔德〕汉斯·韦尔策尔：《目的行为论导论——刑法理论的新图景》，陈璇译，中国人民大学出版社，2015，第39页。

② 〔德〕汉斯·韦尔策尔：《目的行为论导论——刑法理论的新图景》，陈璇译，中国人民大学出版社，2015，第52页。

③ 〔德〕汉斯·韦尔策尔：《目的行为论导论——刑法理论的新图景》，陈璇译，中国人民大学出版社，2015，第57页。

④ 〔德〕汉斯·韦尔策尔：《目的行为论导论——刑法理论的新图景》，陈璇译，中国人民大学出版社，2015，第53页。

的）所为从主体那里提取出来。只有目的，才给责任概念提供了内容"①。尽管雅克布斯的这个定义不是针对威尔泽尔的"意志责任"概念的，但是它足以帮助我们理解威尔泽尔对"意志责任"概念的所指，那就是"目的"。这就对应上了威尔泽尔的"目的行为论"。也就是说，如果威尔泽尔主张的是"目的行为论"，他的责任就必然是具有"意志"的责任，因为"目的行为论"的核心是通过"意志"指向"目的"的理论。

（2）"责任能力"与"责任主体"

"意志能力"，是指主体实现自己"意志"的一种能力，是一种自在自为的存在能力。只要是人都具有"意志"，但不是所有的人都具有"意志能力"。譬如说婴儿具有"意志"，但是婴儿并没有"意志能力"；一个精神病患者具有"意志"，但是他并不具有"意志能力"；一个被威逼杀人的人具有"意志"，但是他在威逼之下已经屏蔽了自己的"意志能力"。没有"意志能力"的人的行为就不是刑法意义上的行为，也就是不具有刑事责任能力的人的行为。这就是威尔泽尔主张"意志责任"的原因所在，"意志责任"是"目的行为论"的核心。

刑事责任与"意志能力"直接相关联，那么"意志能力"是否就是"责任能力"呢？从责任能力的角度看，"责任是指，主体具有决定意义的能力，但他并未合乎意义地去实现自我决定"②。也就是说一个人具有认识自己行为是非的能力，但是他并没有按照法律所期望的那样实行他的行为，从而对生活共同体造成危害。这样的主体是尽管具有应该按照法律期待而行为的能力，却做出了相反行为（禁止行为）的人。更加确切地说，威尔泽尔所言的责任主体就是指有意识地实行了犯罪行为的人。"某个人在某种特定情境下具有责任能力这个判断不是一种理论性的活动，而是一种纯粹存在性的，或曰'交往性的'（kommunikativ）活动：该判断承认其他的人是你，他们和我本人一样，也是能够做出合理决定，并因而同样承担责任的主体。"③ "交往性的活动"就是黑格尔所言的自我意识过程，"自我意识是自在自为的，这由于、并

---

① 〔德〕格吕恩特·雅科布斯：《行为　责任　刑法——机能性描述》，冯军译，中国政法大学出版社，1997，第14页。

② 〔德〕汉斯·韦尔策尔：《目的行为论导论——刑法理论的新图景》，陈璇译，中国人民大学出版社，2015，第65页。

③ 〔德〕汉斯·韦尔策尔：《目的行为论导论——刑法理论的新图景》，陈璇译，中国人民大学出版社，2015，第67页。

且也就因为它是为另一个自在自为的自我意识而存在的；这就是说，它所以存在只是由于对方承认"①。譬如说，精神病患者是不被"承认"的，所以其被认为是没有责任能力的。从这一点来看，本书认为威尔泽尔的"意志能力"和"责任能力"并不能等同。"意志能力"是一个人判断是非的能力，而"责任能力"是一个人为根据自己的意志实行的行为承担后果的能力。前者更倾向于生物学基础上的概念，而后者更倾向于社会学基础上的概念。

威尔泽尔还指出，"责任能力包含了符合于认识的（智识性的）要素，和符合于意志的（意愿性的）要素：理解不法的能力，以及合乎意义地决定意志的能力。这两个要素综合在一起才构成了责任能力"②。如果不具有"认识能力"或者不具有"自由意志"，行为者做出的行为就是刑法所不能期待的行为。雅克布斯认为，"因为能力不是一个可以确定的状态，而是一个所进行的归结，所以必须消除冲突，并且除了通过把它追溯到一个人格上之外就不能消除它"③。归结于一个人格上就是指责任归责。通过行为人承担自己行为的责任，消除行为人的行为与法秩序之间的冲突。在这个意义上讲，我们会发现威尔泽尔的"责任"与"罪责"是非常接近的，这也是他说"三要件"系统是判断犯罪的系统，是"答责"的"三要件"的原因之所在了。

（3）作为"责任"形式的故意、过失

"因果行为论与目的行为论之间的争议性问题并不在于故意是否（作为责任可能的载体）也属于责任，而是在于故意是否仅仅只属于责任。"④ 这里有两层含义：一是"目的行为论"与"因果行为论"一样，也将"故意"归属于责任；二是"目的行为论"认为故意不仅属于责任。我们在这里能够肯定的是威尔泽尔的故意一定属于责任的范畴。那么，如何理解"不仅属于责任"的意思呢？本书认为这要从威尔泽尔的理论结构来理解。从"不法-罪责"系统中的犯罪构成要件的"责任"来看，它是决定一个行为是否"不法"的"三要件"要素之一。这是毫无疑问的，但是只有"故意"（甚至包括过失在

---

① 〔德〕黑格尔：《精神现象学》（上卷），贺麟、王玖兴译，商务印书馆，1979，第139页。
② 〔德〕汉斯·韦尔策尔：《目的行为论导论——刑法理论的新图景》，陈璇译，中国人民大学出版社，2015，第67~68页。
③ 〔德〕格吕恩特·雅科布斯：《行为 责任 刑法——机能性描述》，冯军译，中国政法大学出版社，1997，第21页。
④ 〔德〕汉斯·韦尔策尔：《目的行为论导论——刑法理论的新图景》，陈璇译，中国人民大学出版社，2015，第54页。

内）也是不够的。换言之，我们在多大程度上对行为人进行谴责"不仅限于由法定构成要件所描述的某个行为的主观要素，它还包含了所有的这些事实情况，该事实情况对于行为人在此情形中做出行为的决意产生了作用，即它们指的是在具体时点上引发具体决意的全部外在和内心的事实情况"①。在这一点上就可以看出威尔泽尔的"责任"概念不同于"因果行为论"（古典犯罪论所主张）的"责任"概念，"如果我们像因果行为论的支持者那样，把故意解释成'那种'主观的责任要素，那么在犯罪构造中教义学上的责任概念，与量刑中的责任概念之间就势必会出现一道空隙：教义学上的责任概念仅仅限定在构成要件故意之上，但在量刑中，却突然涌现出构成要件故意以外的责任要素（正如上述案件中附随的行为事实情况）"②。换言之，在因果行为论中，过度强调"客观性"导致恐惧主观方面的构成要素的存在，但是威尔泽尔的"责任"概念，不仅明确了"故意"作为"责任"要素的地位，还肯定了除此之外的"主观的不法要素"在"责任"中的地位。这进一步加强了主观方面的要素在客观方面的构成要件中的作用。

"责任"在"三要件"构成理论中，"故意、过失"是它的具体的内容，是行为人"意志"的外在的表现。这似乎是不言而喻的，真正的问题在于：作为"责任"的"故意、过失"与"构成要件符合性"中的"故意、过失"如何区分？如果在同一个"价值判断"的层级上，它们是相同的，或者说它们是重叠的，根本无法区别，因为"构成要件符合性"已经包含了"主观的构成要件要素"的内容。那么，这是否意味着在相同层级上的"责任"的内涵被架空了呢？或者说"责任"在"三要件"构成理论中的功能是什么呢？就像罗克辛指出的那样，"目的行为理论对规范性罪责概念进行了进一步的修正。这个理论把故意和在过失犯罪中的违反客观上的谨慎义务，都归入行为构成之中，由此从罪责中基本上抽掉了那些单独形成心理性罪责概念内容的因素"③。这个评判尽管是直接针对"罪责"的，但是也同样适用于"责任"。如果威尔泽尔的"责任"真像罗克辛指出的那样是一个"空洞的"概念，那

---

① 〔德〕汉斯·韦尔策尔：《目的行为论导论——刑法理论的新图景》，陈璇译，中国人民大学出版社，2015，第74~75页。

② 〔德〕汉斯·韦尔策尔：《目的行为论导论——刑法理论的新图景》，陈璇译，中国人民大学出版社，2015，第75页。

③ 〔德〕克劳斯·罗克辛：《德国刑法学总论》（第1卷）第3版，王世洲译，法律出版社，2005，第561页。

么，为什么需要它的存在呢？

内田文昭认为，"目的行为论所主张的责任论是，大致把故意从责任中分离出来，作为行为的成分、构成要件的要素来考虑，这区别于作为责任要素的违法性认识"①。本书认为内田文昭的这个解释是值得商榷的。如果这个命题是"作为行为的成分、构成要件的要素来考虑故意"不同于"作为责任要素的违法性认识"的话，反而比较容易理解威尔泽尔的理论了。因为犯罪构成要件的层级不同，作为行为构成的"责任"属于命令责任的范畴，而作为犯罪判断的"责任"则可理解为规范的范畴，它们自然不同。但是，本书所提出的问题点是：在威尔泽尔的"三要件"中，作为构成要件要素的"责任"与"构成要件符合性"中已经内含的"责任"有何不同？如果不能确定它们之间的关系，威尔泽尔的构成要件理论就很难说是"三要件"理论，而只能是"二要件"理论了。或者说，威尔泽尔的"三要件"要素之间的功能重叠非常严重。希尔施以下的评价，更接近本书的问题意识："联邦最高法院和后来的刑法立法者，都采纳了他在禁止错误问题上提出的责任理论，该理论源自他把构成要件故意和不法意识分离开来——一个是不法构成要件的要素，另一个则是责任要素——的做法。"② 根据希尔施的评价，我们可以这样理解威尔泽尔的理论结构："构成要件符合性"中的"故意、过失"是对"违法性"的认识要素；而"责任"中的"故意、过失"可看作"责任"存在的前提条件，也是"三要件"的构成要素之一。但是，我们不得不承认它们的重叠性特征。

尽管我们能够区别作为"三要件"构成要件要素的"责任"的故意、过失与"构成要件符合性"中的故意、过失，但是我们还是没有能够确定作为"三要件"构成要件要素的"责任"的功能。本书认为它的功能与"违法性"的功能一样，是排除责任阻却事由。尽管对这一点，威尔泽尔没有明确地说明，但是从他的理论结构的整体性来看，只能得出这种结论。否则，一方面，"三要件"中的"责任"就像罗克辛所言的那样是一个空洞的概念；另一方

---

① 内田文昭「H.ヴェルツェル目的行為論の領域における刑法の現実的諸問題」『法学会論集』（北海道大学）第7卷第2号、1956、129頁。

② 〔德〕汉斯·约阿希姆·希尔施：《纪念汉斯·韦尔策尔一百周年诞辰》，陈璇译，载〔德〕汉斯·韦尔策尔《目的行为论导论——刑法理论的新图景》，中国人民大学出版社，2015，第107页。

面，"责任"与其他两个构成要件要素之间的关系也无法平衡。

（4）"构成要件"系统中的"责任"与"不法-罪责"系统中的"罪责"

"不法认识并非故意的要素，它仅仅是可谴责性的要素。"[①] 这样就区别开了"不法"中的"故意"与"责任"中的"故意"。"责任"中的"故意"属于作为判断的构成要件要素，而"罪责"中的"故意"则是对"违法性"的意识。进一步而言，"责任"属于命令规则，而"罪责"属于规范规则。"故意本来就属于行为和不法构成要件，而违法性的意识则仅仅是可谴责性的组成部分。"[②] 只有在具体的行为符合"构成要件"和"违法性"的时候，该行为人的"故意"才能够成为"规范责任"的"故意"，即具有可谴责性的"故意"。尽管"不法"中的"故意"有双重的构成要件层级上的内涵，但是作为"判断"的"故意"并不能成为"可谴责"的对象。只有该"故意"通过"违法性"与法秩序相关联的时候，我们才能够确定如何评价该"故意"。

"目的主义把故意与故意的欠缺这两者的区分前移到了构成要件之中，并使得这种区分对于不法的成立产生了重要意义。通过这种方式，目的主义并未在责任中'抹杀'这两者的区分，反而是在责任中深化了它！因为，处在犯罪概念某个较低阶层中的犯罪区别点，将——只会以更加重要的方式——重新回归到更高阶层当中来！"[③] 将"故意"前移到"构成要件"中的目的，是给判断行为的"不法"提供客观的标准，而"不法-罪责"中的"故意"却是给"评价"提供具体的意识对象。在这里我们可以看到威尔泽尔对他的两个系统的功能评价是不同的，他认为"犯罪构成要件"系统的功能比"不法-罪责"系统的功能在层次上更为"基础"，更为"低级"。因为"不法-罪责"与量刑相关联，在整体的理论体系中，它的功能显得（也是必须）更为完善、成熟，也更为"高级"。不过罗克辛认为，"将罪责理解为可责难性，是目的主义时代以前就已经取得的成果，然而，这种成果也无法合理地令人满意。因为这种理解根本没有说明，为什么行为人要因为其不法行为而受到

---

① 〔德〕汉斯·韦尔策尔：《目的行为论导论——刑法理论的新图景》，陈璇译，中国人民大学出版社，2015，第81页。

② 〔德〕汉斯·韦尔策尔：《目的行为论导论——刑法理论的新图景》，陈璇译，中国人民大学出版社，2015，第81页。

③ 〔德〕汉斯·韦尔策尔：《目的行为论导论——刑法理论的新图景》，陈璇译，中国人民大学出版社，2015，第85页。

责难。因为这种原因，罪责概念的内容就陷入了恣意"①。罗克辛的评价可能有其合理性，但是，如后述的那样，他的评价主要是为了凸显或者说证明他自身的理论。如果从威尔泽尔的理论结构来看，从不同的层级解释"责任"与"罪责"之间的关系也是能够成立的。

四 三要件要素之间的关系

威尔泽尔对"三要件"要素之间的关系论述得非常清楚，"责任——对违法行为的个人答责——是以行为具有违法性为其前提条件的，而违法性自身也必须在法定构成要件中得以具体化。在构成要件符合性、违法性和责任中，任何一个后位的犯罪要素都以前一个要素已经具备为前提；通过这种方式，这三者就在逻辑上被紧密地联系在了一起"②。他之前的所有的学者，都没有如此明确地确定"三要件"要素之间的顺序关系，有的学者甚至没有意识到它们之间需要排序。有的学者虽然理所当然地像威尔泽尔所指出的这样排序，但是在语言上并没有明确说明。当然这种排序并不能完全解决三要素之间内在的关系问题，所以，我们还需要进一步厘清三个要件要素之间的相互关系。

1. "构成要件符合性"与"违法性"

在威尔泽尔的理论中，"违法性"与"构成要件符合性"之间的关系是相当紧密的，没有"构成要件符合性"就几乎无法定义"违法性"，但是它们本质上又是不同的概念。威尔泽尔认为，"构成要件符合性以及由此产生的规范违法性，对于违法性来说是一种'推定的依据'（Indiz）"③。本书认为这一点是对贝林理论的继承，在贝林的理论中，"构成要件符合性"与"违法性"之间的关系也很密切，④ 因为这种关系意味着对罪刑法定主义的坚守。但是从本质上看，他们的理论又是不同的，贝林所指的"构成要件符合性"与

---

① 〔德〕克劳斯·罗克辛：《刑事政策与刑法体系》，蔡桂生译，中国人民大学出版社，2011，第69~70页。

② 〔德〕汉斯·韦尔策尔：《目的行为论导论——刑法理论的新图景》，陈璇译，中国人民大学出版社，2015，第20页。

③ 〔德〕汉斯·韦尔策尔：《目的行为论导论——刑法理论的新图景》，陈璇译，中国人民大学出版社，2015，第30页。

④ 参见〔德〕恩斯特·贝林《构成要件理论》，王安异译，中国人民公安大学出版社，2006，第11页。

"违法性"是相互分离的,与此相反,威尔泽尔主张它们两者之间有一致性、包容性。因为贝林的"构成要件符合性"中不存在"价值判断"成分,当具有"价值判断"成分的时候,"构成要件符合性"就等同于"违法性"了。[1]也就是说,在贝林的构成要件理论中,"构成要件符合性"与"违法性"不是相同层级的构成要件要素。"价值判断"变成了隔断"构成要件符合性"与"违法性"的"绝缘体"。而与此不同,威尔泽尔的"三要件"理论本身就建立在"价值判断"基础上,因此他的"构成要件符合性"与"违法性"处于相同的层级。从这个角度来看,威尔泽尔继承的思想更接近麦耶和迈茨格的思想。麦耶认为,"构成要件符合性是违法性的认识根据,它们的关系就像烟与火的关系一样"[2],迈茨格认为,"构成要件符合性是违法性的存在根据"[3],而威尔泽尔主张"构成要件符合性"是"违法性"的推定根据。从"认识根据"到"存在根据"再到"推定根据",几乎可以说是一脉相承的。但是,本书认为威尔泽尔的"推定根据"并没有比新古典主义的"认识根据"、"存在根据"更深入地将"构成要件符合性"和"违法性"之间的关系拉近一步,相反,它们之间是存在"间隙"的。或者说正因为存在"间隙","构成要件符合性"才能成为"违法性"的"推定根据"。

从逻辑上看,尽管"构成要件符合性"与"违法性"各自属于不同范畴,但是,如果我们进一步思考的话,实际上很难真正区别"构成要件符合性"与"违法性",因为它们之间已经是合二为一的关系了。更确切地说,"违法性"是被"构成要件符合性"吸纳的一个要件要素。尽管威尔泽尔指出"规范违反性指的是构成要件的实现与单个(抽象)禁止规范之间的冲突,而违法性指的则是构成要件的实现对整体法秩序的违背"[4],也就是说,"构成要件符合性"是规范本身,"违法性"是对规范的违反,但是,本书认为这种区别不过是一种文字游戏,因为"规范违反性"也是对"整体法秩序的违背"。只要"构成要件符合性"和"违法性"在相同的"价值判断"的层级上,作为"推定根据"的"构成要件符合性"就是"违法性"。它们之间的

---

① 参见〔德〕恩施特·贝林《构成要件理论》,王安异译,中国人民公安大学出版社,2006,第13页。

② M. E. Mayer, *Der allgemeine Teil des deutschen Strafrechts*, 1915, 2. Aufl., 1923, S. 10.

③ Edmund Mezger, *Strafrecht*, Verlag von Duncker & Humblot, Berlin und München, 1949, S. 182.

④ 〔德〕汉斯·韦尔策尔:《目的行为论导论——刑法理论的新图景》,陈璇译,中国人民大学出版社,2015,第30页。

不同只体现在它们所表示的范畴的大小上。换言之，在刑法的范畴内，"构成要件符合性"可以包容"违法性"，但是"违法性"并不能包容"构成要件符合性"。进一步讲，"构成要件符合性"中可能存在违法性阻却事由，而"违法性"中不可能存在这一点。

如前所述，威尔泽尔认为违法性阻却事由是对"违法性"的否定，但他并没有明确指出"违法性"排除违法性阻却事由就是"违法性"的功能之一。如果不用违法性阻却事由来确定"违法性"的功能，那么本质上就无法确认"构成要件符合性"和"违法性"之间的关系。"在认定某一举动完全实现了构成要件之后，我们只需通过一个纯粹消极的程序即通过确认没有容许性规则（正当化事由）介入，就能查明违法性。"[①] 最后，我们不得不说，"构成要件符合性"和"违法性"之间的区别只能存在于"违法性"排除违法性阻却事由的功能上。

2. "违法性"与"责任"

"违法的行为意志或符合于构成要件且违法的行为，是有责性可能的载体，它们'属于'有责性。"[②] 从这一点出发，可以肯定"责任"是以"违法性"为前提的，而"违法性"是以"构成要件符合性"为依据的。其实，"违法性"与"责任"比较容易区别，比区别更为重要的是确认它们之间的递进关系。

内田文昭认为威尔泽尔"因为故意与违法性认识分离，所以表现和现实之间的不一致的错误就导致了阻却故意的构成要件的错误与关于行为的违法性的错误，即禁止的错误两种"[③]。本书认为在犯罪的"三要件"系统内，威尔泽尔并没有将"故意"与"违法性"分离，因为在威尔泽尔的"构成要件符合性"中就存在"故意"，如果"违法性"以"构成要件符合性"为依据的话，那么，以"违法性"为前提的"责任"——故意，就不可能与"违法性"分离。如果说它们之间是分离的，也是在不同的系统——"不法－罪责"系统——中的分离。因此，内田文昭的观点不完全正确。

---

① 〔德〕汉斯·韦尔策尔：《目的行为论导论——刑法理论的新图景》，陈璇译，中国人民大学出版社，2015，第33页。

② 〔德〕汉斯·韦尔策尔：《目的行为论导论——刑法理论的新图景》，陈璇译，中国人民大学出版社，2015，第54页。

③ 内田文昭「H. ヴェルツェル目的行為論の領域における刑法の現実的諸問題」『法学会論集』（北海道大学）第7巻第2号、1956、129頁。

3. "构成要件符合性"与"责任"

"构成要件符合性、违法性和责任是使某一行为成立犯罪的三个犯罪要素。"① 威尔泽尔的这一理论思想与贝林的"类型性"思想基本上是一致的，贝林认为，"重要的是，如果同时还能够规定'此种'犯罪类型之不法类型与责任类型，才能够形成完整的指导形象"②。他们的理论都认为一个行为只有在同时满足三个要件时，才能够被看作一个犯罪行为。不过，他们在理论上的本质性差别是，威尔泽尔所判断的对象是具体的实行行为，而贝林判断的是法定的构成要件中的抽象的行为。③

从具体的判断角度来看，威尔泽尔的"三要件"之间的关系，与小野清一郎所主张的三要件之间的关系更为接近。④ "从刑法上具有重要性的意义来看，所有先于责任的犯罪要素均属于责任：行为（举动）、构成要件符合性和违法性；只有一个符合于构成要件的、违法的行为（或举动）才可能是有责的；在刑法中，只有它才是责任非难的可能的载体。"⑤ 小野清一郎的观点与威尔泽尔的观点非常相似，小野清一郎认为，"刑法中对行为有三重评价：第一，是否符合构成要件的评价，这是法律的、抽象的评价；第二，违法性的评价，这是对行为本身的具体的评价，但也是将行为大体上与行为人分离开来后的评价，所以也可以说是社会的并且仍是抽象的评价；第三，道义责任的评价，这算是把行为作为'行为人的行为'的最后的最具体的评价。至此，

---

① 〔德〕汉斯·韦尔策尔：《目的行为论导论——刑法理论的新图景》，陈璇译，中国人民大学出版社，2015，第 20 页。
② 〔德〕恩施特·贝林：《构成要件理论》，王安异译，中国人民公安大学出版社，2006，第 4 页。
③ 但是，本书依然存在一个疑问：如果威尔泽尔判断的"行为"是一个具体行为的话，他的作为法律概念的"构成要件"和作为价值判断的"构成要件"的理论的意义何在呢？相反，如果他所指的行为也是抽象的行为，那么他的理论与古典的犯罪论又有何本质性差别呢？关于这一点，从威尔泽尔的论述中很难得到答案，但是可以确定的是，他的犯罪构成理论一定是"行为"的犯罪构成理论。如果是这样，我们是否可以在李斯特、贝林的理论中找到与威尔泽尔的理论不同的地方？本书认为李斯特、贝林的理论同样是"行为"的犯罪构成理论，与威尔泽尔的理论不同的是，他们的理论旨在确定"行为"的性质，他们首先从关于制定那些抽象行为的法律条文开始"认识"。
④ 参见秦一禾《论小野清一郎犯罪构成理论的二重性》，《中国社会科学院研究生院学报》2021 年第 5 期。
⑤ 〔德〕汉斯·韦尔策尔：《目的行为论导论——刑法理论的新图景》，陈璇译，中国人民大学出版社，2015，第 54 页。

法的伦理性、道义性的本质才彻底地展现出它的全貌"①。尽管威尔泽尔"三要件"的内涵不同于小野清一郎"三要件"的内涵，但是他们构造的"三要件"理论的模式是相同或者相似的，它们都建立在对具体行为的"价值判断"的层级上。

五　小结

从以上对威尔泽尔的犯罪构成理论的分析，我们可以看到威尔泽尔的"目的行为论"的犯罪构成理论在很大程度上不同于李斯特、贝林的纯粹概念的体系，如罗克辛指出的那样，"由于目的行为论的努力，特别是在行为论和构成要件理论上，又重新恢复了对真实事实进行描述的活力"②，因为这一体系"在本质上不同于实证主义——因果式的、古典的三阶体系"③。但是，本书认为威尔泽尔并不是完全摒弃了古典的犯罪构成理论，相反他的理论结构基本上继承了古典的犯罪论结构。从理论结构上看，威尔泽尔的犯罪构成理论的确不同于麦耶、迈茨格的理论，因为麦耶、迈茨格的犯罪构成理论都局限在"不法-罪责"的框架或者单纯的"三要件"框架内了，而威尔泽尔脱离了那种具有局限性的理论框架，试图将犯罪构成理论从局限的框架中解放出来。尽管如此，事实上，威尔泽尔并没有完全从迈茨格的理论模式中脱离出来，依然是在"不法-罪责"系统中融入"三要件"系统。不同的只是他们对判断"不法"的"三要件"系统的构造以及对"三要件"内涵的解释不同。

第3节　行为无价值的"不法-罪责"系统

犯罪的中心是"不法"，"不法"指向的是"归责"。所以，"不法-罪责"就成为刑法中一个"挥之不去"的系统。从李斯特分离的双系统到贝林伪装的单系统，都是德国在构建"三要件"系统之后，依然不能放弃"不

---

① 小野清一郎『犯罪構成要件の理論』有斐閣、1953、26頁。
② 〔德〕克劳斯·罗克辛：《刑事政策与刑法体系》，蔡桂生译，中国人民大学出版社，2011，第19页。
③ 〔德〕克劳斯·罗克辛：《刑事政策与刑法体系》，蔡桂生译，中国人民大学出版社，2011，第19页。

法-罪责"系统的最好例证。威尔泽尔的理论结构也一样,在"三要件"系统存立的同时,依然保留了"不法-罪责"的系统。甚至更加准确地说,自麦耶、迈茨格以后更加强调"不法-罪责"系统,在威尔泽尔的时候,这种强调已经达到顶峰。

威尔泽尔的犯罪构成要件理论尽管也是双系统的犯罪论,但是在理论形式上,并没有单纯地继承李斯特、贝林、麦耶以"三要件"系统为主导的犯罪构成要件理论,而是继承了迈茨格以"不法-罪责"系统为主导的理论,即在"不法-罪责"系统中明确地融入"三要件"系统。不过在将双系统融合的这一点上,威尔泽尔不同于迈茨格。因为迈茨格在将两个系统融合后就以"违法-罪责"的形式粉饰了"三要件"系统和"不法-罪责"系统的实质并存,但是威尔泽尔则完全保留了"三要件"系统、"不法-罪责"系统的原貌。

虽然威尔泽尔在理论形式上继承了李斯特的"三要件"、迈茨格的"不法-罪责"形式,但是他的理论本质上依然不同于他们的理论。无论是古典的犯罪构成要件理论还是新古典的犯罪构成要件理论,它们所要认识的对象都是"刑法(刑法条文)",但是威尔泽尔的理论所要认识的对象是"(不法)行为"。也就是说,根据威尔泽尔的观点,"三要件"理论的存在意义在于判断行为的不法性,"不法-罪责"系统的存在意义是"归责"。而统领这两个系统的核心是行为人。本书将威尔泽尔的系统,尤其是"不法-罪责"系统称为行为无价值的"不法-罪责"系统。

一 "行为无价值"与"结果无价值"、"行动无价值"

1. "行为无价值"与"结果无价值"

通常我们认为威尔泽尔的犯罪理论是"行为无价值"的理论,那么什么是"行为无价值"呢?威尔泽尔指出,"我们必须意识到,这是一种形象化的表达方式。在此,'无价值判断'的主体并非单个的人(甚至也并非法官),而是法秩序自身"[1]。因为法秩序本身是有价值的存在,对该法秩序的违反就是对"有价值"的否定,所以我们也可以将"无价值"称为"否定价值"。

---

[1] 〔德〕汉斯·韦尔策尔:《目的行为论导论——刑法理论的新图景》,陈璇译,中国人民大学出版社,2015,第24页。

威尔泽尔的行为是以人的意志为核心确定的，所以"行为无价值"也就意味着对"行为人的行为"的否定。换言之，尽管"行为无价值"否定的是"行为人的行为"，但是它的核心是行为人，这与以"法益侵害"为核心的结果的否定对象不同。对法益价值的否定被称为"结果无价值"。"结果无价值"否定的是引起结果发生的行为本身，与实行该行为的行为人无关。这是"行为无价值"与"结果无价值"的不同之处。

"违法性始终都是对某个与特定行为人相关联之行为的禁止。不法是与行为人相关联的'人的'行为不法。"① 因此，我们可以说威尔泽尔的"不法－罪责"系统是"行为无价值"的系统，以行为人为中心展开，不同于以行为展开的"结果无价值"的系统。但是，在威尔泽尔看来，"结果无价值"不是与"行为无价值"对峙的理论，而是可以被内含在"行为无价值"之中的理论，因为"在刑法当中，法益侵害（结果无价值）只有在人的违法行为中（在行为无价值之中）才具有意义。人的行为无价值是刑法上所有犯罪普遍具备的无价值。在大量犯罪（结果犯或危险犯）中，事实状态的无价值（Sachverhaltsunwert）（受到侵害或遭受侵害危险的法益）是一种不具有独立性的要素"②。具体而言，"结果无价值"是特殊的、具体的无价值，而"行为无价值"才是普遍的、一般的无价值。特殊的、具体的无价值是非本质性的，是内含在普遍的、一般的无价值之中的。进一步讲，"结果无价值"与"行为无价值"之所以不是对等性的概念，是因为它们不是相同理论层级的概念。

2. "行为无价值"与"行动无价值"

威尔泽尔受到更多诟病的不是"行为无价值"与"结果无价值"之间的区别，而是"行为无价值"与"行动无价值"之间的区别。"韦尔策尔真正在其对手面前暴露出弱点的，是他关于行为无价值的论述，而这些论述又充满了歧义。他并没有把行为无价值同'行动无价值'（Aktunwert）严格区分开来，后者原本来自伦理学。"③ 在伦理学上，道义论体系也主张"行动"是

---

① 〔德〕汉斯·韦尔策尔：《目的行为论导论——刑法理论的新图景》，陈璇译，中国人民大学出版社，2015，第39页。

② 〔德〕汉斯·韦尔策尔：《目的行为论导论——刑法理论的新图景》，陈璇译，中国人民大学出版社，2015，第40页。

③ 〔德〕汉斯·约阿希姆·希尔施：《纪念汉斯·韦尔策尔一百周年诞辰》，陈璇译，载〔德〕汉斯·韦尔策尔《目的行为论导论——刑法理论的新图景》，中国人民大学出版社，2015，第109页。

价值的核心，显然，威尔泽尔的"行为无价值"中的"行动（行为）"不是伦理学领域的"行动（行为）"。但是，威尔泽尔的理论与道义论一样，都主张"行动（行为）"本身的一些特性具有内在的价值。这就造成了"行为无价值"与"行动无价值"之间的模糊性，从而招致对他的理论的批评。

另外，威尔泽尔的"目的行为论"与"目的论"之间的关系也存在歧义。威尔泽尔的"目的行为论"不同于伦理学中的另一个学派——"目的论伦理学"。"目的论伦理学"也称为"后果论伦理学"，它的核心是考查"行动"的结果或后果，如"行动无价值"违背伦理道德。如果说"目的论伦理学"一定与"无价值"理论相关联，那么，这一理论可能更加接近以上所述的"结果无价值论"，而不是"行为无价值论"。因此，"目的论伦理学"也不同于威尔泽尔的"目的行为论"。

二　威尔泽尔的人的"不法"概念

威尔泽尔认为，"不法是无法仅从客观上去把握的，它还受到特定的主观和心理要素的影响"①。尽管麦耶、迈茨格也主张"事实的"或者"规范的"构成要件，而且他们都在贝林的"客观的不法"中发现、注意到了"主观的不法要素"，甚至迈茨格还将"主观的不法要素"纳入"不法"之中，但是，他们都没有最彻底地将"不法"主观化。威尔泽尔的理论则更近一步，因为他认为"不法"的构成只有"客观方面的要素"是不够的，还需要注意到"主观方面的要素"的影响。这意味着威尔泽尔不仅将"主观的不法要素"纳入"不法"之中，而且也将"主观的构成要素"——"故意、过失"——纳入其中。如大塚仁指出的那样，"韦尔策尔认为构成要件是刑法规定的精致的素材（Verbotsmaterie），作为构成要件的要素，包括故意、过失和不真正不作为犯的作为义务等"②。

威尔泽尔的"不法"范畴是"构成要件符合性"、"违法性"以及"责任"的总和。如果威尔泽尔的"构成要件"包含了"主观的构成要素"的话，该当"构成要件符合性"的行为就一定是既符合客观要件，又符合主观

---

① 〔德〕汉斯·韦尔策尔：《目的行为论导论——刑法理论的新图景》，陈璇译，中国人民大学出版社，2015，第37页。

② 〔日〕大塚仁：《刑法概说（总论）》第3版，冯军译，中国人民大学出版社，2003，第112页。

要件的行为。那么，作为"构成要件符合性"、"违法性"以及"责任"总和的"不法"就必然受到主观和客观两方面的影响。如前所述，麦耶、迈茨格都主张"不法"的范畴是"构成要件符合性"和"违法性"的总和。但是，麦耶、迈茨格的"不法"并不包含"故意、过失"，而是把它们当作"罪责形式"，换言之，新古典犯罪论的"不法"与"罪责"是绝对分离的。威尔泽尔理论与新古典犯罪论的不同之处在于，他的理论的"不法"范畴融入了"罪责形式"的成分。具体而言，就是威尔泽尔把作为"罪责形式"的故意和过失放在了"构成要件符合性"的"构成要件"之中①。尽管威尔泽尔区分了"故意的不法"和"过失的不法"，但是毫无疑问，他的"不法"已经无法与作为"罪责形式"的"故意、过失"相区分。这一点正是"目的行为论"的犯罪构成要件理论与"因果行为论"的犯罪构成要件理论②的本质性的不同之处。

在"因果行为论"中的"不法"，主客观是相互分离的；而在"目的行为论"中的"不法"，主客观是相互渗透的。就威尔泽尔而言，"如果不考虑决定外部事件的主观意图倾向，那么我们根本无从把握符合构成要件的行为"③。不仅主观的不法要素很重要，而且"故意、过失"的要素也很重要，"事实上，如果单纯从'客观的'方面出发，即完全不考虑行为人的主观决意，那我们就无法认定，行为符合的是何种构成要件"④。"因果行为论"之所以将"不法"和"罪责"分开，就是因为"内在的基础为此提供了行为的因果关系，从而通过外在的因果关系将行为与主观的有意思的内容截然分开，形成了违法的'外在性'和罪责的'内在性'"⑤。简言之，"因果行为论"只关注外在的"行为"与"结果"之间的"因果关系"，而完全不关注外在的行为与内在的行为人之间的关系，从而撕裂了"客观与主观"、"不法与罪责"之间的内在关联性。而"目的行为论"解决了这一问题。

---

① 这在本章第 3 节中有详细的论述。

② 之所以用目的行为论来取代古典的犯罪构成要件理论，是因为新古典的犯罪构成要件理论也是因果行为论。如此表述，更能够突出威尔泽尔目的行为论背景下的犯罪构成要件理论的特点。

③ 〔德〕汉斯·韦尔策尔：《目的行为论导论——刑法理论的新图景》，陈璇译，中国人民大学出版社，2015，第 37 页。

④ 〔德〕汉斯·韦尔策尔：《目的行为论导论——刑法理论的新图景》，陈璇译，中国人民大学出版社，2015，第 37 页。

⑤ Hans Welzel, *Das Deutsche Strafrecht*, Walter de Gruyter & Co. , 1969, S. 59-60.

威尔泽尔也指出"众所周知，违法性是'客观的'（一般的）非难，这是误解的原因，不法（违法性行为）是纯粹'客观的'，但这仅仅是在这个意识中抓住了纯粹的外界的事件"①。"不法"（违法性行为）是"客观的"不假，但是这并不能真正体现"不法"的本质性，因为"客观的"特征只是对外在事件的把握，而本质上依然需要对"内在"的行为人意志进行把握。威尔泽尔所指的"内在的"意志，就是指"故意"。如果是这样，威尔泽尔的"不法"概念就应该变成"故意的不法"了。尽管后来的学者认为威尔泽尔的理论只能适用于"故意"情形，而不能适用于"过失"情形，但是，本书认为这种批判可能还是存在商榷余地的，既然威尔泽尔的理论分"故意"模式和"过失"模式来构建，那么其"不法"中就应该也有"过失的不法"情形。

1. 故意犯的"不法"

如前所述，威尔泽尔的"不法－罪责"系统是"行为无价值"的系统。既然是"行为无价值"的系统，那么"不法"应该是以行为人为核心的"不法"。既然是以行为人为核心的"不法"，那么这个"不法"也应该是以人的"意志"为核心的，因为"意志"的有无是人与物区别的根本。

"在所有的故意犯罪中，故意都是不可缺少的不法要素。"② 在这个意义上，威尔泽尔的"不法"一定包含"故意"，但是，"不法"中是否也包含作为"罪责形式"内容的"故意"呢？应该注意的是，威尔泽尔指出"对于这个方案而言，故意在一开始时并不属于罪责，而是作为行为的组成部分而属于行为构成的"③。在这个意义上讲，威尔泽尔的"不法"不仅包含作为命令的"故意"，而且包含作为"罪责形式"的"故意"。如此，就会产生两个疑问：一是这何以成为可能？二是这是否将"罪责"领域完全架空？

关于第一个疑问，威尔泽尔给出了明确的解释，他认为，"由此可以得出结论，不法理论的存在性基础只能是目的行为概念，而不可能是因果行为概念。目的行为论证实了故意是在客观上对行为起塑造作用的因素，故意是不

① Hans Welzel, *Das Deutsche Strafrecht*, Walter de Gruyter & Co., 1969, S. 60.
② 〔德〕汉斯·韦尔策尔：《目的行为论导论——刑法理论的新图景》，陈璇译，中国人民大学出版社，2015，第39页。
③ 〔德〕克劳斯·罗克辛：《德国刑法学总论》（第1卷）第3版，王世洲译，法律出版社，2005，第151页。

法概念的一个本质要素"①。换言之，威尔泽尔之所以将"不法"的领域等同于"构成要件符合性"、"违法性"、"责任-故意"之和（一要件），是因为他采用了"目的行为论"。

关于第二个疑问，威尔泽尔没有给出明确的回应。尽管希尔施指出，"从意志行为概念出发，韦尔策尔得出以下结论，即由于作为犯的故意与行为意志是一致的，故它属于不法构成要件的组成部分"②，但是本书认为这并不能够回答上述第二个疑问。假设威尔泽尔的"罪责"领域的内涵中还有"责任能力"要件要素，以此来支持"罪责"领域的内涵，那么这样就产生另一个问题：在"不法"领域是否存在责任阻却事由的可能性？假设存在责任阻却事由的可能性，"不法"是否还能够（纯粹地）成立？假设不存在责任阻却事由的可能性，那是不是意味着必须在"不法"的判断阶段排除这种可能性？如果必须在这个阶段排除责任阻却事由的可能性，以保证"不法"的成立，那么"罪责"领域就必然被完全"架空"。假设"罪责"领域被完全架空，威尔泽尔的理论是否还能够被看作"不法-罪责"系统的理论呢？反之，如果确保"罪责"领域的完整性，那么威尔泽尔的"不法"系统的逻辑就可能遭到破坏，这对威尔泽尔来讲是一个悖论。

2. 过失犯的"不法"

威尔泽尔的"目的行为论"是以"故意"为中心展开的，正因如此，关于过失犯的论述就成为他的理论被诟病的核心之处。本书认为，尽管威尔泽尔的"目的行为论"是以"故意"建构的，但是这并不等于威尔泽尔忽视了"过失"。因为他明确指出，"过失犯的基础也在于，人的行为是一个与成果相关的概念：意志反向性地从目标出发，选择出为实现目标所必要的行为手段；该意志在选择和运用行为手段的过程中，也必须考虑到除了目标之外，或者在目标未发生的情况下，该行为手段可能引起的后果"③。本书认为威尔泽尔的"目的行为论"对"过失"的解释可以比照"故意"来说明（见图3-4）。

---

① 〔德〕汉斯·韦尔策尔：《目的行为论导论——刑法理论的新图景》，陈璇译，中国人民大学出版社，2015，第39页。

② 〔德〕汉斯·约阿希姆·希尔施：《纪念汉斯·韦尔策尔一百周年诞辰》，陈璇译，载〔德〕汉斯·韦尔策尔《目的行为论导论——刑法理论的新图景》，中国人民大学出版社，2015，第106页。

③ 〔德〕汉斯·韦尔策尔：《目的行为论导论——刑法理论的新图景》，陈璇译，中国人民大学出版社，2015，第41页。

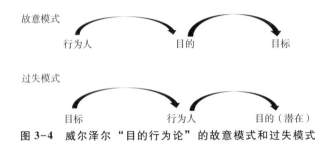

图 3-4　威尔泽尔"目的行为论"的故意模式和过失模式

本书认为故意模式从行为人开始，经过目的而达到目标；过失模式却从目标开始，经由行为人而寻找目的。也就是说我们可以看到过失犯与故意犯的逻辑思路是相反的。因此，它们的"不法"的构成也是相反的。过失犯不是没有"目的"，而是说它的"目的"是潜在的。"过失犯的关键性的不法内容在于，现实中被实施的行为，与根据交往中必要的注意本来应当遵守的举动之间，存在不相吻合之处。这一不法内容首先存在于行为无价值之中，而已经出现的结果无价值（对某种法益的侵害或侵害危险）只具有限制性和约束性的意义，即它把那些在刑法上具有重要性的违反注意义务的行为抽取了出来。"① 进一步讲，"注意义务"对行为人而言是被动的，是来自行为人"意志"之外的要求，所以在行为人被要求"注意"的时候，他的"意志"机能处于被动的状态。尽管如此，"对客观注意的违反属于过失犯不法方面的内容之一。只有当对客观注意的违反（以及由此产生的结果无价值）得到确定之后，才会出现有关责任的问题"②。因此，过失犯只能是"结果犯"。只有当"结果"发生的时候，才能够从中找到行为人潜在的"目的性"。

总而言之，如希尔施所言的那样，"韦尔策尔从其教义学的基点出发提出，在体系上，我们应当把客观上违反注意的行为归入过失犯的不法构成要件之中；这一观点也具有重大的理论和实践意义"③。因为威尔泽尔理论最大的意义在于推翻了"因果行为论"，并且建构了"目的行为论"，所以从行为概念的角度看威尔泽尔的理论意义，可能会更清楚地理解希尔施的评价。

---

① 〔德〕汉斯·韦尔策尔：《目的行为论导论——刑法理论的新图景》，陈璇译，中国人民大学出版社，2015，第 41~42 页。

② 〔德〕汉斯·韦尔策尔：《目的行为论导论——刑法理论的新图景》，陈璇译，中国人民大学出版社，2015，第 47 页。

③ 〔德〕汉斯·约阿希姆·希尔施：《纪念汉斯·韦尔策尔一百周年诞辰》，陈璇译，载〔德〕汉斯·韦尔策尔《目的行为论导论——刑法理论的新图景》，中国人民大学出版社，2015，第 107 页。

3. 人的"不法"

威尔泽尔的"不法"概念是人的"不法"概念，这可以从两方面加以说明。

一方面，威尔泽尔的"不法"理论是"行为无价值"的"不法"理论。既然是"行为无价值"的"不法"理论，那么它就是人的"不法"理论，因为威尔泽尔认为，"在内容上与行为人个人相分离的结果引起（法益侵害），并不能完整地说明不法；只有作为某个特定行为人之作品的行为，才具有违法性"①。这不仅说明了"不法"的特征是人的不法，而且也拉近了"不法"与"违法性"的关系。从以上所述的"故意的不法"、"过失的不法"中，也可以看到威尔泽尔理论中"人的不法"的概念特征，因为只要在"不法"中加入"罪责"的要素，就说明加入了行为人主观方面的要素。这样的"不法"，从根本上讲，就倾向于"人的不法"了。

另一方面，罗克辛指出，"目的行为论"，"在不法理论中还是取得了重要的进步"②，主要因为"不法不是单独地——就像是符合'古典的'犯罪体系一样——建立在符合行为构成的结果之上，而是在本质上由行为人举动行为的行为无价值所共同决定的"③。也就是说，"不法"不是仅仅由行为决定的，更加重要的是，它是由行为人决定的。"这不仅适用于故意犯罪，在故意犯罪中，它通过把故意归类于不法而变得特别引人注目，而且也适用于过失性构成行为，在这里，虽然不是目的性，但的确是缺乏对行为的控制和因此是一种人格的（personal）因素，共同组成了不法"④。只有人格的因素才是决定性的，本书认为罗克辛的评价是比较客观的。尽管"目的行为论"是以"故意"为中心展开的行为理论，但是本质上"目的行为论"依然可以适用于过失犯。

---

① 〔德〕汉斯·韦尔策尔：《目的行为论导论——刑法理论的新图景》，陈璇译，中国人民大学出版社，2015，第39页。

② 〔德〕克劳斯·罗克辛：《德国刑法学总论》（第1卷）第3版，王世洲译，法律出版社，2005，第154页。

③ 〔德〕克劳斯·罗克辛：《德国刑法学总论》（第1卷）第3版，王世洲译，法律出版社，2005，第154页。

④ 〔德〕克劳斯·罗克辛：《德国刑法学总论》（第1卷）第3版，王世洲译，法律出版社，2005，第154页。

三 威尔泽尔的"罪责"与"归责"条件

1. "罪责"与"可谴责性"

威尔泽尔指出,"责任非难的前提条件在于:行为人形成了违法的行为决意"①。那么,责任非难的对象应该是行为还是"行为意志"呢?威尔泽尔认为,"责任非难的对象是违法的行为意志"②。那么,我们是否可以说"可谴责"的对象是"意志","可归责"的对象是"行为人"呢?如果是这样,我们是否可以怀疑两者是可分离的呢?行为的"意志"主体是人,那么责任非难的对象是否可以转化为行为人呢?毫无疑问,如果一个人没有"意志"能力,那就意味着没有被谴责的能力。如果行为人没有被谴责的能力,就相当于没有责任能力。现代刑法不谴责(不处罚)没有责任能力的行为人。从这个意义上讲,"可谴责"的对象和"可归责"的对象是一致的。换一个角度来看,如果说威尔泽尔的"不法-罪责"系统中的"罪责"就是指"归责"的话,"被谴责的能力"就成为"归责"的先决条件。进一步讲,"可谴责"的对象的"意志"就是"可归责"的对象的行为人的先决条件。

我们应该意识到"谴责性"中包含"可谴责性"和"不可谴责性"两种情形。"不可谴责性"的情形就是行为主体存在责任阻却事由的情形。只有在"可谴责性"存在的情形下,"罪责"才能成立,"责任是意志形成过程的可谴责性"③。只有犯罪主体在犯罪意志形成的过程中具有"可谴责"的责任能力,他才能被看作"可归责"的主体。因此,"目的主义把可谴责性视为责任的本质"④,而将"罪责"视为"责任"的指向。如果"责任"不同于"罪责",那么"可谴责的对象"与"可归责的对象"就是有差别的。但是本书认为威尔泽尔在这里所指的"责任"并不是作为命令的"责任",而是"罪责"成立的先决条件。既然如此,"可谴责的对象"和"可归责的对象"就

---

① 〔德〕汉斯·韦尔策尔:《目的行为论导论——刑法理论的新图景》,陈璇译,中国人民大学出版社,2015,第57页。

② 〔德〕汉斯·韦尔策尔:《目的行为论导论——刑法理论的新图景》,陈璇译,中国人民大学出版社,2015,第84页。

③ 〔德〕汉斯·韦尔策尔:《目的行为论导论——刑法理论的新图景》,陈璇译,中国人民大学出版社,2015,第57页。

④ 〔德〕汉斯·韦尔策尔:《目的行为论导论——刑法理论的新图景》,陈璇译,中国人民大学出版社,2015,第75页。

是相同的。

威尔泽尔指出，"直到多纳才迈出了决定性的一步，从而'认识到，正如在违法性的认定中一样，我们在责任判断中所涉及的也是一种评价的结论'，他严格区分了评价（可谴责性）与该评价的对象（故意），并且将责任概念限定于对象的评价之上。目的行为论进一步发展了多纳的观点"①。也就是说，在威尔泽尔看来，"可谴责性"与"故意"是不同的概念。"可谴责性"是评价活动，而"故意"是被评价的对象。换言之，"可谴责性"是评价，与作为命令的"责任"不同，而与"罪责"相关。这意味着，威尔泽尔不仅明确地将判断系统的"责任"即故意融入了"不法"之中，而且还通过"可谴责性"将"罪责"也融入了"不法"之中。在这个意义上讲，不是威尔泽尔对"责任"和"罪责"没有进行严格区别的概念使用，而是他有意为之，因为威尔泽尔指出，"具体的责任（可谴责性）（与一般责任能力相类似）既包含智知性的（intellektuell）要素，也是由意愿性的（voluntativ）要素所组成的"②。从他的分类来看，这里所指的"责任"的确更接近"三要件"系统中的"责任"，而不同于"罪责"。但是，他又指出，"责任是单个违法行为（或者某一部分违法生活方式）的可谴责性。行为人就单个的行为（或部分的生活方式）违法地形成了意志，这就是谴责所指向的对象"③，这里所指的"可谴责性的指向"就是"罪责"了。威尔泽尔从不同角度对"责任"或"罪责"的解释反而加强了我们对"罪责"与"责任"之间关系的迷惑感。无论如何，本书认为，对"罪责"和"责任"有所区别，更能够看清楚威尔泽尔的理论结构。

尽管"不法－罪责"系统是"评价"系统，但是"可谴责性本身所涉及的却是一种现实的违法行为。正如我们所看到的，可谴责性是一种特殊的关系，即行为的意志与法秩序之间的关系"④，与判断系统相关。又因为这种关

① 〔德〕汉斯·韦尔策尔：《目的行为论导论——刑法理论的新图景》，陈璇译，中国人民大学出版社，2015，第55页。
② 〔德〕汉斯·韦尔策尔：《目的行为论导论——刑法理论的新图景》，陈璇译，中国人民大学出版社，2015，第74页。
③ 〔德〕汉斯·韦尔策尔：《目的行为论导论——刑法理论的新图景》，陈璇译，中国人民大学出版社，2015，第73页。
④ 〔德〕汉斯·韦尔策尔：《目的行为论导论——刑法理论的新图景》，陈璇译，中国人民大学出版社，2015，第73页。

系是一种"归属"关系，所以它不同于"行为与法秩序"之间的"违法"冲突关系。"可谴责性"是指行为人对法秩序的"态度"。

2. "罪责"与"期待可能性"

威尔泽尔认为，"责任包含了一种双重关系：尽管行为人本来能够按照规范去实施行为，但他的意志行为却与法的要求并不相符。这种'由于本来能够合法，故不应当违法'的双重关系，就体现了责任的特殊谴责属性"[①]。行为人按照规范的要求，"应该"而且"能够"遵守法律规范的要求。只有在行为人的"意志"与法规范冲突的时候，行为人才能够成为可谴责的对象，这种情形下的"罪责"才是具有合法性的"罪责"。"由于首先是行为意志的存在，才使得行为人能够按照规范的要求去操控其行为，故可谴责性的首要对象是行为意志。同时，行为意志又使得整个行为成为可谴责性的对象。（所以，无论是行为意志还是整个行为，我们都有理由称之为'有责的'。）"[②]的确，行为的意志与行为相比，更加难以捉摸。如果将"行为的意志"与"行为"一起谴责，就具有"客观性"了。而这个客观性正是行为无价值之意义所在。

与以上情形相反，当行为人"应该"遵守法律，但是行为人"不能"遵守的时候，谴责行为人就可能受到质疑。因为"不能"遵守的情形涉及行为人的"意志"不自由的问题。当行为人知道自己"应该"遵守法规范，但是没有"自由意志"的时候，他对自己的行为所指向的结果是无法把握的，因此对此种情形下的行为人的谴责没有任何法律上的意义。威尔泽尔也提出，"仅有对不法的认识，还不足以完全证明意志形成的过程具有可谴责性。只有当行为人在做出决定的具体情境中，确定能够根据他对不法的理解去决定自己的意志时，才能认定可谴责性的成立"[③]。即使行为人能够认识到自己的行为的危害意义，但如果他对自己的行为后果无法做出决定、控制，处罚该行为人仍然没有（刑法上的）意义。因此，在"罪责"中就需要纳入行为人的"期待可能性"。换言之，"期待可能性"也是"罪责"成立的先决条件。具

---

① 〔德〕汉斯·韦尔策尔：《目的行为论导论——刑法理论的新图景》，陈璇译，中国人民大学出版社，2015，第51页。

② 〔德〕汉斯·韦尔策尔：《目的行为论导论——刑法理论的新图景》，陈璇译，中国人民大学出版社，2015，第51~52页。

③ 〔德〕汉斯·韦尔策尔：《目的行为论导论——刑法理论的新图景》，陈璇译，中国人民大学出版社，2015，第97页。

体而言，对行为人没有"期待可能性"的话，对他的谴责也是没有意义的，没有"可谴责"的对象的"罪责"是无法成立的。

"可谴责性的内容恰恰在于，行为人应该，也能够合法地，而不是违法地决定自己的意志。"① 如果行为人"应该能够"合法地决定自己的意志，而没有合法地决定，那么他的行为就是"可谴责"的；相反，如果行为人"应该能够"合法地决定自己的意志，但是他"无法"合法地决定自己的意志，那么他的行为就是"不可谴责"的。那个"应该"而且"能够"的合法决定，就是"期待可能性"，如雅克布斯认为的那样，"如果行为人根据其最好的意志也没有避免客观的构成要件的实现的话，就不能就其行动对行为人进行谴责"②。

3. "罪责"与"责任能力"

无论是"可谴责性"还是"期待可能性"，最终都取决于行为人的责任能力。当行为人没有责任能力的时候，是无法对其进行谴责的，也没有任何期待可能性。"责任能力包含了符合于认知的（智识性的）要素，和符合于意志的（意愿性的）要素：理解不法的能力，以及合乎意义地决定意志的能力。这两个要素综合在一起才构成了责任能力。"③ 对没有责任能力的行为的谴责不仅毫无意义，也不符合现代刑法责任主义原则的基本要求。当行为人没有责任能力的时候，他的行为就不能成为刑法上所指的行为，从本质上只能当作意外事件。因此，"不法-罪责"系统中"罪责"的功能，最重要的就是排除责任阻却事由的情形。因为与故意的情形不同，"对于非故意的违法行为，法律最为广泛地运用了责任阻却原理"④。也如罗克辛指出的那样，"因为这个可谴责性的概念仅仅指向了罪责，所以，这个概念只能是不完整地包括了在这里应当进行的评价的方式。这种评价方式并没有单独地包括人们是否能够对行为人提出一种（罪责性的）谴责这个问题，而是要对此做出判断：在

---

① 〔德〕汉斯·韦尔策尔：《目的行为论导论——刑法理论的新图景》，陈璇译，中国人民大学出版社，2015，第97页。

② 〔德〕格吕恩特·雅科布斯：《行为　责任　刑法——机能性描述》，冯军译，中国政法大学出版社，1997，第40页。

③ 〔德〕汉斯·韦尔策尔：《目的行为论导论——刑法理论的新图景》，陈璇译，中国人民大学出版社，2015，第67~68页。

④ 〔德〕汉斯·韦尔策尔：《目的行为论导论——刑法理论的新图景》，陈璇译，中国人民大学出版社，2015，第98页。

刑法的观点下，这个行为人应当对自己的举止行为负责"①。无论从"不法"的构成角度来讲还是从"罪责"构成的角度来讲，"责任能力"都是决定性的。

四 "不法"与"罪责"之间的关系

关于威尔泽尔的"不法"与"罪责"的关系，希尔施的评价最为妥当，他指出，"韦尔策尔倡导将构成要件故意归入不法构成要件，由此实现了对体系的变革，并最终建立起'人的不法理论'"②。一方面，威尔泽尔将"三要件"系统内含于"不法-罪责"系统之中，从而拉近了"不法"与"罪责"之间的关系。这一点在麦耶、迈茨格的理论体系中就已经开始显现出来，因为威尔泽尔完全继承了迈茨格的理论，"不法"与"罪责"之间关系的内化倾向就更加凸显。另一方面，威尔泽尔将"主观的构成要件"（故意）纳入"不法"之中，这导致"不法"与"罪责"的"一体化"。麦耶、迈茨格的"不法"中并没有加入作为"主观构成要素"的"故意、过失"，但是威尔泽尔将作为"罪责形式"的"故意、过失"内化于"不法"之中，使"客观不法"进一步主观化，从而形成了人的"不法"理论。这种倾向也体现了"不法"与"罪责"之间关系的内化性。

"目的主义接受了黑格尔行为概念的结构，但是，将不法和罪责加以区分。在黑格尔那里，不法和罪责还是与行为的概念混为一体的，然而，正是由于脱离了这个概念，使得目的主义因此对现代体系就具有了实用性。"③ 本书认为罗克辛的评价有两点问题。第一，威尔泽尔的"不法"和"罪责"从本质上并没有分离。如前所述，威尔泽尔的"不法"中存在"罪责"，而且还区分为"故意犯的不法"和"过失犯的不法"。更进一步讲，在某种意义上，威尔泽尔的"不法-罪责"系统甚至完全可以看作"一要件"的系统，因为威尔泽尔的"罪责"基本上是一个"架空"的概念，是形式上的"罪

① 〔德〕克劳斯·罗克辛：《德国刑法学总论》（第1卷）第3版，王世洲译，法律出版社，2005，第561页。
② 〔德〕汉斯·约阿希姆·希尔施：《纪念汉斯·韦尔策尔一百周年诞辰》，陈璇译，载〔德〕汉斯·韦尔策尔《目的行为论导论——刑法理论的新图景》，中国人民大学出版社，2015，第104~105页。
③ 〔德〕克劳斯·罗克辛：《德国刑法学总论》（第1卷）第3版，王世洲译，法律出版社，2005，第151页。

责"。第二，恰恰由于威尔泽尔在内涵上没有分离"不法"与"罪责"，人的"不法"概念才得以形成，他的理论体系才具有"实用性"。而那个形式上"分离"出来的"罪责"部分，反而使威尔泽尔的理论凸显出"不平衡"，并进而趋于失败。因此，本书认为罗克辛的评价是不能成立的。

也有学者指出，"根据威尔泽尔的观点，虽然人的态度的事实论的构造是明确的，但是从这个构造来看，作为故意的行为制御来自作为内心行动制御的行为评价，即与所实行的归属是分离的。因此，威尔泽尔的犯罪行为论在从行为者的意思出发演绎出来的这一点上没有类似的理论"①。换言之，辛纳认为"目的行为论"与"自然的因果行为论"本质上是一样的，都属于主客观分离的行为理论。它们之间不同的只是，"目的行为论"试图与现实世界、现实社会相关联，因此比"自然的因果行为论"在内涵上更为具体。本书认为威尔泽尔的理论在内涵上更接近古典的理论，而在形式上却更接近新古典的理论。从这个角度看，辛纳的观点就是可以成立的。

五　小结

综上所述，威尔泽尔基本上继承了迈茨格的"不法－罪责"系统，将"三要件"系统融入其中。但是，威尔泽尔的"不法－罪责"系统与迈茨格的"不法－罪责"系统依然存在根本性的差别，这主要体现在"不法"和"罪责"的范畴上。威尔泽尔的"不法"是"构成要件符合性"、"违法性"和"责任"之和；而迈茨格的"不法"只是"构成要件符合性"和"违法性"之和，并不包含"罪责形式"。威尔泽尔的"罪责"范畴基本上是形式化的，并没有具体的内涵。但是与此不同，迈茨格的"罪责"范畴是丰满的，它还保留了"罪责形式"——故意、过失。

第4节　威尔泽尔重叠的双重系统

如前文所述，李斯特是德国犯罪构成要件理论的真正创立者，而且构建起了双系统的犯罪构成要件理论体系，即"三要件"系统和"不法－罪责"

---

①　アルントゥ.ジン、只木誠監訳、冨川雅満訳「ドイツ刑法における犯罪論の現況について」『比較法雑誌』第 49 巻第 1 号、2015、76—77 頁。

系统。自贝林以后，理论界一直致力于将"三要件"系统与"不法-罪责"系统融合为一个系统。贝林以"类型"的模式，将"不法-罪责"系统融入"三要件"系统，创造出类型系统，麦耶直接将"不法-罪责"系统融入"三要件"系统中，创造出变异的"三要件"系统。与他们相反，迈茨格反过来将"三要件"系统融入"不法-罪责"系统中。无论如何，他们的"融入"都在很大程度上破坏了双系统原本的理论和结构。威尔泽尔与他们三者不同，他试图发扬李斯特的双系统，完全推翻已经基本上"融合"的两个系统，从而再一次将"三要件"系统和"不法-罪责"系统各自解放，进而名正言顺地延续了德国双系统的理论结构。然而，本书认为威尔泽尔并没有完全实现他的这一理想。虽然威尔泽尔没有像贝林、麦耶、迈茨格一样将两个系统整合成"一个"系统，但是其理论也没有像李斯特的双系统那样在两者之间没有任何整合性的关系，相反，他在"解构"双系统的同时，又将它们用另一种模式融合在一起了。具体而言，本书认为我们看到的威尔泽尔的理论结构本质上与迈茨格的理论结构是非常相似的，换言之，威尔泽尔为了整合两个系统，依然采用了将"三要件"系统"纳入""不法-罪责"系统中的方案，即用"三要件"系统判断"不法"的存立。于是，在理论结构上，他的理论就与迈茨格的理论等同了。能够区别他们理论的只有两点：一是"构成要件"的内涵，二是"行为概念"。从这个意义上讲，本书认为威尔泽尔的试图解构"融合"在一起的双系统的理想并没有完全实现。

本书认为威尔泽尔的双系统是一个重叠的双系统。尽管它是重叠的双系统，但这是指系统本身的"内涵"的重叠，而不是它们各自功能的重叠。"三要件"系统的功能是"判断"一个行为是否构成犯罪，而"不法-罪责"系统的功能是对该行为及行为人所造成的社会危害性进行"评价"。相对来讲，"三要件"系统的功能是"价值中立"的"判断"，但是，无论如何，"不法-罪责"系统的功能都不可能是"价值中立"的"评价"。因为只要是"评价"，就一定具有主观性的因素，而这些主观性的因素很难避免受到历史的、文化的、宗教的、社会的各种观念的影响。尽管威尔泽尔不愿意承认"三要件"系统的"价值中立"特征，但那是在"三要件"系统中，相对于客观的刑法条文而言的。只要"三要件"系统的功能是"判断"标准，那么它就不得不"中立"。再则，假设威尔泽尔"绝对"地排除"三要件"系统的"价值中立"特征的话，那么他就没有必要再适用"不法-罪责"系统的"评价"

功能。如果是那样，威尔泽尔的犯罪构成要件理论就完全等同于小野清一郎流的日本的犯罪论①了。在这个意义上讲，只要威尔泽尔还在他的犯罪构成要件理论中保留德国传统的"不法－罪责"系统，那么他的"三要件"系统就不可能是与"不法－罪责"系统具有相同"评价"功能的系统。因此，威尔泽尔的"三要件"系统也一定具有"价值中立"的理论特征。在这个意义上讲，威尔泽尔的双系统既是"分离的"，又是"重叠的"。他的理论不仅在"不法"的内容上与"三要件"系统中的"构成要件符合性"和"违法性"重叠，而且在"罪责"的内容上也与"三要件"系统中的"责任"重叠。

尽管威尔泽尔的"目的行为论"是影响德国刑法理论的重要理论，但是，仅仅从犯罪构成要件理论的结构上看，本书认为他的犯罪构成要件理论并没有实质性的突破。尽管如此，不可否认的是威尔泽尔为犯罪构成要件理论的发展开辟了一个新的理论视角，那就是"目的行为论"视角。那么，威尔泽尔之后的刑法理论是否能够继承他的理论呢？下文从罗克辛和雅克布斯的理论着手研究。

---

① 本书认为，日本的犯罪论是单系统的理论，是只有"犯罪构成要件"系统而没有"不法－罪责"系统的犯罪论。别稿论述。

第4章　罗克辛的实践性双系统
犯罪构成要件理论

第1节　本章的论点所在

罗克辛并不是真正意义上的"目的行为论"的继承者，他提出了"客观归责"的行为理论。罗克辛宣布："今天，在德国刑法学理中占据主导地位的见解不再是以存在事实（譬如因果关系或目的性）为导向的体系了，而是以刑法的任务和目标（Aufgaben und Zwecken）作为指导的体系。"[①] 从这个宣言中，我们至少可以肯定罗克辛的犯罪构成要件理论不是"纯理论"的，而应该是具有"实践性"的。这个"实践性"理论最后的指向是"客观归责"。不过，本书认为罗克辛的"实践性"主要落足于"三要件"系统上，而"任务和目标"主要落足于"客观归责"理论指向的"不法-责任（答责性）"[②]系统上。

罗克辛的"实践性"犯罪构成要件理论不仅在内容上不同于之前所有的理论，而且在形式体系上也不同于之前的理论。如果说传统的犯罪构成要件理论是以"构成要件符合性—违法性—罪责（责任）"的顺序建构的"三要件"体系的话，那么我们会发现罗克辛的体系是以"违法性"为中心，附加"构成要件符合性"和"罪责"建构的体系。在罗克辛的理论结构中，"违法性"是"三要件"系统的核心，它的功能贯穿整个犯罪构成要件的始终。因

[①]　〔德〕克劳斯·罗克辛：《构建刑法体系的思考》，蔡桂生译，载〔德〕克劳斯·罗克辛《刑事政策与刑法体系》，蔡桂生译，中国人民大学出版社，2010，第70页。

[②]　罗克辛在"不法-罪责"系统中没有采用传统的"不法-罪责"模式，而是使用了"不法-责任（答责性）"模式。他所指的"责任"就是"答责性（答责）"。换言之，罗克辛所主张的"不法-责任（答责性）"的功能与传统的"不法-罪责"的功能相同。在此次特别说明罗克辛专有名词的使用特色，其理论结构逻辑参照本文推理过程。

为"违法性"作为"正当化事由"承担一种功能，作为（实质的）"违法性"承担另一种功能。为了保持"违法性"的纯正性，就必须确保排除"正当化事由"的情形，因此罗克辛的理论又可以看作是围绕"正当化事由"的排除的理论。

因为"正当化事由"本质上是否定"违法性"的要素，因此可以将"正当化事由"与"违法性"关系看作是对偶性的关系。如果是这样，罗克辛的"三要件"系统仍然可以看作是由"构成要件符合性"、"违法性"（排除了"正当化事由"的"违法性"）、"罪责"组成的理论。罗克辛的"三要件"系统与传统的"三要件"系统的不同之处在于，三个要件要素的排列顺序。按照罗克辛的逻辑，三个要件要素的排列应该是"违法性"—"构成要件符合性"—"罪责"。从形式上看，由于排除了"正当化事由"的"违法性"相当于"构成要件符合性"，罗克辛的理论似乎又是以"正当化事由"建构的二元的犯罪论体系，与"不法-责任（答责性）"相对应（见图4-1）。

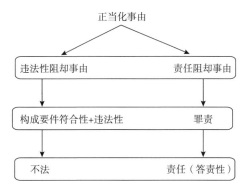

图4-1 以"正当化事由"建构的二元的犯罪论体系

按照罗克辛的理论逻辑，只要行为是具有"正当化事由"的行为，就不是该当"构成要件符合性"的"违法行为"，就不应该承担刑事责任。在"正当化事由"中区分"违法性阻却事由"和"责任阻却事由"这两个不同领域，分别与"构成要件符合性"+"违法性"和"罪责"相对应。因为"不法"就是指该当"构成要件符合性"的"违法性"行为，因此，"构成要件符合性"+"违法性"就相当于"不法"。"责任"中排除了责任阻却事由，行为人必须承担起"罪责"，因此排除了责任阻却事由的"责任"相当于"罪责"，罗克辛将"罪责"称为"答责性"。从这个意义上讲，我们可以说罗克辛用"正当化事由"分别将"构成要件符合性"+"违法性"与"不法"、"罪责"与"答责性"相关联,形成了一个内含"不法-罪责"系统的"三要件"系统体系。具体而言,从整体性结构来看,罗克辛的理论结构依然是"三要件"系统和"不法-罪责"的双系统体系。"违法性"、"构成要件符合性"与"罪责"构成一个"三要件"系统;"不法"与"责任(答责性)"构成一个二元系统。

罗克辛的"三要件"系统与"不法-责任(答责性)"系统之间的内在关联性,开始于"构成要件符合性"+"违法性"和"罪责"之间的撕裂。这也是有的学者将罗克辛的理论看作是"二要件理论"的一个重要原因。按照罗克辛的观点,刑法总则规定的故意和过失是分别存在于"构成要件符合性"和"责任"之中的。如罗克辛所言的那样,"我们所观察到的总是,每一个犯罪类型下面的整体事实的发生(Geschehen)"[1]。如果罗克辛强调"整体事实"的存在,那么,在他的理论中就不可忽视客观存在中的"责任要素"。尽管罗克辛也指出,"虽然并非情状的所有要素,对于构成要件、不法和罪责都有着同等重要的意义"[2],但是不能否定在"构成要件符合性"中存在的主观方面的要素。也就是说,在"整体事实的发生"中,"构成要件符合性"、"违法性"和"罪责"都是同时存在的,使它们分开的只是理论。但是,以"正当化事由"建构的理论并不能够实现主客观之间的统一性,而是依然分别形成了以"构成要件符合性"和"违法性"对应"不法"、以"罪责"对应"责任(答责性)"的二分情形。

罗克辛对传统的"三要件"系统的继承是非常明确的,但他是否也继承了传统的"不法-罪责"系统呢?本书认为,罗克辛继承了德国传统的"不法-罪责"系统。与传统的"不法-罪责"系统不同的是,罗克辛所主张的"不法-责任(答责性)"系统是建立在以"刑法的任务和目标"为导向的思想基础之上的。"刑法上的不法,要从刑法的任务中导引出来;相反,罪责这一体系性的范畴,则要从具体的处罚目标中推导出来。这两者之间是不一样

---

① 〔德〕克劳斯·罗克辛:《刑事政策与刑法体系》,蔡桂生译,中国人民大学出版社,2010,第 51 页。

② 〔德〕克劳斯·罗克辛:《刑事政策与刑法体系》,蔡桂生译,中国人民大学出版社,2010,第 51 页。

的。"① 因为罗克辛的"不法-责任（答责性）"系统以"刑法的任务和目标"为导向，所以他主张用"不法-责任（答责性）"取代"不法-罪责"。

在罗克辛的理论中，除了以"正当化事由"建构的二元系统外，还有以"行为构成"建立的"三要件"系统理论。"行为构成"理论是判断一个"违法行为"构成哪一种犯罪的"三要件"系统的总称。进一步讲，"构成要件"是指在"正当化事由"排除后，进入刑法评价机制的判断系统。因为毕竟在属于"行为构成"的范畴中，不得不存在刑法总则规定的犯罪主体、责任能力的要件要素（这是罪刑法定主义原则的要求）。那么，这就造成了一种"正当化事由"与"构成要件"系统中适用刑法总则规定时涉及的"正当化阻却事由"之间的"协调性"问题。

除以上所述之外，本书还认为罗克辛的双系统的逻辑思维与传统的德国双系统的逻辑思维正好相反。如果说传统的双系统是以从"犯罪"到排除"正当化事由"，再到"处罚"的思路建构的双系统的话，罗克辛的逻辑结构就是从排除"正当化事由"到"确立犯罪"，再到"处罚"的双系统结构。传统的双系统是从内向外"排除"的逻辑结构，而罗克辛的逻辑结构是从外向内"包抄"的逻辑结构。按照传统的逻辑结构，一个符合犯罪构成要件的行为不一定是违法的行为，因为其中还内含了具有"正当化事由"的情形的可能性。只有"违法性"的功能才能够"排除"那些具有"正当化事由"的情形。但是与此相反，罗克辛的逻辑结构从一开始就要"排除"具有"正当化事由"的情形，然后在这个基础上认定该行为的犯罪的类型、层级，即实质"违法性"。换言之，这也可以说是罗克辛理论的创新之处，他在整体性结构中提升了"正当化事由"的地位。在罗克辛之前的犯罪构成要件理论中没有理论将"正当化事由"作为它们的核心支柱。尽管"正当化事由"是犯罪构成要件理论中非常重要的一部分，但是，直到威尔泽尔才指出"正当化事由"是对"违法性"的否定②的观点。罗克辛以"正当化事由"为核心建构的理论体系可以说是对这一观点的扩张和强化。

综上所述，罗克辛的理论有三大特点：一是以"正当化事由"建构了一

---

① 〔德〕克劳斯·罗克辛：《构建刑法体系的思考》，蔡桂生译，载〔德〕克劳斯·罗克辛《刑事政策与刑法体系》，蔡桂生译，中国人民大学出版社，2010，第70页。

② 〔德〕汉斯·韦尔策尔：《目的行为论导论——刑法理论的新图景》，陈璇译，中国人民大学出版社，2015，第31页。

个内含"不法-罪责"系统的"三要件"系统；二是以"刑法的任务和目标"建构了"不法-责任（答责性）"系统；三是提出了与传统的双系统的逻辑思维相反的思路，先从"正当化事由"入手，排除"正当化事由"的情形，然后进入对"不法"行为的刑法评价机制。下文主要从这三个方面进行论证。

第2节　罗克辛的"整体性行为构成"系统

罗克辛尝试"把个别的犯罪类型——构成要件符合性、违法性、罪责——从一开始就用它们的刑事政策之机能的视角加以考察、加以展开、加以体系化"[1]。那么，我们可以确定罗克辛的犯罪构成要件理论的体系是具有刑事政策视角的体系。但是，应该注意的是，罗克辛在这里所指的"犯罪类型"不同于贝林的"犯罪类型"。罗克辛的"犯罪类型"是指"三要件"系统，而贝林的"犯罪类型"是对刑法规定的抽象化概念，是指"形而上学层级上的三要件"要素之一[2]。进一步讲，罗克辛所言的"犯罪类型"是排除"正当化事由"之后的"犯罪类型"；而贝林的"犯罪类型"正好相反，是为排除"正当化事由"提供的"轮廓"性前提。

罗克辛的"三要件"系统，有双层结构。本书将它们称为"大（外）的三要件"和"小（内）的三要件"。"小（内）的三要件"，如罗克辛在他的教科书中所言的那样，是指"行为构成"。从罗克辛的理论逻辑来看，"行为构成"是由"构成要件符合性"、"违法性"和"罪责"构成的"小（内）的三要件"。尽管罗克辛继承了传统的"三要件"系统，但是他继承的并不是李斯特"作为法律概念的构成要件"，而是强调"行为构成具有体系性的、刑事政策性的和信条性的功能"[3] 的"三要件"系统。罗克辛的"三要件"系统的另一个层级是以"整体性行为构成"统领"正当化事由"和"行为构成"的"三要件"。本书将"整体性行为构成"与"正当化事由"、"行为构成"一起构成的"三要件"称为"大（外）的三要件"。在这个体系中，"整

---

① 〔德〕克劳斯·罗克辛：《刑事政策与刑法体系》，蔡桂生译，中国人民大学出版社，2010，第20页。
② 参见本书第1章第2节。
③ 〔德〕克劳斯·罗克辛：《德国刑法学总论》（第1卷）第3版，王世洲译，法律出版社，2005，第181页。

体性行为构成"不只是统合"正当化事由"和"行为构成"的连接性概念，它本身也贯穿于其他两个要件要素之中。① 大小"三要件"之间的关系如图4-2所示。

图4-2　大小"三要件"之间的关系

如图4-2所示，我们可以看到罗克辛的犯罪构成理论的重叠性，即在"大（外）的三要件"（整体性行为构成、正当化事由、行为构成）中包含了"小（内）的三要件"（构成要件符合性、违法性、罪责）的理论模式。罗克辛将这种重叠的"三要件"结构称为"整体性行为构成"。也就是用"整体性行为构成"统领这个重叠的"三要件"系统。

以下具体论述罗克辛的"整体性行为构成"系统的内涵。

一　"大（外）的三要件"

1. 整体性行为构成

"整体性行为构成"一方面是罗克辛双层"三要件"系统的总称，另一方面是"大（外）的三要件"中的一个要件要素，那么它的内涵是指什么呢？罗克辛并没有定义它，而只是指出了它的功能。如罗克辛所言的那样，

---

① 参见〔德〕克劳斯·罗克辛《德国刑法学总论》（第1卷）第3版，王世洲译，法律出版社，2005，第411页。

"整体性行为构成""不仅存在于行为构成中，而且也存在于正当化的根据之中"①。但是，"整体性行为构成"如何"存在"于"正当化事由"和"行为构成"中，罗克辛的理论也没有非常明确地说明。本书认为"整体性行为构成"的特征体现的是罗克辛的刑事政策和"刑法的任务和目标"，因此它是一种"纲领性"的存在，只具有政策性的方向性特征，而不具有具体的法律性特征。尽管它在"大（外）的三要件"中充当一个要件要素，但只不过是形式上的象征性存在，而不具有实质的、具体的法律内涵。它与"正当化事由"和"行为构成"的关系在于它对它们进行"政策性"指导，其内涵取决于刑法的"任务和目标"。

2. 正当化事由

在判断一个行为是否构成犯罪之前，先行排除"正当化事由"的可能性，这是罗克辛不同于传统德国犯罪构成要件理论的思路。罗克辛认为，尽管刑法中明确规定了一些"正当化事由"，譬如正当防卫、紧急避险等，但是，刑法规定中并不可能列举所有的"正当化事由"，譬如允许性的风险，这是与社会发展相对应的一种"正当化事由"的体现。这种情形的存在印证了罗克辛所言的"通过正当化事由，社会中的动态变化才得以反映到犯罪论中来"②的观点。罗克辛的理论逻辑符合社会学的思路，从理论上讲这是一个比较合理的思路。在判断一个行为是否构成犯罪之前，先行排除该行为在当下社会中所能接受、所能允许的可能性情形，然后再将一个当下社会所不能接受、不能允许的行为转入刑法的机制中进行判断"是否构成犯罪"、"是否应该处罚"、"应该如何处罚"、"在什么程度上处罚"等，这样的思路更符合现在社会人们的逻辑思维，而且也比较具有司法的经济性。

但是，如果将"正当化事由"体系化，并使之成为是否"推送"一个行为进入刑法评价机制的前提，那将是一个非常艰难的工作。因为"正当化根据的体系化只有在以下范围内才是可能的，即正当化的根据能够从不同的社会制度性原则（利益权衡原则、保护原则、法保障原则、自治原则，等等）的联合中得到说明"③。也就是说，判断一个行为是否具有"正当化事由"，

---

① 〔德〕克劳斯·罗克辛：《德国刑法学总论》（第 1 卷）第 3 版，王世洲译，法律出版社，2005，第 411 页。

② 〔德〕克劳斯·罗克辛：《刑事政策与刑法体系》，蔡桂生译，中国人民大学出版社，2010，第 32 页。

③ 〔德〕克劳斯·罗克辛：《德国刑法学总论》（第 1 卷）第 3 版，王世洲译，法律出版社，2005，第 136 页。

需要与另一些体系的理论相衔接，只有这样才能够做出正确而合理的判断。"行为构成和在随后的评价阶段中应该考虑的正当化根据的区别，在于后者以双重方式对不法的'否定'意义。这些正当化根据首先是超出各种犯罪种类取得的，适用于全部行为构成或者大量的行为构成，并且在这里不是通过对典型的犯罪生活片段的描述，而是通过社会制度原则（利益权衡原则，自我保护原则等等）的建立来安排自己的规则。"① 这里存在几层含义。第一，"正当化事由"的判断不仅仅依据刑法典中规定的那些内容进行。正因为刑法典规定的"正当化事由"不全面，才提出超越刑法典规定的"正当化事由"存在的必要性。第二，"大（外）的三要件"中的"正当化事由"和"小（内）的三要件"中的"正当化事由"共同否定"不法"以确保司法的正确性。第三，只有在排除了"正当化事由"之后，才能进入刑法评价机制的判断模式中。第四，"大（外）的三要件"中的"正当化事由"主要是依据社会制度原则做出的。而且"在这种引导性原则之下，寻找法律就不象在行为构成特征中那样，必须进行归类，而是必须让正当化根据在法律材料上具体展开"②。这一点不难理解。也就是说，这里所指的"正当化事由"的范畴大于刑法典所规定的范畴，因此它也就不同于评价"不法"的"正当化阻却事由"（刑法典规定的正当化阻却事由）。如果是这样，这里就会出现一系列的问题：超出刑法典范畴的"正当化事由"的判断标准到底应该如何确定，是否只要"利益权衡原则"、"自我保护原则"几个原则就可以设定"正当化事由"？如果它已经超出了刑法典规定的范畴，这里所指的"正当化事由"还是符合罪刑法定主义原则的要件要素吗？"大（外）的三要件"的"正当化事由"与"行为构成"〔"小（内）的三要件"〕中的"正当化阻却事由"是什么关系？或者说，"大（外）的三要件"中的"正当化事由"是否意味着"小（内）的三要件"中不再存在"正当化阻却事由"的可能性？

尽管罗克辛指出"刑法中具有重大意义的正当化根据都是来源于法律制度的全体领域的"③，也就是说，这里所指的"正当化事由"是整个法律领域

① 〔德〕克劳斯·罗克辛：《德国刑法学总论》（第1卷）第3版，王世洲译，法律出版社，2005，第187页。
② 〔德〕克劳斯·罗克辛：《德国刑法学总论》（第1卷）第3版，王世洲译，法律出版社，2005，第187页。
③ 〔德〕克劳斯·罗克辛：《德国刑法学总论》（第1卷）第3版，王世洲译，法律出版社，2005，第397页。

的"正当化事由",譬如说民法领域的"正当化事由",但是这样的解释依然不能完整地解决以上提出的问题。如果说"大(外)的三要件"本身就是体现罗克辛抽象的"三要件"理论的话,这一点与"整体构成行为"的特性倒是非常符合的。问题在于罗克辛强调理论的"实践性",既然是"实践性"的理论,"大(外)的三要件"中的两个要件如此的"抽象"是否与"实践性"思想对立呢?

一般而言,从与刑法机制相关联的角度看,罗克辛的"正当化事由"可分为违法性方面的正当化事由和责任方面的正当化事由。以下分别论述。

(1)违法性方面的正当化事由

(A)违法性正当化的根据来源

本书认为,从罗克辛理论的逻辑来看,违法性方面的"正当化事由"并不能等同于我们通常所言的"违法性阻却事由"。通常情形下,"违法性阻却事由"是刑法典明文规定的,但是按照罗克辛的逻辑,"正当化事由"的范围是超过"违法性阻却事由"范畴的。罗克辛的学生许玉秀①根据罗克辛的理论对他的"正当化事由"作了如下的总结,见图4-3。

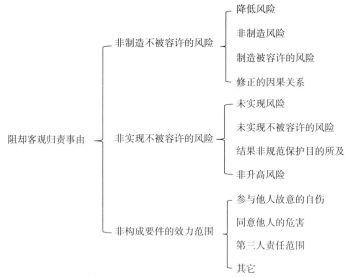

图 4-3　阻却客观归责事由的范畴

资料来源:许玉秀《主观与客观之间:主观理论和客观规责》,法律出版社,2008,第15页。

_____

① 许玉秀所言的"阻却客观归责事由",在中国大陆刑法学界通常称为"违法性阻却事由"。

按照罗克辛的理论，当一个行为存在以上任何一种"正当化事由"的情形时，它就不能被看作是可以进入刑法评价机制的行为。显然这是一个比较经济的理论模式，问题在于"正当化事由"的法律依据不明确。除了刑法典规定的正当防卫、紧急避险之外，以上所列举的"正当化事由"是否都具有立法根据呢？或者说，假设这些"正当化事由"也是根据刑法典的规定"排除"在刑法评价机制之外的情形，那么，为什么要在这里特别设置"正当化事由"呢？难道进入刑法评价机制之后就不能再进行"排除"了吗？如果"正当化事由"是有必要存在的理论前提的话，那么就应该说明它与刑法典规定的"违法性阻却事由"的关系。如果不以刑法典规定为依据的话，如何判断"正当化事由"存在与否呢？显然这里存在一个悖论。

如前所述，罗克辛认为判断"违法性正当化事由"的根据是"利益权衡原则"、"自我保护原则"、"非风险创设原则"等社会制度原则，"违法性正当化事由"的范畴则以刑法典的规定为界限。从理论上讲，这样的设置不仅"完善"，而且"合理"。但是，如果这样，这种理论结构的设置可能会由于过于庞大、抽象而无法真正实施。这必然意味着与罗克辛主张的"实践性"的刑法理论相背离。

（B）违法性正当化事由的错误

既然存在"违法性正当化事由"的情形，那么，就很难排除"违法性正当化事由的错误"的可能性情形。如果说"正当化事由"的功能是否定"违法性"的话，那么"违法性正当化事由的错误"的功能就是否定"违法性正当化事由"的事由。进一步讲，当存在"违法性正当化事由的错误"情形时，"违法性正当化事由"就随之消失，该行为就可以（应该）进入刑法评价的机制。但是，如果"违法性正当化事由"的判断根据和标准不确定的话，"违法性正当化事由的错误"的根据和标准还能够确定吗？关于这一点，罗克辛没有清楚地加以说明。

（2）责任方面的正当化事由

（A）责任正当化事由的根据来源

"正当化事由"的另一种情形是责任方面的"正当化事由"。通常只有达到刑事责任年龄、具有刑事责任能力的人才可以被看作是承担刑事责任的主体，才可以将罪责归于该主体。除此之外，当一个人由于病理性精神错乱、深度的意识错乱、智力低下、未成年，或者是享有特权的人员（如享有外交豁免的人员）时，也不能成为刑法的主体。也就是说，以上的任何一种情形都是阻却行为人承担刑事责任的"正当化事由"，而且，这些情形基本上都是刑法典规定的。问题在于，责任方面的"正当化事由"是根据刑法典规定的，与违法性的"正当化事由"一样，它的设置本身的必要性就存在疑问。关于这一点，罗克辛没有明确的论证。

（B）责任正当化事由的错误

罗克辛指出，"对行为构成特征的认识错误和对正当化条件的错误认识，都应当同样作为排除故意来处理，结果，在这一点上，行为构成和违法性的'更高的统一'，对法律后果就成为确定的"①。当责任的"正当化事由"发生错误的时候，它就不再具有阻却行为人承担刑事责任的功能。换言之，当存在责任的"正当化事由的错误"的时候，行为人的行为就应该进入刑法评价的机制。这在逻辑上和理论上不存在疑问，但疑问是判断责任的"正当化事由的错误"的根据。如果它的判断根据是刑法典的话，那么罗克辛设置责任的"正当化事由的错误"本身的必要性就会受到质疑。

（3）正当化事由与"社会相当性"

"社会相当性"②的理论是由威尔泽尔首先提出来的，威尔泽尔的基本想法是，"'在历史中形成的共同生活的社会道德制度内部活动'的各种行为，就是'社会恰当性的'，从来也不会隶属于一个行为构成，即使人们能够根据原文文字将其如此加以归类"③。从其"社会相当性"的功能上看，本书认为威尔泽尔的"社会相当性"与罗克辛的"正当化事由"是一致的，因为它们都具有超刑法典规定的特征。尽管罗克辛指出，威尔泽尔本人"在一种部分变化了的行为构成观点的基础上，有时把社会恰当性理解为习惯法上的正当化根据。后来，他又转到把它解释为限制行为构成，但是，在几年的过程中，他经常改变为这种法律形象所提供的例子"④，但是罗克辛的理论也有与威尔泽尔的理论相同的特征。如上文所示，罗克辛的"正当化事由"本来是在进

---

① 〔德〕克劳斯·罗克辛：《德国刑法学总论》（第1卷）第3版，王世洲译，法律出版社，2005，第189页。

② 也即罗克辛所称的"社会恰当性"。

③ 〔德〕克劳斯·罗克辛：《德国刑法学总论》（第1卷）第3版，王世洲译，法律出版社，2005，第192页。

④ 〔德〕克劳斯·罗克辛：《德国刑法学总论》（第1卷）第3版，王世洲译，法律出版社，2005，第192页。

入刑法评价机制之前的判断标准，但是在具体判断"正当化事由"的过程中，他依然有时以刑法典的规定为基本依据。这种"不确定性"与威尔泽尔的"经常改变"本质上是相同或者相似的。一方面试图超越刑法典规定的范畴，另一方面又没有真正建立起不同于刑法典规定判断"正当化事由"的标准。

由于威尔泽尔的改宗，后世的学术"部分地是把它看成是排除行为构成的情况，部分地是把它看成是正当化的根据或者甚至是免责的根据"①。具体而言，一种观点是将"社会相当性"看作是与"行为构成"相并列的情形；另一种观点是将"社会相当性"纳入了"行为构成"之中。如果是前者的话，威尔泽尔的"社会相当性"就相当于罗克辛的"正当化事由"；如果是后者的话，内含在构成要件中的"社会相当性"，也就是指"行为构成"中的"违法性阻却事由"以及"责任阻却事由"。前者可称为积极的"社会相当性"，后者可称为消极的"社会相当性"。之所以是"积极的"，是因为只有排除了"社会相当性"之后，才能进入刑法机制的评价。之所以是"消极的"，是因为只有进入了刑法机制的评价（行为构成的评价）之后，才能从中排除其"社会相当性"存在的部分。而这两点在罗克辛的理论中都存在，一方面在"大（外）的三要件"中的"正当化事由"与"行为构成"相并列，成为积极的"正当化事由"；另一方面在以下所述的"小（内）的三要件"中也存在"违法性阻却事由"和"责任阻却事由"，从而成为消极的"正当化事由"。不仅如此，即便是在"大（外）的三要件"中的"正当化事由"也具有这两个方面的特征，即一方面具有"社会相当性"特点的"正当化事由"的特征；另一方面具有刑法典规定的"正当化阻却事由"的特征。

罗克辛认为"一种批判评价的出发点必须是，社会恰当性的原则包含了一种行为构成理论十分重要的理解：这种想法是，一个不仅在特殊情况下是例外的，而且从一开始就一般地被同意的举止行为，不能体现犯罪的和不法的类型，并且在这里也从来不能符合行为构成"②。也就是说，当一个行为在任何情况下都不该当"行为构成"时，这种根本不该当"行为构成"的行为就是符合"社会相当性"的行为。既然是符合"社会相当性"的行为，那就

---

① 〔德〕克劳斯·罗克辛：《德国刑法学总论》（第1卷）第3版，王世洲译，法律出版社，2005，第192页。
② 〔德〕克劳斯·罗克辛：《德国刑法学总论》（第1卷）第3版，王世洲译，法律出版社，2005，第193页。

应该看作是"正当化"的行为。罗克辛明确指出"社会恰当性的举止行为不具有行为构成的性质，因此是本书所代表的行为构成理论的一个必然结论"[①]。因此，可以肯定罗克辛是将"社会相当性"和"正当性事由"看作是相同概念使用的。罗克辛认为属于"社会相当性"的行为范围有二组：一是"在法律上不重要的或者是可以允许的风险的案例"；二是"与把轻微的、社会一般容忍的行为排除出行为构成有关"[②]。如果与"正当化事由"的内容[③]相比较，我们依然可以得出一个结论："社会相当性"也是"正当化事由"的一种存在形式。

"无论如何，社会恰当性的理论在这里仅仅表明自己是客观归属理论的前导。"[④] 也就是说，"社会相当性"的问题或者"正当化事由"的问题是在"客观归责"之前存在的，因为只有在排除了"社会相当性"或者"正当化事由"的前提下，才能进入刑法评价机制。进入刑法评价机制后的第一步是判断"行为构成"，第二步是评价"不法－罪责"。至少"我所支持的刑事政策上的这一不法构想所取得的决定性成果是：从这个不法构想中产生了客观归属理论"[⑤]。也就是说，最后才进入"答责性"，即罗克辛所指的"归属"（归责）。从这个意义上讲，我们可以断定罗克辛的双系统应该存在于"社会相当性"－"正当化事由"与"客观归属理论"之间。

3. 行为构成

罗克辛的理论是目的理性体系。这个体系"强调将犯罪预防作为犯罪论体系之设计目的，进而在它的指导下安排诸阶层和要素的内容"[⑥]。如果威尔泽尔的"三要件"系统是以认识行为为目标的话，那么罗克辛的"三要件"系统也一样是以认识行为为目标的理论。与威尔泽尔的理论不同的是，罗克

---

① 〔德〕克劳斯·罗克辛：《德国刑法学总论》（第 1 卷）第 3 版，王世洲译，法律出版社，2005，第 193 页。

② 参见〔德〕克劳斯·罗克辛《德国刑法学总论》（第 1 卷）第 3 版，王世洲译，法律出版社，2005，第 194 页。

③ 参见上述许玉秀提供的图表所示的内容。

④ 〔德〕克劳斯·罗克辛：《德国刑法学总论》（第 1 卷）第 3 版，王世洲译，法律出版社，2005，第 194 页。

⑤ 〔德〕克劳斯·罗克辛：《构建刑法体系的思考》，蔡桂生译，载〔德〕克劳斯·罗克辛《刑事政策与刑法体系》，蔡桂生译，中国人民大学出版社，2010，第 72 页。

⑥ 庄劲：《递进的犯罪构成体系：不可能之任务》，《法律科学（西北政法大学学报）》2015 年第 5 期，第 66 页。

辛自称"行为构成"是"规范性"的，而不是作为法律概念的，也不是"目的性"的。在这一点上，罗克辛似乎继承的是 M.E. 麦耶的理论观点，明确主张规范性的"行为构成"。

需要注意的是，罗克辛的"行为构成"系统就是"三要件"系统，并不是"行为"的"行为构成"，具体而言，就是在"行为构成"中并没有传统的德国犯罪构成要件理论对行为本身的构成的标准①。所以，罗克辛的"行为构成"既不同于李斯特、贝林主张的概念化的、形而上学的"行为"的构成要件，也不同于麦耶的"事实的构成要件"。因此，罗克辛所言的"行为构成"既不同于"行为理论"，也不同于法定构成要件。"从行为构成作为犯罪类型，作为抽象性禁止的全部条件这个理解出发，可以得出一个结论，即一个特征不会因为它在分则的一个刑法规定的原文文字中被包含，就属于行为构成。"② 即便罗克辛的"行为构成"强调行为，但也不同于刑法典条文本身中规定的抽象行为，而是对刑法条文的规定的抽象行为的理论化的行为。那么，这就出现一种疑问，罗克辛强调"行为构成"的"规范性"，但他的"行为构成"却是针对法定构成要件的理论化的"构成要件"，既然如此，罗克辛的"行为构成"与李斯特、麦耶的"行为构成"有何不同呢？或者说与迈茨格、威尔泽尔的"行为构成"有何区别呢？

本书认为尽管罗克辛的"行为构成"既不同于李斯特、麦耶的理论，也不同于迈茨格、威尔泽尔的理论，但是因为罗克辛并不反对传统的"行为构成"的"三要件"体系，所以我们依然可以断定罗克辛的"行为构成"也同样是对"刑法条文中的行为"的解释理论，也就是对刑法条文中法定构成要件的认识理论。而且，罗克辛在这里所言的"行为"也是指刑法典规定的"抽象性行为"，因为只要犯罪构成要件的目标是把握"犯罪行为"的特点，就只能从刑法典规定的"抽象行为"出发。只有把握刑法典规定的"抽象行为"，才能够避免法官的恣意性。这是所有犯罪构成要件理论的目的，罗克辛的"行为构成"也不例外。各个犯罪构成要件理论之间的不同主要体现在对

---

① 尽管传统的德国犯罪构成要件理论本质上也是为了判断"行为"而建构的理论，但是在判断"行为"之前，犯罪构成要件理论的目标就转向了刑法条文的认识。为此，在犯罪构成要件理论存在的同时，又发展出了另一个理论系谱，即行为概念的理论。罗克辛所言的"行为构成"理论不同于关于"行为概念"的本质的理论，而是关于"行为"的构成的理论。

② 〔德〕克劳斯·罗克辛：《德国刑法学总论》（第1卷）第3版，王世洲译，法律出版社，2005，第190页。

"行为构成"的成分（要件要素）的分配上。坚持在客观的要件要素中不加入主观的要件要素的构成要件被称为"客观的构成理论"；坚持在客观的要件要素中加入主观的要件要素的构成要件被称为"主观的构成理论"。"自从主观的行为构成被发现和得到承认以来，客观行为构成和主观行为构成的区别就在德国学术界得到了一般的承认。这一点也是本书的基础。然而，人们必须明确这一点，即行为构成的行为组成了内部因素和外部因素的统一体。人们不能将这些因素撕裂，然而，人们也许可以考虑这些（客观和主观的）具体要素各自的特征。"① 罗克辛主张的是将"客观的要素"和"主观的要素"综合而成的"行为构成"理论。但是，这并不意味着罗克辛在此之外开辟了一个新的行为范畴，相反，本书认为罗克辛在这一点上并没有多少创新，更多的只是继承。换言之，即便罗克辛承认在"客观的构成要件"中存在"主观的违法要素"，但是他也没有像威尔泽尔那样将"主观的构成要件要素"与"客观的构成要件要素"相结合。

尽管罗克辛继承了威尔泽尔的理论体系，但是依然可以看到罗克辛的理论中也吸收了贝林的理论，因为他根本没有将"三要件"系统与"不法-罪责"系统完全地区别开来论述他的双系统。尽管没有像贝林那样将"三要件"系统和"不法-罪责"系统统合在"犯罪类型-违法类型-责任类型"的框架之内，但是他的"行为构成"与"不法"、"违法性"和"不法"之间根本也没有完全区别开来，而是作为一个体系论述的，这也可以说是罗克辛理论的一个特色。如罗克辛所言的那样，"在这里，行为构成从一开始就处于在法律目的和法律明确性之间形成的紧张状态的领域中"②，"行为构成"等概念都是为"刑法的任务和目的"服务的，并统合在"刑法的任务和目的"之中。

以下从"功能"、"分类"、"规范性"的不同角度，进一步探讨"行为构成"。

（1）"行为构成"的功能

"行为构成"的体系性并不难论证。罗克辛明确指出"行为构成具有体系

---

① 〔德〕克劳斯·罗克辛：《德国刑法学总论》（第1卷）第3版，王世洲译，法律出版社，2005，第199~200页。
② 〔德〕克劳斯·罗克辛：《德国刑法学总论》（第1卷）第3版，王世洲译，法律出版社，2005，第134页。

性的、刑事政策性的和信条性的功能"①。首先，"行为构成"是"犯罪构成符合性"、"违法性"、"罪责"的统合性概念，因为这三个要件要素形成一个由"行为构成"统合在一起的"三要件"系统，所以"行为构成"可看作是一个体系性的概念。本书将这个"三要件"称为"小（内）的三要件"。其次，在与"整体性行为构成"和"正当化事由"的关系中，"行为构成"一方面是一个构成要件要素；另一方面，也与其他两个构成要件要素形成了一个体系，这个"三要件"称为"大（外）的三要件"。最后，"行为构成"实质上是连接"大（外）的三要件"与"小（内）的三要件"的一个中介概念。这是"行为构成"的连接性功能。

罗克辛的"小（内）的三要件"是体系性的存在，是形而上学意义上的概念，是指导性的刑法理论，而不是具体的判断一个行为是否构成犯罪的实务中的程序。"在体系性意义上，行为构成包含了'与犯罪的产生有关的全部典型性特征'。"② 从这个意义上看，罗克辛的"行为构成"与李斯特、贝林的作为法律概念的、形而上学层级上的"构成要件"是一样的，都是将三个要件要素看作是"纯粹理论"的理论。因为这就是罗克辛所言的"信条性"的功能，即教义学上的功能。

"除了体系性意义之外，还有行为构成的刑事政策性意义。这方面的意义存在于《德国基本法》第103条第2款要求的'保障功能'之中。刑法只有在行为构成中准确地规定了所禁止的举止行为时，才能对'法无明文规定不为罪'这个基本原理做出完整的正确的说明。如果人们说，我们的刑法是行为构成的刑法而不是态度的刑法，或者说它主要是行为刑法而不是行为人刑法，那么，在使用这些关键词进行表述的背后，总是有着行为构成的刑事政策意义的基础。"③ 也就是说，罗克辛的犯罪构成理论分成两个层次：一个是"行为概念"的"三要件"理论层次；另一个是刑事政策上的"行为构成"层次。一般来讲，罗克辛所指的"三要件"层次是指理论层次，刑事政策上的层次是指"不法-责任（答责性）"层次。进一步而言，"行为构成"中不

① 〔德〕克劳斯·罗克辛：《德国刑法学总论》（第1卷）第3版，王世洲译，法律出版社，2005，第181页。

② 〔德〕克劳斯·罗克辛：《德国刑法学总论》（第1卷）第3版，王世洲译，法律出版社，2005，第181页。

③ 〔德〕克劳斯·罗克辛：《德国刑法学总论》（第1卷）第3版，王世洲译，法律出版社，2005，第181页。

仅存在"小（内）的三要件"系统，还存在"不法－责任（答责性）"系统，这两个不同的系统是通过"行为构成"统领完成的。

关于刑事政策的功能，罗克辛解释得非常清楚。罗克辛认为，"在行为构成中，行为是在抽象的刑罚必要性（Strafbedürftigkeit）的观点下进行评价的。这就是说：一个行为将不依赖于具体行为人的人格和具体的行为情形，作为惯例（也就是说，除了特定的状况和生活情况）被解释为应受刑事惩罚的。这样一个抽象的刑罚威胁在刑事政策上的目的，就是一般预防：在刑事行为构成中吸收一种确定的举止行为，就应当推动一个人不去实施在其中规定的这个行为（也就是说，在不作为犯罪中应当实施所要求的行为）"①。具体而言，"行为构成"具有警示、预防犯罪的功能。只要人们能够理解"行为构成"的意义，就可以回避实行这种行为，从而达到预防犯罪的效果。"行为构成所承担的一种摆脱了一般性功能的、独立的信条性任务，在于限定地规定这些特征，并且在对这些特征无认识时排除故意。"② 这就是罗克辛所言的"规范性"，也就是说，"行为构成"还有规范的功能。

（2）"行为构成"的分类

如上所述，在德国的刑法理论中大致存在"客观的行为构成"和"主观的行为构成"两种。③ 但是，如何区别两者，实际上存在很大的争议。一般而言，"属于客观行为构成的永远要提到有：一个犯罪主体（Deliktssubjekt），一个行为构成的行为，通常还有对被禁忌结果的描述"④。与此不同，主观的行为构成"是由故意和在可能情况下加入故意的其他主观行为构成的特征来构成的"⑤。从理论上看似乎可以区别两者，但是在一个具体的案件中，如何从"犯罪主体"中区分出故意、过失却是一件非常困难的事情，因为这意味着主客观之间的撕裂，因此罗克辛主张主客观统一的"行为构成"。本书认

---

① 〔德〕克劳斯·罗克辛：《德国刑法学总论》（第 1 卷）第 3 版，王世洲译，法律出版社，2005，第 134 页。

② 〔德〕克劳斯·罗克辛：《德国刑法学总论》（第 1 卷）第 3 版，王世洲译，法律出版社，2005，第 181 页。

③ 参见〔德〕克劳斯·罗克辛《德国刑法学总论》（第 1 卷）第 3 版，王世洲译，法律出版社，2005，第 199~200 页。

④ 〔德〕克劳斯·罗克辛：《德国刑法学总论》（第 1 卷）第 3 版，王世洲译，法律出版社，2005，第 200 页。

⑤ 〔德〕克劳斯·罗克辛：《德国刑法学总论》（第 1 卷）第 3 版，王世洲译，法律出版社，2005，第 202 页。

为，罗克辛主张主客观合一的观点是妥当的。或许在具体的案件中可能存在或以"客观的行为构成"为导向，或以"主观的行为构成"为导向的不同情形，但是只有纯粹"客观的"或者"主观的""行为构成"是很难存在的。

罗克辛指出"对具体行为构成的特征进行解释，是分则的问题。这个客观行为构成为总则规定的最重要的法学任务在于，明确强调在结果犯罪中对行为构成的行为适用的非犯罪所特有的基本原则"[①]。从刑法典的规定来看，即便"具体的行为构成"主要集中在刑法分则的规定中，但是在适用刑法分则的同时，不可能完全排除刑法总则的适用。譬如说，故意、过失等都规定在刑法总则之中。罗克辛认为"撕裂"主客观"行为构成"的观点很难成立。罗克辛指出"对于故意的理论来说，这个区别也很重要，因为描述性的因素要求一种感性的表象（eine sinnliche Wahrnemung），相反，规范性的因素要求一种精神上的理解"[②]。但是，无论是哪一种"表象"或者"理解"，只有"故意、过失"也无法判断是否构成犯罪。没有刑法分则中规定的客观方面的适用，任何精致的关于"故意、过失"的规定都毫无意义。因此，罗克辛采用的主客观统一的"行为构成"观点的确是合理的。

（3）"规范性"与"行为构成"

罗克辛认为"规范性行为构成的特征，由于大多数在自身中作为条件规定的法律上的评价，与在刑法典所要求的存在于行为构成错误和禁止性错误之间的区别，是否在所有案件中都是加以实施这个问题上，发挥了作用"[③]，那么，他所言的"规范性行为构成"到底是指什么呢？

罗克辛指出"规范性的是指所有以一种评价为条件而存在的特征"[④]。如果"规范性"有一种"以评价为条件"的特征，那么，只有判断一个行为是否"符合构成要件"还不够，还需要对此做出价值评价。具体而言，就是"这个行为必须是符合行为构成的，也就是说，它必须至少符合各种犯罪性规

---

① 〔德〕克劳斯·罗克辛：《德国刑法学总论》（第1卷）第3版，王世洲译，法律出版社，2005，第200页。

② 〔德〕克劳斯·罗克辛：《德国刑法学总论》（第1卷）第3版，王世洲译，法律出版社，2005，第201页。

③ 〔德〕克劳斯·罗克辛：《德国刑法学总论》（第1卷）第3版，王世洲译，法律出版社，2005，第201页。

④ 〔德〕克劳斯·罗克辛：《德国刑法学总论》（第1卷）第3版，王世洲译，法律出版社，2005，第201页。

定中的一种，并且，这些最重要的犯罪性规定是包含在刑法典的分则部分之中的"①。更进一步讲，"规范性行为构成"的特征需要两个步骤证明：第一步，需要根据"三要件"判断一个行为是否构成犯罪；第二步，需要对该犯罪行为做出"评价"。如何将"判断"变成"评价"，根据罗克辛的观点，是在这个判断的过程中，加入法官的主观能动性。换言之，加入法官主观能动性的"判断"才能看作是"规范性"的判断。因此，这意味着既需要"三要件"系统的判断，也需要"不法-责任（答责性）"系统的评价。更进一步讲，"规范的行为构成"就是指双系统的、相互结合的"行为构成"。

4. "整体性行为构成"、"正当化事由"与"行为构成"的"三要件"之间的关系

从"整体性行为构成"、"正当化事由"以及"行为构成"三者之间的关系来看，它们形成了一个"大（外）的三要件"体系。从它们三者的先后顺序来看，与传统的德国的"三要件"理论的顺序不同，罗克辛的"大（外）的三要件"要素之间的关系是倒置的。在"整体性行为构成"中首先要排除的是"正当化事由"的情形。在确定无"正当化事由"的情形下，才进入"行为构成"的判断、评价阶段。

"只要正当化特征的不存在是满足行为构成的条件，这样一种表述方法就使正当化的特征成为否定性的行为构成特征。"② 也就是说，行为只要有"正当化事由"，就可以成为否定"行为构成"的条件。"如果行为构成应当被满足，在分则的犯罪说明中所包含的特征就必须完全加以肯定性地确定。与此同时，在正当化情节中，情况正相反，它们的存在排除了行为构成，而对它们的否定（就是不存在紧急防卫、不存在正当化紧急避险，等等）就会导致对行为构成实现性的肯定。"③ 从"正当化事由"与"行为构成"的关系来看，也能肯定罗克辛在"大（外）的三要件"关系中的倒置现象。这一点不难证明，但问题是如果"大（外）的三要件"中的"正当化事由"只限定在刑法典规定的"正当防卫"和"紧急避险"上，就造成了"正当化事由"与

---

① 〔德〕克劳斯·罗克辛：《德国刑法学总论》（第 1 卷）第 3 版，王世洲译，法律出版社，2005，第 119 页。

② 〔德〕克劳斯·罗克辛：《德国刑法学总论》（第 1 卷）第 3 版，王世洲译，法律出版社，2005，第 185 页。

③ 〔德〕克劳斯·罗克辛：《德国刑法学总论》（第 1 卷）第 3 版，王世洲译，法律出版社，2005，第 185 页。

"行为构成"之间的关系的暧昧性。

罗克辛明确指出，"在教义学理论上，正当化事由和构成要件这两者在刑事政策上的目标是不同的，这使得它们在方法论上也有着完全不同的操作步骤。对于正当化事由来说，它并不以描述行为（或者纯粹地描述义务违反）为目标"①。与此不同，"（行为的）构成要件"是一个标准化的理论，它必须是"标准化"的理论，才能发挥它的客观性的功能。而且，"正当化事由"很难"向概念性的、固定化的各种描述进行涵摄"②。一般来讲，"正当化事由"都是具有个别性的情形，很少能够具有共性的或者"类型化"的情形。尽管在大的方面也可以按照"种"分成不同的区域，譬如，针对儿童实行的正当防卫、针对动物实行的正当范围等，但是，在每一个"种"中，却不能找到它们之间的"共同的类"，就因为所发生的事实太过于个别性了。与此不同，"行为构成"是普遍性的情形，因此可以按照"种"、"类"的方式进行理论化。

罗克辛认为"行为构成"是客观的，它必须是客观的，也因此他的理论才称为"客观归责理论"。但是，事实上，他的"行为构成"却是要求主客观统一的构成要件，并不是纯粹"客观的"构成要件。如果是这样，会与他所提倡的"客观归责理论"发生冲突吗？

二　"小（内）的三要件"构成——"行为构成"中的"三要件"

罗克辛明确指出"各种应受刑事惩罚性的举止行为就揭示了四个共同特征（行为［Handlung］、行为构成符合性［Tathestandsmäβigkeit］、违法性［Rechtswidrigkeit］、罪责［Schuld］），另外，有时还会有其他的刑事可罚性条件"③。从这个概念定义来看，罗克辛的"小（内）的三要件"系统也可以说是两个层级的理论，一个是"三要件"的犯罪行为构成层级，另一个是"可处罚"的层级，犯罪行为构成层级是"可罚性"层级的前提条件。从形

---

① 〔德〕克劳斯·罗克辛：《刑事政策与刑法体系》，蔡桂生译，中国人民大学出版社，2010，第38页。

② 〔德〕克劳斯·罗克辛：《刑事政策与刑法体系》，蔡桂生译，中国人民大学出版社，2010，第38页。

③ 〔德〕克劳斯·罗克辛：《德国刑法学总论》（第1卷）第3版，王世洲译，法律出版社，2005，第118页。

式上看，罗克辛的理论不仅与李斯特的理论结构相同，也与贝林的理论相似。但是，罗克辛的犯罪构成要件理论不同于古典的犯罪构成要件理论的一点是，他的双层的"小（内）的三要件"理论是内含在另一个"大（外）的三要件"之中的。而且，罗克辛认为，"行为构成"中还包含着"不法-责任（答责性）"系统，所以，他的结构在一定程度上也接近迈茨格的理论。以下，先论述"行为构成"中的"小（内）的三要件"。

1. （行为的）构成要件符合性

"犯罪必须严格地与行为构成符合性相联系，是无法无罪这个基本原则作用的结果。一个应受刑事惩罚的行为不可能像一些民事法律后果那样，可以在没有明确固定的（fixierten）行为构成的情况下，从一般的法律原则中推导出来。"① 犯罪行为必须是刑法典所禁止的行为，"行为构成符合性"就是指行为必须符合刑法典的规定才能构成犯罪。尽管罗克辛所指的"构成要件"是对刑法典条文概念化的、规范化的概念，但是它（必须）与刑法典的规定相一致。符合"构成要件"就相当于符合刑法典的规定。犯罪在"没有明确的行为构成的情况"下，不能实行类推。尽管刑法典的规定具有抽象化的特性，需要"三要件"的理论将其具象化，但是，这并不能等同于"从一般的法律原则中推导出来的"规则。在这个意义上，"构成要件符合性"可以说是连接具体的行为与刑法典规定的桥梁。

罗克辛指出"这个行为必须是符合行为构成的，也就是说，它必须至少符合各种犯罪性规定中的一种，并且，这些最重要的犯罪性规定是包含在刑法典的分则部分之中的"②。这里具有两层含义。第一，行为所要"符合"或者"该当"的"行为构成"是刑法分则规定的。因为具体的犯罪的"种"和"类"都规定在刑法分则中。但是，这并不意味着"构成要件符合性"完全等同于刑法分则规定的法定构成要件，因为它还必须包括除刑法典之外的刑事规则中规定的"罪"，刑法分则规定的犯罪不过是最重要的犯罪③。第二，既然"行为构成"主要"符合"和"该当"的是刑法分则规定的法定构成的

---

① 〔德〕克劳斯·罗克辛：《德国刑法学总论》（第1卷）第3版，王世洲译，法律出版社，2005，第119页。
② 〔德〕克劳斯·罗克辛：《德国刑法学总论》（第1卷）第3版，王世洲译，法律出版社，2005，第119页。
③ 注意德国刑法典与其他刑法规定之间采用的是"卫星刑法"的模式。

抽象条件，那么"行为构成"的"类型"也应该是按照"罪"的种类来抽象化的类型。但是这里依然会产生一种疑问：如果"符合构成要件"的行为是仅指刑法分则规定的行为的话，这样的定义是不是不周密？因为按照罗克辛对"构成要件符合性"的解释来看，该当"构成要件符合性"的行为不仅要符合刑法分则的部分，也应该符合刑法总则的部分。

在关于"构成要件符合性"和"违法性"的关系上，罗克辛认为"绝大多数根据还是指出，应当在犯罪种类（就是各种犯罪性的特殊的不法特征）的意义上，把行为构成作为一种相对于违法性而独立存在的范畴加以维护"①。这里有几层含义。首先"构成要件符合性"不同于"违法性"。与"违法性"相比较，"构成要件符合性"的特征表现在"犯罪类型"上。其次，应该注意的是罗克辛在这里所指的"犯罪类型"与贝林所指的"犯罪类型"是不完全相同的概念，因为贝林的"犯罪类型"是在"构成要件符合性"中加入了"不法"内涵的"类型"，但是罗克辛并没有在"构成要件符合性"中加入"不法"内涵，而是与"违法性"一起形成了"犯罪类型"。从这个意义上讲，罗克辛的"犯罪类型"，即"构成要件符合性"中的"构成要件"是否仅指"刑法分则"的规定，是否不包括"刑法总则"规定在内，就变得不是非常明确了。换言之，如果是这样，进一步呈现出了罗克辛对"构成要件符合性"定义的不周延性。

从"整体性行为构成"的角度来看，罗克辛认为"总体构成行为的全部评价条件（肯定性的和否定性的）都属于行为构成，与此相反，综合性评价本身适应了'违法的'特征。在这里，评价总体构成行为特征的条文不是'开放的'，而是能够设想的'封闭的'行为构成"②。首先，从"整体性行为构成"与"行为构成"之间的关系来看，"整体性行为构成"的全部评价条件都是为了"行为构成"的实现。尽管将大的概念（整体性行为构成）纳入小的概念（行为构成）有一些"扭曲"，但是从它们的功能上看，这样的逻辑是可以成立的，因为无论概念大小其最终的目的都是判断"行为"的犯罪性质。其次，综合性的评价适应"违法性"的特征，本书的理解是经过综合

① 〔德〕克劳斯·罗克辛：《德国刑法学总论》（第1卷）第3版，王世洲译，法律出版社，2005，第186~187页。
② 〔德〕克劳斯·罗克辛：《德国刑法学总论》（第1卷）第3版，王世洲译，法律出版社，2005，第197页。

性的评价，最后指向"违法性"时，才与"行为构成符合性"相关联。否则，在"整体性行为构成"的阶段，就成为通过"正当化事由"排除合法行为的情形了。只有剩下的"非合法"的部分才能进入"行为构成"的刑法评价机制中。这里所指的"违法性"，准确地说应该是指"非合法性"，指通过"正当化事由"无法排除的部分。最后，之所以说是"封闭的行为构成"，是因为只有"封闭的行为构成"才能设想这种理论结构。因为"封闭的行为构成"是法律规定的、相对确定的行为构成，它具有普遍性的特性。"开放的行为构成"是不确定的，所以这种理论结构是无法设置的，因为它的个别性特征过于不确定，所以无法想象。

2. 违法性

"一个符合行为构成的行为必须是违法的，就是说，必须是被禁止的。在通常情况下，具有行为构成符合性就是具有违法性的，因为立法者在应当一般性地禁止一个行为时，就会将这个行为规范化地规定在一个行为构成之中。因此，人们说，满足行为构成就标志着具有违法性。"① 罗克辛的观点并不算是他创新性的观点，一个该当"构成要件符合性"的行为，在没有正当化事由存在的情形下，就一定是具有"违法性"的行为。这是几乎到目前为止所有的理论都承认的逻辑。但是，"一个符合行为构成的举止行为是违法的"②，这种逻辑只有在罗克辛的理论中才能成立，因为在通常的情况下，任何一种"正当化事由"都可以"排除这种违法性"③。但是，这样的逻辑结构在罗克辛的理论结构中依然存在一些疑问。如果按照罗克辛的理论结构来看，因为一个行为在进入刑法评价机制之前，就已经排除"正当化事由"的可能性存在了，那么为什么在进入刑法评价机制之后，依然还要用"正当化事由"的有无来区别"构成要件符合性"和"违法性"之间的不同呢？具体而言，应该毫无疑问，在罗克辛的理论中，只要是该当"构成要件符合性"的行为，实际上就一定是具有"违法性"的行为。如果在"小（内）的三要件"中依然需要区别"构成要件符合性"和"违法性"之间的不同，就会引发"正当

---

① 〔德〕克劳斯·罗克辛：《德国刑法学总论》（第 1 卷）第 3 版，王世洲译，法律出版社，2005，第 119 页。
② 〔德〕克劳斯·罗克辛：《德国刑法学总论》（第 1 卷）第 3 版，王世洲译，法律出版社，2005，第 388 页。
③ 〔德〕克劳斯·罗克辛：《德国刑法学总论》（第 1 卷）第 3 版，王世洲译，法律出版社，2005，第 388 页。

化事由"与"行为构成"之间的关系问题。进一步讲，既然只有排除了"正当化事由"的行为才能进入"行为构成"中进行"犯罪"类型化的判断，为什么在"小（内）的三要件"中有再一次出现"正当化事由"的可能性呢？

从理论上讲，可以将"构成要件符合性"看作是符合"行为构成"的条件，而将"违法性"看作是评价。"符合"条件是一种资格，不一定涉及行为的性质问题，但是"评价"是一种态度，一定涉及行为的性质。罗克辛自己也承认"违法性表示了符合行为构成行为的性质，也就是其对刑法禁止和要求的违反"①。"违法性"与"构成要件符合性"的关系体现在"刑法禁止和要求的违反"上。刑法禁止和要求通过刑法典的方式表现出来，再通过"构成要件"的形式解释出来。当行为符合这种"构成要件"时，就意味着它违反了"刑法禁止和要求"的规定，也就符合了"违法性"。从这个意义上讲，我们可以看到"构成要件符合性"的"违反"是形式性的，而"违法性"的"违反"却是实质性的。罗克辛也指出"一种违法性的行为，在形式上是违法的，只要它违反了一种法律禁令或者法定要求；它在实质上是违法的，只要它表现在运用刑法外手段不足以战胜的危害社会的法益侵害中"②。如果"违法性"能够按照罗克辛的观点，分成"形式的违法性"和"实质的违法性"的话，本书认为"形式的违法性"可以相当于"构成要件符合性"，而"实质的违法性"才是能够区别于"构成要件符合性"的真正"违法性"。本书认为罗克辛在"小（内）的三要件"中所主张的"违法性"是"实质的违法性"，因为"实质的违法性"符合他的理论的目标。罗克辛指出"实质违法性的实际意义有三个方面。首先，实质违法性可以对不法进行等级性分类，并且在信条学的意义上得出丰硕的成果。其次，它为行为构成理论、错误理论，以及为其他信条学问题的解决，提供了解说性工具。第三，它可以表述建立在排除不法基础上的原则，并且确定这些原则的相互关系和各自范围"③。因为罗克辛所言的"实质的违法性"具有评价的功能，因此与"不法"是相同的。"违法性"自身也是一种理论性的解释工具，通过它能够建构

① 〔德〕克劳斯·罗克辛：《德国刑法学总论》（第1卷）第3版，王世洲译，法律出版社，2005，第389页。
② 〔德〕克劳斯·罗克辛：《德国刑法学总论》（第1卷）第3版，王世洲译，法律出版社，2005，第390页。
③ 〔德〕克劳斯·罗克辛：《德国刑法学总论》（第1卷）第3版，王世洲译，法律出版社，2005，第390页。

关于对法定构成要件的"指导形象"的功能。如果是这样，罗克辛的"构成要件符合性"与"实质的违法性"之间就可以区别开来了。

但是，不可思议的是，罗克辛紧接着以上的论述，又指出"这个标志也可以被驳倒。在具体案件中，当存在着正当化根据的时候，一个符合行为构成的举止行为是不具有违法性的"①。如果是这样，就会又回到以上的问题意识中，即这里所指的"构成要件符合性"不是在已经排除了"正当化事由"之后才进入刑法评价机制的吗？如果按照传统的逻辑思路接受罗克辛所言的"例外"情形，那岂不是罗克辛自己推翻了自己的观点？因此，在这一点上可以看到罗克辛的理论的不周密性。

3. 罪责

（1）罪责的范畴

到目前为止，"责任"与"罪责"的性质已经基本上可以区别开来了。"责任"通常是作为命令规范的要件要素，主要作为"三要件"系统中的一个概念被承认。与此不同，"罪责"是"不法-罪责"系统中的概念。但是，在罗克辛的理论中，它们之间的使用却是颠倒的。在"小（内）的三要件"系统中使用"罪责"以取代"责任"的功能，在"不法-罪责"系统中使用"答责性"（责任）以取代"罪责"的功能。

罗克辛认为除了"故意和过失"之外，"这些特征（如'恶意的'，'毫无顾忌的'，'残暴的'，'粗鲁的'）在具体的构成行为情况下，对行为人的举止行为，限定性地规定了一种在道德上应受谴责的内心的态度。只要这样的情节仅仅表现为一种走向犯罪类型的内在心境，那么，它就是罪责因素"②。按照罗克辛的观点，这些要素属于"行为构成"的"罪责"要素。既然是"罪责"要素，以上所列举的"内涵"是没有疑问的，但是在"小（内）的三要件"中，不应该包含作为命令的"责任"要素吗？从罗克辛的理论结构来看，作为命令的"责任"要素是包含在"构成要件符合性"中的，而作为"小（内）的三要件"要素之一的"罪责"内涵所起的作用是传统的"不法-罪责"中的"罪责"的作用。一方面，它与具有评价功能的"违法性"（不

① 〔德〕克劳斯·罗克辛：《德国刑法学总论》（第1卷）第3版，王世洲译，法律出版社，2005，第119页。

② 〔德〕克劳斯·罗克辛：《德国刑法学总论》（第1卷）第3版，王世洲译，法律出版社，2005，第207页。

法）相对应；另一方面，也体现了"小（内）的三要件"系统与"不法-责任（答责性）"系统之间的内在性关系。具体而言，从罗克辛的双系统的结构来看，"小（内）的三要件"系统和"不法-责任（答责性）"系统都统合在"行为构成"之下①。

罗克辛指出"司法判决和绝大多数意见都把正当化根据的事实性条件看作是故意的对象，其中，对这些对象的错误认识被看作是排除故意的。但是，这些正当化的特征在体系意义上，大多数是不能算作行为构成的，结果，错误性行为构成所包含的客观性特征，就要多于体系性意义上的行为构成"②。这里有几层含义。一是"正当化事由"与"故意"之间的关系。具体而言，在司法实践中，判断"正当化事由"取决于"故意"。"故意"的判断"对象"就是"正当化事由"的"事实性条件"。如果"正当化事由"是进入刑法机制之前的"前提条件"，那么，这就相当于对"故意"的有无的判断是进入刑法评价机制的"前提条件"。二是如果"正当化事由"可以排除"故意"，那么"正当化事由的错误"就可以确定"故意"的成立。三是"正当化事由"与"故意"的区别在于："正当化事由"不属于"行为构成"的范畴，而"故意"却属于"行为构成"的范畴。按照罗克辛的理论构造，"故意的错误"应该是在"正当化事由"的阶段就完成"排除"的部分，只有"故意"的行为才能进入刑法评价机制。如罗克辛指出来的那样，"如果人们像今天的主流理论一样，把行为构成的故意，即对客观行为构成全部特征的意识与意志（Wissen und Wollen），作为行为构成的主观部分而归入行为构成本身，那么，这种故意本身就很难成为行为构成错误的对象。它虽然属于体系性行为构成，但是不属于错误性行为构成"③。换言之，"正当化事由的错误"可以排除"故意"，但是不能排除行为进入刑法评价机制。因此罗克辛认为"属于行为构成故意的有，对法定行为构成的情节的认定，还有对正当化情节的不认定"④。那么，在这个意义上，进入刑法评价机制前的行为的"故

---

① 参见本章第3节中的图4-4。
② 〔德〕克劳斯·罗克辛：《德国刑法学总论》（第1卷）第3版，王世洲译，法律出版社，2005，第182页。
③ 〔德〕克劳斯·罗克辛：《德国刑法学总论》（第1卷）第3版，王世洲译，法律出版社，2005，第182页。
④ 〔德〕克劳斯·罗克辛：《德国刑法学总论》（第1卷）第3版，王世洲译，法律出版社，2005，第408页。

意错误"就可以否定"故意"的成立。

（2）可谴责性的条件

"在犯罪构造的范围内，责任（Verantwortlichkeit）是在违法性之后进一步表示的，并且通常是引发刑事可罚性的评价（Bewertung）。"[1] 换言之，"责任"是在"行为构成"的范围内，与刑罚处罚最近的一个要件要素。尽管"责任"是最关键的与刑罚相关的要件要素，但是"只有责任不能成为刑罚的根据，责任是可罚性的必要条件，而不是充要条件"[2]。与"责任"不同，"罪责是一种刑罚的构成条件"[3]。由于罗克辛所强调的刑法是"政策性的刑法"，是具有"刑法的任务和目的"的刑法，所以，他所言的"责任"只能存在于"构成要件符合性"中，而在"违法性"成立之后阶段的"责任"一定是具有规范意义的"答责性"。因此，就不再适合用"责任"概念，而应该用"罪责"概念。

"符合行为构成和违法性的行为必须是有罪责的，也就是说，行为人必须对这个行为承担责任，这个行为，就像人们常说的那样，必须是能够使行为人'受到谴责的'。"[4] 不过恪守谴责性也是有条件的，"对此应当具备的条件是罪责能力和不具有免责根据（Entschuldigungsgründen）"[5]。罗克辛对"责任"的基本要求论述得最为明确，一是行为人需要具有承担责任的"罪责能力"，二是不具有"免责根据"。应该注意的是，"免责根据"不同于"正当化事由"。"正当化事由"是排除进入刑法评价机制的条件，而"免责根据"是行为构成犯罪，即该当"构成要件符合性"和"违法性"但又可以免除"责任"的条件。在这个意义上，罗克辛的"免责根据"就不能相当于责任阻却事由。通常责任阻却事由属于"正当化事由"。

不过，罗克辛还是对"正当化事由"和"免责根据"之间的不同给出了

---

[1] 〔德〕克劳斯·罗克辛：《德国刑法学总论》（第1卷）第3版，王世洲译，法律出版社，2005，第556页。

[2] アルントゥ.ジン、只木誠監訳、冨川雅満訳「ドイツ刑法における犯罪論の現況について」『比較法雑誌』第49巻第1号、2015、77頁。

[3] 〔德〕克劳斯·罗克辛：《德国刑法学总论》（第1卷）第3版，王世洲译，法律出版社，2005，第559页。

[4] 〔德〕克劳斯·罗克辛：《德国刑法学总论》（第1卷）第3版，王世洲译，法律出版社，2005，第119页。

[5] 〔德〕克劳斯·罗克辛：《德国刑法学总论》（第1卷）第3版，王世洲译，法律出版社，2005，第119页。

一个解释。"缺乏违法性和缺乏罪责之间的区别，以及正当化和免责之间的区别在于，一个正当化的举止行为是被立法者认定为合法的（legal）、允许的，并且必须为每一个人所接受的，而一个免责的举止行为是不被批准的，因此是不允许和应当被禁止的。这个行为仅仅是不受刑事惩罚的，但是，通常不需要那名成为违法的举止行为的被害人对其加以忍受。"① 简言之，具有"正当化事由"的行为本来就是合法行为，而免责的行为本来就是"不法行为"，只是免于责任和处罚。从理论上讲，"免责根据"和"正当化事由"的确不在相同的层级上。"正当化"是在判断"行为构成"之前做出的；而"免责"是在完成对"行为构成"的"三要件"评价之后决定的。"正当化事由"的情形是排除进入刑法评价机制的可能性；而"免责根据"的情形是行为人的行为已经构成犯罪，但是由于不符合处罚的条件而可以免除责任。"正当化事由"的情形属于合法情形；而"免责根据"的情形本质上属于不合法（但免责）的情形。

但是，尽管如此，我们依然可以看到罗克辛理论结构上的逻辑循环和悖论。也就是说，在进入刑法评价机制之前的"正当化事由"，由于没有确定的范畴和根据，会不可避免地侵蚀到"小（内）的三要件"的各个要件要素。或者，也可以说，他的理论中的"正当化事由"的不确定性，必然导致在"小（内）的三要件"中出现"免责根据"的情形。

（3）"作为刑罚基础的罪责"和"作为量刑基础的罪责"

在罗克辛的理论中需要注意另一对概念，即"作为刑罚基础的罪责"和"作为量刑基础的罪责"。如罗克辛所指出的那样，"自从阿亨巴赫以来，刑罚基础的罪责（Strafbegründungsschuld）和量刑的罪责（Strafzumessungsschuld）就更加清楚地得到了区分"②。这两者的确是不同的，"作为刑罚基础的罪责"可以看作是与"三要件"系统相关的"罪责"概念，因为作为"刑罚基础的罪责是根据罪责能力和对禁止性认识的可能性提出的问题"③。其实更准确地说，应该像传统的刑法所称的那样称其为"责任"，以区别于"作为量刑基础的罪责"。但是，罗克辛将它称为"罪责"。尽管作为"量刑的罪责与法官进

① 〔德〕克劳斯·罗克辛：《德国刑法学总论》（第1卷）第3版，王世洲译，法律出版社，2005，第120页。
② 〔德〕克劳斯·罗克辛：《德国刑法学总论》（第1卷）第3版，王世洲译，法律出版社，2005，第573页。
③ 〔德〕克劳斯·罗克辛：《德国刑法学总论》（第1卷）第3版，王世洲译，法律出版社，2005，第573页。

行量刑的起点性行为构成有关，并且因此'与那些在具体案件中对刑罚严厉程度有重大意义的全部因素有关'"①，但是它与本书所研究的内容关联不强，所以本书不在这里展开论述。不过，"作为量刑基础的罪责"仍然在罗克辛所言的"答责性"范畴内。

显然罗克辛支持阿亨巴赫以来的这种区分观点，他认为作为"刑罚基础的罪责涉及的问题是：究竟在什么条件下就存在着罪责以及通常由此产生的刑法上的责任"②。当一个行为构成犯罪，并不存在"免责根据"时，就符合了"刑罚基础的罪责"条件。换言之，"与这种刑罚基础的罪责有关，与刑罚的'有无'有关，与施加刑罚的起点性行为构成（Anknüpfungstatbestand）有关，就涉及了我们应当在这里进行讨论的刑法体系的罪责概念"③。符合以上三种情形的"罪责"的行为就具有了"答责性"的成立条件。

三 "三要件"之间的关系

如上所述，罗克辛反对将"客观的构成要件"与"主观的构成要件"撕裂的理论，他明确指出"这种犯罪性行为永远是一个不可分割的整体，同时，犯罪范畴的意义并不在于撕裂一种心理的、肉体的和社会的完整意义（Sinnganzen）之后，又必须让各个具体部分重新拼合成一个'犯罪大厦（Verbrechensgebäude）'。犯罪范畴仅仅表明，在各种价值评价方面，各种不同的完成'要素'（die Momente des Geschehens），在刑法上是有意义的"④。尽管人们可以从三个不同的方面评价犯罪，但是不应该将这三个方面的评价分裂开来判断犯罪。这可以说是罗克辛理论的核心部分，也体现了他对"三要件"系统中的各个要件要素之间的关系的态度。

罗克辛以"违法性"为中心说明了"三要件"要素之间的关系，他认为"借助违法性的称谓，构成行为被评价为违反了刑法的应当性秩序（Sollen-

---

① 〔德〕克劳斯·罗克辛：《德国刑法学总论》（第1卷）第3版，王世洲译，法律出版社，2005，第573页。
② 〔德〕克劳斯·罗克辛：《德国刑法学总论》（第1卷）第3版，王世洲译，法律出版社，2005，第573页。
③ 〔德〕克劳斯·罗克辛：《德国刑法学总论》（第1卷）第3版，王世洲译，法律出版社，2005，第573页。
④ 〔德〕克劳斯·罗克辛：《德国刑法学总论》（第1卷）第3版，王世洲译，法律出版社，2005，第139页。

sordnung），并且作为有社会危害性的行为而不被允许，与此同时，责任就意味着对行为人在应负刑法性责任（die strafrechtliche Haftbarmachung）的观点下所作的一种评价"①。通过"违法性"评价，证实了"行为构成"的符合性，并使行为人承担"可受谴责性"的"责任"（"答责性"）。"纯正的态度特征是存在的，它们全部都属于罪责（如'恶意的'，'毫无顾忌的'，'卑劣的动机'），同时还另外存在着不纯正的态度（更正确地说是半纯正的），它们应当部分地归责于不法（残暴的，阴险的，粗鲁的）。在不纯正的态度特征中，行为构成和罪责将以类似（不是相同的！）的方式被夹在一起，就像通过评价总体构成行为的特征来夹住行为构成和违法性一样。"② 这种类似的方式就是"违法性"。一方面，通过"违法性"证明了行为符合"构成要件"；另一方面，通过"违法性"证明了"罪责"的存在。

罗克辛还通过"构成要件符合性"，从刑法规定的角度说明"三要件"要素之间的关系。"如果人们想在体系上通过两个范畴之间的一种联系来表示这个部分，那么，行为构成就将作为暂时性的和无保留的无价值评价而获得一种摆脱了法律文本全部偶然性的形式，并且由此在完全字面的意义上，成为违法性的存在的根据。"③ 这种"行为构成符合性是违法性的存在的根据"的观点，一方面说明了两个要件要素之间的关系，另一方面也表明了其是对迈茨格理论的继承。

"符合行为构成和违法性的行为必须是有罪责的。"④ 这是对"三要件"要素之间关系的最好的表述了，同时也表现了"三要件"要素之间的顺序关系。罗克辛认为"三要件"要素之间的关系顺序是"构成要件符合性—违法性—罪责（责任）"。罗克辛指出"如果能够证实行为构成不能得到满足，那么，就完全不需要再考察违法性和罪责"⑤。一个行为首先要符合"行为构

---

① 〔德〕克劳斯·罗克辛:《德国刑法学总论》（第 1 卷）第 3 版，王世洲译，法律出版社，2005，第 556 页。

② 〔德〕克劳斯·罗克辛:《德国刑法学总论》（第 1 卷）第 3 版，王世洲译，法律出版社，2005，第 207~208 页。

③ 〔德〕克劳斯·罗克辛:《德国刑法学总论》（第 1 卷）第 3 版，王世洲译，法律出版社，2005，第 186 页。

④ 〔德〕克劳斯·罗克辛:《德国刑法学总论》（第 1 卷）第 3 版，王世洲译，法律出版社，2005，第 119 页。

⑤ 〔德〕克劳斯·罗克辛:《德国刑法学总论》（第 1 卷）第 3 版，王世洲译，法律出版社，2005，第 127 页。

成"，在此基础上才有必要进行对"违法性"和"罪责"的考察。关于"违法性"和"罪责"的关系，罗克辛没有明示，但是从他的理论推理来看，本书认为"罪责"应该是以"违法性"评价为前提的。

四　小结

综上所述，我们可以对罗克辛的"三要件"系统得出如下三个结论。

第一，罗克辛主张的"三要件"系统是双重结构的"三要件"理论，一个是由"整体性行为构成"、"正当化事由"和"行为构成"组成的"大（外）的三要件"；另一个是以"行为构成"为名，由"构成要件符合性"、"违法性"和"罪责"组成的"小（内）的三要件"。本书认为，罗克辛对"整体性行为构成"没有充分的论证，导致这个概念内涵上的"空虚"，从而影响了整个"三要件"系统的成熟性。如果从罗克辛的理论结构的逻辑来看，"整体性行为构成"的最重要的一个功能之一就是统领两个大小"三要件"，但是，罗克辛对此没有任何的论证。

第二，尽管罗克辛明确主张"行为构成"以"正当化事由"为前提条件，但是在具体论证的过程中，并没有完全按照他所主张的逻辑进行。尤其是在论证"违法性"与"行为构成符合性"之间的区别的时候，依然采用了传统理论的思路，即"违法性"是对"构成要件符合性"的否定。或者更加确切地讲，依然通过"违法性阻却事由"区别"构成要件符合性"和"违法性"的不同。本书认为，罗克辛并没有完全认识到他的理论体系是由双重的构成要件形成的，所以在他论证的过程中出现了在两个层级的构成要件要素之间的"混用"和"摇摆"现象。

第三，罗克辛在他的"三要件"系统中区别了"责任"与"罪责"之间的关系。本书认为，"三要件"系统本质上是一个判断系统，所以使用"责任"比"罪责"更加合理。因为"罪责"是指行为人所具有的承受"可谴责性"的归属性"责任"，它不同于具有命令特征的"责任"。但是，罗克辛并没有采用这一思路，而是采用了完全相反的思路，即用"罪责"取代了"责任"，并用"责任（答责性）"取代了"罪责"。在"三要件"系统中，罗克辛借用导入"刑法的任务和目的"将"责任"变成了"罪责"。本书认为，这一改变产生一个疑问：在"三要件"系统的判断阶段，需要将"责任"变成"罪责"吗？如果这样生硬地"变更"，会不会由于层级不同，产生"罪责"与"构成要件符合性"、"违法性"之间的平衡问题呢？另外，我们又不得不承认，尽管罗克辛这样的"变更"可能会导致"小（内）的三要件"之间在层级上的不平衡，但是他的确由此拉近了"小（内）的三要件"系统与"不法-责任（答责性）"系统之间的关系。或者说，这种生硬的"变更"本身意味着在"行为构成"中隐藏着另一个系统，即"不法-责任（答责性）"系统。

第3节　罗克辛的"不法-责任（答责性）"系统

尽管罗克辛继承了德国传统双系统的犯罪构成要件体系，但是两个系统的排列却与传统的不同。传统的犯罪构成要件理论通常将"三要件"系统作为"不法-罪责"系统的前提，即将"判断"标准作为"评价"标准的前提。但是罗克辛的体系正好相反，至少在形式上或者理论上他以"不法-罪责"的评价系统为"三要件"判断系统的前提。他指出"那些为不法类型提供根据的实体性情节应当算作行为构成，相反，那些排除不法的特征和具体不法的确定是保留给违法性的范畴的，与此同时，在与评价总体构成行为的特征一起的行为构成中，所有对于评价违法性有重要意义的实体性情节（包括正当化条件的缺乏）都是'总的行为构成'的因素。只有结论性的评价（在通过'卑鄙性'这个词表现的例子中）应当列入违法性这一类"[1]。从他的理论逻辑来讲，是"不法"决定"行为构成"，而不是"三要件"决定"行为构成"。本书认为这与他力图主张刑法体系应该建立在刑事政策的思想基础上有关。如果我们说刑事政策的思想是以司法实践为导向的思想的话，那么就可以说罗克辛的理论是以实践为基础的"三要件"理论。尽管如此，本书的论述还是以"三要件"系统为先，而"不法-责任（答责性）"系统置后，这不仅是为了本书论述的方便，而且也因为实际上罗克辛也无法纯粹在"不法-责任（答责性）"系统之后讨论"三要件"系统。

除以上的理由之外，在"三要件"之后讨论"不法-责任（答责性）"的另一个重大理由是，罗克辛的"不法-责任（答责性）"系统内涵在"行为构成"中。"如果人们在行为的三个重要属性方面（行为构成符合性，违法

---

① 〔德〕克劳斯·罗克辛：《德国刑法学总论》（第1卷）第3版，王世洲译，法律出版社，2005，第197页。

性，罪责）能够谈论一种三级的犯罪构造，那么，这个否定性行为构成特征的理论，就正好相反地引导出一种两极的犯罪体系。"① 这里所言的两极的犯罪体系就是指"不法-责任（答责性）"系统，而"否定性行为构成"是指"大（外）的三要件"理论。因为罗克辛指出它"取得了一个成果，即正当化根据不是仅仅排除违法性，而且还排除了行为构成。行为构成和违法性融为一个不法性的总的行为构成（Gesamttatbestand）（朗-欣里希森），它完整地包括了对不法判断有重要意义的全部特征"②。在"整体性行为构成"中，通过排除"正当化根据"，以及"构成要件"中的合法性，它就变成一个形式性的"不法"，然而，通过"小（内）的三要件"，将符合"构成要件"的行为变成实质性的"不法"。同时，通过"刑法的任务和目标"将"行为构成"中的"罪责"转变为"责任（答责性）"，从而重新组合成具有实践性意义的"不法-责任（答责性）"系统。"这两极的犯罪体系在有行为存在时，仅仅在符合行为构成的不法和罪责之间进行区分。在这里，最多是在不法的具有决定性意义的犯罪范畴中，在肯定性的、为不法提供基础的行为构成和否定性的、排除不法的'相对行为构成'之间做出区分。"③ 如图4-4所示。

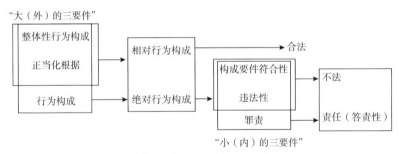

图4-4 双系统之间的关系

从图4-4可以看出，最右边的"不法-责任（答责性）"是经过"大（外）的三要件"和"小（内）的三要件"两个层级排除合法性行为，才得

---

① 〔德〕克劳斯·罗克辛：《德国刑法学总论》（第1卷）第3版，王世洲译，法律出版社，2005，第185页。
② 〔德〕克劳斯·罗克辛：《德国刑法学总论》（第1卷）第3版，王世洲译，法律出版社，2005，第185页。
③ 〔德〕克劳斯·罗克辛：《德国刑法学总论》（第1卷）第3版，王世洲译，法律出版社，2005，第185~186页。

出的一个结论。在"不法-责任（答责性）"的层级上，如罗克辛所言，"不法的成立和不法的排除仅仅是一个更高统一体的一部分。如果人们想在体系上通过两个范畴之间的一种联系来表示这个部分，那么，行为构成就将作为暂时性的和无保留的无价值评价而获得一种摆脱了法律文本全部偶然性的形式，并且由此在完全字面的意义上，成为违法性的存在的根据"①。根据罗克辛的观点，只有"不法-责任（答责性）"才是刑法的本质，而"三要件"系统不过是偶然形式的存在。但是，罗克辛正是用这种"偶然形式"的"三要件"系统建构起了"不法-责任（答责性）"系统。

一　"不法"

罗克辛认为"刑法上的不法要从刑法的任务中导引出来"②。既然罗克辛主张的"不法-责任（答责性）"是以刑法的任务和目标为导向的，那么，什么是"刑法的任务和目标"就成为必须厘清的前提。罗克辛指出"刑法的任务在于，通过维护国际认可的所有人权，来保障公民们和平、自由地生活。这是从我们的宪法中得出的原则，也是从国家理论的民主原理中得出来的"③。尽管罗克辛如此明确地说明了刑法的"任务"，但是如何将这个"任务和目标"与"不法-责任（答责性）"系统统合起来呢？

罗克辛指出"在不法的概念中，因此就同时包含了行为、行为构成符合性和违法性这三个犯罪范畴"④。因此，我们可以断定，罗克辛所言的"不法"是由"行为"、"行为构成符合性"和"违法性"构成的。尽管罗克辛在这里明确指出"不法"中包含"行为"，但是应该注意的是，这里所指的"行为"只是意味着他的"不法-责任（答责性）"系统与"三要件"系统一样，都是从"行为"切入的理论，而不是指关于"行为概念"的理论。如罗克辛自己所述的那样"与行为构成在自身中接纳行为（只有行为才可以是

①　〔德〕克劳斯·罗克辛：《德国刑法学总论》（第1卷）第3版，王世洲译，法律出版社，2005，第186页。

②　〔德〕克劳斯·罗克辛：《构建刑法体系的思考》，蔡桂生译，《中外法学》2010年第1期，第9页。

③　〔德〕克劳斯·罗克辛：《构建刑法体系的思考》，蔡桂生译，载〔德〕克劳斯·罗克辛《刑事政策与刑法体系》，蔡桂生译，中国人民大学出版社，2010，第70页。

④　〔德〕克劳斯·罗克辛：《德国刑法学总论》（第1卷）第3版，王世洲译，法律出版社，2005，第389页。

符合行为构成的）一样，不法就包含了行为和行为构成：只有符合行为构成的行为才能够是刑法上的不法"①。也就是说，罗克辛所言的"行为"与"行为构成"，在这里是可以合二为一的，即"行为构成"是"行为"的具体内涵。实际上，罗克辛以上所言的"不法"的三个要素是两个要素，即符合"行为构成"和"违法性"两个要素。更进一步讲，按照罗克辛的观点，他的"不法"就是指"小（内）的三要件"中的"构成要件符合性"和"违法性"的总和。如上一节所述，罗克辛的观点是在对一个行为进入刑法评价机制之前，必须排除"正当化根据"。当这个被排除了"正当化事由"的行为进入刑法评价机制的时候，只要它该当行为的"构成要件符合性"，它就可以成为具有"违法性"的行为。"构成要件符合性"与"违法性"之间的区别只在于"形式的违法性"与"实质的违法性"的不同。而在"小（内）的三要件"中的这个具有"违法性"的行为，属于具有"实质的违法性"，因此，本质上就是"不法"的行为。"行为构成和违法性的意义不仅在于为了查明不法，而且还具有特殊的刑事政策的功能。"② 因此，只要是该当"构成要件符合性"的"违法性"行为，就是"不法"。从罗克辛刑事政策功能的角度看，"不法"也就成为具有刑事政策功能的"不法"。

罗克辛认为"在刑事政策方面，不法评价表现为三种功能的影响：在一种涉及一个或者多个参加人的刑事可罚性的形式中，它消除了利益冲突（In-terresenkolisionen）；它作为连接点为保安处分和其他的法律效果服务；它将刑法与整个法律制度紧密连接起来，并且使其决定性的评价融为一体"③。因为"不法"是"刑罚"的前提条件，通过刑罚可以实现消除各个法益间的冲突，从而体现不法评价的功能。不过，尽管"不法"是"刑罚"的前提条件，但不是所有的"不法"行为都是必须处以"刑罚"的行为。即便"不法"的行为不被处以"刑罚"，也不等于不采取其他的刑事政策。从这个意义上讲，"不法"就起到连接"刑罚处罚"与"保安处分"等其他刑事政策的作用，从而将整个刑事法律制度统合起来。其实，在图 4-4 中，我们也可以看到

---

① 〔德〕克劳斯·罗克辛：《德国刑法学总论》（第 1 卷）第 3 版，王世洲译，法律出版社，2005，第 134 页。
② 〔德〕克劳斯·罗克辛：《德国刑法学总论》（第 1 卷）第 3 版，王世洲译，法律出版社，2005，第 187 页。
③ 〔德〕克劳斯·罗克辛：《德国刑法学总论》（第 1 卷）第 3 版，王世洲译，法律出版社，2005，第 134 页。

"不法-责任（答责性）"是连接全部刑法体系的一个系统，这也可以看作是罗克辛具有"刑法的任务和目标"在"不法"中的具体体现。

罗克辛明确指出"不法解除了行为构成抽象类型化意义上的构成行为：不法把构成行为放在了社会联系之中，并且在禁止或者许可的观点（在这种情况下是作为排除不法的）下，包含了一种对从社会相互作用中产生的利益冲突的价值评价"①。毫无疑问，"三要件"系统是抽象的、类型化的判断标准，罗克辛认为这样的判断标准需要"不法-责任（答责性）"系统的具体化。因为"不法"是评价层级的概念，所以它具有具体性，它可以将纯理论层级的"三要件"的概念融入具体的社会体系中。在刑法中引入双系统的目的，在罗克辛这里就已经完全清晰了，那就是完成他的"刑法的任务和目的"。

1. 规范性的"不法"

"不法"本来就是规范性的，用"规范性"来限定"不法"，是否存在逻辑上的重复呢？罗克辛认为"应当使用一种评价性规范（Bewertungsnorm）来解释不法"②。但是，什么是"评价性规范"，罗克辛并没有给出解释。本书认为罗克辛的"不法"是通过"三要件"系统进行评价的，而不是通过非法律的标准解释的。从罗克辛的"不法"的内涵构成来看，我们也可以肯定他的"不法"是"规范性"的，是通过"三要件"评价的"不法"。但是，罗克辛再次强调"规范性"是否另外存在特别意义呢？关于这一点，罗克辛也没有给出明确说明。

2. "不法"与"社会危害性"

（1）"实质的不法"与"社会危害性"

与"形式的违法性"和"实质的违法性"相对应，在罗克辛的理论中也存在"形式的不法"和"实质的不法"③的对偶性概念。"形式的不法"相当于"整体性行为构成"不具有"正当化事由"的条件时，不必进入刑法评价机制的"不法"。"实质的不法"不仅相当于"构成要件符合性"和"违法

---

① 〔德〕克劳斯·罗克辛：《德国刑法学总论》（第1卷）第3版，王世洲译，法律出版社，2005，第134~135页。

② 〔德〕克劳斯·罗克辛：《德国刑法学总论》（第1卷）第3版，王世洲译，法律出版社，2005，第212页。

③ 参见〔德〕克劳斯·罗克辛《德国刑法学总论》（第1卷）第3版，王世洲译，法律出版社，2005，第390页。

性"之和，而且是指具有"社会危害性"的"不法"。"'不法'这个概念，作为一种符合行为构成和具有违法性的行为，首先就与作为各种行为特征的违法性概念一样，都是形式的。这种不法是'可以分等级的'这一点，只有在人们考虑到不法的实质方面，也就是损害法益的社会危害性之后，才能确定。"① 这里有几层含义：第一，"不法"有"形式的不法"和"实质的不法"之分；第二，只有"形式的不法"可以分等级，但是"实质的不法"并不能分等级；第三，只有"实质的不法"才能最后确定"不法"。在罗克辛看来，"难以忍受的社会危害性已经构成了不法的实体内容"②。其实在传统的德国"不法－罪责"系统中，类似威尔泽尔的"社会相当性"、罗克辛的"社会危害性"都是阐释"不法"的实质性内涵的概念。与威尔泽尔不同的是，罗克辛区别了"形式的不法"和"实质的不法"，这可以更加深入地看清"不法"的评价性功能。换言之，"实质的不法"与"形式的不法"不同，不仅仅停留在判断功能上，它更重要的功能是评价功能。

罗克辛认为"这个不法在一个不如行为构成那么抽象的形式中，的确把类型化的刑事可罚性（除了上面提到的例外情况之外）称为具体的和不能容忍的举止行为所具有的社会危害性"③。"不法"是"具体的和不能容忍的举止行为"，而且这个行为具有"社会危害性"。换言之，"不法"就是具有"社会危害性"的行为。如果是这样，就会产生一种疑问："社会危害性"与"三要件"是什么关系？如果它们是相同的概念，那么，在已经存在"三要件"的情形下，为什么还使用"社会危害性"的概念呢？如果"社会危害性"不同于"三要件"，即不是根据"三要件"判断出来的，那么，与"社会相当性"一样是一个抽象概念的"社会危害性"，它的判断标准到底是什么呢？"如果人们在社会危害性的观点下对不法，以及在以刑罚目的为导向的责任方面对罪责进行体系化时，那么，在这里就不涉及可以据以归类的概念性

---

① 〔德〕克劳斯·罗克辛：《德国刑法学总论》（第 1 卷）第 3 版，王世洲译，法律出版社，2005，第 391 页。
② 〔德〕克劳斯·罗克辛：《德国刑法学总论》（第 1 卷）第 3 版，王世洲译，法律出版社，2005，第 135 页。
③ 〔德〕克劳斯·罗克辛：《德国刑法学总论》（第 1 卷）第 3 版，王世洲译，法律出版社，2005，第 135 页。

定义，而是涉及首先必须在法律材料上显示出来的引导性角度和价值标准。"[1]
也就是说，"社会危害性"的判断标准并不在"三要件"之中，而是在与法律相关的"引导性角度"和"价值标准"之中。然而，与法律相关的"引导性角度"和"价值标准"又该如何判断呢？尽管罗克辛没有对此做出明确的解释，但是本书认为从罗克辛的理论逻辑上可以推断出：罗克辛最终还是通过"构成要件"，将"社会危害性"的概念具体化了。换言之，用"社会危害性"表示"不法"的形象，而用"构成要件"充实"不法"的内涵，从而形成他所言的规范性的"不法"。

（2）"违法性"与"社会危害性"

"尽管正当化根据相对于行为构成具有更高的抽象性，但是，不法评价在单个案件中总是包含了对行为人举止行为的一种否定性评价。不法评价不涉及犯罪的种类，而是涉及已发生事件的具体的社会危害性，是对与法律保护相对立的利益进行权衡的结果。"[2] 这里存在三个概念之间的关系，即"正当化事由"、"不法"与"社会危害性"之间的关系。首先，"正当化事由"属于"大（外）的三要件"中的一个构成要件要素，它是高度抽象的概念。它从最抽象的角度，否定了"不法"。其次，如前所述，"社会危害性"也是一个抽象的概念，但它在实质性的层面肯定了"不法"的存在。那么，这里就出现一个疑问："正当化事由"与"社会危害性"是否真的没有任何关系？按照罗克辛的理论思路，只要是具有"正当化事由"的行为就不可能进入刑法评价机制中，因为它是没有"社会危害性"的行为。那么，从这个意义上讲，它们之间确实没有关系。"社会危害性"的概念一定是进入"小（内）的三要件"系统中的概念。在"小（内）的三要件"系统中与"社会危害性"最直接相关的概念是"违法性"。那么，"违法性"与"不法"又如何区别呢？

如上一节所述，"违法性"不同于"不法"。"不法评价"是针对具体行为的否定评价，因为该行为是具有"社会危害性"的行为。"不法"行为不是不关乎犯罪的种类，而是不直接关乎犯罪的种类。相反，"违法性"的特征

---

① 〔德〕克劳斯·罗克辛：《德国刑法学总论》（第 1 卷）第 3 版，王世洲译，法律出版社，2005，第 140 页。

② 〔德〕克劳斯·罗克辛：《德国刑法学总论》（第 1 卷）第 3 版，王世洲译，法律出版社，2005，第 187 页。

是直接针对犯罪种类的，并且，"违法性"不是不关乎"社会危害性"，而是不直接关乎"社会危害性"。正是"不法"与"违法性"的功能的侧重点不同，两者才能够区别开来。如果用一个概念将两个不同形式的概念连接在一起的话，本书认为那就是"社会危害性"。也就是说，"社会危害性"是连接"违法性"与"不法"的一个内在性的结点。这一点应该说是罗克辛没有直言，却明确承认的逻辑关系。

3. 主观的"不法"

罗克辛认为"如果主观特征针对的是存在于外部世界的一种后果，那么，把这些特征永远归入不法的范畴就会是不正确的，同时，把罪责仅仅保留为一种'纯粹内心的'特征，就像在谋杀中作为'卑劣的动机'的妒忌，也会是不正确的。决定性的不是外部世界的结果，而是这种结果现存的或者不是现存的与不法类型的关系"①。也就是说，主观的"内在性"特征是不应该以外在性的形式存在于"不法"中的，这就意味着主观的内在性的特征只有"内在"性地存在于"不法"之中才能成立。换言之，"客观的、外在的"主观特征不能表达"不法"，只有"主观的、内在的"特征才能表达"不法"。这就是罗克辛所指的主观的"不法"理论。那么，"主观的、内在的"特征有哪些呢？一般而言，"主观的、内在的"特征有两部分内容：一部分是"主观的、内在的不法要素"；另一部分是"主观的、内在的构成要素"。德国主流的观点已经承认在"客观的构成要件"中存在"主观的、内在的不法要素"。在这一点上，罗克辛继承了德国的传统刑法理论中的通说观点。但是，在德国现在的主流理论中还存在两种观点：一种是只承认在"客观的构成要件"中存在"主观的不法要素"；另一种是不仅承认在"客观的构成要件"中包含"主观的不法要素"，而且还主张包含"主观的构成要件"，譬如威尔泽尔的观点。本书认为，尽管罗克辛继承了德国主流的观点，但他并没有接受威尔泽尔的观点，也就是说，罗克辛并不承认在"客观的构成要件"中包含"主观的构成要件"的观点。因为他明确指出"不法是与行为人有关的'人格的'行为的不法"②。这意味着罗克辛的"不法"与"责任（答责

---

① 〔德〕克劳斯·罗克辛：《德国刑法学总论》（第 1 卷）第 3 版，王世洲译，法律出版社，2005，第 206 页。
② 〔德〕克劳斯·罗克辛：《德国刑法学总论》（第 1 卷）第 3 版，王世洲译，法律出版社，2005，第 211 页。

性）"并没有合二为一，依然是二元的，并且在实质上也是二元的。

二 从"罪责"到"责任（答责性）"

1. "罪责"与"预防性功能"

如果说罗克辛在"三要件"系统中主张从"责任"到"罪责"，那么他在"不法–罪责"系统中反而主张从"罪责"到"责任（答责性）"。一般来讲，在"三要件"系统中的"责任"由于处在判断系统中并且具有"命令"性质而不应被称为"罪责"，"不法–罪责"系统中的"罪责"由于处在评价系统中也不应被称为"责任"。但是，罗克辛认为如果让"不法–罪责"系统中的"罪责"起到"预防性"作用，就必须将"罪责"变成具有命令性特征的"责任"，为了区别在"三要件"系统中作为判断标准的"责任"，所以他将这个具有"罪责"意义的"责任"称为"答责性"。因此，一方面，"答责性"具有归责的性质，将"罪责"归于行为人；另一方面，通过这种"归责"使"罪责"具有一种"预防性"功能。罗克辛是通过"目的理性"完成这一转变的。"目的理性体系以这里所代表的形式提出的第二个核心创新，形成了把'罪责'扩展为'责任'的范畴。"[①]

罗克辛通过"目的理性"将"罪责"转变成"责任（答责性）"，而"这种责任必须取决于两种现实才能够加到不法上去：行为人的罪责和应当从法律中提取出来的刑法威胁的预防必要性"[②]。不过，"预防性刑事责任惩罚的必要性，因此不需要特殊的理由，在罪责存在时，刑法性的责任就立即存在了"[③]。只要"罪责"存在，可以归责的"责任"就已经存在了。这就是所谓的"答责性"。如他自己所言，"我的方案的新意在于：不法范畴之后的这个我们称之为'罪责'的犯罪范畴，在现实中并非仅仅来源于罪责，而且还来源于另一种必要性：以预防为目的的处罚必要性。因此，我将这个范畴

---

① 〔德〕克劳斯·罗克辛：《德国刑法学总论》（第1卷）第3版，王世洲译，法律出版社，2005，第125页。

② 〔德〕克劳斯·罗克辛：《德国刑法学总论》（第1卷）第3版，王世洲译，法律出版社，2005，第557页。

③ 〔德〕克劳斯·罗克辛：《德国刑法学总论》（第1卷）第3版，王世洲译，法律出版社，2005，第557页。

（罪责）称为'答责性'（Verantwortlichkeit）"①。"答责性"一方面是通过"不法"确定的"罪责"部分，另一方面是通过"保安处分"确定的"责任"部分。前者是为了"处罚"，后者是为了"预防"。罗克辛"所谓的'答责性'意味着使行为者具有刑法上的有责。所谓答责性的概念，在他的体系中行为者的责任与根据刑法的处罚预防必要性两者深入相关，后者是从法律中读取出来的"②。本书认为罗克辛的"答责性"与其说是从"法律"中读取出来的，不如说是从"不法-罪责"系统中导出的。

罗克辛之所以将"不法-罪责"中的"罪责"转变为"答责性"，就是为了包含"预防性功能"部分。依照罗克辛的方案，"罪责范畴是要从对个人施加处罚的目标中推导出来的，而且，在我看来，这个范畴中还需要再加入预防理论，因为处罚并不仅仅取决于罪责，而且同样取决于预防的需要"③。"答责性"不同于"责任"的根本原因是其中存在作为"罪责"的个别性，但是，"预防"的必要性却只来自"责任"。"责任"是判断标准，是作为命令的存在形式；而"罪责"是评价，是具有针对性的个体行为做出的归责性评价。既然如此，"罪责"首先具有特殊预防的功能。同时在客观上，由于对个别行为的个别性的归责范例，也具有了一般性的预防功能。但是，只有"罪责"的个别性还不足以"预防"，所以还需要一般性的"责任"所起的作用。所以，从这个意义上讲，罗克辛的"不法-责任（答责性）"系统必须与"保安处分"相关联，必须是政策性的、实践性的系统。也如罗克辛所言的那样，"罪责和预防性需要是相互限制的，然后才能共同产生引起刑罚的行为人个人的'责任'。这种把传统的罪责范畴与预防性目标设定相结合的做法，对许多问题的解释有重要意义。这在信条学上是符合本书发展起来的刑罚目的理论的"④。而"答责性"的概念顺应了这两个功能。罗克辛认为"罪责"和"预防性需要"之间的关系是必然存在的，因为"在刑罚目的理论

---

① 〔德〕克劳斯·罗克辛：《构建刑法体系的思考》，蔡桂生译，载〔德〕克劳斯·罗克辛《刑事政策与刑法体系》，蔡桂生译，中国人民大学出版社，2010，第 79 页。

② アルントゥ.ジン、只木誠監訳、冨川雅満訳「ドイツ刑法における犯罪論の現況について」『比較法雑誌』第 49 巻第 1 号、2015、77 頁。

③ 〔德〕克劳斯·罗克辛：《构建刑法体系的思考》，蔡桂生译，载〔德〕克劳斯·罗克辛《刑事政策与刑法体系》，蔡桂生译，中国人民大学出版社，2010，第 76 页。

④ 〔德〕克劳斯·罗克辛：《德国刑法学总论》（第 1 卷）第 3 版，王世洲译，法律出版社，2005，第 125 页。

中，罪责和预防性需要虽然都是作为必要的刑罚条件，但是从它们本身各自单独看来，又都表现为是不充分的刑罚条件"①。它们只有相互统一起来，才能达到刑罚的目的性，才能达到罗克辛所强调的"刑法的任务和目的"。

2. "规范性罪责"

与规范的"不法"相对应，罗克辛也主张规范的"罪责"，他指出，规范性罪责概念②表达了这样一种认识：这种与"不法"联系在一起的犯罪性范畴，"涉及了一种与违反义务性不同的对构成行为的发生所做的评价，而不涉及一种单纯的在心理上的案件事实。在这个范围内，这个概念是正当合理的，并且意味着比心理性罪责概念更大的进步"③。其实，这一点也不能算作罗克辛的理论创新，因为"规范性罪责"概念已经成为德国通说的概念，罗克辛只是在理论上继承了这一理论。但是，本书认为"规范性罪责"在罗克辛的理论中起着特别的功能作用，那就是把"罪责"转变成为"责任"（"答责性"）。

（1）"规范性罪责"与"可谴责性"

"规范性罪责概念仅仅说，一种有罪责的举止行为必须是'可谴责的'"④，具体而言，"规范性罪责"一定是排除责任阻却事由的"罪责"，因为只有排除了责任阻却事由的"罪责"，才是值得谴责的"罪责"，也才是能够谴责的"罪责"。但是，罗克辛也指出"规范性罪责"概念中的"可谴责性仅仅指向了罪责，所以这个概念只能是不完整地包含了在这里应当进行的评价的方式"⑤。尽管"可谴责性"是不完整的概念，但是它与"罪责"的关

---

① 〔德〕克劳斯·罗克辛：《德国刑法学总论》（第1卷）第3版，王世洲译，法律出版社，2005，第125页。

② 规范性罪责概念有5种主要代表性观点：（1）作为"能够不这样的行为"的罪责（代表人物是威尔泽尔）；（2）作为法律反对的态度的罪责（代表人物是加拉斯、耶赛克、魏根特、韦塞尔斯）；（3）作为必须为自身个性负责的罪责（代表人物是叔本华、多纳、恩吉斯）；（4）作为根据一般预防需要归咎的罪责（代表人物是雅克布斯）；（5）作为不顾规范可交谈的不法行为的罪责（代表人物是罗克辛）〔参见〔德〕克劳斯·罗克辛《德国刑法学总论》（第1卷），第3版，王世洲译，法律出版社，2005，第562~569页〕。

③ 〔德〕克劳斯·罗克辛：《德国刑法学总论》（第1卷）第3版，王世洲译，法律出版社，2005，第561页。

④ 〔德〕克劳斯·罗克辛：《德国刑法学总论》（第1卷）第3版，王世洲译，法律出版社，2005，第562页。

⑤ 〔德〕克劳斯·罗克辛：《德国刑法学总论》（第1卷）第3版，王世洲译，法律出版社，2005，第561页。

系之间的逻辑是没有问题的。

但是，罗克辛以下的论述是很容易引起误解的，他指出"必须是能够使行为人受到谴责的，对此应当具备的条件是罪责能力和不具有免责根据（Entschuldigungs gründen），例如，像在不可避免的禁止性错误（der unvermeidbare Verbotsirrtum）（第17条）或者在免责性紧急避险（der entschuldigende Notstand）（第35条）中所表明的那样"①。按照罗克辛的观点，"可谴责性"的条件有两个：一是必须具备"罪责能力"；二是必须不具备"免责根据"。关于第一个条件没有任何疑问，关键是第二个条件。这里存在两个疑问：第一，"免责根据"与"责任阻却事由"之间的关系暧昧不清；第二，"免责根据"与"正当化事由"之间的关系暧昧不清。具体而言，"免责根据"和"责任阻却事由"不是相同性质的概念。如前所述，"免责根据"是让本质上有罪的行为人免去罪责的"条件"；"责任阻却事由"是判断一个行为是否构成犯罪的要件要素。罗克辛的理论中对于"可谴责性"成立条件与"小（内）的三要件"中的要件要素之间的关系是混乱不清的。不仅如此，"免责根据"与"大（外）的三要件"中的"正当化事由"之间的关系也由于前面的不清楚的关系变得暧昧起来。本来"免责根据"与"正当化事由"不存在"冲突性"关系，但是"免责根据"与"责任阻却事由"之间关系的不清楚导致它们之间的关系也变得冲突起来。

尽管"规范性罪责"概念已经比"因果性罪责"概念更为合理，但是它的范畴依然非常不明确，如罗克辛自己所指出的那样，因为"规范性罪责"概念的"这种评价并没有单独地包括人们是否能够对行为人提出一种（罪责刑的）谴责这个问题，而是要对此做出判断：在刑法的观点下，这个行为人应当对自己的举止行为负责。这种可谴责性是一种必要的、但是还不充分的责任条件；这种预防性的惩罚必要性必须加以补充"②。按照他的观点，只有在"罪责"的功能中加入"预防性的惩罚必要性"的功能，"罪责"的功能才能够走向完善。具体而言，罗克辛试图通过将"预防性惩罚的必要性"加入"可谴责性"中，充实"可谴责性"的内涵，从而形成"答责性"。但是，

---

① 〔德〕克劳斯·罗克辛：《德国刑法学总论》（第1卷）第3版，王世洲译，法律出版社，2005，第119~120页。
② 〔德〕克劳斯·罗克辛：《德国刑法学总论》（第1卷）第3版，王世洲译，法律出版社，2005，第561页。

如何判断"预防性的惩罚必要性"呢？关于这一点，罗克辛并没有给出具体的解释和方案。

（2）"规范性罪责"与"答责性"

如罗克辛主张的那样，"规范性罪责概念还必须继续向一种规范的责任概念发展"①，也就是必须向规范的"答责性"概念发展，因为"责任不过是刑罚上答责性的主要要素的其中一个"②。只有"在责任中它所意味的是根据刑罚目的定位责任的方向"③，才能够确定"罪责"的指向，才能够真正完善"罪责"的刑罚功能。也正因如此，罗克辛才"将罪责和决定（论）互相协调在一起加以考虑的。如果某个人是可以'规范性地交往的'，即原则上是遵照规范来行事的，那么，如果他在没有受胁迫的情况下，按照自己的意愿完成了犯罪，这样，我们就要把这个犯罪当作一种自由行为归属到他身上去"④。从而完成从"罪责"到"责任"的转变，罗克辛将这个"责任"称为"答责性"。

"罪责应当理解为不顾规范可交谈性的不法行为。"⑤ 当行为人"不顾及规范交往"，他必须承担对此"不顾及"的后果责任。"这里的意思是：当一名行为人在构成行为中根据自己精神和心理处在呼唤规范的状态中，当他在心理上（还）容易产生'对以规范为导向的举止行为做出决定的可能性'时，当在具体案件中还存在着这种（除非是自由的，除非是决定论的）在大多数情况中对健康的成年人都存在的心理上的支配可能性时，他的罪责就应当加以肯定。"⑥ 也就是说，只要行为人不具备排除责任阻却的事由，那么他的行为就可看作是"能够交往的"行为人的行为，该行为人就具有"答责性"。

---

① 〔德〕克劳斯·罗克辛：《德国刑法学总论》（第 1 卷）第 3 版，王世洲译，法律出版社，2005，第 561 页。

② アルントゥ.ジン、只木誠監訳、冨川雅満訳「ドイツ刑法における犯罪論の現況について」『比較法雑誌』第 49 巻第 1 号、2015、77 頁。

③ アルントゥ.ジン、只木誠監訳、冨川雅満訳「ドイツ刑法における犯罪論の現況について」『比較法雑誌』第 49 巻第 1 号、2015、78 頁。

④ 〔德〕克劳斯·罗克辛：《构建刑法体系的思考》，蔡桂生译，载〔德〕克劳斯·罗克辛《刑事政策与刑法体系》，蔡桂生译，中国人民大学出版社，2010，第 78 页。

⑤ 〔德〕克劳斯·罗克辛：《德国刑法学总论》（第 1 卷）第 3 版，王世洲译，法律出版社，2005，第 568 页。

⑥ 〔德〕克劳斯·罗克辛：《德国刑法学总论》（第 1 卷）第 3 版，王世洲译，法律出版社，2005，第 568 页。

的确"罪责是一种混合了经验和规范的现实"①，因为罗克辛的"罪责"也是实践性的"罪责"。"在经验方面可以确定的是，在原则上对自我控制的能力和因此存在的规范的可交谈性；（因此，不可否认的是，在这种可交谈性的边缘领域中就流入了评价，的确，这在所有的法律概念中都是这样的）。"②如果一个人的"自我控制能力"是在正常人可控制的范围内，那么他就必须对自己"失控"带来的后果承担责任。相反，"罪责"并不追究那种从法律的角度来看，不得不"失控"的行为的行为人的责任。

三 "不法"与"责任（答责性）"的关系

毫无疑问，"在行为人实现了刑法性不法时，他就是有罪责的"③，而且"不法"与"责任（答责性）"必须同时存在。只有同时存在才能够形成"不法-责任（答责性）"系统。尽管"随着对人格的不法因素的承认，人们相信，必须使罪责（作为最好的人格标准）从属于不法的组成部分，同时反过来说，人们认为，对分离这两个范畴的支持，只能通过将不法降低为结果无价值，才能实行这种分割"④。在罗克辛看来，如果要想分裂"不法-责任（答责性）"之间的关系，只有将"不法"看作是"结果无价值"才能够成立。也就是说，只有将"不法"看作是"客观的不法"时，才能将它与"责任（答责性）"相分离。

通常人们认为，"不法和罪责之间的区别，经常要这样加以说明，不法是对构成行为的无价值评价，相反，罪责是对行为人的无价值评价"⑤。但是，罗克辛主张"不法"和"责任（答责性）"之间的统一性。⑥ 如果只从这一

---

① 〔德〕克劳斯·罗克辛：《德国刑法学总论》（第 1 卷）第 3 版，王世洲译，法律出版社，2005，第 570 页。
② 〔德〕克劳斯·罗克辛：《德国刑法学总论》（第 1 卷）第 3 版，王世洲译，法律出版社，2005，第 570 页。
③ 〔德〕克劳斯·罗克辛：《德国刑法学总论》（第 1 卷）第 3 版，王世洲译，法律出版社，2005，第 557 页。
④ 〔德〕克劳斯·罗克辛：《德国刑法学总论》（第 1 卷）第 3 版，王世洲译，法律出版社，2005，第 211 页。
⑤ 〔德〕克劳斯·罗克辛：《德国刑法学总论》（第 1 卷）第 3 版，王世洲译，法律出版社，2005，第 124 页。
⑥ 参见〔德〕克劳斯·罗克辛《德国刑法学总论》（第 1 卷）第 3 版，王世洲译，法律出版社，2005，第 211~212 页。

点来看，或许罗克辛的"不法－责任（答责性）"系统还可以说是"主观性"的，但是在关于"故意"归属的问题上罗克辛的观点却是不确定的。譬如说，就像他自己提出的那样，"故意是否'属于'不法或者是否'属于'罪责这个问题，虽然经过了很多的讨论，但是，对于刑事政策体系来说，还是一个错误地提出的可选择性。在双方的观点下，故意在各种不同的法律关系中都会是有意义的"①。尽管仅根据这一说明无法判断罗克辛观点是否属于哪一个宗派，但是，有一点可以确定，即罗克辛的"不法"与"责任（答责性）"之间的关系还是相当紧密的。

需要注意的是，"不法"和"责任（答责性）"之间的关系如此密切，并不等于罗克辛将两者趋向于同一，罗克辛特别指出，尽管"不法与责任相互组合会使得两者不同的本质相对化。但……这两个是相互不同的问题，不应该混同"②。也就是说，"不法"与"责任（答责性）"的相对化与"不法"与"责任（答责性）"是否应该合二为一是两个不同性质的问题。尽管"所有的不法要素都间接地也是罪责的标准和责任的标准"③，但是这并不等于两者属于相同的概念范畴。在这一点上，罗克辛的理论完全不同于威尔泽尔的观点，更进一步讲，罗克辛完全解构了威尔泽尔把"不法"与"罪责"融为一体的系统，而是将"不法"与"罪责"再次分为二元的体系。

四　小结

本书认为罗克辛的"不法－责任（答责性）"系统基本上是对传统德国刑法通说的继承，但是，在"责任（答责性）"方面有很大的修正。主要体现在从"罪责"向"责任"的转换上。从"罪责"向"责任"的转化，是通过"理性目的"的转换。这与罗克辛所主张的刑事政策的目的相关，转换之后的新概念就是"答责性"。

---

① 〔德〕克劳斯·罗克辛：《德国刑法学总论》（第1卷）第3版，王世洲译，法律出版社，2005，第139页。

② アルントゥ.ジン、只木誠監訳、冨川雅満訳「ドイツ刑法における犯罪論の現況について」『比較法雑誌』第49巻第1号、2015、87頁。

③ 〔德〕克劳斯·罗克辛：《德国刑法学总论》（第1卷）第3版，王世洲译，法律出版社，2005，第562页。

第4节 "三要件"系统与"不法-责任(答责性)"系统之间的关系

本书认为罗克辛的理论依然可以说是双系统的犯罪构成要件理论。一个系统是由"大(外)的三要件"和"小(内)的三要件"("行为构成"=行为构成要件符合性、违法性、罪责)组合成的双层"三要件"系统,另一个系统是评价层级二要件——"不法-责任(答责性)"系统。

如上一章所述,威尔泽尔的双系统打破了自贝林以来,经过麦耶、迈茨格统合成一体的双系统,但是,罗克辛的双系统也不同于威尔泽尔的双系统,而是再一次将双系统统合在一起的双系统。然而,这一种统合又不同于贝林、麦耶、迈茨格的理论模式。罗克辛的理论结构有两个特点:第一,他的"三要件"系统是双层的,一个是在刑法典的规定之外的"大(外)的三要件",另一个是在刑法典规定之内的"小(内)的三要件";第二,在大小"三要件"之内设置了"不法-责任(答责性)"系统。以下从几个方面论述。

一 大小"三要件"与"不法"

罗克辛认为"行为构成与不法评价不同,它概括了各种说明具体犯罪应受刑事惩罚性内容的情节"[①]。"行为构成"是对行为的判断标准,所以必然需要来自刑法典的具体规定。然而,与此不同,"不法评价不涉及犯罪的种类,而是涉及已发生事件的具体的社会危害性,是对与法律保护相对立的利益进行权衡的结果"[②]。因此,两者的功能不同。"因为在行为构成中为不法提供根据的特征和在正当化根据中排除不法的特征,在以下范围内具有同样的功能,即它们都共同地和相互补充地允许对构成行为的不法做出一种连接性判断,所以,人们在这里就很容易理解,如果通过把正当化根据的条件拉

---

① 〔德〕克劳斯·罗克辛:《德国刑法学总论》(第1卷)第3版,王世洲译,法律出版社,2005,第187页。

② 〔德〕克劳斯·罗克辛:《德国刑法学总论》(第1卷)第3版,王世洲译,法律出版社,2005,第187页。

入行为构成，就可以把所有这些特征共同包容在一个犯罪范畴之中。"① 简言之，"行为构成"的功能在于提供"不法"的根据，而"正当化事由"的功能在于提供排除"不法"的根据，但是两者都统合在"不法"这个概念之下。本书认为这样的解释完全是"逆向"的，是从"不法-责任（答责性）"系统的角度所作的解释。

"虽然行为构成和违法性在体系上必须保持分离，但是，它们在不法方面还是能够综合成一个'总的行为构成'的。把'不法'作为行为构成和违法性的更高的统一体，将其置于与责任相对的位置上，这完全是合法的。"② 本书认为，这一观点与传统的德国双系统的观点正好是倒置的，传统的德国双系统的观点，无论是李斯特-贝林的体系还是新古典学派的麦耶、迈茨格的体系，或者坚持"目的主义"的威尔泽尔的体系，都是将"行为构成"作为其"不法-罪责"体系的前提的。但是在罗克辛的观点中，"不法"却成为"行为构成"的更高的上位概念。不仅如此，传统的体系是从基础（"行为构成"）到高级（"不法"），是逐渐上升的思维走向，但是罗克辛的观点相反，是从高级（"不法"）俯视基础（"行为构成"）的走向。

"行为构成的这个应当与违法性分离的体系性概念，因此是一个不法的行为构成，但是，它与不法还不是一个概念。"③ 本书认为，罗克辛在这里所指的"行为构成"是指"小（内）的三要件"意义上的"行为构成"，但是，这里所指的"违法性"却不是"小（内）的三要件"中作为构成要件要素的"违法性"，而是指"大（外）的三要件"中的"正当化事由"。因为罗克辛自己没有区分出大小"三要件"，所以在概念的使用上存在混用的现象。既然没有区分大小"三要件"之间的差别，罗克辛以上的使用方式也不能算作错误。或者说，罗克辛有意这样使用，以说明两个系统之间融合的程度。如果这样理解，我们就能够明白罗克辛以上的论述了。也就是说，尽管两个层级是"融合"在一起的，但是各个层级中的不同称谓的概念之间依然存在各种不同的功能作用，因此它们还是存在区别性的。作为"小（内）的三要件"

---

① 〔德〕克劳斯·罗克辛：《德国刑法学总论》（第1卷）第3版，王世洲译，法律出版社，2005，第185页。

② 〔德〕克劳斯·罗克辛：《德国刑法学总论》（第1卷）第3版，王世洲译，法律出版社，2005，第188页。

③ 〔德〕克劳斯·罗克辛：《德国刑法学总论》（第1卷）第3版，王世洲译，法律出版社，2005，第188页。

的"行为构成"当然应该与作为"大（外）的三要件"的"正当化事由"相区别，如前面所述，"行为构成"是在排除"正当化事由"的前提下才进入刑法评价机制的判断标准。作为这样的"行为构成"，即排除了"正当化事由"的"行为构成"当然是一个"不法"的"行为构成"。但是，即便是这样的"行为构成"在功能上依然不能等同于"不法"，因为"行为构成"是判断标准，而"不法"是评价标准。如罗克辛所指出的那样，"行为构成和不法就形成了两个范畴，就像一个楼房的两层既相互独立又浑然一体一样"①。本书认为罗克辛的比喻非常到位。

"行为构成和违法性的意义不仅在于为了查明不法，而且还具有特殊的刑事政策的功能。不过，当人们不是同时在体系上考虑行为构成和违法性时，那么，这个功能就处于被遗忘的状况。"② 这里所指的"违法性"依然是指"正当化事由"，因为只有这样才能够准确地解释三者之间的关系。也就是说，"大（外）的三要件"的意义虽然具有查明"不法"的功能，但是通常人们将判断"不法"的重点放在了"小（内）的三要件"上。"大（外）的三要件"就成为查明"不法"的隐藏的"三要件"。但是，统合这两个"三要件"的核心却没有改变，依然是"不法"。如果是具有"正当化事由的错误"的行为，自然是可以进入刑法评价机制的"违法性"（广义的不法）行为。相反，如果是已经进入刑法评价机制的行为，即该当"构成要件符合性+违法性"的行为，一定是（狭义的）"不法"行为。"任何处于这样一种利益冲突中的人，侵犯了一种行为构成所保护的法益，在不具有正当化根据的情况下，就是实施了不法。"③ 只要存在"利益冲突"，该行为就一定违反了"行为构成"，就可以评价成为"不法"行为。"这意味着，从实体上说：他是以不能容忍的方式实施了有社会危害性的行为。"④ 而具有"社会危害性"的行为，也标志着具有"不法"的特征。

---

① 〔德〕克劳斯·罗克辛:《德国刑法学总论》（第 1 卷）第 3 版，王世洲译，法律出版社，2005，第 188 页。
② 〔德〕克劳斯·罗克辛:《德国刑法学总论》（第 1 卷）第 3 版，王世洲译，法律出版社，2005，第 187 页。
③ 〔德〕克劳斯·罗克辛:《德国刑法学总论》（第 1 卷）第 3 版，王世洲译，法律出版社，2005，第 135 页。
④ 〔德〕克劳斯·罗克辛:《德国刑法学总论》（第 1 卷）第 3 版，王世洲译，法律出版社，2005，第 135 页。

尽管罗克辛主张"规范的行为构成"，但是，从"行为构成"的功能上讲，"行为构成"依然是作为法律概念的"构成要件"使用的，本质上就是形而上学层级上的"构成要件"，所以依然是"一般性的"、"抽象性的"构成要件。这样的"构成要件"只有进入"不法"的"评价"阶段，才能够解除它的抽象性。如罗克辛所言的那样，"不法解除了行为构成抽象类型化意义上的构成行为：不法把构成行为放在了社会联系之中，并且在禁止或者许可的观点（在这种情况下是作为排除不法的）下，包含了一种对从社会相互作用中产生的利益冲突的价值评价"①。这种关系体现的是"小（内）的三要件"与"不法"之间的关系。

"它们根据抽象的、为帮助人们理解而建立的禁止性标志这种方式，描绘了一般被禁忌的举止行为方式的图画，并且具有一种一般预防的功能。在这里，对行为构成特征的描述影响了一般公众的法律意识并且发挥了可能的威慑作用。在这里，行为构成的特征是在最严格意义上从属于无法无罪和无法无罚基本原则的。"② 也就是说，"行为构成"就像一个指导性的手册，引导一般的公众判断自己的行为举止是否符合法律的要求。但是，在"行为构成"阶段，并不应该加入法官的评价，只有到"不法"阶段才应该加入法官的评价。这也是"行为构成"与"不法"之间的区别。但是，这里依然存在一个问题，如本章第2节所述，罗克辛主张的"行为构成"是规范性的，这是否与作为概念化的、形而上学的"行为构成"功能是相矛盾的呢？关于这一点，罗克辛没有明确的论证和说明。

罗克辛所指的"不法"，相当于贝林所言的"违法性"，即该当贝林所言的"构成要件符合性"的"违法性"。不同的是，贝林将"不法"与"违法性"融合变成了"不法类型"，而罗克辛将两者再次分离开来。"与行为构成在自身中接纳行为（只有行为才可以是符合行为构成的）一样，不法就包含了行为和行为构成：只有符合行为构成的行为才能够是刑法上的不法。"③ 进一步讲，只有包含了行为、行为符合性的"社会危害性"的行为才是"不

---

① 〔德〕克劳斯·罗克辛：《德国刑法学总论》（第1卷）第3版，王世洲译，法律出版社，2005，第134~135页。

② 〔德〕克劳斯·罗克辛：《德国刑法学总论》（第1卷）第3版，王世洲译，法律出版社，2005，第187页。

③ 〔德〕克劳斯·罗克辛：《德国刑法学总论》（第1卷）第3版，王世洲译，法律出版社，2005，第134页。

法"。或者说，"不法"只有经过作为行为的"不法"、该当"行为构成"的"不法"，以及具有"社会危害性"的"不法"，才是真正意义上的"不法"。没有行为的"不法"是纯粹概念的"不法"；没有符合"行为构成"的"不法"是违反罪刑法定主义的"不法"；没有"社会危害性"的"不法"是没有排除"正当化事由"的不法。缺乏任何一个层次的"不法"都不能成为罗克辛所指的"不法"概念。

二 "不法"与"构成要件符合性"

如上文所述，"正当化事由"属于"大（外）的三要件"中的构成要件要素，只有在排除"正当化事由"的情形下，才能够进入"小（内）的三要件"的评价体系之中。从逻辑上讲，"在具体案件中，当存在着正当化根据的时候，一个符合行为构成的举止行为是不具有违法性的"[①]。一方面，我们可以肯定"不法"一定是进入"小（内）的三要件"系统中的行为；另一方面，"不法"只有在具有价值判断的阶段才具有意义，只有加入了法官的判断时，它才能真正地表现为"不法"。在价值判断之前的"不法"只能是"行为构成符合性"。这可以理解为两层含义：一层含义是，在"行为构成符合性"中存在"不法"的要素，这个"不法"的要素就是指抽象性的或者观念性的"不法"；另一个层次的含义是具体的"不法"，即"掺和"了法官价值判断的"不法"，也即启动了具体案件时的"不法"。罗克辛通过法官的"掺和"，一方面区别开了"不法"与"构成要件符合性"之间的不同，另一方面也融合了"不法"与"小（内）的三要件"之间的关系。

"在不法的范畴中，符合行为构成的具体行为是根据许可或者禁止的观点，在各种状况所包含的全部真实因素的总和基础上被评断的。"[②] "不法"的行为一定是该当"构成要件符合性"的行为，但是，该当"构成要件符合性"的行为不一定是"不法"行为。"构成要件符合性"只是一个判断根据，而"不法"是评价本身。而且，两者是不同范畴的概念。"构成要件符合性"是"小（内）的三要件"系统中判断的概念，而"不法"属于"不法－责任

[①] 〔德〕克劳斯·罗克辛：《德国刑法学总论》（第1卷）第3版，王世洲译，法律出版社，2005，第119页。

[②] 〔德〕克劳斯·罗克辛：《德国刑法学总论》（第1卷）第3版，王世洲译，法律出版社，2005，第134页。

（答责性）"系统的评价概念。也就是说，"不法"是具体地、全面地、现实地根据"在各种状况所包含的全部真实因素的总和基础上"进行评价的概念。与此不同，由于"构成要件符合性"是抽象的、价值中立的、概念性的判断的概念，所以"构成要件符合性"处于与"不法"不同的思维层级上。

三　"不法"与"违法性"

罗克辛指出"人们应当在那个第三'犯罪等级（Deliktssufe）'中讨论'不法'，而不是讨论单纯的'违法性'"[①]。这意味着"不法"与"违法性"的关系，一方面是重叠性的，另一方面又属于不同层级。"重叠"是因为"违法性"是一般性的犯罪概念，无论是重罪还是轻罪，只要是该当"构成要件符合性"的行为，都是具有"违法性"的行为。"不法"的行为一定是具有"违法性"的行为，因为"违法性并不特别地是刑法的范畴，它是整个法律制度的范畴：举止行为方式可以是民事上的或者公法上的违法性，与刑法方面无关"[②]。但是，具有"违法性"的行为不一定是刑法上的"不法"行为，因为刑法上的"不法"行为是指在第三犯罪等级中的行为。在罗克辛的理论结构中，"违法性"的范畴大于"不法"的范畴。一般来讲，如果"违法性"可以看作是全法系统中的概念的话，"不法"也同样可看作是全法系统中的概念。从这个意义上讲，两者的内涵广延性是相同的。或者，反过来讲，"违法性"作为"三要件"系统的构成要件要素，只能指刑法领域的违法性；与"违法性"不同，"不法"反而能指比"违法性"概念范畴更为宽泛的整体法律范畴内的概念。但是因为罗克辛特别强调"不法"为第三等级中的"不法"，所以他的理论框架中的"不法"概念就只能限定在"小（内）的三要件"的范畴内了，从这个意义上讲，"违法性"的内涵要大于"不法"的内涵。

尽管罗克辛认为"违法性"是整个法律系统中的概念，但是实际上在他的理论框架中，"违法性"也只是指刑法范畴的概念。罗克辛指出"违法性评

[①] 〔德〕克劳斯·罗克辛：《德国刑法学总论》（第 1 卷）第 3 版，王世洲译，法律出版社，2005，第 134 页。

[②] 〔德〕克劳斯·罗克辛：《德国刑法学总论》（第 1 卷）第 3 版，王世洲译，法律出版社，2005，第 134 页。

价的条件就是不法类型的组成部分"①。这里包含几层含义：第一，"违法性"评价不同于"不法"评价；第二，"违法性"属于"不法"的组成部分；第三，"违法性"类型不同于"不法类型"。关于第一点已经在前面进行了论述，不在此赘述。关于第二点，罗克辛认为在刑法领域中"不法"的范畴要高于"违法性"的范畴。如罗克辛明确指出的那样，"尽管正当化根据相对于行为构成具有更高的抽象性，但是，不法评价在单个案件中总是包含了对行为人举止行为的一种否定性评价。不法评价不涉及犯罪的种类，而是涉及已发生事件的具体的社会危害性，是对与法律保护相对立的利益进行权衡的结果"②。因此，刑事的"违法性"应该从属于"不法"。关于第三点，"违法性"本身就是基于犯罪的类型存在的，而"不法类型"是由于与"违法性"的关系，才有了"类型"性分类。应该注意的是，罗克辛在这里所指的"不法类型"不同于贝林所言的"不法类型"。贝林的"不法类型"是指"违法性"与"不法"相融合而重新形成的概念，而罗克辛所指的不法类型是依照"违法性"的类型的不同而进行的"不法"分类，两者没有相互统合成一个新概念。

罗克辛指出"行为构成和违法性融为一个不法性的总的行为构成（Gesamttatbestand）（朗-欣里希森），它完整地包括了对不法判断有重要意义的全部特征（肯定性的和否定性的，书面的非书面的，对作为具有重要意义的和对不作为具有重要意义的）"③。本书认为，在这里罗克辛所言的"违法性"是指"大（外）的三要件"中的"正当化事由"（不存在"违法性"的情形），因为按照罗克辛的理论逻辑，"行为构成"不可能与作为"小（内）的三要件"中的一个要件要素的"违法性"相并列。一方面，在"行为构成"中存在"违法性"，如果在这里再一次特别提及"违法性"的话，就会发生概念重复的问题。另一方面，在这里所言的"行为构成"与"违法性"的关系是对偶性的，而"小（内）的三要件"中的"违法性"不可能与作为"小（内）的三要件"总称的"行为构成"形成对偶关系，而只有"大（外）的

---

① 〔德〕克劳斯·罗克辛：《德国刑法学总论》（第1卷）第3版，王世洲译，法律出版社，2005，第190页。

② 〔德〕克劳斯·罗克辛：《德国刑法学总论》（第1卷）第3版，王世洲译，法律出版社，2005，第187页。

③ 〔德〕克劳斯·罗克辛：《德国刑法学总论》（第1卷）第3版，王世洲译，法律出版社，2005，第185页。

三要件"中的"正当化事由"才有可能与"行为构成"形成对偶性关系。"行为构成和在随后的评价阶段中应当考虑的正当化根据的区别,在于后者以双重方式对不法的'否定'意义。"① 罗克辛的这一论述也可以证明这一点。

关于"行为构成"与"正当化事由"之间的先后关系,罗克辛自身在其理论中没有一以贯之。有的时候主张"正当化事由"应该是"行为构成"的先决条件,在判断一个行为是否进入刑法评价机制之前,必须排除"正当化事由"。但有的时候又主张在"行为构成"之后进入"正当化事由"的评价。不过,本书认为,这样看似前后矛盾的关系,本质上不一定是矛盾的。因为罗克辛对"正当化事由"的解释、使用的范围不同。当他将"正当化事由"当作"大(外)的三要件"中的一个要件要素使用的时候,它就是"行为构成"的先决条件。但是,当他将"正当化事由"看作是"行为构成"中的"阻却性事由"的时候,它就必然以"构成要件符合性"为前提。有一点是可以肯定的,它们先后顺序的变化是与"不法"相关的。当看作是"大(外)的三要件"中的"正当化事由"的时候,所判断的结果就是"形式的不法";当看作是"行为构成"中的"阻却性事由"的时候,所判断的结果就是"实质的不法"。

四 "责任"-"罪责"-"答责性"

"罪责这一体系性的范畴,则要从具体的处罚目标中推导出来。"② 这样就可以与"责任"分开,"责任"是相对于"罪责"而言的形而上学的理论概念,而"罪责"是具有价值判断的概念。具体而言,"责任"是命令,而"罪责"是归责。但是它们的用法,如前所述,在罗克辛的理论结构中处于正好相反的位置。换言之,"罗克辛认为,罪责的问题应当具有深刻的刑罚目的论的烙印,也就是说一般预防和特殊预防的目的要对行为人个人责任的问题产生影响"③。本来在"三要件"系统中的"罪责"不是真正的"罪责",而

---

① 〔德〕克劳斯·罗克辛:《德国刑法学总论》(第1卷)第3版,王世洲译,法律出版社,2005,第187页。
② 〔德〕克劳斯·罗克辛:《构建刑法体系的思考》,蔡桂生译,《中外法学》2010年第1期,第9页。
③ 〔德〕托马斯·李旭特:《德国犯罪理论体系概述》,赵阳译,《政法论坛》(中国政法大学学报)2004年第4期,第53页。

是"责任"，但是罗克辛通过"刑事政策的目的"将"责任"转换为"罪责"。与此不同，"不法-罪责"系统中的"责任"不是真正的"责任"，而是"罪责"，但是罗克辛通过"目的理性"，也就是"刑法的目的和任务"，将"罪责"转换为"责任"。为了区别传统意义上的"三要件"系统中的"责任"，他将"不法-罪责"系统中的"责任"称为"答责性"。"罗克辛将责任从作为范畴的不法概念中分离出来，体系性地在'答责性'中承认责任的地位。"①

罗克辛之所以能够通过"刑事政策的目的"将"三要件"系统中的"责任"转换成"罪责"，是因为他认为"在旧理论的发展中显示出，在故意和过失之间存在着一种罪责性区别，这种区别表现在刑事可罚性和刑罚幅度之中，并且是以故意和过失作为罪责形式的观点为根据的"②。只要从"刑事政策的目的"的角度来看"三要件"，它的主观构成要件和客观构成要件就是一体化的，就会通过"罪责形式"体现出来。因为"这种罪责的区别在事实上是有目共睹的"③。这是不需要论证的，它是一个事实性的存在，而且本质上"它并不反对将行为构成的故意安排给不法，因为更高的不法在其他罪责条件存在时总是也会产生更高的罪责的。在这一点上，所有的不法特征间接地也对罪责有重要意义，因此，不需要把罪责的特征放在更狭窄的意义上"④。具体而言，在"行为构成"中，不仅"构成要件符合性"中已经存在"主观的构成要素"，而且该当"构成要件符合性"的"违法性"中也具有"主观的构成要素"，也正因此，"不法"才能说是"构成要件符合性"和"违法性"之和。同时，这种关系也意味着"不法"与"罪责形式"之间存在不可割裂的关系，从而使二要件之间形成一个有机的理论整体。更进一步讲，"答责性"就是由"构成要件符合性"、"违法性"、"责任（罪责）"相加之总和。

本书认为，罗克辛之所以能够通过"刑法的目的和任务"将"罪责"转

---

① アルントゥ.ジン、只木誠監訳、冨川雅満訳「ドイツ刑法における犯罪論の現況について」『比較法雑誌』第49巻第1号、2015、77頁。

② 〔德〕克劳斯·罗克辛：《德国刑法学总论》（第1卷）第3版，王世洲译，法律出版社，2005，第204页。

③ 〔德〕克劳斯·罗克辛：《德国刑法学总论》（第1卷）第3版，王世洲译，法律出版社，2005，第204页。

④ 〔德〕克劳斯·罗克辛：《德国刑法学总论》（第1卷）第3版，王世洲译，法律出版社，2005，第204页。

换成"答责性"，是因为"不法–罪责"系统的最后指向是刑罚。罗克辛认为只有"罪责"并不能完全回答是否归责于行为人这个问题，因为"罪责"本身依然属于评价系统。作为评价系统的"罪责"并不能完成"刑罚的目的和任务"，因此就需要将"罪责"转换成"答责性"。

关于罗克辛从"责任"到"罪责"再到"责任（答责性）"的一系列转换中，有的学者指出，"在罗克辛的体系中，只要在使用所谓责任的语言的限度内，常常会产生不过成为取代所谓的'答责性'的责任的犯罪范畴的一个前提性问题。作为结论，责任与责任能力，即其他的行为可能性是相等的，因此，既然在答责性中考虑，责任也就再也没有固有的限制机能了"[①]。也就是说，学者认为罗克辛的"答责性"本质上是架空了"责任"、"罪责"的内涵。"这是转向了罗克辛的预防概念和刑罚概念阻碍将来的犯罪行为的方向。但是，也因此从罗克辛的立场上看，很难承认责任不是行为者的责任而是行为责任。"[②] 的确，罗克辛的"责任"不是行为的责任，而是行为者的"责任"。正因为如此，他才能够成立让行为人"答责"的可能性。只是从这个角度来看，罗克辛还能否坚持"客观归属理论"就存在疑问了。

雅克布斯认为"正是责任本身是符合目的地确定的，而不是一个分离出来的答责性"[③]。换言之，雅克布斯认为罗克辛的"答责性"是从"目的"中分离出来的，它不是自然地从行为人的行为中产生的，因此，反而是不能成立的。因为从目的中分离出来的"答责性"无法实现其目的性。具体而言，当罗克辛用"答责性"取代了"责任"和"罪责"时，"三要件"系统和"不法–罪责"系统都面临崩溃的危险。在这种情形下，"答责性"还能够完成"刑法的目的和任务"吗？本书认为，罗克辛的"答责性"本质上是"归责"，但是用"答责性"取代"归责"的前提条件必须是经过"三要件"系统和"不法–罪责"系统判断和评价出的"不法"和"罪责"。罗克辛的"答责性"似乎欠缺了一个中间环节——"罪责"或者"责任"。

大塚仁对罗克辛的"答责性"有一个中立性的说明。"近年来，在德国有

---

① アルントゥ·ジン、只木誠監訳、冨川雅満訳「ドイツ刑法における犯罪論の現況について」『比較法雑誌』第 49 巻第 1 号、2015、78 頁。

② アルントゥ·ジン、只木誠監訳、冨川雅満訳「ドイツ刑法における犯罪論の現況について」『比較法雑誌』第 49 巻第 1 号、2015、78 頁。

③〔德〕格吕恩特·雅科布斯：《行为　责任　刑法——机能性描述》，冯军译，中国政法大学出版社，1997，第 8 页。

力的立场是从犯罪预防的观点修正责任概念，称为实质的责任概念（der ma-terielle Schuldbegriff）。特别是罗克辛提出，给刑法基础奠定基础的不是与报应观念相结合的责任，而必须是犯罪预防，代替历来的责任（Schuld）而使用了答责性（Verantwortlichkeit）的观点，认为以他行为可能性（Andershandeln können）为前提，作为限定刑罚的东西，应该从犯罪预防的必要这种观点考虑责任。"[①] 但是，在这种中立性的观点中，恰恰存在我们所担心的疑问，"刑法的目的和任务"到底应该以"刑罚"（犯罪成立）为核心还是以"预防"为核心呢？

五　小结

如何将两个系统糅合成一个系统的问题与如何将两个系统关联起来形成新系统的问题是不同层次上的两个问题。本书认为，罗克辛的理论与其说解决的是后一个问题——如何将两个系统关联起来形成新系统，不如说解决的是前一个问题——如何将两个系统糅合成一个系统。基于相同问题意识，在德国还有一个与传统模式相反的理论，即下文所要论述的雅克布斯单向线的主观归责理论中的双系统。

[①]　参见〔日〕大塚仁《刑法概说（总论）》第3版，冯军译，中国人民大学出版社，2003，第375页注（2）。

第 5 章　雅克布斯单向线的主观归责理论中的双系统

第 1 节　本章的论点所在

　　罗克辛的理论与雅克布斯（Jakobs）的理论都起源于规范论[①]，但是雅克布斯的规范论是主观的规范论，而且他的犯罪构成要件理论也是以主观的规范论为基础的理论。从结构上讲，雅克布斯的犯罪构成要件理论以主观归责理论为开端，是从归责切入的双系统。从其理论的论述结构上讲，本书认为，其理论是以单向线主观归责理论为开端，逆向展开的双系统。换言之，雅克布斯的犯罪构成要件理论是内涵于单向线的主观归责理论中的双系统。所谓的单向线的归责理论，就其顺序而言如下所示：归责→罪责→不法→违法性→构成要件符合性→构成要件→行为→行为人→责任。"归责"的基础是"罪责"，"罪责"的前提条件是"不法"，"不法"的根据是"违法性"，"违法性"的依据是"构成要件符合性"，"构成要件符合性"的判断标准是"构成要件"，"构成要件"的核心是"行为"，"行为"所属是"行为人"，而"行为人"作为归属的最终指向，对他的最根本的要求是"责任"。许逎曼（Schünemann）"主要针对法兰克福学派的个人法益论和雅各布斯的功能论（Funktionalismus）加以批判，称之为一元的个人之一和一元的规范论"[②]。雅克布斯的理论是不是功能的规范理论另当别论，但是他的理论一定是一元的理论。与其说是一元的理论，还不如说是单向线推论的理论。本书认为，这种单向线推论的理论不同于我们以上论述的所有结构型的理论，这种理论更

---

① 参见〔德〕克劳斯·罗克辛《构建刑法体系的思考》，蔡桂生译，《中外法学》2010 年第 1 期，第 16 页。

② 许玉秀：《当代刑法思潮》，中国民主法制出版社，2005，第 6 页。

加接近哲学上的逻辑推论的结构。如罗克辛指出的那样，雅克布斯"放弃了刑事政策的构想，而是将刑法的目标建立在纯粹规范化的体系性理论原理之上"①。既然是"纯粹的规范论体系"，那么这个体系一定是具有哲学性质的，或者至少是具有深入哲学倾向的体系。换言之，也可以说雅克布斯的理论使用的语言是一套哲学语言，而不完全是法学语言。因此在理解他的著作时，需要进行一定程度的"翻译"。

如果我们说李斯特的犯罪构成理论是从归责理论中开拓并挖掘出的新的理论体系，那么我们也可以说雅克布斯是将犯罪构成要件理论再一次"埋入"归责理论中的新的归责理论。这个具有哲学特征的新的归责理论就是我们以上所言的单向线的归责理论。正是在这个单向线的归责理论中，隐含了一个双系统的犯罪构成要件理论。也就是说，在那条单向线上所出现的所有的概念，并不是简单地以一种链条式的、不可逆转的方向连接起来的犯罪构成要件理论，而是以一种双层结构的"三要件"系统与"不法–罪责"系统一起构成的"双系统"的犯罪构成要件理论。尽管雅克布斯重新将犯罪构成要件理论"埋入"归责理论之中，但是这次被"埋入"双系统的归责理论完全不同于李斯特之前的归责理论。

第 2 节　"归责"的条件：人格体

一　"归责"的指向：人格体（行为主体）

"雅克布斯的归属论的哲学基础是黑格尔哲学。"② 但是本书并不想从黑格尔的"归责论"的角度论证雅克布斯的犯罪构成要件理论，只想从单纯的归责理论切入进行论证。提及黑格尔的哲学，是因为雅克布斯的基本思路是黑格尔哲学式的，即具有主客观统一性的特征。本书想在这里给以提醒，因为它是理解雅克布斯犯罪构成要件理论的基本思路。

雅克布斯认为"首先必须提出归责（Zurechnung），即确定一定主体的

---

① 〔德〕克劳斯·罗克辛：《构建刑法体系的思考》，蔡桂生译，《中外法学》2010 年第 1 期，第 17 页。
② アルントゥ.ジン、只木誠監訳、富川雅満訳「ドイツ刑法における犯罪論の現況について」『比較法雑誌』第 49 巻第 1 号、2015、79 頁。

行动在法律上的无价值，并且正是归属才可能把一种不依赖于归属的常常是非均衡的东西变成均衡性的"①。犯罪行为是"非均衡"性的，是打破了社会平衡的行为，只有通过"归责"，即通过将"罪责"归咎于行为主体，才能够将"非均衡"状态恢复到均衡状态。之所以能够归责，是因为这种引起"非均衡"的行为是无价值的。既然是"无价值"的，就应该被否定。"否定"的方式就是将"罪责"归于行为主体。这一点是无可争议的，有争议的是如何确定被否定的行为与行为主体之间的因果关系。在雅克布斯的理论中，所谓的"因果关系"就是归责关系，因果关系的理论也就是归责的理论②。

雅克布斯认为"处于刑法归责，应该跟踪所有的情况，而不是仅仅放置某些像行为什么的小东西上。宁愿将兴趣放在行为的归责上，而不仅仅放置在法定构成要件的行为上"③。从雅克布斯的观点来看，刑法学的重点在于归责，而不在于解读法定构成要件的行为。法定构成要件的行为是静态的存在，而归责却是将行为归因于行为主体的动态性行动。如我们在以上几章所看到的那样，关于犯罪构成要件的理论切入方式基本有两种：一种是从法定的构成要件中的行为切入；另一种是直接从行为切入。但无论从哪一点切入，最后都是从行为演化到归责，最终完成犯罪构成要件的论证。雅克布斯的论证正好是倒置的，他从归责切入，然后演绎到行为，但是行为依然不是归责的最后指向，最后演绎的结果是指向行为主体。雅克布斯认为这样的思路更能够看清楚犯罪的本质。

如上所言，雅克布斯认为"犯罪"就是打破了"均衡"。既然谈到"均衡"，那么，如何取得"均衡"就成为一种关键。在雅克布斯的逻辑中，能够恢复"均衡"的方式就是"归责"。"如果应该真正地对待责任的话，就必须

---

① 〔德〕格吕恩特·雅科布斯：《行为 责任 刑法——机能性描述》，冯军译，中国政法大学出版社，1997，第6页。

② 应该注意"因果关系"理论和"归责"理论之间的不同。从历史发展的角度来看，在前古典的犯罪构成要件理论的阶段，通常使用的是"归责"概念，尽管与现代的"归责"概念不完全相同。到古典的犯罪构成要件的阶段，为了去除前阶段具有哲学倾向的"归责"概念，主张并强调"因果关系"理论取代"归责"理论。但是到20世纪30年代初，以劳伦茨为首的黑格尔学派的刑法学者再一次从"因果关系"理论回归"归责"理论概念。这里雅克布斯再度使用"因果关系"理论的用语具有一定程度的再次"翻转"现代"归责"理论的意图和倾向。

③ Günther Jakobs, *Strafrecht*, *Allgemeiner Teil*, De Gruyter, Berlin und New York, 1991, S.152.

提出这样一个限定的责任理论和均衡性理论都缺乏的根据：正是责任和目的的联系给刑罚和刑罚份量提供了本质意义。它涉及到引起刑罚的归属和归属的份量。"① 在这里需要注意的是，雅克布斯所言的"责任"实际上是"罪责"，因为它不具有命令的特征，而具有作为归责前提的"罪责"功能的特征。无论是"刑罚的归属"还是"归属的份量"都与犯罪的主体——人格体相关。既然是刑法（刑罚）的目的决定一切，那么归责所指向的一定是行为的主体，而不可能是行为，因为刑法（刑罚）的目的最终不可能停留在行为上，而是一定要归责到行为主体上。

行为主体就是人格体。"尽管违法性既可以不通过刑法的构成要件或者刑法构成要件，也可以不通过罪责责任确定归责，但是人格体却是最重要的"②，是不可缺少的。雅克布斯认为在归责理论中尽管因果关系跳过"构成要件"也能够确定，但是在因果关系最后的归责却不能没有责任的承受者，即行为的主体，因为归责的最后的指向就是人格体。雅克布斯认为"归属的产生不需要心理的对象，这更多地是根据目的观点来确定的"③。也就是说，在归责理论中，最重要的不是行为主体的心理状态，而是行为主体的目的。因为心理状态所表明的是一种自然的现象，但是目的性所能表明的却是社会性意义，而这种社会性的意义决定了规范的意义。既然行为主体的目的性体现的是"社会性意义"，那么他的目的性就能够将行为与规范连接起来，同时也能够将行为人转化成行为主体，即人格体。

就雅克布斯而言，刑法本身也是具有目的性的刑法。如他所言的那样，"责任和目的的联系表现为，目的使责任变成有色的。因为责任刑法（Schuldstrafrecht）作为不应该是无目的的刑法而应该是有益于维持秩序的刑法，需要长期存在，为此也有需要这种性质的责任，使它即使考虑到责任时也能够长期存在"④。如果刑法没有目的性，就很难作为一个标准，判断、度量行为主体的"目的性"与刑法的"目的性"是否冲突。这体现了"责任本身是目的

① 〔德〕格吕恩特·雅科布斯：《行为　责任　刑法——机能性描述》，冯军译，中国政法大学出版社，1997，第6页。
② Günther Jakobs, *Strafrecht*, *Allgemeiner Teil*, De Gruyter, Berlin und New York, 1991, S. 153.
③ 〔德〕格吕恩特·雅科布斯：《行为　责任　刑法——机能性描述》，冯军译，中国政法大学出版社，1997，第17页。
④ 〔德〕格吕恩特·雅科布斯：《行为　责任　刑法——机能性描述》，冯军译，中国政法大学出版社，1997，第6页。

地确定的，而不是一个分离出的答责性。一个存在于责任与目的之间的和谐在根据目的确定责任时不再是玄妙神秘的，只是它被限制在确定责任的目的之上"①。雅克布斯反对罗克辛将"答责性"和"目的"相分离的观点。"责任目的"就是行为主体的目的性，和"责任刑法"一致的时候，就不存在犯罪，反之，行为主体就必须承担"自我目的"和"刑法目的"冲突引起的（"不法"）后果的"罪责"。

"责任的确定要根据目的确定来进行，也就是说，责任是符合目的地确定的，在刑法上所存在的重要的、具体的、自然的构成要件和不法状态越少，在刑法上所存在的重要的、自然的责任和责任状态也就越少，而且，构成要件越是相对于确定的秩序而言的目的性产物，每一个责任根据，即使它与没有被规定的责任上重要的因素相联系，就越是因为其目的而成为一个根据。"②人格体的"责任"，不仅要根据他的目的性来确定，而且同时也要根据"责任刑法"来确定。"责任刑法"的目的在于行为人不实行"责任目的"。"责任刑法"为不符合"责任目的"的行为提供法定的构成要件标准，当"责任目的"不符合"责任刑法"标准的时候，行为就是具有"构成要件符合性"的行为，反之，就不是具有"构成要件符合性"的行为。

其实"确定责任的目的是稳定由违法行动所扰乱的对秩序的信赖，在需要稳定对秩序的信赖时也就存在完全违法的也是富有责任的行动，如果认为为消除这种扰乱就必须避免实施相应的行动是行为人份内的事并且确证信赖规范是正确的话"③。从这个意义上讲，我们不得不承认，"归责不是自然产物，而是世界说明（Zurechnung ist nichts Naturwüchsiges, vielmehr eine Welt-deutung）"④，是"掺和"了判断人的主观性的解释说明。

雅克布斯认为，关于归属的"世界说明"，主要有以下两种方式："可谴责性"和"期待可能性"。

---

① 〔德〕格吕恩特·雅科布斯：《行为　责任　刑法——机能性描述》，冯军译，中国政法大学出版社，1997，第8页。
② 〔德〕格吕恩特·雅科布斯：《行为　责任　刑法——机能性描述》，冯军译，中国政法大学出版社，1997，第33页。
③ 〔德〕格吕恩特·雅科布斯：《行为　责任　刑法——机能性描述》，冯军译，中国政法大学出版社，1997，第34页。
④ 〔德〕格吕恩特·雅科布斯：《行为　责任　刑法——机能性描述》，冯军译，中国政法大学出版社，1997，第42页。

1. "结果归责"与"可谴责性"

雅克布斯指出"在传统的理解中，谴责性归责是由于自由意志的缺乏，即因受欲望的制约以及缺乏理性而发生的"①。也就是说，古典的犯罪论、新古典的犯罪论都认为行为主体之所以犯罪是因为"受到欲望的驱使"或者"欠缺理性"，在这种情形下，犯罪主体就具有"可谴责性"。但是雅克布斯认为，只要"在这个限度内，被归责的是一个形式的人格体，这种人格体是适合于成为人格体但是尚未被现实化的生物"②。也就是说，按照传统犯罪论的解释，实际上行为主体不是真正意义上的社会性人格体，而是一个抽象化的人格体。既然是抽象化的人格体，就只能用来"谴责"，而不能用来"归责"。从这个角度来看，这个抽象化的人格体与刑法之间很难建立一种"可期待性"的关系，因为人们无法期待抽象化的人格体自己做出正确的选择。

"可谴责性"下的人格体的成立还有另一个原因，那就是"结果归责"。所谓的"结果归责"就是将行为的"结果"归责于行为实行者。"结果归责"重点只考虑"结果行为"与行为之间的因果关系，而不考虑"行为结果"与行为人之间的内在关系。因此，"可谴责性"就变成了"行为结果"与行为人之间的自然因果关系的"结论性"的归责。这种归责是机械的、非能动性的。因此"对作为接受者这一身份来说，纯粹形式上的人格性（诚如纯粹形式上的理性）是不充分的，因为仅仅形式上的人格体（仅仅形式的理性者）就像她（他）事前未能正确地与规范联系在一起那样，未能正确地与归责联系在一起"③。因为归责的本质就是"接受"处罚，从而达到将"不均衡"趋于均衡。如果作为接受者的行为人是一个抽象的人格体，他就无法建立起与规范之间的关系，也无法建立起与"责任"之间的关系。归根到底，因为"可谴责性"本身也是抽象的概念，所以无法成为归责的本质性条件。雅克布斯认为这种"可谴责性"的解释是不正确的理论解释，他主张具有"期待可能性"的"责任归责"。

雅克布斯认为"人格体不是受人格体的'头脑'，而是受那些'神秘的、

---

① 〔德〕京特·雅科布斯：《规范·人格体·社会：法哲学前思》，冯军译，法律出版社，2001，第 74 页。

② 〔德〕京特·雅科布斯：《规范·人格体·社会：法哲学前思》，冯军译，法律出版社，2001，第 74 页。

③ 〔德〕京特·雅科布斯：《规范·人格体·社会：法哲学前思》，冯军译，法律出版社，2001，第 74 页。

不可预测的力量'支配，以至于把一种不能到达'头脑'的现象也视为不能联接的行动：在这种情况下，一个行动是否必须被理解为一个人格体的行动，是由命运决定的"①。虽然交由"命运"决定的行为更加难以琢磨，但是，它却是人类实际的现状，这样的行为主体才是具体的、社会性的人格体，而不是抽象的、概念化的人格体。如果不是被抽象化的人格体，那么，这个人格体就不是依靠所谓的具有规律支配的头脑来决定他的命运，而是依靠他内心的、灵魂的、没有规律可循的欲望和目的运作他的命运。可能我们很难把握这样的人格体，但是我们可以肯定这样的人格体才是现实的人格体。就如雅克布斯所言的那样，"这种把某一结果向某一人格体的归属，不是通过自然产生的，而是惟一地通过某一规范性秩序所产生的"②。如果人格体的行为是命运决定的，那就不是人格体自己可以选择的，从本质上讲，处罚这种命运性的行为是没有意义的，但是，刑法只能处罚这种命运决定的人格体，因此可以说处罚（刑法）本身就不是自然的，它是社会的、规范的。即便是受到命运决定的人格体也不能摆脱被处罚的命运，这就是"规范性"。"规范性"是人为的而不是自然的，规范所要规制的对象是选择性的，是刑事政策的目的所指向的结果。雅克布斯从法理学上定义了"规范性"。因此，雅克布斯认为"可谴责性的归责"或是"结果归责"，或是"行为归责"，或是"氏族归责"③，但不是"责任归责"。

2. "责任归责"与"期待可能性"

"规范给人格体提供某一目标（如不得杀人），但是，人格体如何达到该目标，则委任于人格体去完成。"④ 刑法的规定给人格体提供了一个行动标准，人格体按照这个标准行动，当刑法的目标（目的）与人格体的目标（目的）发生冲突时，人格体可以自行选择、决定"冲突"或者"规避"。如果人格体选择"冲突"，那他就要承担起自己选择的行为责任。若他选择"规避"，

① 〔德〕京特·雅科布斯：《规范·人格体·社会：法哲学前思》，冯军译，法律出版社，2001，第76页。

② 〔德〕京特·雅科布斯：《规范·人格体·社会：法哲学前思》，冯军译，法律出版社，2001，第77页。

③ 参见〔德〕京特·雅科布斯《规范·人格体·社会：法哲学前思》，冯军译，法律出版社，2001，第76~78页。

④ 〔德〕京特·雅科布斯：《规范·人格体·社会：法哲学前思》，冯军译，法律出版社，2001，第79页。

他就成为在这里所言的"期待可能性"的对象。具体而言，如果人格体按照规范标准的要求回避了那种"冲突"，他就不被追究责任。也就是说，当"责任归责"的时候，我们可以看到对行为主体存在一个可以期待不发生冲突的可能性。不过，本书认为这里存在一个疑问，既然行为是"命运"之安排，如何可能存在"期待可能性"？对此，雅克布斯没有给出解释。本书的理解是人格体的"选择"本身也是一种命运。也就是说，人格体是指将自己的命运掌握在自己手中的行为主体，具体而言，刑法上所要处罚的对象正是这种具有能够掌握自己命运主体的人格体。

"谁被定义为人格体，谁就被期待着去遵守规范；人格体和遵守规范二者按照定义就被联系在一起。"① 只有被定义的人格体才能够被期待，譬如，如果作为士兵的人格体被定义的话，士兵的人格体中就具有冒着生命危险而工作的"期待可能性"。人之所以可以被期待，除了因为特定的职业之外，还有作为"人"的人格体的定义。譬如，一个人之所以被期待禁止杀人，那是因为他（她）是人，而不是动物，或者不是与人（正常人）相同的精神病人。如果这样解释"期待可能性"，那就意味着是将"期待"建立在人是"理性的生物"之上。反过来讲，因为人格体具有认识理性，所以可以被期待。

本书认为"结果归责"和"责任归责"的不同应该在于对"责任"的认识。也就是说，一个个体只是一个"个体"的时候，他与自然间的生物一样，无论他是否具有理性，他的行为没有"责任"。体现在刑法上，人的理性或者非理性不涉及归责。但是，当一个个体被定义为人格体的时候，就被赋予了一种"责任"，譬如，作为人的"责任"（不能杀人）、作为士兵的"责任"（应该杀敌）。只有当这个"人"被赋予了"责任"，这个"人"的行为就不再是没有"责任"的行为，而是被定义为具有"社会意义"的行为，即一个人格体的行为。作为一个具有"责任"的人格体，没有履行他的"责任"的时候，其结果就应该归咎于他。这就是"责任归责"的本意。本书认为"结果归责"与"责任归责"的区别不在于"可谴责性"与"期待性可能性"的区别，而在于对"责任"的解释。

3. 人格体与责任之间的桥梁——"交往"

既然归责的指向不是行为，而是实行行为的人格体，那么，人格体与

---

① 〔德〕京特·雅科布斯：《规范·人格体·社会：法哲学前思》，冯军译，法律出版社，2001，第80页。

"责任"之间是什么关系呢？雅克布斯指出，"责任判断是根据社会地确定的尺度进行的：没有达到所要求的人格性"①。也正因如此，一个人格体不因为不理解规范而不被处罚。人格体之所以有可能不理解责任规范，那是因为规范是在所有个体的"利益共同体"下设立的，"某一规范只有在吸纳了诸个体的利益的前提下，才能被作为规范（而不是被作为暴力）来设立，但是，这一点仅仅——这一点才具有决定性——限于这种利益没有在原则上背离社会的可能性的情形"②。也就是说，规范是具有"共同性"特征的，是社会共同体所要求的规范，正因为规范是"共同性"的，它才具有正当性，"个别化"（只对某一个个体）的规范就是暴力。"如果不把规范的现实性因此是社会的现实性理解为个体性同意的总和，而是理解为追求自己的活力的数值，那么就既不能用个体性行动也不能用构造某种附条件的成员性来划定社会的界限。"③ 正因为规范是内涵在集体利益之下的，所以作为个体的人格体就比较难以理解被规范的"责任"。这在某种程度上意味着人格体和"责任"之间存在间隙，而犯罪就存在于这个"间隙"之中。

在人格体和"责任"之间有一个概念，可以将它们联系在一起，那就是"交往"。"谁在没有人期待其为人格体的时候不把自己理解为人格体，谁就可能处于不幸的状况之中；这是一个与环境交往的问题。"④ 如果一个个体没有被看作是一个人格体，那就意味着该个体不具有"社会交往"的能力和机会。譬如说精神病患者，他的行为不具有归责性，因为这样的个体不会被看作是一个人格体。当然应该注意的是不能片面理解"交往"。譬如说，即便一个人格体将自己关在家中不与社会来往，这并不意味着这个人格体不具有"社会交往"的能力。换言之，是不是人格体，实际上需要另外一些判断理论来决定。而在刑法的归责问题上，"谁在其应该是人格体的时候没有作为人格体活动，谁就在把规范解释为非标准的；这是一个社会性问题，在此探讨的只是

---

① 〔德〕京特·雅科布斯：《规范·人格体·社会：法哲学前思》，冯军译，法律出版社，2001，第 81 页。

② 〔德〕京特·雅科布斯：《规范·人格体·社会：法哲学前思》，冯军译，法律出版社，2001，第 81 页。

③ 〔德〕京特·雅科布斯：《规范·人格体·社会：法哲学前思》，冯军译，法律出版社，2001，第 93 页。

④ 〔德〕京特·雅科布斯：《规范·人格体·社会：法哲学前思》，冯军译，法律出版社，2001，第 84 页。

这种问题"①，刑法需要解决的也是这个问题。

"个体和人格体并非毫无联系地并列存在着；诸个体必须已经能够大体上发现他们的幸福生活，否则，任何稳定的社会性都不会获得成功。而在一个以可行性为目标的、在责任和命运之间进行区分的社会中，不可能向任何一个单个者提出比他愿意遵循规范时能够提供的东西更多的期待。"② 换言之，规范对人格体的要求不应该超过对人格体所能够期待的更多的要求，只有这样才能确保大多数的人格体能够达到规范的要求。过于苛刻的规范（刑法）不可能制造出多数人格体的幸福生活。如果规范的动机高于人格体所被期待可能的时候，即便人格体的行为具有动机，也不能对他进行"责任归责"。"如果人格体实际上表现出所构造的规范性动机，那么，就绝不会期待比其表现的东西更多的处理能力——没有人必须做比他能够做的更多。把规范性相互理解限定在动机上，正是责任归责的关键。"③ 只有人格体的动机在规范所要求的范围内表现出规范性的动机时，才能将"罪责"归于该人格体。规范只要求大多数的人格体能够被遵守，只有个别的人格体不能达到规范的要求而破坏规范的时候，才采取规范他的行为。这个时候他的人格体就会被剥夺，就会被降到一个个体的地位。在个体的地位上的"人"，就相当于一个客体。"规范破坏者没有满足向其人格体提出的期待，那么，他就被定义为这种期待不再对其有效的东西，即被定义为个体；更严厉地说，被定义为'一件东西……一头牲畜'，简单地说，被定义为自然。"④ 这就是雅克布斯意义上的犯罪，即将一个人格体降低为一个个体的处罚才是犯罪的本质。

如果从黑格尔的理论来看，我们是不是可以假定通过"处罚"使一个个体恢复到人格体呢？雅克布斯认为"之所以需要这种积极的论证，是因为刑法的作用是使刑罚的使用成为可能，即不是免责而是归责，以致于很明显地存在一种推测，即免责只具有在其他事例中使作为富有责任的归属变为可以

---

① 〔德〕京特·雅科布斯：《规范·人格体·社会：法哲学前思》，冯军译，法律出版社，2001，第 84 页。

② 〔德〕京特·雅科布斯：《规范·人格体·社会：法哲学前思》，冯军译，法律出版社，2001，第 89 页。

③ 〔德〕京特·雅科布斯：《规范·人格体·社会：法哲学前思》，冯军译，法律出版社，2001，第 88 页。

④ 〔德〕京特·雅科布斯：《规范·人格体·社会：法哲学前思》，冯军译，法律出版社，2001，第 92 页。

除去的或者只是可以容忍的机能"①。也就是说，"免责"意味着降级的个体永远是个体，而归责的个体，可以通过处罚而恢复人格体。因为刑罚是一种"否定"，通过"否定"的功能将一个人格体对自己降低成为的个体，再一次提升为人格体。

二 "罪责"的承担者——人格体

如上所述，归责的指向是人格体。这就意味着，"罪责"的承担者也一定是人格体。雅克布斯认为"人格体是一种当为的形式，即一种客观的构造。在一个适用责任归责的社会中，不是（像在所谓结果责任中那样）构造行为形式，而是构造动机"②。也就是说，人格体不是"行为构成"的一个要件要素，而是能动性的、接受性的、可归责的主体。归责的指向是人格体，人格体所要承受的归责内涵就是"罪责"。

1. "罪责"与责任能力

作为"罪责"承担者的人格体主要涉及的是人格体的责任能力问题。"人格体在处理规范性动机时必须具有怎样的能力。关于最高标准的回答是不言而喻的。"③ 首先人格体必须具备处理规范所要求的责任能力。一般而言，如果行为人不具有责任能力，他就不能成为人格体。

与责任能力相关联，还存在另一个问题，那就是"自由意志"。尽管说具有责任能力的人格体，也通常具有"自由意志"，但是责任能力和"自由意志"不一定同时存在。譬如说，一个人格体在他的"自由意志"受到限制的时候，并不影响他的责任能力的成立。一个人格体可能丧失"自由意志"，但是并不因此一定丧失责任能力。尽管"自由意志"与责任能力可以分离，但是在"罪责"归责的时候，要求两者同时存在。

2. 形式的人格体和发展的人格体

关于人格体为什么选择被处罚的"命运"，雅克布斯认为"规范破坏者实

① 〔德〕格吕恩特·雅科布斯：《行为 责任 刑法——机能性描述》，冯军译，中国政法大学出版社，1997，第12页。
② 〔德〕京特·雅科布斯：《规范·人格体·社会：法哲学前思》，冯军译，法律出版社，2001，第88页。
③ 〔德〕京特·雅科布斯：《规范·人格体·社会：法哲学前思》，冯军译，法律出版社，2001，第88页。

施了行为，不是因为它是人格体，而是因为他作为人格体没有发展地存在着，即只是形式地存在着"①。也就是说，人格体之所以选择被处罚的命运，是因为这个人格体是一个具有"非发展性"的人格体。具体而言，人格体有两种存在形式：一种是形式的人格体，另一种是发展的人格体。"如果他的行为变成社会的现实性的一部分，那么，这种只是形式的人格体也就了结了；因为人格体不是由自己的力量所组成的，在绝大多数情形下，人格体的存在甚至是违反相关个体的意志的，只要该社会是现实的，人格体的存在毋宁纯粹是根据社会的定义。"② 也就是说，人格体是与现实社会相结合的人格体。相反，如果人格体不能与现实社会相结合，它就必然形式地存在，这时人格体就会慢慢"萎缩"，甚至最终从人格体变成个体（犯罪者）。相反，我们可以这样理解，当人格体与社会是一致（融入）的时候，人格体就变成发展的人格体，这个相关的个体性就有可能缩小（甚至消失）。在这种情形下的人格体的行为就是与社会的要求一致的行为。相反，个体性的部分越大，人格体的部分就越小，与社会的要求相冲突可能性就会增加。换言之，人格体与个体性之间的反比关系是由社会性的多少决定的。从这个意义上讲，选择被处罚命运的人格体，首先一定是形式的人格体，甚至是已经丧失了人格体的个体。正因如此，该个体（本能地）需要刑罚的处罚使他再一次变成发展的人格体，重新回归社会。

从本质上讲，"规范违反性压根儿不是人格体的错误，因为一个人格体是通过其为正确的行动确立动机来定义的。但是规范违反性也不能被定义为社会的环境，即不能被定义为自然——自然不犯罪"③。因为规范是人为的，那么违反规范的行为也是人为地被定义为犯罪的。进一步讲，一个个体生活在这个世界上，他本来有权利按照自己的合理性，任意地实行他的行为。但是当他被定义为人格体的时候，他的行为就受到限制。从这个意义上讲，"犯罪"是人定义的，所以人格体的"违法行为"本质上也是被定义的。也就是说，"规范违法者"生活在一个被颠倒的世界中，如雅克布斯所言的那样，

---

① 〔德〕京特·雅科布斯：《规范·人格体·社会：法哲学前思》，冯军译，法律出版社，2001，第95页。

② 〔德〕京特·雅科布斯：《规范·人格体·社会：法哲学前思》，冯军译，法律出版社，2001，第95页。

③ 〔德〕京特·雅科布斯：《规范·人格体·社会：法哲学前思》，冯军译，法律出版社，2001，第91页。

"规范破坏存在于一个颠倒的世界中，因为规范破坏否定了共同性的条件：不是这个社会"①。之所以是颠倒的，是因为"共同体的条件"是被人格体否定的，而不是被社会否定的。"处罚"可以将这个颠倒的世界倒过来，也就是通过确定"罪责"进行的"处罚"，将一个形式的人格体转变为发展的人格体。因此，如松宫孝明评价的那样，"既然'刑罚'是对具有自由人格体的'犯罪'的法效果，首先就应该以作为自由人格体的那个'主体'为前提。而且，'犯罪'的本质也不是简单的法益侵害，而是在动摇构成社会成分的规范的意义上的'社会侵害性'，'刑罚'是用否定'犯罪'，镇静化规范动摇，从而防卫规范的东西"②。

3. 人格体和"罪责"

"谁把自己定义为社会性生活的人，谁就必须把自己定义为对其足够的规范遵守意志负责的人格体。"③ 也就是说，谁想让他者将自己当作一个"人"来对待，谁就必须承担起作为"人"的责任——遵守社会规范。因为所谓的"人"，就是在社会关系中能够交往的人格体。假设在社会交往中实行了"违法规范"的行为，那么这个人格体就要通过对"罪责"承担起接受"处罚"的责任，从而保持住在社会中的地位。因此，"努力根据个体最好的能力满足注意的标准是每一个行为人的任务"④。当然，"如果行为人根据其最好的意志也没有避免客观的构成要件的实现的话，就不能就其行动对行为人进行谴责"⑤。因为这意味着，规范的期待高于人格体被期待的高度。在这种情形下，可以通过责任阻却事由，排除人格体的"罪责"。

无论在何种情形下，归责都必须以人格体的"罪责"的成立为前提，那是人格体所要承受的具体内容。那么，人格体所要承担的"罪责"是如何构成的呢？

---

① 〔德〕京特·雅科布斯：《规范·人格体·社会：法哲学前思》，冯军译，法律出版社，2001，第94页。

② 参见松宫孝明「構成要件と犯罪体系」『立命館法学』第1号（第383号）、2019、112-113頁。

③ 〔德〕格吕恩特·雅科布斯：《行为　责任　刑法——机能性描述》，冯军译，中国政法大学出版社，1997，第51页。

④ 〔德〕格吕恩特·雅科布斯：《行为　责任　刑法——机能性描述》，冯军译，中国政法大学出版社，1997，第53页。

⑤ 〔德〕格吕恩特·雅科布斯：《行为　责任　刑法——机能性描述》，冯军译，中国政法大学出版社，1997，第40页。

三 归责的条件：功能性"罪责"概念

"不法并没有引起刑罚，不法概念纯粹是刑法上的一个辅助概念。因此，必须把其中蓄积了刑法的全部内容的这一行为概念延伸到责任之中。"① 在雅克布斯看来，纯粹的"不法"在刑法上没有决定性意义，具有决定性意义的是"罪责"。但是，雅克布斯也认为"责任概念是一个形式的概念，它甚至没有确定一个被归属的主体是如何构造自己的，没有确定什么必须就那样被忍受、什么能够作为主体的（错误的）所为从主体那里提取出来。只有目的，才给责任概念提供了内容"②。那么，如何确定人格体的目的呢？"雅各布斯以体系性理论的方案（卢曼）为根据，发展出了一种'功能性罪责概念（ein funktionaler Schuldbegriff）'，这种概念把罪责理解为一种一般预防性的归咎（Zuschreibung）"③。按照罗克辛的解释，雅克布斯是通过"功能性的罪责概念"实现这一目的的。

雅克布斯认为"如果分析一下将刑罚的确立根据与责任分离的结果，就会更清楚地看出难以仅仅通过责任加以限定。如果责任应该限定预防上的要求，它就必须纯粹地即不依赖预防性确定提供刑罚分量。只有这样限定论才得以存在，并且表明它在对有责行为的刑法上的反应是由预防上的要求加以限定的这种今天唯一重要的说法中以非一致的形式表达出责任具有给刑罚确立根据的机能"④。这里有两层含义。第一，是"罪责"应该由预防上的要求限定。因为只有这样它才能独立于"刑罚分量"。它只有作为一个独立概念，才能发挥它的功能。第二，以意志表达"罪责"。因为只有具有意志的"罪责"才能连接行为与行为结果之间的有机的因果关系。这也是"罪责"功能性的特征。只有功能性的"罪责"才能与人格体相关联。

罗克辛也认为"如果在犯罪时，仅仅只有对于规范的否定，那么，这种

---

① 〔德〕格吕恩特·雅科布斯：《行为　责任　刑法——机能性描述》，冯军译，中国政法大学出版社，1997，第98页。

② 〔德〕格吕恩特·雅科布斯：《行为　责任　刑法——机能性描述》，冯军译，中国政法大学出版社，1997，第14页。

③ 〔德〕克劳斯·罗克辛：《德国刑法学总论》（第1卷）第3版，王世洲译，法律出版社，2005，第567页。

④ 〔德〕格吕恩特·雅科布斯：《行为　责任　刑法——机能性描述》，冯军译，中国政法大学出版社，1997，第4页。

否定必须以犯罪嫌疑人的行为具有罪责为前提"①。换言之，没有"罪责"的"规范的否定"是不存在的。但是，决定"罪责"的最终因素还是"不法"。雅克布斯的学生莱施（Lesch）认为"'刑事不法就是刑法上的罪责本身'，'罪责就是刑法上的不法'"②。本书认为这一点是对威尔泽尔思想的一种继承。帕夫利克（Pawlik）也指出"'犯罪概念使得犯罪人与公共意志之间的矛盾……成了关注的焦点。在犯罪概念的统治之下，不法作为一种普通的犯罪范畴（allgemeine Verbrechenskategorie），并没有独立于罪责的可能性'"③。具体而言，如果说"不法"等同于"罪责"决定归责，那是因为雅克布斯继承了威尔泽尔的理论。只有在"客观的构成要件"中加入了"主观的不法要素"和"主观的构成要件要素"的"不法"，才能说等同于"罪责"。那么，雅克布斯的"不法-罪责"系统是否与威尔泽尔的"不法-罪责"系统有着相同的理论构造呢？

第3节　"罪责"→"不法"→"构成要件违法性"

如上节所述，决定"罪责"的依然是"不法"。在进入"不法"之前，需要提示的是，雅克布斯的"罪责"构造中只有责任能力的内容。如果注意到这一点，就更容易理解以下的内容。

一　"不法"

雅克布斯认为"不法是一个行为，是社会不能忍受的行为。但行为不是不法，可以将不法行为区分为两种：a）它可能没有指出不法行为的特征；b）它可能指出了不法行为的所有特征，而且是进一步的特征，是实行了一个社会无法忍受和容忍的违法行为特征"④。这里有几层含义。第一，不是所有的行为都是"不法"行为。区别（合法）行为和"不法"的标准是社会的

---

① 〔德〕克劳斯·罗克辛：《构建刑法体系的思考》，蔡桂生译，《中外法学》2010 年第 1 期，第 18 页。

② 〔德〕克劳斯·罗克辛：《构建刑法体系的思考》，蔡桂生译，《中外法学》2010 年第 1 期，第 18 页。

③ 〔德〕克劳斯·罗克辛：《构建刑法体系的思考》，蔡桂生译，《中外法学》2010 年第 1 期，第 18 页。

④ Günther Jakobs, *Strafrecht*, *Allgemeiner Teil*, De Gruyter, Berlin und New York, 1991, S. 155.

"无法忍受和容忍"的程度。第二，"不法"是评价性的，是通过社会的"无法忍受和容忍"做出的评价性行为。第三，在"不法"中，有一种行为是没有"不法行为"特征的。根据以上的含义，这里就出现以下两个问题：一是既然"社会无法忍受和容忍"的程度是"合法"与"不法"的界限，那么如何决定"社会无法忍受和容忍"的程度呢？二是除了"社会无法忍受和容忍"，是否还存在其他的评价规范？尽管雅克布斯没有明确指出"社会无法忍受和容忍"的标准是什么，但只要它是界定"合法"和"不法"的标准，那么它一定是指犯罪的"构成要件"，因为这是罪刑法定主义原则的要求，雅克布斯的理论也不能例外。关于第二个问题，可以说是不成立的，因为在刑事法规定之外，并不应该存在其他的判断犯罪的标准。

如果"社会无法忍受和容忍"的行为就是犯罪的话，那么判断它的标准和程度，就是"构成要件"理论。如果是这样，这里就自然出现两个疑问：一是雅克布斯的"构成要件"理论是不是"三要件"的？如果雅克布斯的"构成要件"也是三要件的，那么他的"三要件"系统与传统的德国的"三要件"系统有何不同？二是雅克布斯如何安排"三要件"系统与"不法—罪责"系统中的"不法"之间的关系？

如果只是从"评价"的角度来看，雅克布斯的"不法"概念在本质上与传统的"不法"概念没有什么不同，因为即便是古典的犯罪构成理论的"不法-罪责"系统也有作为评价的功能。本书认为雅克布斯的"不法"概念与传统的"不法"概念的不同主要体现在，他强调的"不法"是需要承担"罪责"的不法，而不是形式上的"不法"。换言之，雅克布斯的"不法"与"罪责"的关系比传统的"不法-罪责"系统中的两者的关系更为紧密。尽管罗克辛认为"如果将不法和罪责融合到一起，会抹平取消本质上的事实区别"①，但是，雅克布斯就是如此主张的，不仅将"罪责"融入"不法"之中，而且将"不法-罪责"系统的秩序修订为"罪责—不法"。这是因为雅克布斯的"不法"概念是强调"社会无法忍受和容忍"的实质性的"不法"概念，而不仅仅是从"三要件"系统中推导出来的形式性的"不法"概念。只要这个"社会无法忍受和容忍"的行为不是道德伦理上的"不法"行为，行

---

① 〔德〕克劳斯·罗克辛：《构建刑法体系的思考》，蔡桂生译，载〔德〕克劳斯·罗克辛《刑事政策与刑法体系》，蔡桂生译，中国人民大学出版社，2010，第91页。

为主体就应该承受"罪责"的"归责"。

二　"不法"与"构成要件违法性"

德国传统的"三要件"理论中常用的专有名词是"构成要件符合性"，而不是"构成要件违法性"（Tatbestandsverwirklichung）。在传统理论中，"构成要件符合性"和"违法性"是两个不同功能的构成要件要素，即便有的学者（譬如迈茨格）将两者在形式上"合二为一"，用"作为构成要件符合性的违法性"一词表达，但是他也没有用"构成要件违法性"表示两者的融合性关系。雅克布斯并没有明确地解释或者说明为什么会使用"构成要件违法性"这一词语，但是，本书认为这一词语反映了雅克布斯特有的刑法思想。从雅克布斯的理论逻辑上讲，这一词语比"构成要件符合性"和"违法性"更为合理，因为符合"构成要件"的行为就是具有"违法性"的行为，没有必要将"构成要件符合性"和"违法性"特别分开表示。就算迈茨格使用"作为构成要件符合性的违法性"表达两者之间的关系，这种表达方式的中心依然在"违法性"上，而不是它们之间的关系上。本书认为雅克布斯使用"构成要件违法性"一词表达了以下两层含义：第一，雅克布斯继承的是麦耶、迈茨格将两者融合为一体的理论结构，相反，放弃了威尔泽尔、罗克辛试图将两者分离，但是实际上并没有分离的理论结构；第二，从理论逻辑上讲，"构成要件违法性"一方面能够说明行为是符合"构成要件"的行为，另一方面能够说明符合"构成要件"的行为就是"违法行为"。

第一层含义不存在问题性，因为选择哪一种理论只是一个立场问题。但是对于第二层含义，本书认为是存在疑问的。首先，具有"构成要件符合性"的行为一定是具有"违法性"的行为吗？在传统的"三要件"理论中，"构成要件符合性"与"违法性"是不能完全等同的，不但因为"构成要件符合性"只是形式上的判断标准，而且因为在"构成要件符合性"中还存在违法性阻却事由的可能性。如果"构成要件符合性"等同于"违法性"，前提是要排除违法性阻却事由，并且对具有"构成要件符合性"的行为进行价值性的评价。如果"构成要件违法性"意味着"构成要件符合性"和"违法性"合二为一的话，这里就会出现一个问题："构成要件违法性"的性质是形式判断的标准，还是实质性评价的标准？雅克布斯对此没有明确的解释和论证说明。但是，从雅克布斯的理论结构上看，他的理论是可以成立的。因为他的理论结构是"逆行"思维，直言之，他的"不法"来自"罪责"的逆行推理。既然"罪责"能够"成立"，那么作为"不法"的本质内容的"构成要件违法性"就可以看作排除了正当化事由的"违法行为"。既然"违法行为"就是"不法"行为，那么我们就可以断定，"构成要件违法性"既有"作为判断标准"的功能，也有"作为价值评价"的功能。

从雅克布斯的理论结构来看，"构成要件违法性"是由客观的构成要件和主观的构成要件两部分构成的，也就是说，他的"构成要件违法性"不仅包含客观的构成要件要素，也包含主观的构成要件要素。根据雅克布斯的"构成要件违法性"所论述的内容，客观的构成要件主要涉及的是犯罪结果及其因果关系、被容许的风险以及在风险竞争中产生的风险的违法性、被容许的危害及其同意（的危害）三部分内容，而主观的构成要件的内容主要涉及的是故意及其故意的错误①。以下分别进行论述。

1. 客观的构成要件

雅克布斯所言的"客观的构成要件"要素中，被容许的风险、被容许的危害及其同意（的危害）与"不法"的排除相关。换言之，雅克布斯的"客观的构成要件"是由两部分构成的：一是"犯罪结果"与"因果关系"；二是"正当化事由"。尽管雅克布斯没有明确指出"客观的构成要件"中存在"行为"，但这是不言自明的。另外，尽管雅克布斯没有明确指出"行为"，但是他明确指出了"因果关系"。只要是"因果关系"，造成"危害结果"的行为就一定被包含其中，因为所谓的因果关系指的是作为"因"的行为与作为"果"的犯罪结果之间的关系。更应该注意的是，雅克布斯所言的"正当化事由"，它不同于罗克辛所指的那种意义上的"正当化事由"，也不完全等于传统德国理论所指的"正当化事由"。在罗克辛的理论中，由于"构成要件符合性"和"违法性"是分离的，那么"正当化事由"与"违法性阻却事由"本质上也是二分的，属于不同层级。前者属于"大（外）的三要件"层级，后者属于"小（内）的三要件"层级。但是雅克布斯主张"构成要件违法性"，所以，他所主张的"正当化事由"是一元的，既有传统所主张的正当防卫、紧急避险，也有被容许的风险、被容许的危害及其同意（的危害）。大

---

① Günther Jakobs, *Strafrecht*, *Allgemeiner Teil*, De Gruyter, Berlin und New York, 1991, S. XI-XIII.

致如许玉秀所勾勒的图 5-1 所示。

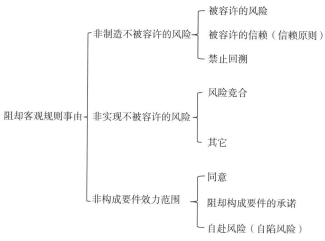

图 5-1　阻却客观归则事由

资料来源：许玉秀《主观与客观之间：主观理论和客观规责》，法律出版社，2008，第 15 页。

"非风险事由"本身并不是刑法上规定的违法性阻却事由，但是它可以成为为自己申辩的理由。换言之，"非风险事由"本身包含了可能成为违法性阻却事由的可能性。从这个意义上讲，雅克布斯的"风险刑法"，一方面形成了他的犯罪构成要件理论的一个特色，另一方面重新规制了传统德国犯罪构成要件理论的理论内涵。本书认为这一点才是雅克布斯对传统德国刑法的真正突破。他的"风险刑法"不同于罗克辛的"正当化事由"之处在于：雅克布斯将判断"风险"的标准限定在刑法典的规定之内。这样一方面不会使"正当化事由"的部分［罗克辛所言的"大（外）的三要件"中的"正当化事由"］"无法"可依，另一方面也可以使刑法典规定的"正当化事由"的内涵更加充实。

2. 主观的构成要件

既然雅克布斯认为在"构成要件违法性"中存在"主观的构成要件"，那么，他的犯罪构成要件理论一定不是客观的犯罪构成理论，至少不是将客观的"违法性"和主观的"责任"完全分离开来的犯罪构成要件理论。在理论上，一般将这样的犯罪构成理论称为主观的犯罪构成理论，因此我们可以说雅克布斯的理论是主观的犯罪构成理论。

雅克布斯认为"故意和过失不是作为个体的心理事实给不法提供根据的，

而是作为在个体中显示的客观地确定的缺陷的表达给不法提供根据的"①。也就是说，故意、过失不是作为一种心理状态给"不法"提供根据的，而是通过"意思表达"反映行为者对规范的态度来给"不法"提供根据的。简言之，在雅克布斯的理论中，故意、过失是构成"不法"的"主观的构成要件要素"，更进一步讲，作为"罪责形式"的故意和过失是构成"不法"的主观要件。在这个意义上，雅克布斯的"不法"与"罪责"之间的关系的理论是对威尔泽尔"不法－罪责"理论的完全继承。与威尔泽尔的理论不同的是，这里不存在当"不法"的内涵被充满的时候，"罪责"的内涵会不会被"架空"的问题，因为雅克布斯的理论是"逆向"的，只有"罪责"成立，"不法"才能成立。但是，对此罗克辛指出"雅各布斯已经在很大程度上放弃了罪责原则的保护性功能"②。不过，本书认为，雅克布斯完全将"罪责"的功能当作归责的功能在使用，而将归责的功能当作"因果关系"在使用③。这是他的理论从归责（"罪责"）切入的根本原因。从雅克布斯的理论结构上来看，将故意、过失看作是"不法"的"主观的构成要件"，也表明了作为人格体的行为与社会交往中必须遵守的规范之间的关系。换言之，在形成"罪责"之前，故意、过失就已经在"不法"的阶段起作用了，因为这是人格体的能动性特征决定的。

雅克布斯指出"故意行为人的意志缺陷加重责任，因为法律不证明自己的正确性。也就是说，符合规范的意志的必要性是不能论证的"④。正因为"符合规范的意志"不能证明，所以通过故意、过失反映出来的行为人对规范的态度就变得非常重要了。也就是说，"只有因为正确性是不能证明的，实施犯罪的行为人才可能反对规范的主张提出他自己的世界必须如何正确构造的主张"⑤。行为人所提出的"主张"以及提出这种"主张"的态度——故意、过失——反映了个体对规范的观点。"如果一个有归属能力的人在这种被绝对

---

① 〔德〕格吕恩特·雅科布斯：《行为 责任 刑法——机能性描述》，冯军译，中国政法大学出版社，1997，第94页。
② 〔德〕克劳斯·罗克辛：《构建刑法体系的思考》，蔡桂生译，载〔德〕克劳斯·罗克辛《刑事政策与刑法体系》，蔡桂生译，中国人民大学出版社，2010，第78页。
③ Günther Jakobs, *Strafrecht, Allgemeiner Teil*, De Gruyter, Berlin und New York, 1991, S. 153.
④ 〔德〕格吕恩特·雅科布斯：《行为 责任 刑法——机能性描述》，冯军译，中国政法大学出版社，1997，第53页。
⑤ 〔德〕格吕恩特·雅科布斯：《行为 责任 刑法——机能性描述》，冯军译，中国政法大学出版社，1997，第53页。

地确立的秩序中发生了错误，那么，这个错误就是显示敌视至少是轻视的情况证据。"① 换言之，故意或者过失是行为人对法的敌视或者轻视，这样就构成了违法性的主观方面的条件。

"只要所有的智力的和愿望的所为是遵守规范的必要的条件并且在这种意义上是等价的，那么，法律就会区别对待所为的缺欠，而且是以这样一种形式，即，智力的缺欠通常减轻责任，反之，意愿的缺乏只有当它完全不加重责任时才例外地减轻责任。"② 因为智力的欠缺实际上也欠缺对规范的态度的正确反应，这种情形更接近自然性。刑法处罚接近处罚自然性的行为人的行为与它的目的不相符合。这也反映了雅克布斯以人格体构建的"罪责-不法"理论的理念，因为人格体是目的性人格体。"对法律的设置性不认识，也就是说源于敌视法的（rechtsfeindlicher）和轻视法的（rechtsgleichgültiger）态度的不认识，不形成任何宽大处理的理由。"③ 但是，相反，不是出自任何"态度"的情形，是不能将"责任"归于人格体的。

综上所述，当"构成要件违法性"成立的时候，就是人格体既符合客观的违法要件要素又符合主观的违法性要件要素的时候。或者我们也可以说，在不符合这些要素的时候，"罪责"不能指向人格体。从逻辑上讲，雅克布斯的观点是没有问题的。但是，当我们要求罪刑法定主义原则的时候，是不是还会提出判断"构成要件违法性"的根据或者标准呢？这样就进入雅克布斯的"构成要件"的内容上了。

三 "构成要件违法性"的标准——规范的构成要件

从 1970 年的《罪责与预防》（Schuld und Prävention）、1993 年的《罪责原则》，到 1998 年的《规范、个体、社会》（Schuldprinzip）（Norm，Person，Gesellschaft），雅克布斯的这三个作品标示着他的规范论之路的形成④。如果是这样，我们就可以直接肯定雅克布斯的"构成要件"也一定是规范的。既

---

① 〔德〕格吕恩特·雅科布斯：《行为 责任 刑法——机能性描述》，冯军译，中国政法大学出版社，1997，第 61 页。

② 〔德〕格吕恩特·雅科布斯：《行为 责任 刑法——机能性描述》，冯军译，中国政法大学出版社，1997，第 47 页。

③ 〔德〕格吕恩特·雅科布斯：《行为 责任 刑法——机能性描述》，冯军译，中国政法大学出版社，1997，第 58~59 页。

④ 参见许玉秀《当代刑法思潮》，中国民主法制出版社，2005，第 11 页。

然 "雅克布斯的责任论如他的犯罪论那样，具有规范的性质"①，那么，毫无疑问，雅克布斯的 "构成要件" 也一定是规范的。换言之，"规范解释的产品就是构成要件"②。

如前所述，"规范的构成要件" 开始于 M. E. 麦耶，所以它并不能算是雅克布斯的创新概念。雅克布斯与传统的 "规范的构成要件" 之间的不同在于他 "将刑法的目标建立在纯粹规范化的体系性理论原理之上"③，可以说雅克布斯所主张的 "规范的构成要件" 是最彻底的。以下从两个方面深入探讨。

1. "消极的构成要件" 与 "申辩"

除雅克布斯将他的 "规范的构成要件" 建立在 "目的理性" 之外，本书认为雅克布斯的 "规范的构成要件" 的特征还体现在 "消极的构成要件" 中。"这种理解为消极构成要件的特征，不是指在社会中引人注目的行为中是可以容忍的特征，而是在欠缺实行了首先是社会中引人注目的行为中的特别的构成要件。"④ 也就是说，这种 "消极的构成要件" 的特征只能是欠缺 "社会中无法容忍的行为特征"，而且是从这种 "不能容忍" 中排除出去的 "特殊的行为构成"。其实，雅克布斯也不是第一个主张 "消极的构成要件" 的学者，但是他是第一个真正将 "消极的构成要件" 当作 "构成要件" 核心的学者。雅克布斯之所以将 "消极的构成要件" 当作他的 "构成要件" 的核心部分，是因为他的理论结构。换言之，从归责到人格体，从人格体到 "罪责"，再从 "罪责" 到 "不法"，最终落实到 "不法" 上的就只能是 "实质的构成要件"。如果在 "构成要件" 中还存留 "合法" 的成分，那么它就无法倒行回到归责。因此，在 "不法" 的核心中一定需要排除干净所有影响 "不法" 成立的成分。只要存在能够 "申辩" 的理由，就不能成立 "不法"。

"着眼于刑法消极构成要件特征的刑法申辩构成要件，在唯一的总刑法构成要件中决断不法的内容。公正的申辩表现不是通过非首位的构成要件符合

---

① アルントゥ·ジン、只木誠監訳、冨川雅満訳「ドイツ刑法における犯罪論の現況について」『比較法雑誌』第 49 巻第 1 号、2015、79 頁。

② 〔德〕京特·雅克布斯:《评客观归责》，赵书鸿译，载赵秉志、宋英辉主编《当代德国刑事法研究》第 1 卷，法律出版社，2017，第 141 页。

③ 〔德〕克劳斯·罗克辛:《构建刑法体系的思考》，蔡桂生译，载〔德〕克劳斯·罗克辛《刑事政策与刑法体系》，蔡桂生译，中国人民大学出版社，2010，第 83 页。

④ Günther Jakobs, *Strafrecht*, *Allgemeiner Teil*, De Gruyter, Berlin und New York, 1991, S. 157.

性表现减去合法，而它表现的是同样很少的禁止和这样的异常。"① 也就是说，作为"刑法申辩的构成要件"决定"不法"能否成立，如果作为"刑法申辩的构成要件"能够成立，那么"不法"就不能成立，反正亦然。"公正的申辩"不是通过"构成要件符合性"过滤出来的"合法"理由，而是行为本身就是"很少具有被禁止或者被看作异常"的合法行为。尽管"申辩"不同于违法性阻却事由或者责任阻却事由，它不能决定"不法"的内容，但它却能影响"不法"的成立。"标志性的象征与所描述的违法一起，或许将在申辩的全部要件中，全部不符合不法的构成要件。"② "标志性的象征"和"描述的不法"，在这里应该是指"形式的不法"。也就是说，即便符合"形式的不法"的"构成要件"的特征，但是在存在作为刑法"申辩"的"构成要件"的情形下，也可能不符合"实质的不法"的构成要件。这就是"申辩"的消极性意义。反之，"当不法构成要件实现的时候，判断独立于现实存在的申辩的全部要件随之消失"③。

不过，"对不法的评价等级、写满评价等级的不法构成要件的自主性是最有争议的，而且也是对已经习惯的构成要件和违法性的不完善的简称"④。首先，雅克布斯质疑"不法的评价等级"和"写满评价等级的不法构成要件"，因为它们是自主性的，并没有真正的客观标准，导致了"构成要件"和"违法性"系统的不完善。尽管雅克布斯没有用"不同系统的范畴"这样的概念来批判"不完善"，但是本书认为雅克布斯的逻辑可以推导出这种结论：这种"不完善"是不同系统之间的相互侵入导致的结果，因为他指出"通过简单化的尝试，当对构成要件的特征公开刑法申辩的先决条件时，即构成要件符合性和不法设定共同情况，那当然是错误的"⑤。雅克布斯认为"构成要件符合性"等同于"不法"的假设是不正确的，因为在"构成要件"中只要公开"申辩"的理由，就可以证明"构成要件符合性"不能等同于"不法"。"构成要件符合性"和"违法性"之所以是一种不完善的简称，那是因为存在刑法"申辩"的时候，它们就无法完成它们的功能了。简单来讲，当存在刑法

---

① Günther Jakobs, *Strafrecht*, *Allgemeiner Teil*, De Gruyter, Berlin und New York, 1991, S. 157–158.
② Günther Jakobs, *Strafrecht*, *Allgemeiner Teil*, De Gruyter, Berlin und New York, 1991, S. 155.
③ Günther Jakobs, *Strafrecht*, *Allgemeiner Teil*, De Gruyter, Berlin und New York, 1991, S. 155.
④ Günther Jakobs, *Strafrecht*, *Allgemeiner Teil*, De Gruyter, Berlin und New York, 1991, S. 156–157.
⑤ Günther Jakobs, *Strafrecht*, *Allgemeiner Teil*, De Gruyter, Berlin und New York, 1991, S. 156–157.

"申辩"的情形时，评价行为是否该当"构成要件符合性"或者"违法性"是毫无意义的，因为"申辩"的存在已经阻却进入刑法评价机制。在这一点上，本书认为雅克布斯的"消极的构成要件"的"申辩"功能与罗克辛的"正当化根据"的功能是完全相同的。

2. "消极的构成要件"与"正当化事由"

雅克布斯"消极的构成要件"中不仅包括违法性阻却事由，也包括责任阻却事由。这也是雅克布斯"消极的构成要件"的一个特点，如他所指出的那样，"当然应该跟踪所有的刑法构成要件行为的存在，但不是作为违法刑法的行为归责：处罚根据的刑法应该是违法性和罪责承担的刑法构成要件的先决性，只是处罚、失效、没收就达到了刑法构成要件——违法性的处理"①。这一方面表明了雅克布斯"纯粹规范性"的彻底性，另一方面也表明了"正当化事由"与"申辩"的"消极性"所存在的层级的不同。进一步讲，雅克布斯在涉及"正当化事由"的"消极的构成要件"时，实际上是指已经进入刑法评价机制的"消极的构成要件"。这一点，的确与罗克辛所指的"正当化事由"不同。

尽管从雅克布斯开始于归责的理论结构中能够推导出"构成要件"的核心内容是"消极的构成要件"，但是雅克布斯也明确指出归责并不能属于"构成要件"的内容。他认为"所有与构成要件、违法性、罪责责任的行为相关的一切并不允许当然导出一个观点，所有的归责的条件根本上是因果关系，它仅仅是刑法的最后结果，并不扮演缺乏构成要件特征、原谅行为人处理的作用"②。也就是说，"不法"是否存立的决定性因素是刑法，以及刑法中规定的"消极的构成要件"，而不是也不可能是"因果关系"。"构成要件的前提对不法以及责任所造成的冲击，其实并没有考虑（设想）因果链条在不法中至少是责任的最基本内容，而且作为责任至少是与不法联系在一起的——这个问题是一个犯罪理论，但却不是犯罪概念。"③ 更进一步讲，"构成要件"要解决的是"不法"与"责任"的问题，而不解决归责问题。归责是通过（因果关系的犯罪）理论推导出来的最终的结果，但是"构成要件"决定的

---

① Günther Jakobs, *Strafrecht*, *Allgemeiner Teil*, De Gruyter, Berlin und New York, 1991, S. 152-153.

② Günther Jakobs, *Strafrecht*, *Allgemeiner Teil*, De Gruyter, Berlin und New York, 1991, S. 153.

③ 〔德〕京特·雅克布斯：《评客观归责》，赵书鸿译，载赵秉志、宋英辉主编《当代德国刑事法研究》2017年第1卷，法律出版社，2017，第144页。

"不法"和"责任"是犯罪概念。换言之，尽管雅克布斯的犯罪概念是通过归责牵引出来的概念，但是决定犯罪概念的不是犯罪理论，而依然是刑法规定。

如本章的上一节所论述的那样，"罪责"的内涵是人格体的责任能力。之所以在"消极的构成要件"中涉及"罪责"（归责），主要是因为责任能力。只要涉及责任能力就会涉及责任阻却事由。当"构成要件违法性"中存在责任阻却事由的时候，它就不能存立。因此，当"构成要件"中排除了所有的"消极的构成要件"之后，就只剩下"不法行为"。最终在雅克布斯的"构成要件"中依然真正的、本质的核心内容还是"行为"以及"行为构成"。

四 "三要件"的"行为构成"

如上所述，"不法"就是指规范的"构成要件违法性"，那么，"构成要件"又是指什么呢？雅克布斯明确指出，"当结果建议三阶层的不法构造时：不法应该是构成要件符合性、违法性以及罪责担保的行为"[1]。也就是说，决定"不法行为"成立的条件依然是犯罪构成的"三要件"。尽管有的学者认为雅克布斯已经摒弃了"三要件"的理论，如西田典之认为"这种对违法与责任不加区别的观点，有违前面已经谈到的刑法规范的理论结构，也有违现在已经确立的构成要件、违法性、责任这种犯罪论体系，因为已完全摒弃"[2]，但是本书认为西田典之的观点是值得商榷的，因为雅克布斯是否将"违法性"和"责任"的关系融为一体需要进一步的研究。雅克布斯真正融为一体的是"不法"和"罪责"，而不是"违法性"和"责任"。西田典之之所以有这样的评价，是因为日本的犯罪构成要件理论是单系统的，其学者只能看到"三要件"系统的存在，而无法理解另一个系统并行存在。当凸显出来的不是传统的"三要件"系统而是"不法－罪责"系统时，他们就认为是"摒弃"了"三要件"系统。当雅克布斯把"不法"和"罪责"融为一体的时候，他们就会认为他将"违法性"和"责任"融为了一体。其实，即便雅克布斯将两者融为一体，也不意味着将两者"同化"。雅克布斯只是认为"主观的构成要

---

① Günther Jakobs, *Strafrecht*, *Allgemeiner Teil*, De Gruyter, Berlin und New York, 1991, S. 159.

② 〔日〕西田典之：《刑法总论》第2版，王昭武、刘明祥译，法律出版社，2013，第108页。

件"是"客观的构成要件"的条件①，并没有认为"客观的构成要件"等同于"主观的构成要件"。换言之，雅克布斯的观点只是进一步拉近了"不法"与"罪责"的关系，但是并没有将两者完全"同化"。如上所述，雅克布斯自身也明确主张"不法行为"的构成是"三要件"，即"构成要件符合性"、"违法性"和"责任"。无论如何分配，从形式上看，他的"三要件"的内涵并不像西田典之所言的那样，已经"摒弃"了"三要件"。

1. 构成要件符合性

雅克布斯认为"行为的条件是构成要件最小的单位"②，因此，"行为的特征也是构成要件的特征"③。这一点没有争议，存在问题的是"构成要件符合性"中的"构成要件"是指什么？是指刑法典中法定的构成要件还是指对刑法典的规定概念化的、理论化的"构成要件"？雅克布斯对此没有直接的论述，但是从他批判古典的"三要件"系统的观点④来看，可以推断雅克布斯所指的"构成要件"并不是概念化的、形而上学的"构成要件"，同时我们也可以肯定雅克布斯的"构成要件"一定不是法定构成要件，而是"规范的构成要件"。本书认为雅克布斯所言的"规范的构成要件"应该是指一个事实的行为该当法定构成要件的行为。不同于概念化的、形而上学的"构成要件"是因为雅克布斯所主张的是具体的行为，而不是从刑法典中抽象出来的概念性行为。不同于法定的构成要件是因为判断一个具体行为该当法定构成要件的时候，"掺和"了法官主观的能动性。但是这里需要注意的是，雅克布斯的"规范的构成要件"不同于以上所述的"构成要件违法性"中的规范化了的"构成要件"。

其实，以上所指的"构成要件违法性"与"罪责责任"、"行为的构成要件"也构成了一个"三要件"，雅克布斯称之为"总的构成要件"，以区别于"行为的构成要件"。"行为的构成要件"是由"构成要件符合性"、"违法性"和"责任"组成的。它作为一个总的名称，是"行为的构成要件"，而这个"行为的构成要件"又是"总的构成要件"中的一个构成要件要素。尽管两个不同"三要件"中的"构成要件"都是"规范的"构成要件，但是它们所

① Günther Jakobs, *Strafrecht*, *Allgemeiner Teil*, De Gruyter, Berlin und New York, 1991, S. 164.
② Günther Jakobs, *Strafrecht*, *Allgemeiner Teil*, De Gruyter, Berlin und New York, 1991, S. 163.
③ Günther Jakobs, *Strafrecht*, *Allgemeiner Teil*, De Gruyter, Berlin und New York, 1991, S. 163-164.
④ Günther Jakobs, *Strafrecht*, *Allgemeiner Teil*, De Gruyter, Berlin und New York, 1991, S. 1153.

承担的功能不同。"总的构成要件"中的"构成要件"的主要功能是"排除",是"消极的构成要件"。与"消极的构成要件"不同,"行为的构成要件"中的"构成要件"是"积极的构成要件",因为它的功能是提供一个行为构成犯罪的"全部要件"。雅克布斯的"行为构成要件"不同于麦耶和迈茨格的具有文化的、价值的"规范的构成要件",雅克布斯主张具有"社会性"的"规范的构成要件"。

既然"行为的构成要件"是提供一个行为构成犯罪的"全部要件",那么它的内涵就一定取决于刑法典所规定的所有的条款。换言之,"行为的构成要件"不仅包括刑法分则的"特殊的构成要件",也包括刑法总则的"一般的构成要件"。因为"构成要件的描述独立性,通过比较如何理解刑法申辩的不法性评价的独立性,将占绝大多数"①。这里必须注意的是,这个"占绝大多数"的"构成要件"是"描述性"的。既然,这个"构成要件"是"描述性"的,那么它应该就是法定的构成要件。如果说雅克布斯的理论是"规范理论"的话,应该如何理解这个"描述性"的"构成要件"呢?本书认为雅克布斯所指的法定的构成要件是"描述性"的构成要件,从逻辑上讲是没有问题的,因为刑法典中规定的法定构成要件就是"描述性"的。但是,这并不影响雅克布斯主张将这个"描述性的构成要件"(法定的构成要件)解释成为具有"社会性"的"构成要件",而它们之间的"转换"是通过法官的"掺和"完成的。

2. 违法性

"构成要件和行为不是可以区分的不法等级。行为是一个相关概念,譬如说它不是给予这样的行为,而仅仅是指通过客观确定的行为的不可避免的外在作用的那个行为。这个作用当不作为构成要件符合性作用时在刑法上是不重要的,但当作为构成要件符合性作用时,它自身就是构成要件违法性"②。这里有几层含义。第一,"构成要件"和"行为"都是构成"不法"的不同层级上的要素。它们各自不同,同时也不同于"不法"。第二,行为只是一个相关的概念,当它当作"构成要件符合性"时,它就变成了"构成要件违法性"。因为"构成要件符合性"指一种状态,而一个行为符合这种状态的时

---

① Günther Jakobs, *Strafrecht*, *Allgemeiner Teil*, De Gruyter, Berlin und New York, 1991, S. 159.

② Günther Jakobs, *Strafrecht*, *Allgemeiner Teil*, De Gruyter, Berlin und New York, 1991, S. 163.

候，它就必然变成符合"构成要件"的具有"违法性"的行为。在这种情况下，行为就将"构成要件符合性"和"构成要件违法性"以及"不法"联结起来。这就是指行为概念的"相关性"。第三，如果不把行为当作"构成要件符合性"，其实在刑法意义上，行为并没有真实的含义。反过来也可以说，只要是刑法上的行为就一定是当作"构成要件符合性"来看待的行为，它就具有了"构成要件违法性"和"不法"的性质。反之亦然，一个合法的行为，在刑法上没有任何意义，至少是不重要的。

"构成要件符合性"是一种判断标准，而"违法性"是一种行为，或者是指产生了与"构成要件"相冲突的状态。在雅克布斯的理论中，"构成要件符合性"与"违法性"的关系比任何传统的德国的理论都更为紧密，在"总的构成要件"中的"构成要件违法性"也隐射了这一含义。但是，必须注意的是，"总的构成要件"中的"构成要件违法性"并不能在这里取代它们之间的"区别性"关系。因为"构成要件违法性"所在的层级与"行为构成要件"中"构成要件符合性"和"违法性"所在的层级不同。尽管"构成要件符合性"与"违法性"之间的关系非常紧密，但是它们各自都有不同的功能作用。虽然"构成要件符合性"又是可以向"违法性"转化的，但这种"转化"是有条件的。当行为该当"构成要件符合性"，并且不存在"违法性阻却事由"的时候，该当"构成要件符合性"的行为就是具有"违法性"的行为了。尽管如此，"构成要件符合性"与"违法性"在"行为构成"中依然是两个不同的概念，完全不同于"构成要件违法性"。

3. 责任

"在刑法中责任概念所要做的事就是区别意义和自然。"[①] 这是不是可以说"责任"不是具有刑法内涵的一个要件要素呢？或者说，它的刑法内涵只有区别行为主体的行为是"刑法"意义上的行为，而不是一个自然意义上的"行为"呢？

如上所述，行为的"构成要件符合性"中不仅包含了"客观的构成要件"，也包含了"主观的构成要件"。那么，这里就出现一个问题：在雅克布斯的"三要件"系统中的"责任"的内涵到底是什么？雅克布斯没有论

---

① 〔德〕格吕恩特·雅科布斯：《行为 责任 刑法——机能性描述》，冯军译，中国政法大学出版社，1997，第129页。

及这一点，或者说对这一点的关注是非常模糊的。这就造成了一个非常大的误解，如西田典之所言，"主观责任论的理论归结在于，将违法判断与责任判断同一化，'否定无责任之违法'"①。从雅克布斯的理论逻辑推断的话，他并不认为"违法性"和"责任"之间的关系是同一化的，因为他毕竟明确主张"行为构成"是由"三要件"构成的。但是从他对"责任"内涵的解释上看，不得不承认西田典之的评论是准确而客观的。换言之，在不能明确确定"责任"内涵的前提下，就只能看作是被"架空"的形式性的存在概念了。

4. "三要件"要素之间的关系

雅克布斯认为"通过个别不可避免的成熟行为，在构成要件的次序上，不仅仅是客观的或者主观的行为，而且是主客观统一的情况"②，这是对黑格尔理论在刑法上的直接适用。如果必须区别"主观的构成要件"和"客观的构成要件"的话，"主客观构成要件的区分并不是不相关的区分。主观的构成要件是客观的构成要件的条件"③。也就是说，它们之间的区别关系是有要求的。"主观的构成要件"之所以能够成为"客观的构成要件"的条件，本书认为那是由雅克布斯主观的不法构成理论决定的。如果雅克布斯的犯罪构成要件理论是从人格体切入的话，那么作为人格体的目的表现的故意、过失，在整个的构成要件的构造中就是决定性的。如果人格体的目的中没有体现出故意、过失的情形，人格体的行为就不可能进入刑法评价机制，也就是说，不可能进入"客观构成要件"的判断之中。从这个意义上讲，尽管雅克布斯主张行为的"三要件"，但是实际上在这个"三要件"中，"违法性"和"责任"都只是形式的存在，而实质存在的只有"构成要件符合性"。

五　"总的构成要件"与"行为的构成要件"

尽管如上所述，雅克布斯的理论是单向线的犯罪构成理论，但是本质上，本书依然认为这种单向线的结构只体现在他的"叙述"的理论结构上，而他

---

① 〔日〕西田典之：《刑法总论》第2版，王昭武、刘明祥译，法律出版社，2013，第108页。
② Günther Jakobs, *Strafrecht*, *Allgemeiner Teil*, De Gruyter, Berlin und New York, 1991, S. 163–164.
③ Günther Jakobs, *Strafrecht*, *Allgemeiner Teil*, De Gruyter, Berlin und New York, 1991, S. 164.

理论中的各个系统之间依然是一种具有多层结构的关系。这种多层结构是通过"不法"的多层结构体现出来的。如雅克布斯所言的那样,"行为和构成要件违法性的统一性被关闭了,双方通过不法的等级分类来对待"[①]。不同的"不法"层级所体现或者使用的系统是不同的,它们之间的关系和结构如图5-2所示。

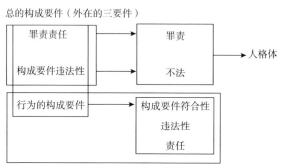

图 5-2 双系统之间的关系

首先,"罪责-不法"系统以人格体为目标指向,以"罪责责任"和"构成要件违法性"为内涵,从而排除了具有"申辩"和"正当化事由"的合法化行为。"罪责-不法"系统就是在这种条件下成立的系统。

其次,"罪责责任"、"构成要件违法性"与"行为的构成要件"相联系,形成一个"外在的三要件",以连接"罪责-不法"系统与"内在的三要件"。这个"外在的三要件"体现了"罪责-不法"外在的范畴界限。雅克布斯将这个"外在的三要件"称为"总的构成要件"。

最后,在"行为的构成要件"内部,又由"构成要件符合性"、"违法性"和"责任"形成一个"内在的三要件"系统。"内在的三要件"也可以称为"行为的构成要件",与"总的构成要件"相呼应。"行为的构成要件"体现的是判断"不法"内涵的标准。

如果没有以上的层次区分,就如雅克布斯自己指出的那样,在"内在的三要件"的这个阶层中,即"在这三阶层中,不能准确地表明构成要件和不法的关系"[②]。从图5-2来看,"行为的构成要件"和"不法"属于两个不同

---

① Günther Jakobs, *Strafrecht*, *Allgemeiner Teil*, De Gruyter, Berlin und New York, 1991, S. 163.

② Gümther Jakobs, *Strafrecht Allgemeiner Teil*, Walter de Cruyter, Berlin. New York, 1991, S. 159.

的系统，前者属于"内在的三要件"系统，后者属于"外在的三要件"系统。但是，它们又是统合在"构成要件违法性"下的不同概念。"行为的构成要件"是"构成要件违法性"的实质内涵，"不法"是"构成要件违法性"的存在形式。"如果是在分成等级的构成要件上附加了一些小东西的分成等级的刑事违法性的话，构成要件和不法（或者形式上：形式违法性）就仅仅是不法的分层等级。当不法构成要件附加上违法性阻却的构成要件时，这就是一个既成的违法事件。"① 简言之，"构成要件符合性"和"（形式）违法性"的区别取决于是否存在违法性阻却事由。进一步讲，"构成要件符合性"、"形式违法性"属于"内在的三要件"系统，与"不法"分属不同的系统。这两个分属不同系统相关联的条件，是一个"既成的违法性事件"。当这个"既成的违法性事件"中可以排除"违法性阻却事由"时，"形式的违法性"就可以变成"实质的违法性"。"实质的违法性"并不是"不法"，而是"构成要件违法性"。因为"在这种情况下，尽管欠缺违法性阻却事由必须变成在交流步骤中的欠缺，但是构成要件违法性的调查却是各种各样的，而且，在这种程度上，人们必须申明不法调查的分级。不法分级本身并不是违法性阻却事由的欠缺，而是完成的构成要件在事件中对不法的违法性阻却根据的欠缺"②。只有当"构成要件违法性"中排除了"申辩"，才能够转变成"不法"。简言之，在不同的层级、不同的系统之间的转换是有条件的。

如果只是从形式结构上看，雅克布斯的理论结构与罗克辛的理论结构有相似之处，但是他们对结构的概念和要件要素的解读是不同的。罗克辛的理论结构主要是通过"刑法的任务和目的"统合起来的，但是雅克布斯的理论基本上是通过人格体统合起来的。因此，从这个意义上讲，罗克辛的规范论是客观的，而雅克布斯的规范论是主观的。他们的理论的不同之处是，雅克布斯的"罪责-不法"系统对应的是"大（外）的三要件"，而罗克辛的"不法-责任（答责性）"对应的是"小（内）的三要件"。之所以如此，是因为雅克布斯的法律依据在刑法典规定之中，而罗克辛的法律依据不仅仅在刑法典规定之中。

---

① Gümther Jakobs, *Strafrecht Allgemeiner Teil*, Walter de Cruyter, Berlin. New York, 1991, S. 159.

② Gümther Jakobs, *Strafrecht Allgemeiner Teil*, Walter de Cruyter, Berlin. New York, 1991, S. 159.

第4节　小结

综上所述，雅克布斯的理论体系有以下几方面的特征。

第一，雅克布斯的理论构成是单向线的，并且从归责切入。这一点不同于传统的理论，既不是从行为切入的，也不是从行为的"构成要件"切入的，而是从能够归责于人格体的"因果关系"切入的。

第二，雅克布斯的理论构成在某种程度上继承了迈茨格的理论构成，即在"不法-罪责"系统中内涵了"三要件"系统，但是与迈茨格不同的是，雅克布斯的理论与迈茨格的理论正好是倒置的。如果说迈茨格理论是"不法-罪责"系统的话，雅克布斯的理论就是"罪责-不法"系统。

第三，即便我们说雅克布斯的理论构造类似于迈茨格，但是在内含于"罪责-不法"中的"三要件"系统也不是传统意义上的"三要件"。如图5-2所示：雅克布斯的"三要件"系统也是由双层的"三要件"构成的，一个是由"罪责责任"、"构成要件违法性"和"行为的构成要件"构成的"总的三要件"（"外在的三要件"）；另一个是"行为的构成要件"，也称"内在的三要件"，即由"构成要件符合性"、"违法性"和"责任"构成。"内在的三要件"可看作是"外在的三要件"的先决性前提，它由传统的"三要件"构成。当"内在的三要件"中的"构成要件符合性"排除了正当化事由的时候，它就等同于"形式的违法性"。当根据"外在的三要件"中的"消极的构成要件"排除了合法化事由的时候，"构成要件违法性"就等同于"不法"。

第四，"不法并没有引起刑罚，不法概念纯粹是刑法上的一个辅助概念。因此，必须把其中蓄积了刑法的全部内容的这一行为概念延伸到责任之中"[①]。只有将"不法"与"罪责"相结合，才能将"罪责责任"归于人格体。传统的德国刑法理论是将两者分离的，雅克布斯认为"即使这种分离是很实际的——把不法完全归于客观的归属，主观的归属只是在责任中进行——，它

[①] 〔德〕格吕恩特·雅科布斯：《行为　责任　刑法——机能性描述》，冯军译，中国政法大学出版社，1997，第98页。

也不能提供一个合适的刑法上的不法概念"[1]。因此，雅克布斯主张"客观的不法"与"主观的罪责"合二为一，因为只有"行为和责任归属（Schuldzurechnung）——并且责任归属以不法归属（Unrechtszurechnung）为前提——是一致的"[2]，才能成立归责。

　　许迺曼认为雅克布斯"从循环论证开始，包括罪责、刑罚、行为概念、规范之间的相互引证，并且认为雅克布斯的刑罚论已经脱离了预防观点，回到了康德绝对理论。对于存在论的危害，则举出因果关系等价理论这个自然主义的产物为恶例"[3]。尽管许迺曼的批判有过激之处，但是雅克布斯的理论的确存在这些特点。第一，雅克布斯的"罪责-不法"之间的关系采用了黑格尔的理论，以致两者合二为一。第二，在归责的理论上走向了康德哲学所引导的"因果关系"理论，最终消解了从"因果关系"中脱离出来的归责理论的成果。本书认为雅克布斯尽管试图消解德国双系统理论，完全地放弃"三要件"系统，甚至也在逐步地放弃"不法-罪责"系统，但是，本书认为这种尝试反而使他的理论更加凸显了双系统的特点，而且更接近传统的双系统的犯罪构成要件理论，只是他的理论核心在于对人格体的归责而已！

---

① 〔德〕格吕恩特·雅科布斯：《行为　责任　刑法——机能性描述》，冯军译，中国政法大学出版社，1997，第92页。

② 〔德〕格吕恩特·雅科布斯：《行为　责任　刑法——机能性描述》，冯军译，中国政法大学出版社，1997，第99页。

③ 许玉秀：《当代刑法思潮》，中国民主法制出版社，2005，第18页。

结　论

　　本书的首要目的是为之后的犯罪构成要件理论的深入研究提供一个平台。因此，经过对以上七位主要学者的犯罪构成要件理论的研究，可以说描绘出了一个平台的大致框架。基于本书的目的，本书理论结构显示出以下特点。第一，本书是按照学者的价值判断体系建构的框架，但是力求对每一位学者的理论结构的基本解释、分析达到尽可能准确的理解和评价。但是评论每一位学者的作品的标准或者说价值标准，反映的却是本书自身的价值标准和认知体系。第二，本书更关注对原作理论的结构性解析，而不是以问题意识为导向展开具体的相关争论。正是这一点才能说明本书的主要目的是提供一个进一步研究的平台。

　　罗克辛认为"对于我们来说，自实证主义的开端以后，阶层体系就如一个概念金字塔（Begriffspyramide），有着林奈式（Linnéschen）植物分类体系那样的形状：通过阶层化的步步推进的抽象（阶层）直到内涵广泛的上位概念——行为，人们从大量的犯罪特征中归纳出了这种构造"①。尽管罗克辛这样归纳德国的犯罪构成要件理论的现状有其合理之处，但是他本身并不试图排除这种越来越复杂的理论体系。因为他认为这是自李斯特以来众多德国学者努力不懈的结果，"主张放弃体系的想法是不严肃的"②。本书赞同罗克辛的这种观点，因为正如他所言的那样，"体系性思维给我们带来了法明确性和法安全性的实益，而这，是不可放弃的"③。尤其是对还没有完善地建构起犯罪构成要件理论的中国刑法理论而言，我们更不能因为理论体系的复杂性而

---

① 〔德〕克劳斯·罗克辛：《刑事政策与刑法体系》，蔡桂生译，中国人民大学出版社，2010，第 16 页。
② 〔德〕克劳斯·罗克辛：《刑事政策与刑法体系》，蔡桂生译，中国人民大学出版社，2010，第 9 页。
③ 〔德〕克劳斯·罗克辛：《刑事政策与刑法体系》，蔡桂生译，中国人民大学出版社，2010，第 49 页。

抛弃它。

德国的"三要件"系统和"不法-罪责"系统是结构式理论。作为拥有结构式理论——后现代思维——的我们来讲，应该看清楚的是，在我们自己彻底地理解犯罪构成要件理论之前不应该"解构"它。犯罪构成要件理论是"人为"设定的，是文化的产物，不是客观存在的一个自然现象。但是也正因如此，我们更加需要将其作为一个"文化"来理解。只有作为一个"文化"来理解时，我们才有可能用我们自己的文化断定是否借鉴它，在什么程度上接受它。

参考文献

中文著作：

[1] 蔡桂生：《构成要件理论》，中国人民大学出版社，2015。

[2] 车浩：《阶层犯罪论的构造》，法律出版社，2018。

[3] 陈家林：《外国刑法理论的思潮和流变》，中国人民公安大学出版社，群众出版社，2017。

[4] 〔德〕恩斯特·贝林：《构成要件理论》，王安异译，中国人民公安大学出版社，2006。

[5] 付立庆：《犯罪构成理论》，法律出版社，2010。

[6] 〔德〕京特·雅克布斯：《规范·人格体·社会：法哲学前思》，冯军译，法律出版社，2001。

[7] 〔德〕格吕恩特·雅科布斯：《行为 责任 刑法——机能性描述》，冯军译，中国政法大学出版社，1997。

[8] 〔德〕汉斯·海因里希·耶赛克、〔德〕托马斯·魏根特：《德国刑法教科书》，徐久生译，中国法制出版社，2017。

[9] 〔德〕汉斯·韦尔策尔：《目的行为论导论——刑法理论的新图景》，陈璇译，中国人民大学出版社，2015。

[10] 何秉松：《犯罪构成系统论》，中国法制出版社，1995。

[11] 〔日〕井田良：《刑法总论的理论构造》，秦一禾译，中国政法大学出版社，2021。

[12] 〔德〕克劳斯·罗克辛：《德国刑法学总论》（第1卷）第3版，王世洲译，法律出版社，2005。

[13] 〔德〕克劳斯·罗克辛：《刑事政策与刑法体系》，蔡桂生译，中国人民大学出版社，2010。

[14] 黎宏：《刑法总论》，法律出版社，2016。

[15] 李立众：《犯罪构成理论研究》，法律出版社，2006。

[16] 〔德〕李斯特著，〔德〕施密特修订《德国刑法教科书》（修订译本），徐久生译，法律出版社，2006。

[17] 刘生荣：《犯罪构成原理》，法律出版社，1997。

[18] 〔日〕泷川幸辰：《犯罪论序说》，王泰译，法律出版社，2005。

[19] 〔日〕西田典之：《刑法总论》第 2 版，王昭武、刘明祥译，法律出版社，2013。

[20] 〔日〕小野清一郎：《犯罪构成要件理论》，王泰译，中国人民公安大学出版社，2004。

[21] 许玉秀：《犯罪阶层体系及其方法论》，台北成阳印刷股份有限公司，2000。

[22] 许玉秀：《主观与客观之间：主观理论和客观规责》，法律出版社社，2008。

[23] 许玉秀：《当代刑法思潮》，中国民主法制出版社，2005。

[24] 杨兴培：《犯罪构成理论》，中国检察出版社，2004。

[25] 〔日〕伊东研祐：《法益概念史研究》，秦一禾译，中国人民大学出版社，2014。

[26] 周光权：《犯罪论体系的改造》，中国法制出版社，2009。

[27] 周光权：《刑法总论》第 3 版，中国人民大学出版社，2016。

中文杂志：

[1] 陈兴良：《犯罪构成论：从四要件到三阶层——一个学术史的考察》，《中外法学》2010 年第 1 期。

[2] 陈兴良：《犯罪论体系的位阶性研究》，《法学研究》2010 年第 4 期

[3] 陈兴良：《构成要件：犯罪论系核心概念的反拨与再造》，《法学研究》2011 年第 2 期。

[4] 陈兴良：《刑法阶层理论：三阶层与四要件的对比性考察》，《清华法学》2017 年第 5 期。

[5] 樊文：《没有国别的刑法学》，《法学研究》2010 年第 1 期。

[6] 〔德〕克劳斯·罗克辛：《构建刑法体系的思考》，蔡桂生译，《中外法学》2010 年第 1 期。

［7］黎宏:《我国犯罪构成体系不必重构》,《法学研究》2006 年第 1 期。

［8］钱叶六:《期待可能性理论的引入及限定性适用》,《法学研究》2015 年第 6 期。

［9］童德华:《哲学思潮与犯罪构成——以德国犯罪论的谱系为视角》,《环球法律评论》2007 年第 3 期。

［10］〔德〕托马斯·李旭特:《德国犯罪理论体系概述》,赵阳译,《政法论坛》(中国政法大学学报)2004 年第 22 卷第 4 期。

［11］王充:《论德国古典犯罪论体系——以贝林(格)的构成要件为对象》,《当代法学》2005 年第 6 期。

［12］庄劲:《递进的犯罪构成体系:不可能之任务》,《法律科学》2015 年第 5 期。

外文著作:

［1］Edmund Mezger, *Strafrecht*, Verlag von Duncker & Humblot, Berlin und München, 1949.

［2］Günther Jakobs, *Strafrecht, Allgemeiner Teil*, De Cruyter, Berlin und New York, 1991.

［3］Hans Welzel, *Das Deutsche Strafrecht*, Walter de Gruyter & Co., 1969.

［4］M. E. Mayer, *Der allgemeine Teil des deutschen Strafrechts,* 1915, 2. Aufl., 1923.

［5］龍川幸辰『刑法総論』日本評論社、1929;団藤重光ほか編『龍川幸辰著作集第 1 巻』世界思想社、1981。

［6］平野龍一『犯罪論の諸問題(上)総論』有斐閣、1981。

［7］前田雅英『刑法総論講義』東京大学出版会、1998。

［8］松本純也「わが国の犯罪論体系(三元的犯罪論構造、構成要件論)の刑事訟訴法的意義に関する若干の考察」、井田良、山口厚他編『川端博先生古稀記念論文集上巻』成文堂、2014 年 10 月。

［9］小野清一郎『犯罪構成要件の理論』有斐閣、1953。

［10］伊東研祐『法益概念史研究』成文堂、1984。

［11］佐伯千仭『刑法における違法性の理論』有斐閣、1974。

［12］佐伯仁志『刑法総論の考え方·楽しみ方』有斐閣、2013。

外文杂志：

［1］ アルントゥ.ジン、只木誠監訳、冨川雅満訳「ドイツ刑法における犯罪論の現況について」『比較雑誌』第 49 巻第 1 号、2015。

［2］ Christian Jäger、野澤充訳「法におけるパラグイム転換としての敵—法治国家防衛のための手段としての敵味方刑法の存在と有用性について」『法政研究』第 79 巻、2013。

［3］ 安達光治「責務と犯罪論（Ⅰ）」『立命館法学』第 4 号（第 380 号）、2018。

［4］ 常盤敏有「龍川幸辰『犯罪論序説』」『一橋論業』第 2 巻第 6 号、1938 年 12 月 1 日。

［5］ 川端博「日本の刑法および刑法理論の流れ」『法律論業』第 69 巻第 1 号、1996。

［6］ 大谷実「中山研一『因果関係』—社会主義刑法を中心として」『同志社法学』第 19 巻第 4 号、1968。

［7］ 福田平「マイホーフェル［Werner Maihofer］『犯罪体系における行為概念』」『神戸法学雑誌』第 3 号（4）、1954。

［8］ 福田平「わが国刑法学とドイツ刑法学との関係」『一橋論業』第 97 巻第 6 号、1987。

［9］ 富田敬一「ビンディングの規範論—刑法学における規範論の史的展開—その一」、昭和 44 年 12 月 1 日（1969）。

［10］ 高橋直人「ドイツ近代刑法史研究の現在」『法制史研究』第 61 巻、2012。

［11］ 津田重憲「犯罪論における社会的行為概念（Ⅰ）」『明治大学大学院紀要法学篇』第 12 巻第 67-80 号、1974。

［12］ 津田重憲「犯罪論における社会的行為概念（Ⅱ）」『明治大学大学院紀要法学篇』第 12 巻第 69-83 号、1975。

［13］ 井上正治「目的行為論の体系上の位置：犯罪論の一つの体系」『法政研究（九州大学法政学会）』1953。

［14］ 鈴木茂嗣「犯罪評価と要件事実」『近畿大学法学』第 62 巻第 3.4 号、2014。

［15］ 斉藤金作訳「ガラス.犯罪論の現状Ⅱ」『早稲田法学』第 32 巻（第

3.4 号）、1957 年 3 月。

［16］斉藤金作訳「ガラス．犯罪論の現状Ⅰ」『早稲田法学』第 32 巻（第1.2 号）、1956。

［17］松本純也「わが国の犯罪論体系（三元的犯罪論構造、構成要件論）の刑事訟訴法的意義に関する若干の覚書」『法科大学院論集』第 16号、2014。

［18］松宮孝明「犯罪体系を論じる意味」『立命館法学』第 1 号（第 335号）、2011。

［19］松宮孝明「構成要件と犯罪体系」『立命館法学』第 1 号（第 383号）、2019。

［20］松宮孝明「日本とドイツにおける構成要件論の異同」『立命館法学』第 5.6 号（第 357.358 号）、2014。

［21］松宮孝明「日本と中国犯罪体系論」『法学雑誌』第 4 号（第 64号）、2019。

［22］町野朔「犯罪論と刑罰論」、長尾龍一．田中成明『現代法哲学—実定法の基礎理論』、東京大学出版会、1983。

［23］小坂亮「フランツ．フォン．リストの刑法理論の一断面—責任論．責任能力論を中心として—」『刑法雑誌』52 巻 2 号、2013。

［24］沢登佳人「ドイツ近代犯罪論体系の史的変遷」『法政理論』第 14巻、1981。

［25］中野正剛「オルトラン（フランス新古典学派）の犯罪論」『沖縄法学』第 42 号、2013。

［26］「ベーリングといわゆる構成要件の理論［1］」、立命館法学。

图书在版编目（CIP）数据

德国双系统的犯罪构成要件理论／秦一禾著 . -- 北京：社会科学文献出版社，2023.12
（中国社会科学院大学文库）
ISBN 978-7-5228-2676-9

Ⅰ.①德…　Ⅱ.①秦…　Ⅲ.①刑事犯罪-研究-德国
Ⅳ.①D951.64

中国国家版本馆 CIP 数据核字（2023）第 191170 号

·中国社会科学院大学文库·

德国双系统的犯罪构成要件理论

著　　者／秦一禾

出　版　人／冀祥德
责任编辑／李　晨
文稿编辑／王楠楠
责任印制／王京美

出　　版／社会科学文献出版社
　　　　　　地址：北京市北三环中路甲 29 号院华龙大厦　邮编：100029
　　　　　　网址：www. ssap. com. cn
发　　行／社会科学文献出版社（010）59367028
印　　装／三河市龙林印务有限公司

规　　格／开　本：787mm×1092mm　1/16
　　　　　　印　张：21.25　字　数：356 千字
版　　次／2023 年 12 月第 1 版　2023 年 12 月第 1 次印刷
书　　号／ISBN 978-7-5228-2676-9
定　　价／98.00 元

读者服务电话：4008918866